CURSO DE DIREITO PROCESSUAL DO TRABALHO

Homenagem ao Ministro Pedro Paulo Teixeira Manus

J. HAMILTON BUENO
Coordenador

CURSO DE DIREITO PROCESSUAL DO TRABALHO
Homenagem ao Ministro Pedro Paulo Teixeira Manus

Dados Internacionais de Catalogação na Publicação (CIP)
(Câmara Brasileira do Livro, SP, Brasil)

Curso de direito processual do trabalho : homenagem ao Ministro Pedro Paulo Teixeira Manus / J. Hamilton Bueno, coordenador — São Paulo : LTr, 2008.

ISBN 978-85-361-1121-6

1. Direito processual do trabalho 2. Direito processual do trabalho — Brasil 3. Manus, Pedro Paulo Teixeira I. Bueno, Hamilton.

08-01033   CDU-347.9:331(81)

Índice para catálogo sistemático:

1. Brasil : Direito processual do trabalho   347.9:331(81)

Produção Gráfica e Editoração Eletrônica: **R. P. TIEZZI**
Capa: **DIALA PORTO FAGUNDES**
Finalização de Capa: **FÁBIO GIGLIO**
Impressão: **HR GRÁFICA E EDITORA**

© Todos os direitos reservados

EDITORA LTDA.

Rua Apa, 165 — CEP 01201-904 — Fone (11) 3826-2788 — Fax (11) 3826-9180
São Paulo, SP — Brasil — www.ltr.com.br

Dedicatória

Professor *Manus*,
Emérito Ministro do TST,
Do seu magistério, por um ano no mestrado da PUC-SP,
Recebi, assim como outros amigos que agora se reúnem nesta obra, seus ensinamentos práticos, objetivos, *ao ponto*.
Onde habitava, e habita imensa sabedoria de quem domina a teoria.

Paulo
Teixeira

Meu mestre, nosso mestre, norte para o magistério, magistratura e advocacia, nas suas diversas formas.
A sua maneira simples, temperada com a profundidade de seu conhecimento e experiência,
No seu amor pelo ideal de justiça e missão de nos ensinar, fez com que nos
Uníssemos nesta singela homenagem.
Singela, é bem verdade, mas nascida do coração de todos nós que o queremos tão bem, para colocar de lado afazeres e vaidades, peço-lhe que receba esta obra como nossa homenagem de gratidão.

Com admiração,
J. Hamilton Bueno
Coordenador da obra

Agradecimentos

Ao
Armandinho,
nosso querido amigo Armando Casimiro Costa Filho,
sempre aberto a cooperar com a promoção
do conhecimento e das práticas do Direito do Trabalho.

À
Dra. Carmen,
Carmen S. Antonialli,
que nos assessora no *Instituto Rubens Requião*,
pela sua habilidade no trato com os queridos autores
e pelo espírito solidário e amigo, conjugado com
sua postura empreendedora, para fazer acontecer.

Aos
Queridos amigos autores e articulistas,
Vinte ao todo. Expressões vivas do Direito,
da promoção humana, na luta pela prevalência
da dignidade humana e do ideal de segurança jurídica.
Em nenhum momento,
vocês reclamaram do prazo exíguo.
Nenhum de vocês negou-se a escrever,
mesmo sem saber qual era a editora ou
se haveria alguma retribuição pelos direitos autorais.
Tal despojamento é digno de seres humanos superiores, altivos,
de espírito elevado,
para compartilhar seus profundos conhecimentos
e homenagear um dos mais brilhantes e
mais queridos juristas brasileiros, o agora Ministro do TST,
Professor *Pedro Paulo Teixeira Manus*.

Às
Catia, Beatriz e Mara,
para mim, *as meninas da LTr*, se me permitem,
da Administração, das Vendas e do Editorial, respectivamente.
Como não agradecê-las pelo apoio,
dedicação e amor de fazer bem feito.

Hamilton Bueno
Coordenador da obra

SUMÁRIO

PREFÁCIO — *GEORGENOR DE SOUSA FRANCO FILHO* 11

PARTE I – DOS FUNDAMENTOS E DA HERMENÊUTICA

Capítulo 1 — DA INTRODUÇÃO AO ESTUDO DO DIREITO PROCESSUAL DO TRABALHO. BREVES CONSIDERAÇÕES 17
J. HAMILTON BUENO

Capítulo 2 — DOS PRINCÍPIOS DO DIREITO PROCESSUAL DO TRABALHO 28
GERSON LACERDA PISTORI

Capítulo 3 — DA COMPETÊNCIA DA JUSTIÇA DO TRABALHO 40
RODOLFO PAMPLONA FILHO

Capítulo 4 — DA INTERPRETAÇÃO DAS DECISÕES JUDICIAIS. BREVES NOTAS 63
ESTÊVÃO MALLET

PARTE II – DOS PROCEDIMENTOS À SENTENÇA

Capítulo 5 — DISPOSIÇÕES PROCESSUAIS PRELIMINARES 87
SUELY ESTER GITELMAN

Capítulo 6 — DA FASE POSTULATÓRIA. PETIÇÃO INICIAL E RESPOSTA DO RÉU 95
JORGE LUIZ SOUTO MAIOR

Capítulo 7 — TEORIA GERAL DA PROVA 123
SÉRGIO SEIJI SHIMURA

Capítulo 8 — DAS PROVAS NO PROCESSO DO TRABALHO 142
CÉSAR P. S. MACHADO JR.

Capítulo 9 — DO PROCESSO COLETIVO DO TRABALHO. OBSERVAÇÕES SOBRE A DEFESA DO DIREITO COLETIVO EM AÇÃO CIVIL PÚBLICA 162
AMAURI MASCARO NASCIMENTO

Capítulo 10 — DA SENTENÇA TRABALHISTA E SEUS EFEITOS 174
SERGIO PINTO MARTINS

Capítulo 11 — DA LIQUIDAÇÃO DA SENTENÇA TRABALHISTA 191
BRUNO FREIRE E SILVA

Parte III — Dos Recursos

Capítulo 12 — Dos Recursos Trabalhistas 205
GEORGENOR DE SOUSA FRANCO FILHO

Parte IV – Da Execução

Capítulo 13 — Execução I — Da Citação do Devedor à Garantia do Juízo 219
MARCO ANTÔNIO VILLATORE; ROLAND HASSON

Capítulo 14 — Execução II — Dos Meios de Defesa 229
CARLOS ROBERTO HUSEK

Capítulo 15 — Execução III — Da Aplicação do Art. 475-J, do CPC, ao Processo do Trabalho 248
IVANI CONTINI BRAMANTE

Capítulo 16 — Execução IV — Dos Temas Especiais: Exceção de Pré-executividade; Contra a Fazenda Pública; Insolvência e Execução 259
AMADOR PAES DE ALMEIDA

Capítulo 17 — Execução V — A Execução Trabalhista e a *Disregard Doctrine* — Execução dos Bens dos Sócios em face da *Disregard Doctrine* 288
JOSÉ AFFONSO DALLEGRAVE NETO

Parte V – Dos Procedimentos Especiais Constitucionais e Infraconstitucionais

Capítulo 18 — Parte I — Dos Procedimentos Especiais Constitucionais 313
CARLOS HENRIQUE BEZERRA LEITE

Capítulo 19 — Parte II — Procedimentos Especiais Infraconstitucionais 346
ERALDO TEIXEIRA RIBEIRO

Prefácio

Georgenor de Sousa Franco Filho[*]

A proximidade das festas da Natividade de Cristo faz com que nos animemos à troca de presentes. Esperam-se, sobretudo, os ganhos. Entre os que me chegaram no Natal de 2007, um veio por *e-mail*, esse meio moderno de comunicação e, ao cabo, tecnologicamente correto, porque não polui o meio ambiente e poupa tempo na recepção e resposta do assunto tratado.

Foi por *e-mail* que me escreveu o meu colega Prof. Hamilton Bueno chamando-me a prefaciar este *Curso de Direito Processual do Trabalho* em homenagem a um dos meus maiores, melhores, mais sinceros e mais queridos amigos: *Pedro Paulo Teixeira Manus*. Era o meu presente de Natal.

Deixei a maior festa cristã passar. Esperei o ano *virar*. E comecei a escrever as linhas prefaciais deste *Curso*. E fui refletindo sobre minhas ligações com esse fenomenal *Pedro Paulo Manus*.

Em março de 1997, ele, eu e mais oito magistrados trabalhistas brasileiros formamos o primeiro grupo de juízes de 1º grau convocados para, em caráter excepcional, compor o *quorum* do C. Tribunal Superior do Trabalho.

Foi lá, no meio daquele sem-fim de processos, que *Manus* e eu estreitamos mais nossos laços de fraternidade e respeito recíprocos. Momentos havia em que ele me chamava a ir a São Paulo, a minha grande, querida e sempre amada São Paulo. Outros havia em que era eu quem pedia para ele voar até Belém. Nas duas cidades, ele e eu transmitíamos o que aprendemos. E lá, sob os olhares vigilantes dessa incrível Maria Eugênia, esposa do amigo *Manus*, a *Maró*, como carinhosamente a chamam todos os que a querem bem — e todos querem bem a *Maró* —, a ele se ajuntam seus queridos filhos, o *Paulo José*, sociólogo, a *Marina*, administradora, e a *Ruth*, estudante de Direito, formando uma agradável família. Nossas famílias passaram a se aproximar, a se conhecer e a se querer bem.

Manus é singular, único, um amigo mesmo, daqueles que devemos conservar dos dois lados do peito, para ter a segurança de que não deixaremos ninguém tocá-lo ou tirá-lo de nós. Por isso, as pessoas querem um bem incontido por ele. Anos atrás, convidaram-me a participar de outra obra coletiva em homenagem ao *Manus*, e lá eu escrevi um pequeno artigo sobre *execução de sentença estrangeira* para dar minha prova de estima a esse grande amigo.

---

[*] Juiz Togado do TRT da 8ª Região, Professor Titular de Direito Internacional da UNAMA, Doutor em Direito pela Universidade de São Paulo, Presidente da Academia Nacional de Direito do Trabalho.

Agora, Papai Noel reservou-me redigir o prefácio desta nova homenagem. E, aqui, posso escrever mais pelo coração do que pela exigência técnico-jurídica que uma obra como está exigindo dos participantes.

Por isso mesmo, resolvi buscar um pouco do meu passado, e também do de *Manus*, para falar da minha amizade sincera e desinteressada por ele.

Afora isso, há aspectos que não posso esquecer. *Manus* é paulistano. Formou-se em Direito pela PUC. Foi para a Itália e lá especializou-se em Direito Civil e Direito do Trabalho. Voltou. Foi Mestre e Doutor em Direito do Trabalho também pela PUC. Depois, Livre-Docente, submetido a rigoroso exame de provas e títulos, perante banca da qual tive a honra de participar e onde *Manus* recebeu unânime nota 10. Finalmente, chegou a Professor Titular de Direito do Trabalho da sua — e um pouco de todos nós — PUC de São Paulo.

Magistrado de carreira na 2ª Região, galgou todos os degraus, até chegar, em outubro de 2007, a Ministro do Tribunal Superior do Trabalho, e hoje está lá, na Alta Corte, emprestando o talento de suas cultura e sabedoria jurídicas para a mais adequada distribuição da Justiça neste país.

Integrando diversas associações culturais e científicas brasileiras, e autor de dezenas de obras jurídicas de singular qualidade, *Manus* é meu companheiro na Academia Nacional de Direito do Trabalho e o seu *Direito do Trabalho* já superou a onze edições, sua *CLT Anotada* passa de seis e *Execução no Processo do Trabalho* é referencial obrigatório sobre tal intricado tema.

Sua obra é, toda ela, de indiscutível valor, e no Brasil inteiro e para além fronteiras, por onde anda, deixa a marca da sua sensibilidade como jurista e como ser humano ímpar.

Este *Curso de Direito Processual do Trabalho* aparece em momento auspicioso da vida jurídica brasileira, sobretudo com os primeiros efeitos jurisprudenciais gerados pelas modificações que a Emenda Constitucional n. 45/04 promoveu na Constituição de 1988, no tocante à competência da Justiça do Trabalho. Está dividido, sistematicamente, em cinco partes, com a participação de alguns dos mais expressivos nomes das letras jurídicas do Brasil. São cuidados os seguintes temas principais: *Dos fundamentos e hermenêutica; Dos procedimentos à sentença; Dos recursos; Da execução;* e *Dos procedimentos especiais constitucionais e infraconstitucionais*. Torna-se, como se verifica, uma obra indispensável ao dia-a-dia dos que atuam na Justiça do Trabalho, e representa uma justíssima homenagem a um dos mais renomados e sérios processualistas de nosso país.

Tem *Pedro Paulo Manus* um amor singular pelo Direito do Trabalho (substantivo e adjetivo), tanto que grande é sua obra doutrinária nos dois campos. Esse amor, *vínculo da perfeição*, como refere São Paulo Apóstolo, que se pode desmembrar em *amor afetivo* e *amor efetivo*, *Manus*, que também é Paulo como o Apóstolo, e Pedro como o Primeiro de todos Eles, possui, pelo amor afetivo que tem pelo Direito do Trabalho, como meio solucionador dos graves problemas sociais, e pelo amor efetivo que desenvolve, no magistério, ensinando, e na magistratura, aplicando esse mesmo Direito do Trabalho.

Essa junção amor afetivo e amor efetivo engrandece ainda mais o homem e o ser humano *Pedro Paulo Manus*.

Por fim, praza aos céus que por longos anos possa continuar a ter a alegria de tê-lo como meu amigo. Raramente temos, neste mundo tão cheio de inveja e ambição, amigos como *Pedro Paulo Manus*. Papai Noel foi muito camarada comigo, presenteando-me, no Natal de 2007, com a dádiva de prefaciar, neste primeiro dia de 2008, a obra que homenageia um grande mano (isto é, irmão); *Pedro Paulo Teixeira Manus*.

Eu só posso estar *pra lá* de feliz...

PARTE I

Dos Fundamentos e da Hermenêutica

CAPÍTULO 1

DA INTRODUÇÃO AO ESTUDO DO DIREITO PROCESSUAL DO TRABALHO
Breves Considerações

J. Hamilton Bueno[*]

1. DO HOMENAGEADO E DA OBRA

O projeto para homenagear o professor *Manus* nasceu quando ainda nos sentávamos nos bancos escolares da PUC-SP e podíamos degustar de aulas que nos encantavam.

As salas de aula do professor *Manus* eram e continuam lotadas. O carinho e a admiração que seus alunos nutrem pelo mestre são singulares, pois sempre há aqueles que gostam e outros que nem tanto (embora na PUC-SP seja raro encontrar um Livre-docente do qual não se tenha orgulho). Com o Prof. *Manus*, beiramos a unanimidade.

Prof. *Manus* é um humanista por excelência, profundo conhecedor do Direito e uma das pessoas mais queridas no mundo jurídico. Seu lugar no tribunal raro trabalhista, em Brasília, é uma forma de reconhecer um dos mais brilhantes pensadores do Direito do Trabalho na atualidade.

Quando começamos a selecionar os autores que poderiam estar junto conosco nesta obra, procuramos os *experts* em cada tema e nenhum deles disse não. As palavras mágicas eram: "trata-se de livro em homenagem ao professor *Manus*". Lembro-me da emoção do Dr. *Georgenor*, quando lhe pedimos para prefaciar o livro.

Minha conclusão como coordenador da obra: é tão bom estar rodeado de gente tão boa, tão qualificada, tão disposta a dar o melhor de si, mesmo sem vislumbrar retorno imediato, apenas para brindar ao amigo *Manus* (alguns o chamam carinhosamente de "mano"), permitindo-nos sorver um pouco do conhecimento de cada um.

O ponto em comum entre os autores não foi o coordenador, mero artífice, mas o homenageado, alicerce e amálgama desta obra maravilhosa.

(*) Advogado e professor. Especializado em sistemas de distribuição e representação comercial.

2. BREVES CONSIDERAÇÕES HISTÓRICAS

2.1. O CONSELHO FRANCÊS DOS HOMENS PRUDENTES E AS PRIMEIRAS MANIFESTAÇÕES DO DIREITO ROMANO

Visto de um ponto de vista mais estrito, a Revolução Industrial e do trabalho assalariado, ou ainda, da Revolução Francesa, com os primeiros tribunais trabalhistas, os Conselhos dos Homens Prudentes (*Conseils de Prud´Hommes*)[1] são os pontos de referência para uma metodologia, com vistas à solução de conflitos, em nível estatal ou arbitral.

Importante lembrar que os conselhos dos homens prudentes (cuja tradução de *prude* está mais para conservador) nasceram na Alta Idade Média (1426) e depois, em 1464, o rei Luiz XI autorizou o funcionamento desta corte em Lyon, para a solução dos conflitos entre produtores e operários das fábricas de seda. Mais tarde, esses conselhos também se instalaram em Marselha, para dirimir questões entre pescadores.

Sob ponto de lista mais lato, conta-nos *Otacílio Paula e Silva* [2], baseando-se nos estudos do autor mexicano *Cipriano Gomes Lara*, que as manifestações primitivas do processo se dão:

a) Manifestações autocompositivas, decorrentes, à época, do desejo de vingança, do "olho por olho, dente por dente". Comenta ainda que, nos delitos mais graves, como o homicídio, se permitia que fossem dizimados pais e filhos do agressor, mediante negociação entre as famílias envolvidas.

b) Excessivo formalismo, decorrentes da influência religiosa, onde mais importava a ferramenta que o conteúdo.

c) Formação natural e espontânea, extremamente diversificada e própria de cada povo, cuja importância está em gerar modelos baseados no costume e no aparecimento de determinados formalismos, que mais adiante se manifestariam numa necessidade de meios e métodos para a solução dos conflitos.

Enfim, creditam-se aos romanos os primeiros traços de uma processualista civil, nas suas três fases processuais: 1. As ações da lei (*legis actiones*); 2. O processo formulário; ambos privados e 3. Processo Extraordinário (*ordo judiciorum publicorum*), este o embrião mais viçoso do processo público.

2.2. BREVE CRONOLOGIA DO DESENVOLVIMENTO DO PROCESSO DO TRABALHO NO BRASIL

São três as fases consideradas por alguns estudiosos do processo do trabalho: 1. tentativa, com foco mais agrário, 2. de implantação ou de constitucionalização, 3. de consolidação ou fase contemporânea[3].

---
(1) LEITE, Carlos Henrique Bezerra. *Curso de direito processual do trabalho*, p. 100. O prof. e Des. Bezerra Leite baseia seus estudos, dentre outras fontes, na obra sobre processo, de Amauri Mascaro Nascimento.
(2) BARROS, Alice Monteiro, coord. *Compêndio de direito processual do trabalho*, p. 19 a 47.
(3) Maiores informações em FERRARI, Irani; GANDRA Martins Filho, Ives; NASCIMENTO, Amauri Mascaro. *História do trabalho, do direito do trabalho e da justiça do trabalho*, p. 162 a 221.

Na fase tentativa, identificada até a Revolução de 1930, também é conhecida como civilista. Este é um período em que o Brasil é agrário, com mentalidade individualista. Assim é o Decreto n. 2.827, de 15/03/1879, que se refere à locação de serviços na agricultura.

O conhecido Regulamento 737, de 25/11/1850, previa o rito sumário comum para a locação de serviços.

A Lei n. 1.637, de 05/11/1907, tentou criar as Câmaras Permanentes de Conciliação e Arbitragem, mas sem sucesso. Esse parece ser o primeiro registro de um tribunal arbitral e, assim, as primeiras idéias de aspectos processuais trabalhistas.

Em 1922, são criados, com composição paritária, os primeiros Tribunais Rurais de São Paulo, cuja referência originária era o Patronato Agrícola, criado em 1911. Esses tribunais eram compostos por um juiz da comarca, além de um representante dos fazendeiros e um dos colonos.

Com a Constituição mexicana de 1917 e de Weimar, em 1919, não houve como se pudesse resistir a seus impactos socializantes e de maior intervenção estatal nas relações entre particulares.

Daí, com maior sucesso, passamos para a fase constitucional ou de implantação quando, em 12.5.1932, por meio do Dec. n. 21.396, foram criadas as Comissões Mistas de Conciliação, com competência para os dissídios coletivos.

As Juntas de Conciliação e Julgamento, instituídas pelo Dec. n. 22.132, de 25/11/1932, com as modificações do Dec. n. 24.742, de 14/07/1934. Esta é a referência administrativa que prepara o terreno para tornar-se órgão judicial. À época, tínhamos, como vogais, representante patronal e dos empregados, em listas enviadas ao titular do MTIC – Ministério do Trabalho, Indústria e Comércio. A este também cabia indicar o presidente de cada junta.

Os Conselhos Regionais do Trabalho despontavam como órgãos revisores, de natureza administrativa, regulados pelo Dec. n. 6.596, de 12/12/1940. Segundo *Wilson de Souza Campos Bataglia*[4], já havia alguma independência (*notio e imperium*), sem, entretanto, as garantias específicas da magistratura.

A Constituição Federal de 1946, ao incluir a Justiça do Trabalho entre os órgãos do Poder Judiciário, fixou sua composição e competência.

A fase de consolidação ou contemporânea traz, portanto, a inclusão da Justiça do Trabalho no Poder Judiciário, por meio do Dec. n. 9.797, de 09/09/1946. A JT foi estruturada em três instâncias, mantendo a estrutura tripartite, com dois vogais e um juiz togado, que presidia a junta.

Em 1988, tivemos a promulgação da Constituição Cidadã, como a chamava o então presidente da Assembléia Nacional Constituinte. Houve, a nosso ver, uma constitucionalização dos Direitos Sociais[5], insertos no Título II — Dos Direitos e Garantias Fundamentais, compreendidos entre os art. 6º ao 8º da CF/88.

---

(4) *Tratado de direito judiciário do trabalho*, p. 167.
(5) Mais informações em PELLEGRINA, Maria A.; SILVA, Jane G. T. da. *Constitucionalismo social*, em especial, o primeiro artigo, de Amauri Mascaro Nascimento, p. 39 e ss.

Vale destacar o art. 1º, III, da CF/88, inserindo, como fundamento da República, *a dignidade humana*. No mesmo artigo, inciso IV, os valores *sociais* do trabalho e livre iniciativa. Os grifos e destaques são nossos.

A Emenda Constitucional n. 24, de 09/12/1999, extinguiu a representação classista (vogais) em todas as instâncias.

Com a Emenda Constitucional n. 45, de 08/12/2004, a Justiça do Trabalho deixou de ser apenas a "justiça dos desempregados" para se constituir, de forma mais plena em verdadeira justiça do trabalho, atraindo para si não apenas as relações típicas de emprego, mas as relações de trabalho em geral, com exceção daquelas que, por lei especial, designam foro próprio, como é o caso dos servidores públicos federais estatutários, cuja competência é da morosa, elitizada e distante Justiça Federal.

3. Posição enciclopédica e autonomia

3.1. Da posição enciclopédica

Todo Direito processual é ramo do Direito Público, vez que o Estado possui o monopólio da jurisdição, abrangendo, assim, todos os ramos processuais em nível judicial, seja o penal, eleitoral, trabalhista ou comum (Justiça Comum Estadual e Justiça Federal).

Por se classificar como direito público, suas normas, em geral, são de ordem pública, daí cogentes.

Isso implica dizer que toda norma que venha a ser editada, no campo processual, exceto quando mencionado expressamente, tem vigência imediata, incidindo no processo no momento em que entrar em vigor (CLT, art. 912 e CPC, art. 1.211, *in fine*).

Ressalta-se que não pode haver prejuízo à parte. Suponhamos que novo documento seja exigido pelo novo procedimento, incidirá apenas para os novos processos. Por outro lado, mesmo com o processo em andamento, é dado ao juiz, como regente do processo, e entendendo relevante para a formação de sua convicção, determine sua juntada, concedendo à parte tempo hábil para fazê-la.

Em 2005, ao alterar a sistemática do processo de conhecimento e transformar a execução em procedimento, a Lei n. 11.232, de 23/12/2005, já atuou nos processos que corriam em todas as instâncias e em todo o país, no âmbito das ações cíveis. Criou, neste exemplo, para o processo civil comum o Capítulo X — Do cumprimento da sentença. Para alguns processualistas, temos agora o *cumprimentando* e o *cumprimentado* (CPC, art. 475-A e seguintes). Evidente que se está a fazer ironia, uma vez que há as mais diversas críticas, pois as artimanhas protelatórias continuarão, protegendo-se o devedor.

3.2. DA AUTONOMIA

A questão da autonomia do processo do trabalho provoca discussões mais acaloradas[6].

Temos os monistas, como *Valentin Carrion* e *Francisco Antonio de Oliveira*, que entendem existir o direito processual como gênero, e o processo penal e civil como espécies. Uma subespécie do direito processual civil seria o direito processual do trabalho.

Já os dualistas entendem existir autonomia do processo trabalhista.

Nesta corrente, encontramos diversos articulistas desta obra, como *Amauri Mascaro Nascimento, Amador Paes de Almeida, Sérgio Pinto Martins* e *Carlos Henrique Bezerra Leite*.

A CLT, além de assistemática, não é rica em termos processuais. É preciso que nos socorramos da Lei dos Executivos Fiscais e do CPC, em especial, na fase de execução, curiosamente, quando o processo se torna lento, e a celeridade da Justiça Laboral pode ser comparada, ao menos em parte, à completa morosidade da Justiça Comum.

Basta dizer que, mesmo em São Paulo, onde o número de processos é gigantesco, há decisões em segundo grau em oito meses, contados do protocolo da petição inicial na distribuição de primeiro grau. Na justiça comum, isto é impensável. No rito ordinário, as sentenças tendem a ser prolatadas de dois a três anos após seu protocolo junto ao cartório distribuidor, numa visão otimista.

É preciso lembrar que o processo civil, de gênese individualista, já se choca com o direito material cuidado pelo Código Civil de 2002, este trazendo uma visão mais socializante, dando prevalência ao coletivo em vez do individual. Os remendos ao processo civil que se avolumaram a partir de 2005 em diante pouco ajudaram.

Mas o processo, feito fim em si mesmo, deixou de ser instrumento para realização do direito material. Assim, o processo do trabalho tem sido mais efetivo e mais célere quando se afasta do processo civil.

Por outro lado, ao se "processualizar" nas minúcias e burocratismos do processo civil, como advogam alguns, o processo trabalhista perderá o que tem de mais sagrado: sua celeridade, resultado da simplificação de procedimentos, oralidade, concentração de atos em audiência, sem ferir o princípio dos princípios processuais, qual seja, o do devido processo legal.

As críticas dos processualistas civis estão na excessiva simplificação dos atos processuais, no cerceamento de defesa, e, em especial, do excesso de penhora, nos casos de penhora *on-line*. Este sim é algo a rever, já que o sistema colocado à disposição pelo Banco Central se vale do CNPJ da executada para buscar, em todas as contas-correntes, o valor determinado pelo juiz, chegando, muitas vezes, a inviabilizar, mesmo que temporariamente, as operações da sociedade empresária.

---

(6) Neste sentido, LEITE, Carlos Henrique Bezerra. *Op. cit.,* p. 82 e ss.

4. Dos princípios: um olhar para a floresta

O tema será desenvolvido no próximo capítulo, pelo amigo e erudito jurista, Dr. *Gerson Lacerda Pistori*, desembargador do TRT-15, com sede em Campinas, e mestre, com louvor, pela PUC-SP.

Nós nos atreveremos, neste breve espaço, a uma visão voltada mais à floresta do que propriamente às árvores que a compõem.

4.1. Para *Amauri Mascaro Nascimento* [7], ainda que se propugne por uma visão monista, vislumbrando que todo processo é de Direito Público, há inúmeras peculiaridades no processo trabalhista que o diferenciam, na prática, do processo civil, dando-lhe maior celeridade:

a) maior concentração de atos em audiência;

b) decisões interlocutórias irrecorríveis. Cabe ao advogado, se desejar, requerer o lançamento de protesto em ata de audiência, para retomá-la no recurso, reclamação correicional, ou, ainda, mandado de segurança;

c) a ausência do reclamante importa em arquivamento do processo;

d) a ausência da reclamada importa em audiência, importa em confissão das matérias de fato alegadas na inicial, com alguns senões, entre eles aqueles que exigem prova específica, como é o caso de local insalubre ou perigoso;

e) recursos recebidos, como regra, no efeito devolutivo;

f) conciliação fortemente valorizada em audiência inicial ou uma. Em regra, há grande esforço do magistrado a fim de que as partes se componham. No cível, há um longo caminho para que haja tal procedimento, sem o *animus* que se mostra presente na Justiça Laboral;

g) admite-se a contestação verbal, assim como o *jus postulandi*, embora essa prática esteja crescentemente em desuso;

h) menor quantidade de testemunhas, em regra três;

i) tendência a inversão do ônus da prova, em função da hipossuficiência do empregado;

j) impulsão da execução como ônus do juiz. Apesar das alterações do CPC transformando a execução em fase, a mentalidade burocrática do processo civil ainda não a faz andar e não se percebemos grandes alterações desde 2005.

Conclui o prof. *Amauri:*

Como conseqüência, seguem-se:

a) A necessidade de um mínimo de formalismos,

b) Maior liberdade interpretativa e criativa do juiz,

c) Menor custo,

---

(7) *Iniciação ao processo do trabalho*, p. 22 e ss.

d) Maior distributividade,

e) Menor comutatividade nos atos,

f) Maior celeridade.

4.2. Para *Humberto Theodoro Jr.* [8] há princípios do processo e outros, do procedimento. São eles:

Os princípios informativos do processo são:

1. O devido processo legal;

2. O inquisitivo e o dispositivo;

3. O contraditório;

4. Duplo grau de jurisdição;

5. Da boa-fé e lealdade;

6. Da verdade real.

Os princípios informativos do procedimento são:

1. Da oralidade;

2. Da publicidade;

3. Da economia processual;

4. Da eventualidade ou preclusão.

Continua o autor:

"O devido processo legal [...] acha-se solenemente entronizado no art. 8º da Declaração Universal dos Direitos do Homem, de 1948, e no art. 5º, inc. LIV, CF/88, nele se divisa uma garantia tão ampla, que chega mesmo a, em certa medida, confundir-se com o próprio Estado Democrático de Direito. A ele se submetem [...] todos os ramos da processualística, sem excluir nem mesmo os procedimentos administrativos".

Visto como superprincípio, afirma o autor, *o devido processo legal* "realiza uma síntese geral de todos os princípios norteadores do moderno sistema processual". E arremata, citando *Portanova:* "não basta pacificar, tem de pacificar com justiça".

Com relação ao *princípio inquisitivo*, o autor menciona a liberdade dada ao juiz, uma vez provocada a Jurisdição, tanto na instauração, como no desenvolvimento do processo.

O *princípio dispositivo* coroa a iniciativa das partes, sem que o juiz se afaste da condição de maestro do processo e de fazê-lo breve e eficaz, uma vez que, nos termos do CPC, art. 262, dada a abertura pela parte, o impulso é oficial, em outras palavras, do juiz. Nos aspectos probatórios, pode o juiz produzir provas apenas se entender que as partes não trouxeram fatos suficientes para seu conhecimento

---

(8) BARROS, Alice Monteiro de. *Compêndio de direito processual do trabalho*, p. 51-110.

(CPC, art. 130). O autor cita *Lopes da Costa,* ao dizer que "justiça tardia é Justiça desmoralizada".

O *princípio do contraditório* traria a igualdade entre as partes, com os mesmos poderes e responsabilidades. O autor conclui citando *Araújo Cintra, Grinover* e *Dinamarco,* "deve ser ele observado não apenas formalmente, mas sobretudo, sob o aspecto substancial, sendo de se considerar inconstitucionais as normas que não o respeitem".

O *princípio do duplo grau de jurisdição* tem pé na possibilidade de revisão do julgado, zelando para que a litigância de má-fé e as manobras caprichosas para retardar o deslinde do feito não finquem posição para desmoralizar o instituto.

Nem é preciso ressaltar que o princípio comporta exceções, como é o caso de competência originária do STF pleno, ou do TST para julgar dissídios de sindicatos com base nacional ou confederações. Neste último caso, apenas se houver ataque à Carta Magna é que se poderá recorrer à Corte Suprema.

O *princípio da boa-fé e da lealdade processual* é considerado pelo autor com princípio ético, válido para as partes e também para o magistrado. As partes visam a resguardar seus direitos e o Estado à pacificação social. Assim, empenha-se para que o Estado, através dos magistrados, diga (*júris + dição*) o direito, mas também o satisfaça (*júris + satisfação*), já que os atos expropriatórios são monopólio do Estado.

O princípio da verdade real está disposto no CPC, art. 131, onde o juiz deve basear-se nos fatos e circunstâncias presentes nos autos, fundamentando os elementos de sua convicção na sentença.

Isso é o que dispõe a processualística civil, mas é também certo que a magistratura comum se leva mais pelos instrumentos formais, enquanto a Justiça Laboral, esta sim, se assenta em fatos de forma mais intensa, até em função da própria oralidade, imediatidade e da concentração de atos processuais em audiência.

Citando *Amauri Mascaro Nascimento* e *Mozart Victor Russomano, Theodoro Jr.* vê destaque na processualista trabalhista *a partir do direito material a quem deve servir.* Afirma, "o primeiro e o mais importante princípio que informa o processo trabalhista, distinguindo-o do processo civil comum *é o da finalidade social, de cujo princípio decorre uma quebra do princípio da isonomia entre as partes,* ao menos em relação à sistemática tradicional do direito formal".

4.3. Para *Sérgio Pinto Martins*[9], "no processo civil, parte-se do pressuposto que as partes são iguais". E arremata, "o verdadeiro princípio do processo do trabalho é da *proteção*".

Citando *Galart Folch* e *Luigi de Litala,* pondera que a legislação do trabalho visa a assegurar superioridade jurídica do empregado em face de sua inferioridade econômica, concluindo que não é a lide que deve adaptar-se ao processo, mas a estrutura do processo que deve adaptar-se à lide.

---

(9) *Direito processual do trabalho,* p. 72 e ss.

4.4. Para *Carlos Henrique Bezerra Leite*, os princípios do processo do trabalho são: 1. Proteção, 2. Finalidade Social; 3. Busca da Verdade Real; 5. Princípio da Conciliação; 6. Princípio da Normatização Coletiva.

O único ramo do judiciário que pode, legalmente, criar normas de trabalho válidas entre as partes suscitantes, em dissídios coletivos, é o da Justiça do Trabalho. Assim, bem lembram *Amauri Mascaro Nascimento, Carlos Henrique Bezerra Leite*, entre tantos, ser este um princípio diferenciador do Direito Processual do Trabalho, uma vez que, para fazer atuar o direito material, há uma processualística apropriada para o julgamento de lides coletivas em âmbito das convenções coletivas, que é gênero do qual é espécie o dissídio coletivo.

4.5. *José Martins Catharino*, citado por *Sérgio Pinto Martins*[10], elencou os seguintes princípios:

a) *da adequação*, já que a simplicidade é evidente no processo trabalhista e a sofisticação é mais própria do processo civil;

b) *do tratamento desigual*, haja vista a desigualdade de condições, onde se ressalta a maior vulnerabilidade do empregado;

c) *teleológico*, cuja finalidade é social, tendo em vista, inclusive, o caráter alimentar do salário;

d) *normatividade jurisdicional*, como uma das características do processo coletivo do trabalho.

4.6. Em rápidas pinceladas, podemos olhar duas das árvores que compõem a floresta do processo como ramo do Direito Público, ao compreender qualquer ação estatal para a solução de conflitos por meio da jurisdição: o processo civil e o processo do trabalho.

A primeira árvore privilegia a segurança jurídica, sem, no entanto, garanti-la, vez que é um ideal. A segunda privilegia a celeridade e a efetividade, por vezes comprometendo o devido processo legal.

Assim, difícil falar em pacificação social quando ainda reina o trabalho escravo em alguns rincões do país, a sonegação é o prato do dia e a impunidade rola solta, em especial, para aqueles que deveriam dar o exemplo.

Quem tem vivência nas duas esferas judiciais (Justiça Comum e Justiça do Trabalho) sabe que na primeira os procedimentos são morosos. Caso se necessite de ouvir testemunhas residentes fora do município, deve-se requerer a oitiva por carta precatória, a ser cumprida, em média, um ano depois do despacho do juízo deprecante. Já na segunda, na Justiça Laboral, os procedimentos do processo de conhecimento dificilmente não se esbarrarão nas burocracias. O advogado que atua na trabalhista acorrenta as testemunhas em torno de si, ou pede para o juiz as convocar, ou ainda, prova que as convocou, mediante Aviso de Recebimento — AR dos Correios, ou restará preclusa a oportunidade de fazer determinada prova.

---

(10) *Direito processual do trabalho*, p. 72.

Na primeira árvore, caso o processo chegue ao STJ — Superior Tribunal de Justiça e por este seja recebido e julgado, podem se passar 13 anos ou mais, em média. Na justiça trabalhista, há acórdãos sendo prolatados, em segundo grau, com menos de um ano. Se chegarmos ao TST, podemos aguardar um pouco mais, algo como seis a dez anos.

As execuções e excesso de recursos compõem o calcanhar de Aquiles das duas jurisdições, com maiores sofrimentos e custos para os jurisdicionados da Justiça Comum.

Mesmo pecando por não ser um modelo em termos de busca do ideal de segurança jurídica, e por vezes esfolando princípios como o contraditório e da ampla defesa, a Justiça do Trabalho é mais breve e efetiva, coibindo os abusos patronais, que ainda são gigantescos em pleno século XXI, tão impregnado pelos ideais democráticos, distributivistas, ecológicos, solidaristas e pelo princípio dos princípios, qual seja, o da dignidade humana.

5. Do CONCEITO

Direito Processual do Trabalho:

[...] "é o ramo da ciência jurídica, constituído por um sistema de normas, princípios, regras e instituições próprias, que tem por objeto promover a pacificação justa dos conflitos individuais, coletivos, e difusos decorrentes direta ou indiretamente das relações de emprego e trabalho, bem como regular o funcionamento dos órgãos que compõe a Justiça do Trabalho". *Carlos Henrique Bezerra Leite*[11]

"é o conjunto de princípios, regras e instituições destinado a regular a atividade dos órgãos jurisdicionais na solução dos dissídios, individuais ou coletivos, entre trabalhadores e empregadores". *Sérgio Pinto Martins*[12]

"é o método pelo qual o Estado exerce a jurisdição em face de conflitos de interesse oriundos do contrato individual de trabalho, na solução dos dissídios coletivos e em outras hipóteses nas quais a lei determine expressamente sua aplicação". *Christóvão Piragibe Tostes Malta*[13]

"integra, como parte fundamental, o sistema de composição de conflitos trabalhistas quanto à jurisdição estatal e à ação, o processo e o procedimento judicial destinado a solucionar as controvérsias oriundas das relações de trabalho em suas duas configurações maiores — os conflitos individuais e os conflitos coletivos —, com base no ordenamento jurídico, que o disciplina com leis, jurisprudência, doutrina e atos dos órgãos da Justiça do Trabalho". *Amauri Mascaro Nascimento*[14]

---
(11) *Op. cit.*, p. 86
(12) *Op. cit.*, p. 50. Imaginamos que, com a EC n. 45/04, o autor tenha alterado o final de sua conceituação para *trabalhadores e tomadores de serviço*.
(13) *Prática de processo do trabalho*, p. 32. Este conceito, retirado da Edição 32 da obra de Tostes Malta, é de janeiro/2004, não abrangendo, portanto, a EC n. 45/2004, publicada em dezembro daquele ano.
(14) *Iniciação ao processo do trabalho*, p. 17-18.

6. Conclusão

O Direito Processual do Trabalho:

a) É ramo do Direito Público;

b) Quando alterado ou inovado, suas normas entram em vigor de imediato, como regra, tomando o processo na fase em que se encontrar, salvo se trouxer prejuízo às partes ou ao convencimento do magistrado na apreciação das provas;

c) É autônomo, se considerarmos as diversas características protetivas da parte mais vulnerável na relação de trabalho.

d) Também milita a favor da autonomia do processo trabalhista a competência normativa, que ocorre nos dissídios coletivos.

e) Caracteriza-se o processo trabalhista pela simplicidade, concentração de atos em audiência, levando à maior celeridade e relativa efetividade em termos de não apenas dizer o direito, mas também de satisfazê-lo (conclusão proveitosa do processo de execução).

f) Não tendo um código próprio, vale-se (art. 769, CLT, entre outros) subsidiariamente da Lei dos Executivos Fiscais e do Código de Processo Civil, além de outras legislações esparsas aplicáveis. Longe de representar uma abertura à "atividade criadora do juiz", a ausência de código próprio só faz aumentar a insegurança jurídica, em especial pela ânsia do juiz em dar cabo da lide ao sentenciar, ao dizer o direito e inaugurar a liquidação da sentença e a execução, dando azo a críticas dos que preferem o burocratismo e o processo não como instrumento, mas como fim em si mesmo.

7. Referências bibliográficas

BARROS, Alice Monteiro de, coord. *Compêndio de direito processual do trabalho.* 3. ed. São Paulo: LTr, 2003.

BATALHA, Wilson de Souza Campos. *Tratado de direito judiciário do trabalho.* 2. ed. São Paulo: LTr, 1985.

FERRARI, Irany; GANDRA, Ives; NASCIMENTO, A. *História do trabalho, do direito do trabalho e da justiça do trabalho.* São Paulo: LTr, 2002.

LEITE, Carlos Henrique Bezerra. *Curso de direito processual do trabalho.* 4. ed. São Paulo: LTr, 2006.

MALTA, Christovão Piragibe Tostes. *Prática de processo do trabalho.* 32. ed. São Paulo: LTr, 2004.

MARTINS, Sérgio P. *Direito processual do trabalho.* 21. ed. São Paulo: Atlas, 2003.

NASCIMENTO, Amauri Mascaro. *Iniciação ao processo do trabalho.* São Paulo: Saraiva, 2005.

PELLEGRINA, Maria A.; SILVA, Jane G. T. da. *Constitucionalismo social.* São Paulo: LTr, 2003.

CAPÍTULO 2

DOS PRINCÍPIOS DO
DIREITO PROCESSUAL DO TRABALHO[*]

Gerson Lacerda Pístori[**]

I — A NAVALHA DE *OCKHAM*: UMA INTRODUÇÃO

Já que buscamos tratar de princípios de uma ciência social aplicada, vale a pena lembrar um princípio denominado *Navalha de Ockham*, utilizado na teoria do conhecimento. Trata-se de uma ordem de conduta pela qual se busca o máximo resultado com um mínimo de esforço. A base de tal princípio localiza-se no pensamento de Guilherme (William) de *Ockham*[1], frade franciscano do século XIV, considerado um dos responsáveis pelo nominalismo, que se contrapôs ao realismo tomista[2].

A partir de frases de *Ockham* como "é vão fazer com mais o que se pode fazer com menos"[3] gerou-se a concepção de que "o essencial não deve ser multiplicado sem necessidade", ínsita na formulação do princípio da Navalha de *Ockham*, que se relaciona à utilização do aspecto sensorial e experimental na pesquisa científica. Assim, deve-se adotar a explicação mais simples para a compreensão dos fenômenos estudados, bem como adotar-se o critério da economia para viabilizar construção de hipóteses ou teorias científicas[4].

No nosso caso, os princípios que nos propomos abordar devem ser observados sob a ótica da máxima utilidade e simplicidade possível, a fim de que não nos enredemos em variantes de probabilidades ao que se apresenta, com o risco de deixarmos de lado o aspecto viável e alcançável do que se observa.

Os princípios de uma ciência social aplicada fazem parte, contemporaneamente, da compreensão construtiva da teoria científica, observada por *Marilena*

(*) Associo-me com muito entusiasmo à presente homenagem ao grande homem, professor, jurista e juiz, agora ministro do TST, Dr. Pedro Paulo Teixeira Manus.
(**) Desembargador federal do trabalho do TRT da 15ª Região (Campinas); mestre em Direito do Trabalho pela PUC/SP e especialista pós-graduado em Direito do Trabalho pela USP.
(1) Guilherme de Ockham é considerado por alguns, ao mesmo tempo, o último dos grandes pensadores medievais e o primeiro dos pensadores modernos. Para o campo do Direito sua importância é fundamental, pois, como jurista, inseriu na análise do contratualismo medieval (fruto da revolução medieval e amparado teoricamente pelo pensamento aristotélico-tomista) a figura do individualismo e do subjetivismo, elementos angulares do Direito na época moderna. Ockham faleceu em Munique, fugido da inquisição por defender posições franciscanas antagônicas ao papado, no ápice da peste negra — possivelmente em 1349.
(2) PISTORI, Gerson Lacerda. *História do direito do trabalho,* p. 67-69.
(3) RUSSEL, Bertrand. *Obras filosóficas*, livro segundo, p. 189.
(4) ABBAGNANO, Nicola. *Dicionário de filosofia*, p. 282.

Chauí como um "sistema ordenado e coerente de proposições ou enunciados baseados em um pequeno número de princípios, cuja finalidade é descrever, explicar e prever do modo mais completo possível um conjunto de fenômenos, oferecendo suas leis necessárias"[5].

Para *Miguel Reale* os "princípios são 'verdades fundantes' de um sistema de conhecimento, como tais admitidas por serem evidentes ou por terem sido comprovadas, mas também por motivos de ordem prática de caráter operacional, isto é, como pressupostos exigidos pelas necessidades da pesquisa e da *praxis*"[6].

Vale ainda destacar de forma bem sintética que, para *Ronald Dworkin* [7], o princípio é considerado um padrão a ser observado, não por avançar ou assegurar uma situação política, econômica ou social desejável, mas porque representa um requisito ligado ao justo. Assim vê o princípio atuando de forma aberta, indicando uma direção. Vamos então por esta linha de conduta científica.

II — Paradigmas contemporâneos

Seguindo a concepção contemporânea de teoria científica de *Thomas Kuhn* [8], quando não se consegue explicar um fenômeno ou fato novo, há necessidade de se obter um outro paradigma para que se forme um outro modelo de conhecimento.

No âmbito da teoria geral do processo, após sua formação, tivemos a fase autonomista ou conceitual[9] relativa à estruturação do sistema processual e sua conceituação. Tal momento teve uma duração longa (boa parte do século XX) e uma natureza introspectiva enquanto ciência, e predominantemente voltada ao individualismo. Sua perspectiva era de um universo tecnicista direcionado à denominada neutralidade científica, com notória influência positivista[10].

Tal fase destacava a influência do momento histórico e econômico correspondente em que o liberalismo se fazia expandir, exigindo uma forte segurança no trato das relações negociais e factuais, e que apresentavam predominância do aspecto individualista nas relações sociais. Nessa linha, buscava-se uma homogeneização da presença do Estado para a aplicação do Direito, a par de o formalismo fazer-se valer independentemente do próprio conteúdo do alcance da norma.

Pode-se afirmar que o pólo metodológico preponderante na teoria geral do processo naquele momento correspondia à segurança jurídica e ao individualismo,

---

(5) CHAUÍ, Marilena. *Convite à filosofia*, p. 251.
(6) REALE, Miguel. *Lições preliminares de direito*, p. 299.
(7) Dworkin, Ronald. *Taking rights seriously*, 1999.
(8) KUHN, Thomas S. *A estrutura das revoluções científicas*, 2001.
(9) CINTRA-GRINOVER-DINAMARCO. *Teoria geral do processo*, p. 42-43.
(10) "O Positivismo Jurídico foi a importação do Positivismo Filosófico para o mundo do Direito, na pretensão de se criar uma *Ciência Jurídica*, com características análogas às Ciências Exatas e Naturais. A busca de objetividade científica, com ênfase na realidade observável, e não na especulação filosófica, apartou o Direito da Moral e dos valores transcendentes. Direito é norma, ato emanado do Estado com caráter imperativo e força coativa. A Ciência do Direito, como todas as demais, deve fundar-se não em juízos *de valor*, que representam uma tomada de posição diante da realidade. Não é no âmbito do Direito que se deve travar a discussão acerca de questões como legitimidade e justiça" (BARROSO, Luiz Roberto. *Estudos de direito constitucional*, p. 41).

calcados no formalismo rígido para aplicação da norma[11]. Assim, a personificação desse pólo era moldada no tripé segurança-individualismo-formalismo.

A fase conceitual correspondeu ao mesmo período da predominância da teoria jurídica do positivismo. A superação do positivismo jurídico tradicional também repercutiu sobre a concepção conceitual da teoria geral do processo, identificada com a segurança jurídica, com o individualismo e o formalismo, todos colocados em crise pelas mudanças políticas, econômicas, tecnológicas e sociais ocorridas com o final da II Grande Guerra.

Em função das grandes modificações ocorridas nesse período histórico, devendo ser destacada a preocupação da ética no Direito, o avanço da revolução tecnológica, e a importância do conceito de direitos fundamentais e cidadania, a teoria geral do processo passou a se utilizar de uma perspectiva crítica. Tal atitude se deveu, sobretudo, ao somatório de falhas profundas do sistema na produção de justiça aos membros da sociedade. Apresentou-se assim a fase denominada instrumentalista, na qual se destacam os objetivos deontológicos e teleológicos do direito processual, visando a otimizar a presença da cidadania, com atendimento eficaz do Estado à sociedade.

O novo pólo metodológico dessa postura é denominado *acesso à justiça*, valendo transcrever o que nos diz *Dinamarco*:

> Mais do que um princípio, o acesso à justiça é a síntese de todos os princípios e garantias do processo, seja a nível constitucional ou infraconstitucional, seja em sede legislativa ou doutrinária e jurisprudencial. Chega-se à idéia do acesso à justiça, que é o pólo metodológico mais importante do sistema processual na atualidade, mediante o exame de todos e de qualquer um dos grandes princípios[12].

É a partir do pólo metodológico do acesso à justiça que podemos afirmar a existência de dois princípios preponderantes na contemporânea teoria geral do processo: um, de aspecto representativo da conquista democrática, consubstanciado no direito de ser ouvido pelo Estado — o devido processo legal; e outro, de aspecto representativo da instrumentalidade e funcionalidade da ação do Estado para atendimento da cidadania — a efetividade.

O princípio do devido processo legal, de origem de muitos séculos e de construção sucessiva, insere-se no que se denomina direito fundamental. Está diretamente ligado ao contexto do estado de direito e foi sendo aperfeiçoado como um dos princípios fundamentais para a atual concepção do que seja um estado democrático de direito. Nele estão inseridos os princípios relativos à ação, à contrariedade e ampla defesa, ao duplo grau de jurisdição, à imparcialidade, disponibilidade e indisponibilidade, motivação das decisões judiciais, publicidade, a par do princípio da legalidade, juízo natural, etc.

---

(11) PISTORI, Gerson Lacerda. *Dos princípios do processo*, p. 83.
(12) DINAMARCO, Cândido Rangel. *A instrumentalidade do processo*, p. 303.

O princípio da efetividade jurídica, mais recente, interliga-se com a estrutura constitucional de um Estado voltado à cidadania e a seu atendimento jurisdicional no âmbito político, social e jurídico. Ele é ligado ao poder/dever jurisdicional, e representa a ação do Estado para dizer e fazer respeitar o que vem a ser dito por ele. Do princípio da efetividade jurídica podemos destacar a função oitiva do Estado, ou seja, a capacidade do poder jurisdicional de poder assimilar e atender às questões a ele dirigidas de forma ampla e inclusiva; outro aspecto é a possibilidade de o Estado admitir, diferentemente do que acontecia no paradigma anterior, de individualização processual, uma ampliação da legitimidade por parte de quem promove as questões ao poder jurisdicional. Da parte do poder jurisdicional, espera-se a efetividade na condução do processo, sendo o valor justiça o "objetivo-síntese da jurisdição no plano social"[13]. A partir daí, o princípio da efetividade relaciona-se com a instrumentalização do justo no processo e sua concretização.

Tais princípios, que denominamos orientadores, representam o diálogo e a comunicação presentes no âmbito do direito processual, em função do atendimento da cidadania. Assim, busca-se o equilíbrio do justo, utilizando-se o devido processo legal como balanças, e a efetividade como pesos, na figura simbólica da Justiça. E tais princípios orientadores interagem, interligam-se, sobrepõem-se e subsuncionam-se, dirigindo os demais princípios que compõem a ciência do direito processual. E os princípios do direito processual do trabalho inserem-se nesse sistema, sem que se perca a visão de sua formação teórica e territorial, que vale ser relembrada.

III — A FORMAÇÃO DO DIREITO PROCESSUAL DO TRABALHO NO BRASIL

Devemos aqui nos socorrer da História do Direito. Ainda que o Direito Processual do Trabalho tenha sido teorizado em prisma internacional, a questão da soberania do Estado nos faz observar que haja especificidades territoriais no âmbito da formação desse ramo autônomo do direito processual em nossa terra[14].

O Direito Processual do Trabalho aqui possui o mesmo tempo da nossa legislação material que, por sua vez, possui o mesmo tempo de nossa economia industrial: historicamente, um atraso considerável.

Para entendermos melhor o papel do Direito Processual do Trabalho no sistema jurídico brasileiro, é importante frisar a nossa formação social, que decorre do formato colonial português. Este proveio da estrutura medieval ibérica, que tinha como base social, econômica, política e jurídica a figura do privilégio. Os reinados absolutos dali se estruturaram nas bases do privilégio feudal enfeixado na figura central do rei que, por sua vez, na administração do poder, transmitia e delegava os privilégios que concentrava pelo seu poder absoluto.

---

(13) DINAMARCO, Cândido Rangel. *A instrumentalidade do processo*, p. 293-296.
(14) O espaço materializa as relações sociais, explica o geógrafo Wagner Costa Ribeiro, colega de Milton [Santos] desde 1988". In: PIRES, Francisco Quinteiro. Um demolidor elegante e otimista. *O Estado de S. Paulo*, 2.12.2007.

Essa densidade e esse encadeamento de privilégios (concessão de terras, cargos, comércio marítimo, monopólios de mercados, delegações de poder territorial e de justiça, tráfico e mercado de escravos, benefícios religiosos e educacionais, etc.) incrustaram-se nas terras e nos povos colonizados, em que havia os incluídos nos privilégios e os excluídos dos privilégios e seus gozos.

A sociedade brasileira foi formada, portanto, por meio de um sistema de privilégios, que era exercido por privilegiados. Mesmo após a proclamação da República, com a superação do privilégio monárquico, permaneceu o resquício do formato privilegiado em nosso meio.

Assim, até a abolição da escravatura, havia o privilégio de ser liberto e, portanto, ter direitos (não nos esqueçamos que até meados do século XIX os escravos eram a maioria da população); perdurou ainda o privilégio da forma de obtenção e manutenção da propriedade; relacionado a esse privilégio, o formato agrícola e pastoril com base em latifúndios; também relacionado ao latifúndio havia o privilégio de manutenção de monocultura apoiada pelo Estado (por exemplo, a monocultura do café); havia o privilégio religioso, primeiro com a religião do Estado e depois, na República, com a discriminação de religiões minoritárias; o privilégio da educação, com nichos de ensino, sem política de alfabetização ou sistema educacional no país; decorrentemente havia o privilégio do poder político, utilizado pela elite econômica remanescente, com o voto privilegiado (durante a monarquia houve a restrição de candidatos por renda mínima e, na república, apenas para os alfabetizados).

Esse o formato social, cultural, econômico, político e jurídico do país que foi encontrado pela Revolução de 1930. As lideranças e intelectuais, que passaram a formular o projeto de poder a partir de então, tinham claro o formato privilegiador de nossa sociedade; mas, por sua vez, não possuíam um projeto democrático amplo e efetivo de poder, pois eram influenciados pelo resquício autoritário do sistema em que foram formados, e pela ideologia majoritária daquele grupo de poder, impregnada pelo ambiente internacional de tendência autoritária e corporativista[15].

Para dar andamento ao plano desenvolvimentista econômico foi estabelecida a preparação de uma base estrutural e social que continuasse o projeto industrial tardio. Nesse quadro, contudo, havia um obstáculo: a concessão de direitos que deveriam ser permitidos a um novo tipo de classe social, até então excluída do âmbito dos privilégios existentes (não havia direitos trabalhistas e sociais efetivos), o que afetava outros privilégios sociais de setores econômicos já existentes. E a questão da convivência democrática com os conflitos sociais não era admitida para os que defendiam um sistema autoritário de poder.

Fez-se, assim, utilizando-se do sistema de privilégios existente em nossa sociedade historicamente, uma opção por novo privilégio imposto pelo Estado: estabeleceu-se normativamente, de forma vertical, o privilégio das leis trabalhistas e

---

(15) Tal concepção foi radicalizada após o evento do que se denominou *Intentona Comunista*, em 1935.

uma justiça trabalhista para uma parte urbana da população. Um privilégio estatal a um setor trabalhista urbano especificado, imposto por política de Estado.

Em decorrência dessa implantação de um sistema normativo trabalhista, tendo em conta o caráter autoritário do governo então estabelecido, optou-se também por um sistema processual que não fosse marcado pelo tripé segurança-individualismo-formalismo, pois a demora para solução dos conflitos trabalhistas poderia resultar em lutas sociais incômodas (greves, manifestações, protestos públicos, sublevações, etc.) ao regime político. Assim, ao invés de adotar-se o sistema processual civil de 1939, que fora produzido sob a concepção do sistema conceitual ou autonomista visto acima, houve a escolha pelo que havia pontualmente de mais moderno nos sistemas processuais internacionais daquele momento histórico, portanto, um sistema mais próximo do que viria a ser denominado, mais tarde, fase instrumental.

Por esses dados, percebemos que o sistema processual trabalhista brasileiro teve uma característica que podemos denominar "aerodinâmica", pois deveria ser rápido, concentrado, econômico de atos processuais e formato, bastante oral e não formalista, destacando-se a conciliação, o formato recursal menos extenso na busca de uma rápida execução, além de ter também partes coletivas. Portanto, "aerodinâmico" como um voar de pássaro, e não alicerçado no tripé segurança-individualismo-formalismo, com andar "paquidérmico", como o de um elefante, do que o Direito Processual Civil busca contemporaneamente se livrar com insistência.

É a partir da postura aerodinâmica do nosso Direito Processual Trabalhista e seu contexto histórico, que devemos passar a observar os princípios do Direito Processual do Trabalho.

IV — Os princípios processuais trabalhistas. Objeto genérico e objeto específico

Como vimos anteriormente, a partir do pólo metodológico do acesso à justiça, dois princípios orientadores, o devido processo legal e a efetividade, direcionam os demais princípios, quer os de aspecto geral da teoria do processo, quer os do ramo autônomo que formam a teoria do processo trabalhista. Se os princípios gerais do processo, quer de cunho constitucional, quer de cunho doutrinário, estruturaram-se preferencialmente pelo contexto internacional de aplicação da teoria geral do processo, os princípios do direito processual do trabalho foram sendo formados em função do contexto de aplicação internacional e também nacional, já perfunctoriamente observados acima.

Em razão do formato aerodinâmico do processo trabalhista em nosso sistema jurídico, há uma interação profunda deste com a fase instrumental da teoria geral do processo. E, por isso mesmo, cada vez mais estão sendo aproximados os princípios do Direito Processual Civil com os princípios do Direito Processual do Trabalho. Mas tal proximidade não exime a particularidade da formação dos princípios do processo trabalhista, quer sob o prisma histórico de sua estruturação aerodinâmica, visto acima, quer sob o objeto principal do Direito Processual do Trabalho, que é voltado principalmente à jurisdição quanto aos conflitos e interesses relativos ao valor do trabalho humano.

Eis aqui a diferença substancial: os princípios do Direito Processual Civil, inseridos paradigmaticamente na fase instrumental, tendo como pólo metodológico o acesso à justiça, possuem no respeito à cidadania o seu principal fundamento. Mas, a partir deste fundamento, seu campo de atuação abarca a jurisdição sobre objetos dos mais variados tipos de conflitos e interesses, portanto, de atuação genérica; envolvem, por exemplo, questões de cidadania, comércio, consumo, finanças, negócios, propriedades, obrigações, laços familiares, heranças, direitos de pessoa, etc.

Já os princípios do Direito Processual do Trabalho também têm como pólo metodológico o acesso à justiça, e também possuem no respeito à cidadania o seu principal fundamento. Mas, a partir do fundamento da cidadania, seu campo de atuação abarca, como objeto, conflitos e interesses relativos basicamente ao valor do trabalho humano. E o valor do trabalho humano é inigualável. E isso nos leva a um contexto teórico especializado.

É a partir do objeto jurisdicional sobre valor do trabalho humano, especial na jurisdição trabalhista, que, utilizando-nos da aplicação metodológica da teoria geral do processo, podemos encontrar, no âmbito de uma teoria do processo do trabalho, um leque próprio de princípios definidores.

Estes princípios típicos têm em sua estrutura, assim, a construção histórica do Direito Processual Trabalhista, que possui o formato aerodinâmico, de um lado e, de outro, o objeto jurisdicional relativo ao valor do trabalho humano.

Não se deve esquecer que as partes sociais, quando em conflito, refletem um antagonismo originário que corresponde à contraposição entre o capital e o trabalho. A partir então dos interesses e conflitos trabalhistas apresentados perante o Estado se verifica a atuação do dever/poder do mesmo Estado. E ele é o responsável pela "instrumentalização do justo no processo" (princípio orientador da efetividade), que passa a coexistir com os princípios específicos do Direito Processual do Trabalho.

Temos então de analisar os princípios específicos que fazem a singularidade do Direito Processual do Trabalho. E, como já vimos no início deste texto, tais princípios devem ser considerados de forma sintética e restrita, tendo a finalidade de "descrever, explicar e prever do modo mais completo possível um conjunto de fenômenos". E com a máxima utilidade e simplicidade possível.

Da constatação da diferença e especificidade do objeto jurisdicional do processo trabalhista, que é o valor do trabalho humano, temos que os princípios que norteiam tal processo transitam pela teoria geral do processo como um todo, mas também em detalhe e de forma singular quanto ao seu objeto jurisdicional. Daí tratá-los separadamente representa sistematizá-los.

É da postura de enfoque quanto ao objeto jurisdicional (o valor do trabalho humano e seu atendimento) que se vai possibilitar a descrição do princípio, e não a nominação do princípio em si. Assim, passamos a exemplificar de forma sintética os princípios do Direito Processual do Trabalho, que contemporaneamente estão mais afeitos ao objeto jurisdicional já destacado, definidos aqui por terem amplo espectro e destacada função sistemática.

a) **Princípio Protetivo**. Este princípio possui uma relação direta com as partes no processo trabalhista.

Sabemos que o direito material interage com o direito processual na fase instrumental da ciência do processo. Para o Direito do Trabalho o princípio protetivo do trabalho é referencial, tendo em conta a importância do trabalho humano. Nesse contexto, o valor do trabalho humano coexiste e interage, quer pelo Direito do Trabalho, quer pelo Direito Processual do Trabalho.

A partir daí, utiliza-se do conceito do princípio constitucional da isonomia substancial para atender a igualdade efetiva das partes que, na relação trabalhista, não têm o mesmo peso de poder entre elas. Dessa maneira, a lei positiva processual, assim como a doutrina e a jurisprudência, protegem uma das partes, aquela conceitualmente considerada mais fraca potestativamente.

Observa-se no sistema jurídico positivo processual brasileiro toda uma excepcionalidade de tratamento especial e preferencial ao trabalhador, o detentor da força de trabalho e geralmente a parte mais enfraquecida do conflito entre o capital e o trabalho.

Assim, para se compensar a desigualdade existente, vê-se no sistema jurídico processual trabalhista uma série de posturas diferenciadas e protetivas. Temos clara a distinção dada no tratamento dos efeitos processuais à ausência das partes na audiência: se o trabalhador, extingue-se o feito (arquiva-se); se o empregador, a aplicação da revelia e da pena de confissão. Para a utilização do recurso pelas partes, há uma postura legal: se improcedente a reclamação, para recorrer deve o reclamante pagar custas, se não ficar isento. Se procedente em parte ou totalmente procedente, cabe ao reclamado, para recorrer, pagar custas, mas também efetuar o depósito prévio. Na fase executória, há medidas protetivas também nos aspectos de efetivação de penhora para o cumprimento da decisão dada pelo Estado. São exemplos de proteção legal processual a uma das partes.

Também se vê tal proteção na jurisprudência dos tribunais: exemplificadamente, fez-se uma interpretação preferencial restritiva à representação do empregador em audiência, especificando que a empresa só pode ser representada por quem dela fizer parte integrativa, como o sócio ou o empregado.

No âmbito coletivo do direito processual, temos como contexto protetivo especial a figura da parte sindical, que é representativa da parte economicamente mais fraca; e o sindicato é tratado especialmente tanto no texto constitucional, como no legal inferior, como, por exemplo, para poder representar o empregado no caso de ausência justificada em audiência trabalhista, ou então para substituir seus associados em ações que envolvam interesses coletivos ou individual homogêneos. Ou, ainda, temos no âmbito do processo coletivo do trabalho a possibilidade de o sindicato representar toda a categoria profissional. Tais deferências possuem típica feição protetiva à parte trabalhadora, ainda que a outra parte também se faça representar por entidades sindicais; mas o conteúdo da representação diferencia-se contextualmente.

É interessante observar que o princípio protetivo, neste caso, posiciona-se em alinhamento ao princípio orientador do devido processo legal, no que tange à isonomia substancial entre as partes, e desta isonomia sobressai a concepção de *paridade de armas*, aqui também estabelecida de forma substancial.

Evidente assim a especificidade quanto à proteção pelo Estado no que se refere a uma das partes, a mais fragilizada, o que deve ser tomado como um princípio especial do Direito Processual do Trabalho.

b) **Princípio da Celeridade.** O princípio da celeridade ou presteza do processo trabalhista corresponde a um interesse mais direto com relação ao Estado.

A rapidez do processo trabalhista está funcionalmente ligada ao princípio orientador da efetividade jurídica. Interessa ao Estado dar fluidez ao processo do trabalho, para que não haja uma maior frustração individual ou coletiva no retardo da prestação jurisdicional.

Inserem-se no princípio da celeridade, primeiramente, os ritos trabalhistas. Os procedimentos processuais trabalhistas possuem característica de maior sumariedade, ainda que no formato ordinário, em se comparando com a ritualidade ordinária processual civil. A celeridade ainda aumenta nos casos do procedimento denominado sumaríssimo, quando, por exemplo, ocorre diminuição de prazos legais, diminuição de número de testemunhas e do próprio formato das sentenças.

Também são céleres os ritos no âmbito do processo coletivo do trabalho, como no caso dos procedimentos relativos aos dissídios coletivos, que envolvem interesses de categorias econômicas e profissionais de ampla abrangência populacional e territorial.

A maior rapidez ainda se observa em alguns subprincípios[16] processuais trabalhistas, como o da irrecorribilidade das decisões interlocutórias, que só atualmente passaram a serem observados no ramo processual civil; a oralidade, que, embora utilizada pontualmente em procedimentos desde o chamado processo comum europeu, não representou por muitos séculos uma linha de conduta procedimental civil em nosso país; o *jus postulandi*, que, embora até exista em outras jurisdições, é na Justiça do Trabalho que se inseriu como conduta ligada ao que hoje se denomina acesso à justiça; a par do subprincípio da concentração de atos processuais em audiência, da preclusão diante das nulidades processuais, a despersonalização do empregador, a simplicidade ou informalidade, a devolutividade recursal, etc.

---

(16) Preferimos utilizar o termo *subprincípios* a *especifidades* ou *características*, que algumas vezes são adotadas, pois incluem-se importantes figuras que são por muitos considerados como princípios fundantes do processo trabalhista, como é o caso da formulação relativa ao *jus postulandi*, à concentração e à oralidade. Adotamos a nomenclatura de *subprincípio* por expressar uma hierarquia sistemática ao que designamos como princípios definidores e qualificadores da especificidade do Direito Processual do Trabalho.

Vemos aqui um conjunto de norteamentos provenientes do sistema positivo processual trabalhista, que busca atitudes processuais que visem à celeridade para o atendimento da efetividade jurisdicional, o que é o que se espera da postura do Estado.

c) **Princípio da Conciliação.** Este princípio está diretamente ligado ao interesse da sociedade.

Na leitura do preâmbulo da Constituição Federal brasileira está o que se pode denominar espírito fundador do Estado democrático, que busca a harmonia social. Também temos a conciliação como integrante histórico da formação do próprio direito processual, sendo que, no âmbito trabalhista, consta do próprio nome do órgão jurisdicional original da Justiça do Trabalho, que era "junta de conciliação e julgamento".

A conciliação trabalhista é ato essencial processual anterior à sentença de primeiro grau, sendo que no dissídio coletivo é obrigatória e exige proposta concreta, e não mera argüição por parte do juiz que conduz o processo coletivo.

A par de tais constatações processuais que tratam a conciliação como elemento integrante do processo do trabalho, temos dela uma dupla concretização: no âmbito do processo trabalhista, o acordo judicial resulta em coisa julgada. No âmbito do direito coletivo, a conciliação resulta em fonte de direito: o acordo ou a convenção coletiva do trabalho.

Evidente a importância do princípio da conciliação de forma geral do direito processual aplicado, a ponto de ocorrerem campanhas nacionais de conciliação. Mas, no âmbito do processo do trabalho, a conciliação possui um valor histórico, social e cultural que tornam tal princípio singular e especial, merecendo assim um tratamento destacado como constante e presente em todo o sistema processual trabalhista.

V — Conclusão inconclusiva

Embora pareça contraditório nomear de inconclusiva uma conclusão, este título textual representa exatamente o que se deve ter como princípio do Direito Processual do Trabalho.

Foi visto que os princípios científicos da ciência social aplicada recebem influência dos paradigmas vigentes para a compreensão da ciência enfocada. E que os princípios sofrem a influência do tempo e do espaço da aplicação desta mesma ciência.

No caso do Direito Processual do Trabalho, ramo autônomo da ciência do processo, ocorrem alterações em seus enfoques à medida que as situações gerais, observadas pelos princípios externos usados pela ciência processual (princípios lógico, político, econômico e jurídico), são modificadas.

Exemplificadamente, temos o caso de um princípio que era tido como angular do Direito Processual do Trabalho brasileiro, e por alguns até paradigmático para a existência do Direito Processual Coletivo do Trabalho: o princípio da jurisdição normativa. Este princípio, que tratava da utilização pontual e circunstancial de poder legiferante pelo poder jurisdicional trabalhista, em casos específicos e localizados quanto a questões atendidas pelos dissídios coletivos, havia sido reforçado pelo texto original da Constituição Federal brasileira de 1988. Entretanto, a modificação ocorrida no art. 114 da Constituição Federal pela Emenda Constitucional n. 45 de 2004 alterou a substância do poder normativo até então existente, estabelecendo que a jurisdição, até então normativa efetiva, se restringisse a atentar disposições mínimas legais de proteção ao trabalho e às condições convencionadas anteriormente pelas partes. Tal mitigação ao poder normativo fez decrescer o princípio em si, transformando-o em um subprincípio específico do âmbito processual coletivo, ainda que com reflexos no direito individual.

Observamos, assim, que os princípios do Direito Processual do Trabalho existem para nortear, "descrever, explicar e prever" os fenômenos estudados, apontando caminhos de resolução. Mas tais princípios não são perpétuos, nem imutáveis, nem existem por si mesmos. Nascem, crescem, vivem, convivem e morrem, como o Homem e seu trabalho.

VI — REFERÊNCIAS BIBLIOGRÁFICAS

ABBAGNANO, Nicola. *Dicionário de filosofia*. 2. ed. São Paulo: Mestre Jou, 1982.

AEROSA, Ricardo. *Manual do processo trabalhista*. Rio de Janeiro: Forense, 1998.

BARROSO, Luís Roberto. Fundamentos teóricos e filosóficos do novo Direito Constitucional brasileiro. In: GRAU, Eros Roberto e CUNHA, Sérgio Sérvulo da. (coord.). *Estudos de direito constitucional em homenagem a José Afonso da Silva*. São Paulo: Malheiros, 2003.

CHAUÍ, Marilena. *Convite à filosofia*. 7. ed. São Paulo: Ática, 1996.

CINTRA, Antônio Carlos de Araújo *et al. Teoria geral do processo*. 14. ed. São Paulo: Malheiros, 1998.

DINAMARCO, Candido Rangel. *A instrumentalidade do processo*. 8. ed. São Paulo: Malheiros, 2000.

DWORKIN, Ronald. *Taking rights seriously*. Cambridge, Massachusetts: Harvard University Press, 1999.

GIGLIO, Wagner D.; CORRÊA, Cláudia Veltri. *Direito processual do trabalho*. 16. ed. São Paulo: Saraiva, 2007.

KUHN, Thomas S. *A estrutura das revoluções científicas*. São Paulo: Perspectiva, 2001.

MANUS, Pedro Paulo Teixeira. *Execução de sentença no processo do trabalho*. São Paulo: Atlas, 2005.

_____. *Direito do trabalho*. 9. ed. São Paulo: Atlas, 2005.

NASCIMENTO, Amauri Mascaro. *Curso de direito processual do trabalho*. 19. ed. São Paulo: Saraiva, 1999.

PISTORI, Gerson Lacerda. *Dos princípios do processo*. São Paulo: LTr, 2000.

_____ . *História do direito do trabalho*. São Paulo: LTr, 2007.

REALE, Miguel. *Lições preliminares de direito*. 22. ed. São Paulo: Saraiva, 1995.

RUSSEL, Bertrand. *Obras Filosóficas*. 3. ed. São Paulo: Editora Nacional, 1969.

CAPÍTULO 3

DA COMPETÊNCIA DA JUSTIÇA DO TRABALHO

Rodolfo Pamplona Filho[*]

1. CONSIDERAÇÕES INICIAIS

Muito se tem debatido e escrito sobre a Emenda n. 45/04, a chamada "Reforma do Judiciário".

Um dos temas, porém, que mais tem gerado controvérsia, sem sombra de qualquer dúvida, se refere à nova regra constitucional de competência da Justiça do Trabalho, na medida em que se digladiam correntes ampliativas e restritivas, na sempre salutar busca pela interpretação que melhor atenda à finalidade da modificação e aos interesses da população.

Assim, partindo sempre da premissa de que a diversidade de posicionamentos é fruto das melhores intenções de garantir estabilidade e segurança às relações jurídicas, ousamos apresentar a nossa contribuição pessoal para a compreensão dos limites do novo art. 114 da Constituição Federal.

Para isso, todavia, parece-nos indispensável tecer algumas considerações sobre a ampliação da competência da Justiça do Trabalho no contexto da Reforma do Judiciário, bem como relembrar as regras básicas anteriores de sua competência material, pois acreditamos que não é possível se interpretar isoladamente o novel dispositivo, desprezando todo um arcabouço histórico interpretativo.

2. A AMPLIAÇÃO DA COMPETÊNCIA DA JUSTIÇA DO TRABALHO NO CONTEXTO DA REFORMA DO JUDICIÁRIO

A Emenda Constitucional n. 45/04 é, em nossa opinião, uma reforma com perfil conservador.

De fato, sem nos aprofundar em cada um dos novos institutos, podemos destacar, como medidas que depõem em favor da conservação das estruturas:

(*) Juiz Titular da 1ª Vara do Trabalho de Salvador do Tribunal Regional do Trabalho da Quinta Região (Bahia). Professor e coordenador de curso de especialização. Membro da Academia Nacional de Direito do Trabalho e da Academia de Letras Jurídicas da Bahia. Mestre e Doutor em Direito do Trabalho pela PUC-SP e Especialista em Direito Civil pela Fundação Faculdade de Direito da Bahia. Autor de diversas obras jurídicas.

a) Súmula Vinculante (art. 103-A);

b) Conselho Nacional de Justiça (art. 103-B);

c) Interstício para Ingresso na Magistratura (art. 93, I);

d) "Quarentena" para reingresso na Advocacia (art. 95, V).

Até mesmo aquilo que poderia soar como um grande avanço, que é a previsão do § 3º do art. 5º ("Os tratados e convenções internacionais sobre direitos humanos que forem aprovados, em cada Casa do Congresso Nacional, em dois turnos, por três quintos dos votos dos respectivos membros, serão equivalentes às emendas constitucionais"), inserido justamente na Reforma do Judiciário, somente pode ser considerado inovador por força da jurisprudência conservadora do Supremo Tribunal Federal[1], uma vez que, para os internacionalistas em geral, a mencionada previsão formalizaria, ainda mais, o processo de adesão do Brasil aos tratados internacionais de direitos humanos, pois estes já se incorporariam automaticamente ao nosso Direito positivo com sua ratificação, por força do § 1º do

---

(1) "A Convenção n. 126 da OIT reforça a argüição de inconstitucionalidade: ainda quando não se queira comprometer o Tribunal com a tese da hierarquia constitucional dos tratados sobre direitos fundamentais ratificados antes da Constituição, o mínimo a conferir-lhe é o valor de poderoso reforço à interpretação do texto constitucional que sirva melhor à sua efetividade: não é de presumir, em Constituição tão ciosa da proteção dos direitos fundamentais quanto a nossa, a ruptura com as convenções internacionais que se inspiram na mesma preocupação." (ADI n. 1.675-MC, Rel. Min. Sepúlveda Pertence, DJ 19.9.03)
"Com efeito, é pacífico na jurisprudência desta Corte que os tratados internacionais ingressam em nosso ordenamento jurídico tão somente com força de lei ordinária (o que ficou ainda mais evidente em face de o art. 105, III, da Constituição que capitula, como caso de recurso especial a ser julgado pelo Superior Tribunal de Justiça como ocorre com relação à lei infraconstitucional, a negativa de vigência de tratado ou a contrariedade a ele), não se lhes aplicando, quando tendo eles integrado nossa ordem jurídica posteriormente à Constituição de 1988, o disposto no art. 5º, § 2º, pela singela razão de que não se admite emenda constitucional realizada por meio de ratificação de tratado." (HC 72.131, voto do Min. Moreira Alves, DJ 1º.8.03)
"Prevalência da Constituição, no Direito brasileiro, sobre quaisquer convenções internacionais, incluídas as de proteção aos direitos humanos, que impede, no caso, a pretendida aplicação da norma do Pacto de São José: motivação. A Constituição do Brasil e as convenções internacionais de proteção aos direitos humanos: prevalência da Constituição que afasta a aplicabilidade das cláusulas convencionais antinômicas. (...) Assim como não o afirma em relação às leis, a Constituição não precisou dizer-se sobreposta aos tratados: a hierarquia está ínsita em preceitos inequívocos seus, como os que submetem a aprovação e a promulgação das convenções ao processo legislativo ditado pela Constituição e menos exigente que o das emendas a ela e aquele que, em conseqüência, explicitamente admite o controle da constitucionalidade dos tratados (CF, art. 102, III, b). Alinhar-se ao consenso em torno da estatura infraconstitucional, na ordem positiva brasileira, dos tratados a ela incorporados, não implica assumir compromisso de logo com o entendimento — majoritário em recente decisão do STF (ADInMC 1.480) — que, mesmo em relação às convenções internacionais de proteção de direitos fundamentais, preserva a jurisprudência que a todos equipara hierarquicamente às leis ordinárias. Em relação ao ordenamento pátrio, de qualquer sorte, para dar a eficácia pretendida à cláusula do Pacto de São José, de garantia do duplo grau de jurisdição, não bastaria sequer lhe conceder o poder de aditar a Constituição, acrescentando-lhe limitação oponível à lei como é a tendência do relator: mais que isso, seria necessário emprestar à norma convencional força ab-rogante da Constituição mesma, quando não dinamitadoras do seu sistema, o que não é de admitir." (RHC 79.785, Rel. Min. Sepúlveda Pertence, DJ 22.11.02)
"Subordinação normativa dos tratados internacionais à Constituição da República. (...) Controle de constitucionalidade de tratados internacionais no sistema jurídico brasileiro. (...) Paridade normativa entre atos internacionais e normas infraconstitucionais de direito interno. (...) Tratado internacional e reserva constitucional de lei complementar. (...) Legitimidade constitucional da convenção n. 158/OIT, desde que observada a interpretação conforme fixada pelo Supremo Tribunal Federal." (ADI 1.480-MC, Rel. Min. Celso de Mello, DJ 18.5.01) "(...) no tocante à alegação de ofensa ao art. 5º, § 2º, da Constituição, ela não ocorre, porquanto esse dispositivo se refere a tratados internacionais relativos a direitos e garantias fundamentais, o que não é matéria objeto da Convenção de Varsóvia e do Protocolo de Haia no tocante à limitação da responsabilidade civil do transportador aéreo internacional." (RE 214.349, Rel. Min. Moreira Alves, DJ 11.6.99)

mesmo dispositivo ("As normas definidoras dos direitos e garantias fundamentais têm aplicação imediata")[2].

Nesse contexto, é de se destacar que, na contramão da ideologia da reforma, a Justiça do Trabalho, que sempre foi muito malvista pelos setores mais conservadores da sociedade (a ponto de, há bem pouco tempo, ter sido cogitada, sem êxito, a sua extinção...), ter sido fortalecida, com a possibilidade de uma atuação muito maior do que outrora[3].

E como era essa atuação?

É o que pretendemos lembrar no próximo tópico!

3. A Competência Material Tradicional da Justiça do Trabalho

Dispunha o *caput* do art. 114 original da Constituição Federal de 1988, *in verbis*:

> "Art. 114. Compete à Justiça do Trabalho conciliar e julgar os dissídios individuais e coletivos entre trabalhadores e empregadores, abrangidos os entes de direito público externo e da administração pública direta e indireta dos Municípios, do Distrito Federal, dos Estados e da União, e, na forma da lei, outras controvérsias decorrentes da relação de trabalho, bem como os litígios que tenham origem no cumprimento de suas próprias sentenças, inclusive coletivas."

A análise cuidadosa desse dispositivo nos levou a concluir[4] que, em verdade, o texto constitucional encerrava uma "regra trina".

De fato, a norma básica de competência material da Justiça do Trabalho se desdobrava em três regras constitucionais de competência material, assim sistematizadas:

a) Competência material natural, originária ou específica;

b) Competência material legal ou decorrente;

---

(2) "Considerando a natureza constitucional dos direitos enunciados nos tratados internacionais de proteção aos direitos humanos, três hipóteses poderão ocorrer. O direito enunciado no tratado internacional poderá: a) reproduzir direito assegurado pela Constituição; b) inovar o universo de direitos constitucionalmente previstos; c) contrariar preceito constitucional. Na primeira hipótese, os tratados internacionais de direitos humanos estarão a reforçar o valor jurídico de direitos constitucionalmente assegurados. Já na segunda hipótese, estes tratados estarão a ampliar e estender o elenco dos direitos constitucionais, complementando e integrando a declaração constitucional de direitos. Por fim, quanto à terceira hipótese, prevalecerá a norma mais favorável à proteção da vítima. Vale dizer, os tratados internacionais de direitos humanos inovam significativamente o universo dos direitos nacionalmente consagrados — ora reforçando sua imperatividade jurídica, ora adicionando novos direitos, ora suspendendo preceitos que sejam menos favoráveis à proteção dos direitos humanos. Em todas estas três hipóteses, os direitos internacionais constantes dos tratados de direitos humanos apenas vêm a aprimorar e fortalecer, nunca a restringir ou debilitar, o grau de proteção dos direitos consagrados no plano normativo interno" (PIOVESAN, Flávia. *Direitos humanos e o direito constitucional internacional*. São Paulo: Max Limonad, 2002, p. 20).
(3) Sobre o tema, consulte-se o preciso trabalho de um dos mais importantes líderes da magistratura trabalhista nacional neste processo de reforma, COUTINHO, Grijalbo Fernandes. Ampliação da competência da Justiça do Trabalho: Mudança que contraria o perfil conservador da Reforma do Judiciário (In: COUTINHO, Grijalbo Fernandes; FAVA, Marcos Neves (coords.). *Justiça do Trabalho:* competência ampliada. São Paulo: LTr, 2005. p. 92-115).
(4) PAMPLONA FILHO, Rodolfo. Interpretando o art. 114 da Constituição Federal de 1988. In: *Revista Ciência Jurídica do Trabalho*, ano I, n. 04, abr. 1998. Belo Horizonte: Nova Alvorada/Ciência Jurídica, p. 9/17.

c) Competência material executória.

Compreendamos, ainda que rapidamente, tais regras.

3.1. COMPETÊNCIA MATERIAL NATURAL, ORIGINÁRIA OU ESPECÍFICA

A competência material natural, também conhecida como originária ou específica, nada mais era do que a atribuição da Justiça do Trabalho para conhecer e julgar os dissídios individuais e coletivos entre trabalhadores e empregadores.

Ante a inviabilidade de falar-se em empregador como um dos pólos de uma relação jurídica sem que no outro pólo o sujeito que se apresenta seja o empregado, interpretava-se por 'trabalhador' a figura do *empregado*.

Assim, de acordo com essa regra da competência material natural, era a Justiça do Trabalho o ramo do Poder Judiciário competente para decidir todas as questões entre empregados e empregadores, os quais se acham envolvidos, a esse título (ou seja, com essa qualificação jurídica), numa relação jurídica de emprego.

Ou seja, o que importava era a qualificação jurídica de "empregado" e "empregador" para se delimitar a competência. Nessa linha, havia até mesmo quem defendesse que a regra de competência da Justiça do Trabalho fosse mais de natureza pessoal do que material.

Assim, não haveria necessidade de nenhuma outra autorização legal para que ao Judiciário Trabalhista viesse a ser confiada a solução de uma lide entre esses dois sujeitos, pois a previsão constitucional bastava por si mesma.

Registre-se, inclusive, que pouco importava o tipo de relação de emprego (aqui se abrangendo relações empregatícias urbanas, rurais, domésticas, temporárias, a domicílio, entre outras). Bastava estar-se diante de relação empregatícia para a questão situar-se no âmbito de competência material da Justiça do Trabalho, independentemente de lei.

3.2. COMPETÊNCIA MATERIAL LEGAL OU DECORRENTE

Já a regra de competência legal ou decorrente era entendida da seguinte forma: para solucionar controvérsias decorrentes de outras relações jurídicas diversas das relações de emprego, a Justiça do Trabalho só seria competente se presentes dois requisitos: a expressa previsão de uma lei atributiva dessa competência e se a relação jurídica derivar de uma relação de trabalho.

Esse princípio encontrava fundamento na parte final do art. 114 da Constituição da República, que, depois de situar, na esfera da competência da Justiça do Trabalho, os dissídios entre empregados e empregadores, o fazia, também, *na forma da lei, para outras controvérsias decorrentes da relação de trabalho*.

A correta interpretação desse segundo princípio nos leva à conclusão que visava o mesmo à previsão de possibilidade de competência da Justiça do Trabalho para controvérsias trabalhistas entre sujeitos que não se enquadrem na qualificação jurídica de "trabalhadores" e/ou "empregadores".

Assim, quando o art. 114 da CF/88 se referia à competência para julgar "na forma da lei, outras controvérsias decorrentes da relação de trabalho", não estava se referindo a controvérsias não previstas nas normas trabalhistas entre empregadores e empregados, mas sim a litígios em que figurassem, em um ou nos dois pólos da relação, sujeitos distintos das figuras citadas (afinal, os conflitos entre eles eram de sua competência material natural), embora a controvérsia fosse decorrente de uma relação de trabalho.

Observe-se, porém, que não estávamos a afirmar, naquele momento histórico, que toda e qualquer controvérsia oriunda de relações de trabalho poderia ser decidida pelo Judiciário Trabalhista.

O que inferimos da regra constitucional original é que era possível a existência de competência da Justiça do Trabalho para apreciar lides de outros sujeitos distintos dos previstos na sua regra de competência material natural, *desde que houvesse lei específica que preveja tal hipótese*.

Era o caso, por exemplo, dos "dissídios resultantes de contratos de empreitadas em que o empreiteiro seja operário ou artífice" (art. 652, III, CLT) ou das "ações entre trabalhadores portuários e os operadores portuários ou o Órgão Gestor de Mão-de-Obra — OGMO decorrentes da relação de trabalho" (art. 652, V, CLT). Em ambas as situações, não há vínculo empregatício, mas, sim, relações de trabalho que eram submetidas, por norma infraconstitucional, à Justiça do Trabalho.

Outro bom exemplo constava da Lei n. 8.984/95, que, em seu art. 1º, declarava que "Compete à Justiça do Trabalho conciliar e julgar os dissídios que tenham origem no cumprimento de convenções coletivas de trabalho ou acordos coletivos de trabalho, mesmo quando ocorram entre sindicatos ou entre sindicatos de trabalhadores e empregador."

Esta última situação, inclusive, pode ser considerada extremamente didática, haja vista ser uma lide que, de forma evidente, decorre de relações de emprego, mas cujos sujeitos demandantes não estão, definitivamente, na qualificação jurídica de "empregados" e "empregadores". Tais ações, inclusive, eram ajuizadas na Justiça comum[5], somente passando para o âmbito da competência da Justiça do Trabalho, após a autorização legal[6].

---

(5) "Litígio entre sindicato de trabalhadores e empregador que tem origem no cumprimento de convenção coletiva de trabalho ou acordo coletivo de trabalho. Pela jurisprudência desta Corte (assim se decidiu no RE 130.555), não havendo lei que atribua competência a Justiça Trabalhista para julgar relações jurídicas como a em causa, e competente para julgá-la a Justiça Comum. Sucede, porém, que, depois da interposição do presente recurso extraordinário, foi editada a Lei n. 8.984, de 7.2.95, que afastou a premissa de que partiu o entendimento deste Tribunal ao julgar o RE 130.555, porquanto o art. 1º da referida lei dispõe que 'compete à Justiça do Trabalho conciliar e julgar os dissídios que tenham origem no cumprimento de convenções coletivas de trabalho e acordos coletivos de trabalho, mesmo quando ocorram entre sindicatos ou entre sindicato de trabalhadores e empregador'. E, em se tratando de recurso extraordinário interposto contra acórdão que julgou conflito de competência, não tem sentido que se deixe de aplicar a lei superveniente a interposição desse recurso, para dar-se como competente Juízo que o era antes da citada Lei, mas que deixou de sê-lo com o advento dela." (RE 131.096, Rel. Min. Moreira Alves, DJ 29.9.95).
(6) "Ação contra sindicato pleiteando a desoneração do pagamento de contribuição confederativa estipulada em cláusula de acordo coletivo de trabalho. Art. 114 da Constituição Federal. Lei n. 8.984/95. Não é caso de incidência da Lei n. 8.984/95, editada com base no art. 114 da Constituição Federal, que retirou do âmbito

3.3. COMPETÊNCIA MATERIAL EXECUTÓRIA

Por fim, a terceira regra manifestava-se pela competência executória das próprias sentenças, o que, obviamente, é uma conseqüência natural da atuação estatal na jurisdição trabalhista.

Sua importância é histórica, pois, antes do Decreto-lei n. 1.237, de 2.5.39, a Justiça do Trabalho não tinha poder para executar suas próprias sentenças, somente podendo ser considerada parte, de fato, do Poder Judiciário, a partir deste momento (embora ainda prevista no Capítulo da Ordem Econômica e Social pela Carta de 1937, uma vez que, constitucionalmente, a incorporação ao Poder Judiciário apenas tenha se dado com a Constituição de 1946).

Além disso, vale destacar que, em matéria de execução de sentença, os Juízes do Trabalho aplicam quase todos os ramos do Direito, e não somente o que se convencionou chamar de Direito do Trabalho e Direito Processual do Trabalho.

Nas lapidares palavras do mestre *Amauri Mascaro Nascimento*, abre-se, aqui, "uma perspectiva larga, sabendo-se que, na execução de sentenças, a Justiça do Trabalho vê-se diante de questões que envolvem a aplicação do Direito Comercial, Civil, Administrativo, e outros setores do Direito positivo, porque da penhora de bens pode resultar inúmeras questões de natureza patrimonial. A penhora é o momento em que, diante da atuação da lei no mundo físico, surgem problemas sobre as condições em que se encontram os bens penhorados, alguns onerados com hipoteca, penhor, alienação fiduciária, responsabilidade dos sócios, sucessão, arrematação, adjudicação, remição etc., questões que o Juiz do Trabalho terá de resolver, e para as quais é competente para executar as sentenças da Justiça do Trabalho."[7]

Como se não bastasse, tal competência executória foi substancialmente ampliada, antes mesmo da Reforma do Judiciário, com o advento da Emenda Constitucional n. 20/98, que inseriu o § 3º ao original art. 114, estabelecendo que "Compete ainda à Justiça do Trabalho executar, de ofício, as contribuições sociais previstas no art. 195, I, a, e II, e seus acréscimos legais, decorrentes das sentenças que proferir".

Revistas as regras de competência material da Justiça do Trabalho antes da Reforma do Judiciário, vem à mente a pergunta que não quer calar: e como ficou depois disso?

É o que veremos no próximo tópico!

---

residual deixado à Justiça Comum dos Estados a ação tendo por objeto o adimplemento de obrigação assumida em convenções ou acordos coletivos de trabalho, incluindo-se na órbita da Justiça Trabalhista, tendo em vista que tanto a sentença de primeiro grau como o acórdão recorrido foram prolatados muito antes da vigência da referida lei, quando era competente a Justiça Comum dos Estados." (RE 204.194, Rel. Min. Ilmar Galvão, DJ 6.2.98).

(7) Ob. cit., p. 101.

4. A NOVA COMPETÊNCIA MATERIAL DA JUSTIÇA DO TRABALHO

A Emenda Constitucional n. 45, de 31 de dezembro de 2004, modificou substancialmente as regras básicas de competência da Justiça do Trabalho.

Com efeito, destrinchou o prolixo *caput* do art. 114, "enxugando-o" e deixando para nove incisos a tarefa de especificar qual é a nova competência trabalhista.

É claro que, até mesmo pelo número e extensão dos incisos, não há como se negar que a atuação da Justiça do Trabalho foi visivelmente ampliada.

É justamente a medida desta ampliação que tem sido discutida e gerado acirrados debates.

Para aqueles mais conservadores, tal modificação não teria vindo em benefício da sociedade, pois influenciaria negativamente na celeridade processual, tão prestigiada no processo trabalhista, uma vez que a ampliação da atuação jurisdicional impediria que os magistrados pudessem se dedicar da mesma forma que outrora à solução das lides.

Nesse mesmo diapasão, ouve-se, com certa freqüência, a afirmação de que tal ampliação desvirtuaria o próprio sentido da Justiça do Trabalho, que tradicionalmente sempre foi de proteção ao trabalhador subordinado, hipossuficiente de uma desigual relação jurídica.

Definitivamente, repudiamos tal raciocínio.

Com efeito, "já vimos este filme" outras vezes!

De fato, quantas "trombetas do apocalipse" não soaram, propugnando pela inviabilidade e/ou perda da identidade da Justiça Laboral, quando houve a ampliação da competência para execução, de ofício, de contribuições previdenciárias (EC n. 20/98)? Ou a Lei do Rito Sumaríssimo (Lei n. 9.957/00)? Ou, até mesmo, o fim da malfadada representação classista (EC n. 24/99)?

Entusiasmados (mas não deslumbrados), vejamos como ficou a nova redação do art. 114 da Constituição Federal:

> "Art. 114. Compete à Justiça do Trabalho processar e julgar:
>
> I — as ações oriundas da relação de trabalho, abrangidos os entes de direito público externo e da administração pública direta e indireta da União, dos Estados, do Distrito Federal e dos Municípios;
>
> II — as ações que envolvam exercício do direito de greve;
>
> III — as ações sobre representação sindical, entre sindicatos, entre sindicatos e trabalhadores, e entre sindicatos e empregadores;
>
> IV — os mandados de segurança, *habeas corpus* e *habeas data*, quando o ato questionado envolver matéria sujeita à sua jurisdição;
>
> V — os conflitos de competência entre órgãos com jurisdição trabalhista, ressalvado o disposto no art. 102, I, o;

VI — as ações de indenização por dano moral ou patrimonial, decorrentes da relação de trabalho;

VII — as ações relativas às penalidades administrativas impostas aos empregadores pelos órgãos de fiscalização das relações de trabalho;

VIII — a execução, de ofício, das contribuições sociais previstas no art. 195, I, *a*, e II, e seus acréscimos legais, decorrentes das sentenças que proferir;

IX — outras controvérsias decorrentes da relação de trabalho, na forma da lei.

§ 1º Frustrada a negociação coletiva, as partes poderão eleger árbitros.

§ 2º Recusando-se qualquer das partes à negociação coletiva ou à arbitragem, é facultado às mesmas, de comum acordo, ajuizar dissídio coletivo de natureza econômica, podendo a Justiça do Trabalho decidir o conflito, respeitadas as disposições mínimas legais de proteção ao trabalho, bem como as convencionadas anteriormente.

§ 3º Em caso de greve em atividade essencial, com possibilidade de lesão do interesse público, o Ministério Público do Trabalho poderá ajuizar dissídio coletivo, competindo à Justiça do Trabalho decidir o conflito."

Nos estritos limites deste artigo, abordaremos somente a nova competência material contida nos incisos do dispositivo supratranscrito, não enfocando a parte relativa aos dissídios coletivos, tema abordado nos seus parágrafos.

Vamos a ela!

4.1. AÇÕES ORIUNDAS DA RELAÇÃO DE TRABALHO

O inciso I, que afirma ser da Justiça do Trabalho "as ações oriundas da relação de trabalho, abrangidos os entes de direito público externo e da administração pública direta e indireta da União, dos Estados, do Distrito Federal e dos Municípios", é o mais polêmico, entre todos os novos dispositivos constitucionais.

Em nossa opinião, porém, uma interpretação histórica, com o olhar no que existia outrora, bem como no processo legislativo de reforma constitucional, pode, facilmente, superar qualquer dúvida na sua compreensão.

Como vimos tópicos atrás, a interpretação predominante sobre a redação originária do art. 114 da Constituição limitava a atuação da Justiça do Trabalho à resolução dos dissídios individuais e coletivos entre trabalhadores e empregadores, como sua regra natural, e, por exceção, na existência de previsão expressa de norma infraconstitucional, outras controvérsias decorrentes da relação de trabalho, bem como os litígios originados no cumprimento de suas próprias sentenças, inclusive coletivas.

Percebe-se, portanto, que o âmbito de jurisdição era restrito aos conflitos oriundos de vínculos empregatícios, estando afastados da apreciação da Justiça do Trabalho todas as demais modalidades contratuais que envolvessem o trabalho humano, salvo previsão legal expressa.

Pois bem.

Com a Emenda n. 45, tudo mudou!

Aquilo que outrora era regra e exceção foi reunido, com a evidente finalidade de tutelar, valorizando e disciplinando, toda modalidade de **trabalho humano**.

Se a ação for oriunda diretamente da prestação do trabalho, por pessoas físicas, discutindo-se, portanto, o conteúdo desse labor, bem como as condições em que ele é exercido ou disponibilizado, não haverá mais necessidade de norma infraconstitucional autorizadora para que se reconheça a competência da Justiça do Trabalho.

Em outras palavras, mantendo a coerência histórica na interpretação da evolução constitucional da competência trabalhista, envolvendo a lide sujeitos que estejam na qualificação jurídica de trabalhadores e tomadores desse serviço, a competência será da Justiça do Trabalho.

E note-se que tal modificação não "caiu de pára-quedas" no nosso sistema normativo.

Muito pelo contrário!

A doutrina trabalhista há muito reclamava tal modificação, não vendo sentido em limitar a "Justiça do Trabalho" a uma "Justiça do Emprego" (ou, na prática, dos desempregados...).

Nesse sentido, vale a pena, apenas a título exemplificativo, as proféticas palavras do magistrado e professor Antonio Lamarca, muito antes da Constituição Federal de 1988:

"Por que razão o legislador ordinário não defere a uma Justiça semi-gratuita e perfeitamente aparelhada a resolução de conflitos de trabalho não resultantes de uma relação não empregatícia? Por que a Justiça do Trabalho não pode decidir as lides conseqüentes aos acidentes de trabalho e à previdência social?

Há muito combatemos essa aparentemente inexplicável quebra de competência. A Justiça do Trabalho custa muito dinheiro aos cofres públicos, mas funciona melhor que qualquer outro setor do Judiciário brasileiro. Tanto isto é verdade que a Reforma Judiciária, de abril de 1977, praticamente não tocou nela. Seria razoável, portanto, que a ela se deferisse acompanhar toda a vida do trabalhador, em todos os aspectos ligados, direta ou indiretamente, ao trabalho. Não é assim, porém"[8].

Não era! — dizemos nós, atualizando o pensamento do grande mestre.

Agora, todas as ações oriundas da relação de trabalho (para muitos, relação de emprego), no que não temos como desprezar os contratos civis, consumeristas ou outros contratos de atividade (quando se referirem à discussão sobre a valori-

---

(8) LAMARCA, Antonio. *O livro da competência.* São Paulo: Revista dos Tribunais, 1979. p. 2.

zação do trabalho humano), deverão ser ajuizadas, a partir da Reforma do Judiciário, na Justiça do Trabalho[9].

Dessa forma, sem *animus* de taxatividade, afirmamos que tanto uma ação envolvendo o descumprimento das regras de um contrato de trabalho, quanto uma ação de cobrança de honorários advocatícios, prestados por profissional autônomo, podem e devem ser apreciadas na Justiça Laboral. Contratado, porém, determinado escritório (e não um profissional específico), o contratante deverá ajuizar sua ação na Justiça Comum. Já o próprio advogado, que presta serviços a este escritório, não como titular ou empregado, mas como associado, pode, ainda quando autônomo, reclamar dele na Justiça do Trabalho os seus honorários eventualmente inadimplidos, valendo o mesmo raciocínio, por exemplo, para trabalhadores cooperativados para recebimento de seus créditos perante a cooperativa; estagiários para percepção de bolsa-auxílio que lhe foi sonegada; representantes comerciais autônomos pelas comissões e honorários não recebidos etc.

Isto, obviamente, não quer dizer que o Direito Material correspondente será o mesmo, mas sim, apenas, que o órgão responsável pela sua jurisdição é que será único.

Dizer isso não importa em desvirtuar o sentido da atuação da Justiça do Trabalho, uma vez que, mesmo em uma relação de consumo, quando o prestador seja a pessoa física, e que o direito material correspondente é mais benevolente com o tomador (consumidor), há um trabalho humano que merece tutela.

Por isso, o fato de o trabalho prestado eventualmente inserir-se, por força do art. 3º, § 2º, da Lei n. 8.078/90, no conceito de relação de consumo, não repele a competência da Justiça do Trabalho. Afinal de contas, trata-se de competência material estabelecida na Constituição Federal, sem qualquer tipo de ressalva, sendo a competência da Justiça Comum estadual meramente residual (aquilo que não estiver previsto na Constituição Federal como de competência especializada será de competência da justiça comum).

O que o magistrado terá como desafio é a tarefa de sopesar valores e princípios, preservando os interesses do consumidor, sem desvalorizar o trabalho humano. O que assusta, nessa bilateralidade, é justamente o que é mais fascinante: não se pode partir do pressuposto que trabalhador ou consumidor tenham sempre razão, só por assim se encontrarem. Quem vai a Juízo não pede misericórdia, mas sim justiça.

---

(9) "Deixa a Justiça do Trabalho de ter como principal competência, à vista da mudança em análise, o exame dos litígios relacionados com o contrato de trabalho, para julgar os processos associados ao trabalho de pessoa natural em geral. Daí que agora lhe compete apreciar também as ações envolvendo a atividade de prestadores autônomos de serviço, tais como corretores, médicos, engenheiros, arquitetos ou outros profissionais liberais, além de transportadores, empreiteiros, diretores de sociedade anônima sem vínculo de emprego, representantes comerciais, consultores etc., desde que desenvolvida a atividade diretamente por pessoa natural. Prestados os serviços por meio de empresa, não havendo alegação de fraude, a competência não é da Justiça do Trabalho. Como anota Proto Pisani, ao comentar o art. 409, n. 3, do Codice de Procedura Civile Italiano, em observação válida também para o Direito brasileiro, 'la constituzione in società esclude il requisito della prestazione prevalentemente personale" (MALLET, Estêvão. Apontamentos sobre a Competência da Justiça do Trabalho após a Emenda Constitucional n. 45. In: *Revista do Tribunal Superior do Trabalho*, Brasília, v. 71, n. 1 jan./abr. 2005. p. 200).

Sem parecer contraditório, porém, as ações oriundas da relação de trabalho, quando envolver relação jurídica de direito material estatutária, não estão, ainda, na competência da Justiça do Trabalho.

Mas elas também não são relações de trabalho?

Claro que são!

O fundamento da exclusão, todavia, é outro, a saber, a própria observação do processo legislativo de modificação constitucional, uma vez que o texto aprovado no Senado continha ressalva de exclusão dos servidores estatutários, constante da promulgação, que foi suprimida quando da publicação da Emenda Constitucional.

Embora não se queira, aqui, ressuscitar a velha discussão do conflito entre a *mens legis* e a *mens legislatoris*, o fato é que, por força da liminar proferida na Ação Direta de Inconstitucionalidade n. 3.395-6, pelo Ministro Nelson Jobim, reestabeleceu-se o quanto pactuado durante a tramitação do projeto de emenda constitucional, sem prejuízo do nosso posicionamento pessoal de que é muito mais lógico que tais conflitos também estejam submetidos à Justiça do Trabalho (esta seja, talvez, uma luta que não se deve abandonar, mas, sim, retomar o mais breve possível...).

A nova regra básica de competência material toma por base, portanto, novamente, a qualificação jurídica dos sujeitos envolvidos, não mais, como outrora, identificados somente como empregado (trabalhador subordinado) e empregador, mas sim como trabalhador, genericamente considerado, e tomador desses serviços (seja empregador, consumidor, sociedade cooperativa etc.), incluindo o próprio Estado[10], desde que não seja, na forma explicada, uma relação estatutária[11].

Assim, o que importa para delimitação de competência não é o tema discutido ou a legislação a ser aplicada, mas sim a circunstância de versar a lide sobre questão fulcrada diretamente em uma relação de trabalho[12]. Isso implica reconhe-

---

(10) "Contrato por tempo determinado para atender a necessidade temporária de excepcional interesse público. Típica demanda trabalhista contra pessoa jurídica de direito público. Competência da Justiça do Trabalho. Art. 114 da Constituição. Precedentes." (CC 7.128, Rel. Min. Gilmar Mendes, DJ 1º.4.05)
(11) "Conflito negativo de competência entre juiz federal e o Tribunal Superior do Trabalho. Reclamação trabalhista. Instituto Brasileiro de Geografia e Estatística — IBGE. Alegado vínculo sob o molde de contrato de trabalho. Entendimento desta Corte no sentido de que, em tese, se o empregado público ingressa com ação trabalhista, alegando estar vinculado ao regime da CLT, compete à Justiça do Trabalho a decisão da causa (CC 7.053, Rel. Min. Celso de Mello, DJ 7.6.2002; CC 7.118, Rel. Min. Maurício corrêa, DJ 4.10.2002). Conflito de competência julgado procedente, ordenando-se a remessa dos autos ao TST." (CC 7.134, Rel. Min. Gilmar Mendes, DJ 15.8.03)
(12) "Este é o teor da decisão agravada: 'A questão suscitada no recurso extraordinário já foi dirimida por ambas as Turmas do Supremo Tribunal Federal, segundo as quais compete à Justiça do Trabalho o julgamento das questões relativas à complementação de pensão ou de proventos de aposentadoria, quando decorrente de contrato de trabalho (Primeira Turma, RE-135.937, rel. Ministro Moreira Alves, DJU de 26.8.94, e Segunda Turma, RE-165.575, rel. Ministro Carlos Velloso, DJU de 29.11.94). Diante do exposto, valendo-me dos fundamentos deduzidos nesses precedentes, nego seguimento ao agravo de instrumento (art. 21, § 1º, do RISTF, art. 38 da Lei n. 8.038, de 28.5.1990, e art. 557 do CPC)'." (AI 198.260-AgR, Rel. Min. Sydney Sanches, DJ 16.11.01). No mesmo sentido: AI 524.869-AgR, Rel. Min. Sepúlveda Pertence, DJ 11.3.05.

cer também, por óbvia conseqüência, a legitimidade do Ministério Público do Trabalho na defesa dos interesses transindividuais vinculados a esta relação[13], inclusive quanto ao descumprimento de normas trabalhistas relativas à segurança, higiene e saúde[14].

Entendida a regra básica, verifiquemos as demais.

4.2. AÇÕES QUE ENVOLVAM EXERCÍCIO DO DIREITO DE GREVE

O segundo inciso do art. 114 trata das relações que envolvem o direito de greve.

Tratando-se do dissídio coletivo de greve, não há, aí, qualquer novidade.

O fato, todavia, que não pode ser desprezado é que esta não é a única modalidade de ação que envolve o exercício do direito de greve.

Na nossa opinião, o dispositivo autoriza as ações indenizatórias decorrentes do exercício abusivo do direito de greve, bem como até mesmo ações possessórias, que têm sido cada vez mais utilizadas no caso de ocupação dos locais de trabalho, durante o movimento paredista.

4.3. AÇÕES SOBRE REPRESENTAÇÃO SINDICAL, ENTRE SINDICATOS, ENTRE SINDICATOS E TRABALHADORES, E ENTRE SINDICATOS E EMPREGADORES

O inciso III trata das ações que envolvem representação sindical, entre sindicatos e trabalhadores e entre sindicatos e empregadores.

Antes, tais conflitos somente eram decididos incidentalmente na Justiça do Trabalho, pois somente a justiça comum tinha competência para solucionar a matéria com força de coisa julgada.

Agora, os conflitos, tanto versando sobre a representatividade dos sindicatos (ex.: disputa de qual é o sindicato representativo com base na regra de unicidade sindical) quanto a própria representação dos sindicalizados (ex.: impugnação de eleições sindicais) devem ser submetidos à Justiça do Trabalho, órgão mais afeto à aplicação da legislação sindical do que a justiça estadual[15].

---

(13) "Tendo a ação civil pública como causas de pedir disposições trabalhistas e pedidos voltados à preservação do meio ambiente do trabalho e, portanto, aos interesses dos empregados, a competência para julgá-la é da Justiça do Trabalho." (RE 206.220, Rel. Min. Marco Aurélio, DJ 17.9.99)
(14) Sobre o tema, confira-se a Súmula n. 736 do Supremo Tribunal Federal: "Compete à Justiça do Trabalho julgar as ações que tenham como causa de pedir o descumprimento de normas trabalhistas relativas à segurança, higiene e saúde dos trabalhadores."
(15) Nesse sentido, confira-se a seguinte decisão do Superior Tribunal de Justiça: "CONFLITO DE COMPETÊNCIA. FEDERAÇÃO DAS INDÚSTRIAS DO ESTADO DO MARANHÃO. FIEMA. PROCESSO ELEITORAL SINDICAL. REPRESENTAÇÃO SINDICAL. ART. 114, INCISO III, DA CF. ALTERAÇÃO INTRODUZIDA PELA EC N. 45/04. APLICAÇÃO IMEDIATA. COMPETÊNCIA DA JUSTIÇA DO TRABALHO. As novas disposições do art. 114, inciso III, da Constituição Federal, introduzidas com a promulgação da Emenda Constitucional n. 45/04, têm aplicação imediata e atingem os processos em curso. Diante do alcance do texto constitucional sub examine, as ações relacionadas com processo eleitoral sindical, conquanto sua solução envolva questões de direito civil, inserem-se no âmbito da competência da Justiça do Trabalho, uma vez que se trata de matéria subjacente

4.4. MANDADOS DE SEGURANÇA, HABEAS CORPUS E HABEAS DATA, QUANDO O ATO QUESTIONADO ENVOLVER MATÉRIA SUJEITA À SUA JURISDIÇÃO

O inciso IV põe fim a uma controvérsia, para nós injustificável, sobre o tema.

De fato, por força da regra do art. 108, alínea *d*, da Constituição Federal ("Art. 108. Compete aos Tribunais Regionais Federais:"... "d) os *habeas corpus*, quando a autoridade coatora for juiz federal;"), havia forte tendência jurisprudencial[16] de reconhecer a competência dos TRF's para os *habeas corpus* ajuizados em face de prisão determinada por Juiz (Federal) do Trabalho.

O mesmo se diga em relação ao *habeas data* e ao mandado de segurança, por exegese da alínea *c* ("c) os mandados de segurança e os *habeas data* contra ato do próprio Tribunal ou de juiz federal").

A afirmação cai por terra rapidamente, por uma simples leitura do restante do dispositivo.

Toda vez que a Constituição Federal quis tratar de magistrado trabalhista como Juiz Federal, o fez sempre expressamente, como na alínea *a* do mesmo dispositivo ("a) os juízes federais da área de sua jurisdição, incluídos os da Justiça Militar e da Justiça do Trabalho, nos crimes comuns e de responsabilidade, e os membros do Ministério Público da União, ressalvada a competência da Justiça Eleitoral;") evitando confusão terminológica.

Registre-se, porém, em termos de competência funcional, que os mandados de segurança, *habeas corpus* (derivados da prisão por depositário infiel) e *habeas data* serão dirimidos pelo Tribunal Regional do Trabalho respectivo, caso o ato abusivo tenha sido praticado por juízes de primeiro grau. Contudo, caso eles se originem de ato que não seja de juiz de primeiro grau (como, por exemplo, o Delegado Regional do Trabalho), a competência para julgá-lo será do próprio magistrado da primeira instância.

4.5. CONFLITOS DE COMPETÊNCIA ENTRE ÓRGÃOS COM JURISDIÇÃO TRABALHISTA

O quinto inciso trata de *competência entre órgãos com jurisdição trabalhista*, fazendo uma ressalva em relação ao Supremo Tribunal Federal.

à representação sindical. Conflito conhecido para declarar a competência do Juízo da 2ª Vara do Trabalho de São Luís (MA)" (STJ, CC 48.372 – MA (2005/0040784-8) — Ac. 1ª S, 22.6.2005, Rel. Min. João Otávio de Noronha.

(16) "A Turma deferiu *habeas corpus* em favor de paciente que, nos autos de reclamação trabalhista, tivera contra ele determinada, por Juízo de Vara do Trabalho de comarca do Estado de Minas Gerais, a prisão civil, sob a acusação de infidelidade como depositário judicial. Na espécie, denegado *habeas corpus* impetrado ao TRT/MG, o paciente interpusera recurso ordinário ao TST, que o desprovera, e impetrara, também, novo *habeas corpus* ao STJ, que concedera a ordem por não ter havido aceitação expressa do encargo de depositário judicial, sem a qual o decreto de prisão é ilegítimo. Considerando que os *habeas corpus* foram julgados antes da edição da EC n. 45/04, entendeu-se aplicável, ao caso, a jurisprudência até então firmada pelo Supremo, no sentido de competir ao juízo criminal o julgamento de *habeas corpus*, em razão de sua natureza penal, ainda que a questão material subjacente seja de natureza civil, cabendo o julgamento ao Tribunal Regional Federal, quando a coação for imputada a Juiz do Trabalho de 1º Grau (...) Precedente citado: HC 68.687/PR (DJU de 4.10.91)." (HC 85.096, Rel. Min. Sepúlveda Pertence, Informativo n. 394)

A sua inserção se justifica pela necessidade de deixar expresso no texto constitucional algo que já estava pacificado na jurisprudência posterior à promulgação da Constituição Federal de 1988.

A controvérsia inicial se dava por força do disposto originalmente nos arts. 803/808 da Consolidação das Leis do Trabalho, que preceituam, *in verbis*:

> "Art. 803 — Os conflitos de jurisdição podem ocorrer entre:
>
> a) Juntas de Conciliação e Julgamento e Juízes de Direito investidos na administração da Justiça do Trabalho;
>
> b) Tribunais Regionais do Trabalho;
>
> c) Juízos e Tribunais do Trabalho e órgãos da Justiça Ordinária;
>
> d) (Revogada pelo Decreto-Lei n. 8.737, de 19.1.1946.)
>
> Art. 804 — Dar-se-á conflito de jurisdição:
>
> a) quando ambas as autoridades se considerarem competentes;
>
> b) quando ambas as autoridades se considerarem incompetentes.
>
> Art. 805 — Os conflitos de jurisdição podem ser suscitados:
>
> a) pelos Juízes e Tribunais do Trabalho;
>
> b) pelo procurador-geral e pelos procuradores regionais da Justiça do Trabalho;
>
> c) pela parte interessada, ou o seu representante.
>
> Art. 806 — É vedado à parte interessada suscitar conflitos de jurisdição quando já houver oposto na causa exceção de incompetência.
>
> Art. 807 — No ato de suscitar o conflito deverá a parte interessada produzir a prova de existência dele.
>
> Art. 808 — Os conflitos de jurisdição de que trata o art. 803 serão resolvidos:
>
> a) pelos Tribunais Regionais, os suscitados entre Juntas e entre Juízes de Direito, ou entre uma e outras, nas respectivas regiões;
>
> b) pelo Tribunal Superior do Trabalho, os suscitados entre Tribunais Regionais, ou entre Juntas e Juízes de Direito sujeitos à jurisdição de Tribunais Regionais diferentes;
>
> c) (Revogada pelo Decreto-Lei n. 9.797, de 9.9.1946);
>
> d) pelo Supremo Tribunal Federal, os suscitados entre as autoridades da Justiça do Trabalho e as da Justiça Ordinária."

A concepção original do texto consolidado tomava por base a idéia de hierarquia funcional.

De fato, havendo conflito de competência **territorial** entre órgãos submetidos à jurisdição de um mesmo Tribunal Regional do Trabalho, sejam juízes do trabalho, sejam juízes estaduais na jurisdição trabalhista[17], é este órgão que

---

(17) Superior Tribunal de Justiça:

deve decidir a matéria, até mesmo para a uniformização dos posicionamentos na respectiva região.

Todavia, ainda em sede de conflito de competência territorial, é possível que sejam suscitantes órgãos submetidos à jurisdição de distintos Tribunais Regionais do Trabalho. No estado da Bahia, por exemplo, que tem uma extensão territorial comparável a diversos países, é muito comum se verificarem tais conflitos nas cidades de Juazeiro (Bahia) e Petrolina (Pernambuco), separadas somente por uma ponte, ou na cidade de Paulo Afonso, na interseção da Hidroelétrica da CHESF, com os estados de Pernambuco e Alagoas, ou, no extremo sul, na cidade de Teixeira de Freitas, muito próxima do estado do Espírito Santo.

Nestas situações, na forma do art. 808, *d*, da CLT, perfeitamente compatível com o novel inciso V do art. 114, a competência para apreciar o conflito será do colendo Tribunal Superior do Trabalho.

A questão se mostra mais complexa, porém, quando se trata de um conflito de competência **material**, obviamente suscitado entre os órgãos da Justiça do Trabalho e os da Justiça Ordinária.

Em tal hipótese, o conflito não se dá **entre** *órgãos com jurisdição trabalhista*, mas sim entre um órgão com jurisdição trabalhista e um outro sem tal característica, estando, pois, fora da competência material de qualquer órgão da Justiça do Trabalho.

O texto consolidado propugna que tal conflito seja solucionado pelo excelso Supremo Tribunal Federal, o que se mostra perfeitamente lógico com os parâmetros anteriores.

Todavia, a questão não se resolve de maneira tão rápida.

Isso porque a ressalva, contida no inciso em epígrafe, se refere apenas aos "os conflitos de competência entre o Superior Tribunal de Justiça e quaisquer tribunais, entre Tribunais Superiores, ou entre estes e qualquer outro tribunal"[18],

---

"SÚMULA N. 180. Na lide trabalhista, compete ao Tribunal Regional do Trabalho dirimir conflito de competência verificado, na respectiva região, entre Juiz Estadual e Junta de Conciliação e Julgamento" (aprovada em sessão de 5.2.1997 — DJU, Seção I, de 17.2.1997, p. 2.231).
Referência: CLT, arts. 668, 803 e 808, "a".
CC 12.274-AL (2ª S. 14.6.95 — DJ 18.12.95); CC 14.024-PR (2ª S. 9.8.95 — DJ 2.10.95); CC 13.950-SP (2ª S. 11.10.95 — DJ 8.4.96); CC 13.873-SP (2ª S. 10.4.96 — DJ 6.5.96); CC 9.968-SP (2ª S. 27.3.96 — DJ 13.5.96); CC 14.574-CE (2ª S. 27.3.96 — DJ 13.5.96).
"Conflito de competência. Superior Tribunal de Justiça: juiz de direito investido de jurisdição trabalhista *versus* junta de conciliação e julgamento. Conflito de competência entre Juiz de Direito investido de jurisdição trabalhista e Juiz do Trabalho. Competência do TRT para dirimir o conflito." (CC 7.061, Rel. Min. Carlos Velloso, DJ 31.10.01)
"Conflito de competência. Tribunal Regional do Trabalho e Superior Tribunal de Justiça. Vara do trabalho e juiz de direito investido na jurisdição trabalhista. Hipótese de conflito entre Vara do Trabalho e Juiz de Direito no exercício de funções específicas da Justiça Trabalhista. O STJ, em face da Súmula n. 180, dele não conheceu, determinando a remessa dos autos ao TRT, que suscitou novo conflito perante esta Corte. Ocorrência de legitimidade do TRT, com fundamento da alínea *o* do inciso I do art. 102 da Constituição Federal. Competente o Tribunal Regional do Trabalho para decidir conflito de competência, verificado na respectiva região, entre Vara do Trabalho e Juiz de Direito investido na jurisdição trabalhista." (CC 7.076, Rel. Min. Maurício Corrêa, DJ 8.2.02)
(18) "Art. 102. Compete ao Supremo Tribunal Federal, precipuamente, a guarda da Constituição, cabendo-lhe:
I — processar e julgar, originariamente (...)
o) os conflitos de competência entre o Superior Tribunal de Justiça e quaisquer tribunais, entre Tribunais Superiores, ou entre estes e qualquer outro tribunal;"

o que envolve essencialmente, portanto, questões de competência material e funcional.

Assim, tratando-se do supramencionado conflito material entre os órgãos da Justiça do Trabalho e os da Justiça Ordinária, a competência será do Superior Tribunal de Justiça, por força da regra do art. 105, I, *d*, da Constituição Federal[19].

Se não houvesse norma constitucional específica, poderíamos propugnar pela competência do Supremo Tribunal Federal (que nos parece mais lógico, inclusive, por se tratar, no final de contas, de matéria constitucional), mas, dada a regra mencionada, o controle pelo STF somente se dará em fase recursal.

4.6. AÇÕES DE INDENIZAÇÃO POR DANO MORAL OU PATRIMONIAL, DECORRENTES DA RELAÇÃO DE TRABALHO

O inciso VI é, na nossa opinião, uma das regras novas com maior conteúdo simbólico.

De fato, entendemos que, por força do inciso I, já não seria necessária a previsão expressa de uma competência para "ações de indenização por dano moral ou patrimonial, decorrentes da relação de trabalho".

Isso porque "ações de indenização por dano moral ou patrimonial" nada mais são do que postulações de responsabilidade civil, matéria que tem conteúdo interdisciplinar, envolvendo todos os ramos do Direito[20].

Todavia, como, durante muito tempo, houve acirrada controvérsia sobre o tema, vale invocar o bordão da sabedoria popular ("Cautela e canja de galinha não fazem mal a ninguém...") para defender a importância da novel previsão expressa.

Ressalte-se, porém, que o reconhecimento da competência da Justiça do Trabalho para reparação de danos morais e materiais em geral foi sendo conquistada pouco a pouco[21], até que, recentemente, em julgamento histórico, reverteu-se,

---

(19) "Art. 105. Compete ao Superior Tribunal de Justiça:
I — processar e julgar, originariamente: (...)
d) os conflitos de competência entre quaisquer tribunais, ressalvado o disposto no art. 102, I, "o", bem como entre tribunal e juízes a ele não vinculados e entre juízes vinculados a tribunais diversos;"
(20) Sobre o tema, confiram-se os nossos trabalhos PAMPLONA FILHO, Rodolfo. *O dano moral na relação de emprego*. 4. ed. São Paulo: LTr, 2006; e GAGLIANO, Pablo Stolze e PAMPLONA FILHO, Rodolfo. *Novo curso de direito civil*, v. III (*Responsabilidade Civil*). 3. ed. São Paulo: Saraiva, 2005.
(21) "INDENIZAÇÃO POR DANO MORAL — JUSTIÇA DO TRABALHO — COMPETÊNCIA. Ação de reparação de danos decorrentes da imputação caluniosa irrogada ao trabalhador pelo empregador a pretexto de justa causa para a despedida e, assim, decorrente da relação de trabalho, não importando deva a controvérsia ser dirimida à luz do Direito Civil." (STF RE 238.737-4 (SP) — Ac. 1ª T., 17.11.98, Rel. Min. Sepúlveda Pertence) "Justiça do Trabalho: Competência: Const., art. 114: ação de empregado contra o empregador visando à observação das condições negociais da promessa de contratar formulada pela empresa em decorrência da relação de trabalho. 1 — Compete à Justiça do Trabalho julgar demanda de servidores do Banco do Brasil para compelir a empresa ao cumprimento da promessa de vender-lhes, em dadas condições de preço e modo de pagamento, apartamentos que, assentindo em transferir-se para Brasília, aqui viessem a ocupar, por mais de cinco anos, permanecendo a seu serviço exclusivo e direto. 2 — À determinação da competência da Justiça do Trabalho não importa que dependa a solução da lide de questões de direito civil, mas sim, no caso, que a promessa de contratar, cujo alegado conteúdo é o fundamento do pedido, tenha sido feita em razão da relação de

por 10 X 0, lamentável tendência jurisprudencial e se pacificou a competência especializada, inclusive para danos decorrentes de acidente de trabalho[22].

---

emprego, inserindo-se no contrato de trabalho." (Ac. STF — Pleno — MV — Conflito de Jurisdição n.. 6.959-6 — Rel. (designado): Min. Sepúlveda Pertence — J. 23.5.90 — Suscte. Juiz de Direito da 1ª Vara Cível de Brasília; Suscdo. Tribunal Superior do Trabalho — DJU 22.2.91, p. 1.259)
"Justiça do Trabalho: Competência. Compete à Justiça do Trabalho julgar ação de uma empresa contra exempregado seu para cobrar-lhe parte do que despendeu com o pagamento de sua mudança, de volta do exterior, onde servia, sob o fundamento de excesso em relação aquilo a que se obrigara no contrato de trabalho." (RE-116092/SP, Recurso Extraordinário, Relator(a) Min. SEPULVEDA PERTENCE, Publicação: DJ DATA 14.9.90 P. 9425 EMENT VOL. 1594-02 P. 236, Julgamento: 28.8.1990 — PRIMEIRA TURMA)
"Justiça do trabalho. Competência para julgar ação de indenização por acidente de trabalho. Acórdão recorrido assenta em fundamento suficiente não impugnado no RE: precedente do STF. Incidência da Súmula n. 283. Regimental não provido." (AGRRE-269309/MG, AG. REG. EM RECURSO EXTRAORDINARIO, Relator(a) Min. NELSON JOBIM, Publicação DJ DATA-23.2.01 P. 123 EMENT VOL-02020-12 P. 2468, Julgamento 18.12.2000 — Segunda Turma)
"Justiça do Trabalho: competência: ação de reparação de danos decorrentes da imputação caluniosa irrogada ao trabalhador pelo empregador a pretexto de justa causa para a despedida e, assim, decorrente da relação de trabalho, não importando deva a controvérsia ser dirimida à luz do Direito Civil." (RE-238737/SP, RECURSO EXTRAORDINARIO, Relator(a) Min. SEPULVEDA PERTENCE, Publicação DJ DATA 5.2.99 PP-00047 EMENT VOL-01937-18 P. 3701, Julgamento 17.11.1998 — Primeira Turma)
"COMPETÊNCIA E DANO MORAL. Compete à Justiça do Trabalho processar e julgar pedido de indenização por dano moral proposto por empregado contra ex-empregador, pelos prejuízos causados por ofensa à sua honra no curso de processo trabalhista. Com esse entendimento, a Seção, com a ressalva do ponto de vista pessoal dos seus componentes, mudou a jurisprudência firmada sobre a matéria, em virtude de o STF no RE 238.737-4-SP ter reformado acórdão deste colegiado, sob o argumento de que nessas hipóteses o litígio surge em decorrência da relação de emprego, não importando que a causa deva ser resolvida com base nas normas de Direito Civil." (STJ, 2ª Seção, CC 21.528-SP, Rel. Min. Carlos Alberto Menezes Direito, julg. 10.3.1999 (acórdão unânime). Processo: CC-21528 SP 98/0003316-5 — CONFLITO DE COMPETENCIA — Autuação: 5.2.1998 — Originário: 64220297 273896, AUTOR : JOSE OSVALDO DE SOUZA, RÉU: POLENGHI INDUSTRIA BRASILEIRA DE PRODUTOS ALIMENTICIOS LTDA)
(22) "As ações de indenização propostas por empregado contra empregador, fundadas em acidente do trabalho, são da competência da justiça do trabalho. Com base nesse entendimento, que altera a jurisprudência consolidada pelo Supremo no sentido de que a competência para julgamento dessa matéria seria da justiça comum estadual, por força do disposto no art. 109, I, da CF, o Plenário, em Conflito de Competência suscitado pelo TST — Tribunal Superior do Trabalho em face do extinto Tribunal de Alçada do Estado de Minas Gerais, conheceu da ação e determinou a remessa do feito à Corte suscitante. Entendeu-se que não se pode extrair do referido dispositivo a norma de competência relativa às ações propostas por empregado contra empregador em que se pretenda o ressarcimento por danos decorrentes de acidente de trabalho. Esclareceu-se que, nos termos da segunda parte do inciso I do art. 109 da CF, excluem-se, da regra geral contida na primeira parte — que define a competência dos juízes federais em razão da pessoa que integra a lide — as causas de acidente do trabalho em que a União, entidade autárquica ou empresa pública federal forem interessadas, na condição de autora, ré, assistente ou oponente (...). Afirmou-se que referidas causas consistem nas ações acidentárias propostas pelo segurado contra o INSS, nas quais se discute controvérsia acerca de benefício previdenciário, e que passaram a ser da competência da justiça comum pelo critério residual de distribuição de competência (Enunciado da Súmula n. 501 do STF). Não se encaixariam, portanto, em nenhuma das partes do mencionado dispositivo as ações reparadoras de danos oriundos de acidente do trabalho, quando ajuizadas pelo empregado contra o seu empregador, e não contra o INSS, em razão de não existir, nesse caso, interesse da União, de entidade autárquica ou de empresa pública federal, exceto na hipótese de uma delas ser empregadora. Concluiu-se, destarte, ressaltando ser o acidente de trabalho fato inerente à relação empregatícia, que a competência para julgamento dessas ações há de ser da justiça do trabalho, a qual cabe conciliar e julgar os dissídios individuais e coletivos entre trabalhadores e empregadores, e outras controvérsias decorrentes daquela relação. Asseverou-se que tal entendimento veio a ser aclarado com a nova redação dada ao art. 114 da CF, pela EC n. 45/04, especialmente com a inclusão do inciso VI (...). Acrescentou-se, ainda, que o direito à indenização em caso de acidente de trabalho, quando o empregador incorrer em dolo ou culpa, está enumerado no art. 7º da CF como autêntico direito trabalhista, cuja tutela, deve ser, por isso, da justiça especial. Fixou-se, como marco temporal da competência da justiça laboral, a edição da EC n. 45/04, por razões de política judiciária." (CC 7.204, Rel. Min. Carlos Britto, Informativo n. 394).

4.7. AÇÕES RELATIVAS ÀS PENALIDADES ADMINISTRATIVAS IMPOSTAS AOS EMPREGADORES PELOS ÓRGÃOS DE FISCALIZAÇÃO DAS RELAÇÕES DE TRABALHO

O inciso VII se refere às ações relativas às penalidades administrativas impostas aos empregadores.

Tais postulações eram processadas, anteriormente, na Justiça Federal, passando a ser na Justiça especializada laboral, o que se mostra bastante coerente, até pela afinidade dos magistrados com a legislação nacional trabalhista, tendo maior aptidão para analisar a razoabilidade das sanções impostas pelos agentes de fiscalização, a saber, os auditores fiscais do trabalho.

4.8. EXECUÇÃO, DE OFÍCIO, DAS CONTRIBUIÇÕES SOCIAIS PREVISTAS NO ART. 195, I, A, E II, E SEUS ACRÉSCIMOS LEGAIS, DECORRENTES DAS SENTENÇAS QUE PROFERIR

O inciso VIII não inova o ordenamento constitucional, pois é apenas a incorporação do disposto no outrora § 3º do original art. 114, dispositivo inserido anteriormente pela Emenda Constitucional n. 20/98.

Trata-se, também, de uma matéria que, anteriormente, era de competência da justiça federal comum e que passou a ser da Justiça do Trabalho.

Um dos desafios da interpretação do dispositivo é a verificação dos seus limites, para verificar se deve ser interpretado restritivamente (ou seja, sendo de competência apenas a conseqüência do que se condenar) ou se abrange a possibilidade de condenação e execução em todas as contribuições previdenciárias decorrentes da relação de trabalho.

Assim, a controvérsia reside em saber se cabe a execução dessas contribuições quando todas as outras parcelas trabalhistas foram corretamente adimplidas, ou seja, se um empregador pode ir a Juízo, única e exclusivamente, para pleitear o recolhimento das verbas previdenciárias decorrentes da relação de emprego.

Entendemos que sim, já havendo, inclusive, acórdãos do colendo Tribunal Superior do Trabalho neste sentido, mesmo antes da Emenda Constitucional n. 45/2004[23].

---

(23) Tribunal Superior do Trabalho (7.1.2004): "TST define competência para desconto previdenciário. A Justiça do Trabalho é o órgão judicial encarregado de exigir o pagamento das contribuições previdenciárias quando o processo trabalhista acarreta o reconhecimento de vínculo de emprego. Essa posição foi adotada pela Terceira Turma do Tribunal Superior do Trabalho, que acolheu, por maioria de votos, recurso do Instituto Nacional do Seguro Social (INSS). A decisão, com base no voto do juiz convocado Alberto Bresciani, tem grande repercussão, pois abrange um tema com apenas um precedente no TST, em processo relatado pelo Ministro Carlos Alberto Reis de Paula. "O interesse público e o bom senso aconselharão aquele que bate às portas do Judiciário, via Justiça do Trabalho, tenha resolvidas todas as questões decorrentes de sua irresignação, quando acolhida", sustentou Alberto Bresciani. "O pagamento das contribuições sociais e o conseqüente reconhecimento previdenciário do tempo de serviço são de fundamental importância para quem, contrastando o propósito irregular do mau empregador, vê reconhecida a existência de contrato individual de trabalho", acrescentou o relator. O segundo precedente do TST em que se afirma a competência da Justiça do Trabalho para executar descontos previdenciários decorreu de recurso interposto pelo INSS contra decisão anterior do Tribunal Regional do Trabalho do Mato Grosso do Sul (TRT-24ª Região). O órgão reconheceu a existência de vínculo de emprego na relação mantida entre um trabalhador e a Veigrande Veículos Ltda., mas não autorizou a apuração

4.9. AÇÕES DECORRENTES DA RELAÇÃO DE TRABALHO (REESPECIFICANDO A REGRA DE COMPETÊNCIA MATERIAL LEGAL OU DECORRENTE)

O último inciso do novo art. 114 da Constituição Federal estabelece ser da competência da Justiça do Trabalho, na forma da lei, todas as demais controvérsias decorrentes da relação de trabalho.

Nesse momento, fica no ar uma pergunta que não quer calar: se o inciso I estabelece ser da competência da Justiça do Trabalho todas as controvérsias oriundas de relação de trabalho, como se pode falar de uma competência material decorrente ou legal? Afinal de contas, se TODAS as controvérsias oriundas de relação de trabalho já o são, o que teria sobrado para ser incluído, na forma da lei?

Trata-se de um dilema, sem sombra de dúvida!

Dogmaticamente, porém, pode-se obter, facilmente, uma resposta adequada, transformando-se o aparente paradoxo em um simples sofisma.

E, para isso, basta não descurar da interpretação histórica da competência constitucional da Justiça do Trabalho!

De fato, se, tradicionalmente, eram os sujeitos da relação de emprego (mais especificamente a sua qualificação jurídica) que delimitavam a regra básica de competência da Justiça do Trabalho, tal padrão não deve ser desprezado, *mutatis mutandi*, na nova sistemática constitucional.

---

dos valores devidos ao INSS. A exemplo de outros Tribunais Regionais, o TRT-MS entendeu que o exame de uma ação meramente declaratória, ou seja, que tão-somente reconhece a relação de emprego, não poderia levar o magistrado a promover de ofício (por iniciativa própria) o desconto do crédito previdenciário. "As contribuições sociais (como as devidas ao INSS) possuem natureza acessória, sendo executadas somente se subsistir algum crédito trabalhista de caráter salarial", registrou a decisão regional. Inconformado, o INSS recorreu ao TST sob o argumento de ofensa ao art. 114 da Constituição, onde se afirma que "compete ainda à Justiça do Trabalho executar, de ofício, as contribuições sociais previstas no art. 195, I, *a* e II, e seus acréscimos legais, decorrentes das sentenças que proferir". O argumento da Autarquia foi aceito pelo relator do recurso, sob o entendimento de que "é patente que o art. 114, § 3º, da Constituição Federal alude, genericamente, não excluindo portanto aquelas de cunho declaratório". Bresciani também destacou que a decisão regional não foi razoável pois, nessa situação jurídica, "as contribuições sociais serão qualificadas e quantificadas pela natureza da relação jurídica que as originou: o contrato individual de trabalho". O relator citou, ainda, o Decreto n. 3.048/99 que regulamentou a Lei Previdenciária dispondo que "se da decisão resultar reconhecimento de vínculo empregatício, deverão ser exigidas as contribuições, tanto do empregador como do reclamante (trabalhador), para todo o período reconhecido, ainda que o pagamento das remunerações a ele correspondentes não tenha sido reclamado na ação" (PROC. n. TST-RR-1119/1999-002-24-40.0). Lamentavelmente, em 10.11.2005, O Pleno do Tribunal Superior do Trabalho decidiu, por maioria de votos, que não cabe à Justiça do Trabalho a cobrança das contribuições devidas ao INSS sobre as ações declaratórias, nas quais é reconhecido o vínculo de emprego do trabalhador. A execução do tributo pela JT ficará restrita às decisões em que há condenação da empresa ao pagamento de parcelas trabalhistas e sobre os valores resultantes de acordos entre as partes. Na sessão, os ministros do TST criticaram a postura adotada pela Previdência Social diante das decisões judiciais que declaram a relação de emprego. Os valores correspondentes ao reconhecimento do vínculo têm sido recolhidos a um fundo específico do INSS e não diretamente à conta do trabalhador na Previdência. O INSS, contudo, não admite a decisão judicial como prova de tempo de serviço do trabalhador, que termina com a aposentadoria postergada. A mudança de entendimento foi adotada após a revisão da Súmula n. 368 do TST, que interpreta o alcance do dispositivo constitucional que atribui à Justiça do Trabalho a competência para a execução das contribuições previdenciárias decorrentes de suas decisões. O tema foi objeto de um amplo estudo feito pelo ministro Simpliciano Fernandes, cujo posicionamento foi adotado pela maioria dos integrantes do TST. Com a decisão do Pleno, o inciso I da Súmula n. 368 passa a dispor que "a competência da Justiça do Trabalho, quanto à execução das contribuições previdenciárias, limita-se às sentenças condenatórias em pecúnia que proferir e sobre os valores objeto de acordo homologado que integrem o salário de contribuição".

Assim, a regra básica da nova competência material trabalhista deve ser a da apreciação de todos os conflitos oriundos da relação de trabalho, ou seja, em que a demanda se refira necessariamente aos sujeitos da relação de trabalho, o que envolve, obviamente, a discussão sobre as condições em que esse trabalho é prestado, os danos pré e pós-contratuais etc.

Já os conflitos decorrentes da relação de trabalho, em que os sujeitos envolvidos na lide não estejam na qualificação jurídica de trabalhador e tomador deste serviço, para serem da competência da Justiça do Trabalho, imprescindem de norma legal estipuladora.

Vale registrar que tal norma infraconstitucional estará autorizada a retirar matéria que é de competência da justiça estadual (sempre residual), passando para a competência da Justiça do Trabalho.

Nessa linha, enquadram-se, por exemplo, as ações regressivas decorrentes do fenômeno trabalhista da sucessão de empregadores/continuidade da empresa, previsto nos arts. 10 e 448 da Consolidação das Leis do Trabalho, ou mesmo as lides trabalhistas envolvendo servidores públicos (estatutários, portanto) estaduais.

Matérias, porém, de competência atual da Justiça Federal exigirão, por sua vez, emendas constitucionais, para passarem a ser da atuação da Justiça do Trabalho. É o caso, a título exemplificativo, dos crimes contra a organização do trabalho; crimes contra a Administração da Justiça (do Trabalho); lides envolvendo servidores públicos federais, entre outros temas decorrentes de relações de trabalho, mas que demandam modificações futuras do art. 109 da Constituição Federal.

Em linha semelhante, vale lembrar o sempre lúcido pensamento de *Reginaldo Melhado:*

"O dilema do suposto conflito entre os incisos I e IX do art. 114 pode ser resolvido no próprio campo da argumentação dogmática. Note-se que, enquanto o inciso I do art. 114 menciona as ações *oriundas* da relação de trabalho, o inciso IX incorpora controvérsias *decorrentes* dela. Que diferença há entre os vocábulos *oriundo* e *decorrente*? Lexicologicamente, '*oriundo*' tem o sentido de *originário, natural.* A raiz latina da palavra guarda alguma relação com '*oriente*' (*oriens, orientis*), que designa a nascente do sol (oriente é o leste, a parte do céu onde nasce o Sol). O adjetivo '*decorrente*' significa aquilo *que decorre, que se origina.* Vale dizer: no inciso I está a relação de trabalho ontologicamente considerada; ela própria em seu estado natural. O substrato é o próprio trabalho. Já no inciso IX há menção à controvérsia *decorrente* dela, numa relação mediata e indireta, que dependeria de lei formal para extensão de competência. Inscrevem-se nessas situações, por exemplo, as ações previdenciárias (aquelas em que se discutem benefícios da Previdência Social) ou as ações incidentais na execução trabalhista, como os embargos de terceiro e os embargos à arrematação"[24].

---

(24) MELHADO, Reginaldo. Da dicotomia ao conceito aberto: as novas competências da justiça do trabalho. In: COUTINHO, Grijalbo Fernandes; FAVA, Marcos Neves (coords.). *Justiça do Trabalho:* competência ampliada. São Paulo: LTr, 2005. p. 314.

5. Considerações finais

Estas são as nossas primeiras reflexões sobre a nova competência da Justiça do Trabalho.

A título de sistematização doutrinária desse rápido estudo, podemos assim compreender a nova competência trabalhista:

a) o dispositivo normativo básico para verificar a competência material da Justiça do Trabalho é o art. 114 da Constituição Federal de 1988;

b) do art. 114, I, extrai-se a regra básica de competência material, que é a atribuição para apreciar "ações oriundas da relação de trabalho, abrangidos os entes de direito público externo e da administração pública direta e indireta da União, dos Estados, do Distrito Federal e dos Municípios";

b.1) tal regra básica abrange todos os litígios individuais ou coletivos entre sujeitos de uma relação de trabalho, nessa qualificação jurídica, o que envolve, obviamente, a título exemplificativo, a discussão sobre as condições em que esse trabalho é prestado, danos pré e pós-contratuais etc.

c) no inciso VI do art. 114, reafirma-se a competência do inciso I, explicitando-se que ela envolve, inclusive, "as ações de indenização por dano moral ou patrimonial, decorrentes da relação de trabalho";

d) nos demais incisos do art. 114, verificam-se outras regras de competência material, envolvendo não necessariamente os sujeitos diretos de uma relação de trabalho, a saber:

d.1) competência para "ações que envolvam exercício do direito de greve";

d.2) competência para "ações sobre representação sindical, entre sindicatos, entre sindicatos e trabalhadores, e entre sindicatos e empregadores";

d.3) competência para "mandados de segurança, *habeas corpus* e *habeas data*, quando o ato questionado envolver matéria sujeita à sua jurisdição";

d.4) competência para "conflitos de competência entre órgãos com jurisdição trabalhista";

d.5) competência para "ações relativas às penalidades administrativas impostas aos empregadores pelos órgãos de fiscalização das relações de trabalho";

d.6) competência para "execução, de ofício, das contribuições sociais previstas no art. 195, I, *a*, e II, e seus acréscimos legais, decorrentes das sentenças que proferir";

e) o inciso IX do art. 114, ao explicitar ser da competência da Justiça do Trabalho "outras controvérsias decorrentes da relação de trabalho, na forma da lei", não contradiz a regra geral do inciso I, mas, sim, ao contrário, a reafirma, ao admitir a existência de outras demandas decorrentes da relação de trabalho, em que os sujeitos não estejam na qualificação jurídica de trabalhador e tomador do serviço;

e.1) na nova regra de competência material legal ou decorrente, os demais conflitos decorrentes da relação de trabalho, em que os sujeitos envolvidos na lide não estejam na qualificação jurídica de trabalhador e tomador deste serviço, para serem da competência da Justiça do Trabalho, imprescindem de norma legal estipuladora.

Arrematando, reconhecemos que vasto terreno ainda precisa ser desbravado para que se assentem os efetivos limites desta nova atuação.

Essa é apenas a nossa contribuição pessoal para um debate que ainda demorará um bom tempo para se pacificar.

Contudo, entre tantas dúvidas e incertezas, acreditamos que o único consenso a que se chegou, neste momento histórico, é a frase do bardo da modernidade Lulu Santos: "Nada do que foi será, de novo do jeito que já foi um dia..."

6. Referências

CASTELO, Jorge Pinheiro. Dano Moral Trabalhista. Competência. In: *Trabalho & Doutrina*, n. 10, São Paulo: Saraiva, set. 1996.

CHIOVENDA, Giuseppe. *Instituições de Direito Processual Civil*, v. 2, 2. ed. São Paulo: Saraiva, 1965.

CINTRA, Antônio Carlos de Araújo; GRINOVER, Ada Pellegrini & DINAMARCO, Cândido Rangel. *Teoria feral do processo*. 9. ed., 2ª tiragem. São Paulo: Malheiros, 1993.

COUTINHO, Grijalbo Fernandes. Ampliação da competência da Justiça do Trabalho: Mudança que contraria o perfil conservador da Reforma do Judiciário. In: COUTINHO, Grijalbo Fernandes; FAVA, Marcos Neves (coords.). *Justiça do trabalho*: Competência ampliada. São Paulo: LTr, 2005.

COUTINHO, Grijalbo Fernandes; FAVA, Marcos Neves (coords.). *Justiça do trabalho:* Competência ampliada. São Paulo: LTr, 2005.

DALAZEN, João Oreste. Indenização civil de empregado e empregador por dano patrimonial ou moral. In: *Revista de Direito do Trabalho*, n. 77, São Paulo: Revista dos Tribunais, mar. 1992.

_____. *Competência material trabalhista*. São Paulo: LTr, 1994.

FLORINDO, Valdir. *Dano moral e o direito do trabalho*. 2. ed. São Paulo: LTr, 1996.

GAGLIANO, Pablo Stolze e PAMPLONA FILHO, Rodolfo. *Novo Curso de Direito Civil*, vol. III (Responsabilidade civil). 3. ed. São Paulo: Saraiva, 2005.

LAMARCA, Antonio. *O livro da competência*. São Paulo: Revista dos Tribunais, 1979.

MALLET, Estêvão. Apontamentos sobre a competência da Justiça do Trabalho após a Emenda Constitucional n. 45. In: *Revista do Tribunal Superior do Trabalho*, Brasília, v. 71, n. 1, jan./abr. 2005. p. 198/216.

NASCIMENTO, Amauri Mascaro. *Curso de Direito Processual do Trabalho*. 16. ed. São Paulo: Saraiva, 1996.

PAMPLONA FILHO, Rodolfo. Interpretando o art. 114 da Constituição Federal de 1988. In: *Revista Ciência Jurídica do Trabalho*, ano I, n. 4, abr. 1998. Belo Horizonte: Nova Alvorada.

_____. *O dano moral na relação de emprego*. 4. ed. São Paulo: LTr, 2006.

PIOVESAN, Flávia. *Direitos humanos e o direito constitucional internacional*. São Paulo: Max Limonad, 2002.

SANTOS, Moacyr Amaral. *Primeiras linhas de direito processual civil*. V. 1º, 6. ed. São Paulo: Saraiva, 1978.

CAPÍTULO 4

DA INTERPRETAÇÃO DAS DECISÕES JUDICIAIS BREVES NOTAS

Estêvão Mallet[*]

1. INTRODUÇÃO

A aplicação de qualquer norma reclama, como atividade prévia e antecedente, a sua interpretação. É impossível pensar em cumprimento da norma sem antes interpretá-la. Dada a ordem, primeiro passo para a sua observância é compreender o que se estatuiu como comportamento, o que concretamente se ordenou. Por isso assinala *Carlos Maximiliano* que "a aplicação não prescinde da hermenêutica"[1]. Pode-se mesmo dizer, de forma mais precisa: a aplicação supõe interpretação.

Nada muda, como se percebe sem grande esforço, se a norma a aplicar-se não é a que emerge de disposição legal, mas é o comando resultante de alguma decisão judicial, seja sentença, seja acórdão, seja pronunciamento interlocutório. Como anota *Kelsen*, a interpretação é necessária à aplicação de toda e qualquer norma jurídica, "na medida em que hajam de ser aplicadas", inclusive em se tratando "de normas individuais, de sentenças judiciais, de ordens administrativas, de negócios jurídicos, etc."[2]. Também o sublinhou *Pontes de Miranda*, ao escrever: "as sentenças têm de ser interpretadas"[3].

Não deixa a interpretação de ser necessária nem quando aparentemente clara e induvidosa a decisão judicial. Pode a tarefa tornar-se mais simples e de mais fácil realização, sujeita a menos controvérsias; não, porém, prescindível. Hoje não mais se leva a sério a máxima *in claris cessat interpretatio*, que *Paula Batista* ainda repetiu[4]. Na verdade, para concluir que o enunciado é claro mostra-se impostergável, antes de qualquer outra coisa, interpretá-lo[5]. Daí por que até as mais cristalinas decisões judiciais, como as mais claras disposições legais, sujeitam-se a interpretação. Já se dizia, no Digesto: "Quamvis sit manifestissimum edictum prae-

---

(*) Doutor e Livre-Docente em Direito do Trabalho, Professor de Direito do Trabalho da Faculdade de Direito da Universidade de São Paulo e advogado.
(1) *Hermenêutica e aplicação do direito*. Rio de Janeiro: Forense, 1991, n. 11, p. 8.
(2) *Teoria pura do direito*. Coimbra: Armênio Amado, 1962, v. II, p. 284.
(3) *Comentários ao Código de Processo Civil*. Rio de Janeiro: Forense, 1947, v. II, p. 326.
(4) *Compendio de theoria e pratica do processo civil comparado com o commercial e de hermenêutica jurídica*. Rio de Janeiro: Garnier, 1907, § 3º, p. 373.
(5) Cf. ASCENSÃO, José de Oliveira. *Direito Civil — Teoria geral*. Coimbra: Coimbra Editora, 1999, v. II, Acções e factos jurídicos, n. 93, p. 154.

toris, attamen non est neglegenda interpretatio eius"[6], ou seja, ainda que claríssimo o edito do pretor, não se deve descurar da sua interpretação.

Realmente, para executar ou cumprir a sentença é preciso determinar o seu conteúdo. É preciso, pois, interpretá-la, para saber o que cumprir, como cumprir, de que forma cumprir. Estabelecido, em sentença ou em decisão interlocutória, o cumprimento de certa obrigação de fazer, importa apurar se satisfaz a ordem tanto o comportamento "a" como o comportamento "b" ou, apenas, o comportamento "a". Se a sentença contempla imposição de multa em caso de seu descumprimento, o problema torna-se ainda mais relevante. Pode o executado praticar determinado ato (comportamento "b"), na suposição de estar a cumprir a decisão, quando, ao fazê-lo, não satisfaz o que se decidiu, por haver mal interpretado o julgamento, tornando exigível a cominação imposta.

Bem se evidencia, diante do exposto, a relevância da atividade de interpretação das decisões judiciais. Surpreendentemente, todavia, muito pouca atenção se dispensa ao assunto, seja no direito positivo, seja em doutrina.

2. UM TEMA POUCO ESTUDADO

A interpretação das leis em geral é objeto de antiga, extensa e abrangente análise, contando com bibliografia quase inesgotável. Também a interpretação dos negócios jurídicos não costuma ser descurada. Merece, inclusive, regulamentação normativa expressa, nos mais diferentes ordenamentos jurídicos[7], bem como no plano internacional[8]. Até a interpretação de certos atos processuais das partes chama a atenção do legislador, segundo bem se exemplifica, no direito brasileiro, com a referência ao art. 293, do Código de Processo Civil. Sobre a interpretação das decisões judiciais, ao contrário, há muito pouco ou quase nada. Os mais importantes textos sobre hermenêutica jurídica, quer os estrangeiros, como o clássico estudo de *François Geny*[9], quer os nacionais, representados pela obra de *Carlos Maximiliano*[10], não cuidam do tema. *Eduardo Espínola*, ainda que tenha sublinhado a necessidade de interpretar-se inclusive o direito consuetudinário, nada disse sobre as decisões judiciais[11]. E *Paula Baptista*, que reuniu em uma só obra o estudo do processo civil e da hermenêutica jurídica[12], não atentou para a relevância do assunto. A omissão torna-se ainda mais saliente quando se nota que a sim-

---
(6) A passagem é de Ulpiano e encontra-se no livro 25, título 4 (*De inspiciendo ventre custodiendoque partu*), fragmento 1, § 11.
(7) Cf. arts. 113, 114, 423, do Código Civil brasileiro, arts. 236 a 238, do Código Civil português, arts. 1.156 a 1.164, do *Code Civil* francês, arts. 1.362 a 1.371, do *Codice Civile* italiano, §§ 133 e 157, do BGB alemão, art. 18, do *Code des obligations* suíço, arts. 1.425 a 1.432, do *Code Civil* do Québec etc.
(8) Cf. o Capítulo 4, com 8 artigos, sobre interpretação dos contratos, nos Princípios de UNIDROIT relativos aos contratos do comércio internacional de 2004.
(9) *Méthode d'interprétation et sources em droit prive positif.* Paris: LGDJ, 1932.
(10) *Hermenêutica e aplicação do direito.* Rio de Janeiro: Forense, 1991; cf., ainda, LIMA, Mário Franzen de. *Da interpretação jurídica.* Rio de Janeiro: Forense, 1955.
(11) *Systema do direito civil brasileiro.* São Paulo: Francisco Alves, 1917, p. 149.
(12) *Compendio de theoria e pratica do processo civil comparado com o commercial e de hermenêutica jurídica* cit., *passim.*

ples interpretação das leis processuais merece específica análise por parte dos mais diferentes autores[13].

Há, é certo, algum material no âmbito da *common law*, em que adquire grande relevância a interpretação do precedente judicial[14]. Cuida-se, no entanto, de perspectiva bastante diversa. Não se examina a decisão judicial como ato processual, mas como fonte de direito, especialmente para avaliar se o que justificou certa conclusão em determinado caso pode ou não ser invocado como fundamento para adotar igual decisão em caso diverso, envolvendo pessoas completamente distintas. Busca-se, assim, compreender a *ratio decidendi* do julgado, a fim de apurar se há nele regra passível de generalização ou, ao menos, de extrapolação para outra situação. Em tal cenário, naturalmente, passa a ter papel de enorme relevância, como lembra *Ian McLeod*, a interpretação dada ao pronunciamento anterior pelo julgador chamado a decidir a nova questão, quando formula "the rule which will then become binding in the present case"[15]. No fundo, trata-se de interpretar a decisão como jurisprudência, não como regra concreta editada no processo. Os problemas que se colocam são, portanto, diferentes. Importa, em particular, resolver se a decisão anterior — ou a *ratio decidendi* nela contida — deve ser interpretada de forma ampliativa, para aplicá-la na nova situação, ou, ao contrário, de forma restritiva, de modo que adote, no caso pendente, solução diversa[16]. É, pois, tema distinto da interpretação da decisão judicial realizada para determinar os seus efeitos e a sua abrangência em relação às partes no processo.

A respeito da interpretação das decisões judiciais, tratadas como atos processuais e examinadas sob o prisma da determinação do seu conteúdo, a doutrina é de fato mais escassa. São poucos os trabalhos específicos, figurando, entre os mais representativos, ao lado de anotações incidentais em manuais e obras de caráter geral, as considerações de *Betti*, em seu texto sobre a interpretação das leis e dos atos jurídicos[17], e os estudos de *Denti*[18] e *Nasi*[19].

3. Direito comparado

No plano do direito comparado o que mais se vê, em matéria de interpretação das decisões judiciais, não é tanto o estabelecimento, por norma legal, de

---

(13) Cf., por exemplo, COUTURE, Eduardo. *Interpretação das leis processuais*. São Paulo: Max Limonad, 1956, ou o espaço dedicado ao assunto em obras gerais, como Carnelutti, *Sistema di diritto processuale civile*. Padova: CEDAM, 1936, I, n. 35, p. 106 e segs., e CHIOVENDA, *Principii di diritto processuale civile*. Napoli: Jovene, 1965. p. 131 e segs.
(14) TUCCI, José Rogério Cruz e. *Perspectiva histórica do precedente judicial como fonte do direito*. São Paulo: Tese, 2003. p. 167.
(15) *Legal method*. Bristol: Palgrave, 2002. p. 135.
(16) Sobre o tema, a partir de interessante perspectiva sociológica, mas com amplas referências a doutrina e vasta indicação de decisões judiciais, cf. HANSFORD, Thomas G. e SPRIGGS II, James F. *The politics of precedent*. New Jersey: Princenton University Press, p. 16 e segs.
(17) BETTI, Emilio. *Interpretazione della legge e degli atti giuridici*. Milano: Giuffrè, 1949.
(18) DENTI, Vittorio. *L'interpretazione della sentenza civile* em *Studi nelle scienze giuridiche e sociali*. Pavia: Libreria Internazionale A. Garzanti, 1946, XXVIII, p. 1/151.
(19) *Interpretazione della sentenza* em *Enciclopedia del diritto*. Varese: Giuffrè, 1972, XXII. p. 293/309.

critérios hermenêuticos, mas, isso sim, a previsão de procedimento específico, por vezes com a existência de meio recursal ou ação própria, para o exercício de tal atividade.

No direito internacional, por exemplo, o art. 98, do Regulamento da Corte Internacional de Justiça, estabelece:

> "1. En cas de contestation sur le sens ou la portée d'un arrêt, toute partie peut présenter une demande en interprétation, que l'instance initiale ait été introduite par une requête ou par la notification d'un compromis. 2. Une demande en interprétation d'un arrêt peut être introduite soit par une requête, soit par la notification d'un compromis conclu à cet effet entre les parties; elle indique avec précision le point ou les points contestés quant au sens ou à la portée de l'arrêt. 3. Si la demande en interprétation est introduite par une requête, les thèses de la partie qui la présente y sont énoncées et la partie adverse a le droit de présenter des observations écrites dans un délai fixé par la Cour, ou si elle ne siège pas, par le président. 4. Que la demande en interprétation ait été introduite par une requête ou par la notification d'un compromis, la Cour peut, s'il y a lieu, donner aux parties la possibilité de lui fournir par écrit ou oralement un supplément d'information".

Já o art. 79, do Regulamento da Corte Européia de Direitos Humanos, em vigor em novembro de 2003, preceitua:

> "Article 79 (Demande en interprétation d'un arrêt) 1. Toute partie peut demander l'interprétation d'un arrêt dans l'année qui suit le prononcé. 2. La demande est déposée au greffe. Elle indique avec précision le ou les points du dispositif de l'arrêt dont l'interprétation est demandée. 3. La chambre initiale peut décider d'office de l'écarter au motif que nulle raison n'en justifie l'examen. S'il n'est pas possible de réunir la chambre initiale, le président de la Cour constitue ou complète la chambre par tirage au sort. 4. Si la chambre n'écarte pas la demande, le greffier communique celle-ci à toute autre partie concernée, en l'invitant à présenter ses observations écrites éventuelles dans le délai fixé par le président de la chambre. Celui-ci fixe aussi la date de l'audience si la chambre décide d'en tenir une. La chambre statue par un arrêt."

No plano das legislações nacionais, o *Nouveau Code de Procédure Civile* francês prevê, para a interpretação das decisões judiciais não impugnadas por apelação, a propositura de uma "demande en interprétation", regulada pelo art. 461[20]. Também em várias leis dos Cantões suíços há procedimento próprio para a interpretação das decisões judiciais. O *Code de procédure civile* de Vaud, por exemplo, estatui:

> "Art. 482. Il y a lieu à interprétation d'un jugement définitif ou d'un arrêt lorsque le dispositif en est équivoque, incomplet, contradictoire ou encore lorsque, par une inadvertance manifeste, le dispositif est en contradiction flagrante avec les motifs.

---

(20) O dispositivo tem a seguinte redação: "Il appartient à tout juge d'interpréter sa décision si elle n'est pas frappée d'appel. La demande en interprétation est formée par simple requête de l'une des parties ou par requête commune. Le juge se prononce les parties entendues ou appelées."

> Art. 483. La demande d'interprétation est faite par requête motivée adressée au juge ou au tribunal qui a statué définitivement. Le juge ou le tribunal statue sur le vu des pièces et, s'il y a lieu, après inspection locale, les parties entendues ou dûment citées et nonobstant le défaut de l'une d'elles. Il n'y a pas de relief. Art. 484. La demande d'interprétation ne suspend l'exécution du jugement que si le juge ou le président du tribunal saisi de la demande l'ordonne. Le juge qui ordonne la suspension peut ordonner des sûretés ou des mesures provisionnelles. Art. 485. Il y a recours en réforme contre le jugement statuant sur une demande d'interprétation. Le recours n'a pas d'effet suspensif, sauf décision contraire du président de la Chambre des recours. Le jugement admettant la demande d'interprétation est mentionné en marge de la minute du jugement interprété". Regras semelhantes encontram-se na *Loi de procédure civile* de Genève[21], e no *Code de procédure civile* de Fribourg[22].

4. Meios de interpretação

A interpretação das decisões judiciais se faz por diferentes formas e em diferentes momentos. *Mattirolo* referiu-se à possibilidade de colocar-se o problema em dois distintos momentos, a saber, "o in un nuovo giudizio in cui la detta sentenza viene prodotta quale titolo o documento della nuova causa, o nel procedimento di esecuzione forzata della sentenza medisima"[23]. Esqueceu-se de mencionar, no entanto, a sua ocorrência no âmbito do próprio processo em que proferida a decisão a interpretar-se.

De fato, proferida a decisão, havendo alguma dificuldade para compreendê-la, por conta da falta de clareza do seu texto ou por qualquer outro motivo, os embargos de declaração servem como primeiro instrumento para interpretá-la. A situação pode caracterizar obscuridade, a justificar, nos termos do art. 535, inciso I, do CPC, oferecimento do recurso. Também é possível colocar-se o problema por conta de omissão no pronunciamento, que, por exemplo, determina o cumprimento de certa obrigação, mas não indica o termo inicial para tanto. Por fim, havendo determinações contraditórias na decisão, o que fazer? Para encontrar a resposta é preciso interpretá-la. Os embargos de declaração, cabíveis em caso de omissão

---

(21) Art. 153, assim redigido: "Il y a lieu à interprétation d'un jugement si le dispositif contient ambiguïté ou obscurité dans les expressions ou dans les dispositions".
(22) Trata-se dos arts. 330 a 333, com o seguinte teor: "Art. 330 II. Interprétation 1. Ouverture. Il y a lieu à interprétation d'un jugement lorsque le dispositif en est obscur, incomplet ou équivoque, ou que les éléments du dispositif sont contradictoires entre eux ou avec les motifs. Art. 331 2. Mode de procéder 1. La demande d'interprétation est portée devant le tribunal qui a prononcé le jugement, dans les trente jours dès la notification du jugement. 2. Elle indique les points sur lesquels l'interprétation est demandée. Art. 332 3. Réponse et effets de la demande Les articles 326 et 327 sont applicables par analogie à la réponse et aux effets de la demande d'interprétation. Art. 333 4. Instruction et jugement. 1. Le tribunal statue sur le vu des dossiers ; exceptionnellement il peut ordonner des débats et assigner les parties. 2. S'il admet la demande, le tribunal interprète le jugement sans en changer le fond. 3. La notification du jugement interprété vaut comme nouvelle notification du jugement primitif et fait courir à nouveau les délais de recours contre celui-ci. 4. Le greffe fait mention du jugement admettant la demande d'interprétation en marge de la minute du jugement primitif. 5. Le jugement statuant sur une demande d'interprétation n'est pas susceptible de recours".
(23) *Trattato di diritto giudiziario civile italiano*. Torino: Fratelli Bocca, 1896, v. IV, n. 94, nota 4. p 94.

obscuridade ou contradição, são "o meio próprio para se obter a interpretação da sentença"[24].

Nem importa que não se trate exatamente de sentença ou de acórdão o pronunciamento a interpretar-se. Ainda que seja o caso de decisão interlocutória, como o provimento que antecipa a tutela, por exemplo, também podem os embargos de declaração ser utilizados. O legislador, no art. 535, inciso I, do CPC, ao referir-se apenas a sentença ou acórdão, *dixit minus quam voluit*. Já o havia notado *Pontes de Miranda*, ainda ao tempo do texto legal anterior, ao escrever que "os embargos de declaração são oponíveis a sentenças em geral e a despachos"[25].

Fora dos embargos, a interpretação é muitas vezes necessária, ainda no processo em que proferida, para o exame e julgamento, no juízo *ad quem*, do recurso interposto. Impugnada a sentença, a partir da conclusão de que nela estaria a condenação a fazer "a", o que à parte afigura-se injustificável, o tribunal deve, antes de prover sobre o pedido de reforma, verificar se de fato foi proferida decisão com o conteúdo questionado. Se não o foi, o recurso não deve ser conhecido no particular. Figure-se a hipótese de, deferidas horas extras, com reflexos em "verbas rescisórias", expressão utilizada no julgado sem indicação precisa das parcelas, sobrevém recurso pelo reclamado, com pedido de exclusão do pagamento sobre prêmios, recebidos durante a vigência do contrato de trabalho. Ao julgar o recurso, se o tribunal interpreta que a sentença não contempla o reflexo das horas extras nos prêmios, por tal parcela não constituir verba rescisória, não há como acolher o recurso, para, no ponto, modificar a condenação. Não existe condenação no pagamento da verba impugnada. Logo, falta interesse recursal, o que redunda em não conhecimento da impugnação. Mas à conclusão só se chega após interpretar e precisar o sentido da sentença recorrida.

É bem possível que a dificuldade na interpretação da decisão não seja identificada de imediato ou em curto espaço de tempo após a sua publicação, de modo

---

(24) MIRANDA, Pontes de. *Comentários ao Código de Processo Civil*, cit., 1949, v. V, p. 335.
(25) *Comentários ao Código de Processo Civil*, cit., v. V, p. 344. Sempre no mesmo sentido, MOREIRA, José Carlos Barbosa. *O novo processo civil brasileiro*. Rio de Janeiro: Forense, 2000. p. 155, Estêvão Mallet, Embargos de declaração. In: *Recursos trabalhistas — Estudos em homenagem ao Ministro Vantuil Abdala*. São Paulo: LTr, p. 39. Em jurisprudência: "Decisão interlocutória. Embargos de declaração. 1. Como já decidiu a Corte, os embargos de declaração "são cabíveis contra qualquer decisão judicial e, uma vez interpostos, interrompem o prazo recursal. A interpretação meramente literal do art. 535, CPC, atrita com a sistemática que deriva do próprio ordenamento processual" (STJ — 3ª T., RESP n. 193.924/PR, Rel. Min. Carlos Alberto Menezes Direito, julg. em 29.6.99. In: DJU de 9.8.99, p. 170), "Processual civil. Decisão interlocutória. Embargos de declaração. Agravo. Cabimento. Precedentes. Recurso provido. Os embargos declaratórios são cabíveis contra qualquer decisão judicial, e, uma vez interpostos, interrompem o prazo recursal. A interpretação meramente literal do art. 535, CPC, atrita com a sistemática que deriva do próprio ordenamento processual, notadamente após ter sido erigido a nível constitucional o princípio da motivação das decisões judiciais." (STJ — 4ª T., RESP n. 158.032/MG, Rel. Min. Sálvio de Figueiredo Teixeira, julg. em 3.3.98. In: DJU de 30.3.98, p. 89) e "Processual civil. Decisão que acolhe incidente de impugnação ao valor da causa. Embargos declaratórios. Cabimento, em tese. Interrupção do prazo recursal. Possibilidade. Tempestividade do ulterior agravo de instrumento. I. Em princípio, de acordo com o entendimento mais moderno do STJ, cabem embargos declaratórios contra qualquer decisão judicial, ainda que interlocutória." (STJ — 4ª T., RESP n. 117.696/SP, Rel. Min. Aldir Passarinho Junior, julg. em 21.9.00. In: DJU de 27.11.00, p. 165). Podem também ser citados os seguintes outros arestos: STJ — 4ª T., RESP n. 173.021/MG, Rel. Min. Sálvio de Figueiredo Teixeira, julg. em 6.8.98. In: DJU de 5.10.98, p. 103, e STJ — 4ª T., RESP n. 163.222/MG, Rel. Min. Sálvio de Figueiredo Teixeira, julg. em 30.4.98. In: DJU de 22.6.98, p. 107.

que permita que a questão seja discutida em recurso. Na primeira leitura, considerado o texto em termos abstratos, longe das dificuldades da situação concreta, parece ele suficientemente claro. Passado algum tempo, quando então se busca cumprir a decisão, surge a dificuldade. Põe-se em dúvida o exato significado do pronun-ciamento. Discute-se se a decisão significa "a" ou "b". Não são mais cabíveis, todavia, os embargos de declaração ou outro recurso, esgotado já o prazo legal. Nem por isso fica afastada a necessidade de interpretação da decisão. Modifica-se apenas o meio pelo qual se vai realizá-la. A atividade passa a constituir questão a resolver no âmbito da execução ou — de acordo com a terminologia da Lei n. 11.232 — da fase de cumprimento da decisão[26], por meio de um "vero e proprio atto (o attività) processuale"[27]. Em novo pronunciamento judicial, cabe ao juízo interpretar a decisão, inclusive ao ensejo de sua liquidação[28], resolvendo a dificuldade surgida, para dizer se nela se contém "a" ou "b". O exemplo antes dado, sobre reflexos de horas extras em "verbas rescisórias" pode ser de novo utilizado. Ao promover a liquidação da sentença será preciso, em primeiro lugar, delimitar o significado da expressão "verbas rescisórias", para determinar sobre quais parcelas haverá e sobre quais outras não haverá incidência dos reflexos das horas extras. A solução dada, qualquer que seja, fica sujeita aos meios de revisão próprios do processo em causa. Ao iniciar a execução, interpretada, pelo juízo, a expressão "verbas rescisórias" da forma "a", para justificar a expedição de mandado, se o executado considera incorreta a conclusão, terá oportunidade de, nos embargos à execução, discutir o ponto. Fundamentará os embargos na desconformidade da execução com o verdadeiro significado da sentença exeqüenda, a qual, na sua visão, deve ser interpretada da forma "b". De idêntico modo, ao reclamante, não se conformando com a interpretação que exclui certa parcela da execução, indeferindo o pedido para incluí-la no mandado, é dado impugnar a sentença de liquidação, na forma do art. 884, § 3º, da CLT.

Por fim, também pode a interpretação da decisão judicial constituir objeto de outro processo, seja como objeto principal, seja como questão prejudicial, a ser resolvida para decidir-se sobre o pedido. Como decidiu a Corte de Cassação francesa, "la compétence d'un tribunal pour interpréter ses propres jugements n'exclut pas une interprétation incidente par un autre tribunal dans une autre instante"[29]. No campo trabalhista, exemplo da última hipótese — interpretação como questão prejudicial — corresponde à ação de cumprimento, em que se busca, nas palavras de

---

(26) O tema foi enfrentando, de passagem, pelo Supremo Tribunal Federal, no julgamento do RE n. 71.538, Rel. Min. Amaral Santos (DJU 24.9.1971). É mais explícito o seguinte precedente do Superior Tribunal de Justiça: "É possível alegar, pela via dos embargos à execução judicial, excesso de execução com base na interpretação da sentença exeqüenda, sem que isso signifique revolver as questões já decididas no processo de conhecimento." (STJ — 3ª T., REsp n. 818.614, Rel. Min. Nacy Andrighi, julg. em 26.10.2006. In: DJU 20.11.2006, p 309)
(27) NASI, Antonio. *Interpretazione della sentenza,* cit., p. 299.
(28) MIRANDA, Pontes de. *Comentários ao Código de Processo Civil,* cit., v. VI, p. 141, e SANTOS, José Aparecido dos. *Cálculos de liquidação trabalhista.* Curitiba: Juruá, 2002, p. 47. Na jurisprudência: "As obscuridades da sentença, não aclaradas por oportuna interposição de embargos de declaração, podem e devem ser superadas, no momento da execução pela interpretação da sentença." (TJ-RS, 4ª Câm. Cív., Ap. Cív. n. 584000046, Rel. Des. Oscar Gomes Nunes, julg. em 1º.1.1980).
(29) Corte de Cassação, 1ª Câmara Civil, julgamento de 18.1.1989, Processo n. 87-13177, Relator M. Ponsard, publicação no Boletim 1989, I, n. 22, p. 15.

Carnelutti, o "accertamento del regolamento collettivo"[30]. Se a interpretação de cláusula normativa da sentença coletiva é, ao contrário, deduzida em ação declaratória, a fim de determinar a existência ou não de obrigação, nos termos do art. 4º, inciso I, do CPC, tem-se típico caso de interpretação como objeto principal do processo[31].

5. Natureza da controvérsia sobre a interpretação das decisões judiciais

Determinar a natureza jurídica do contencioso provado pela interpretação das decisões judiciais é importante, de logo, para delimitar a recorribilidade que o incidente suscita. Se estiver em causa debate de natureza constitucional, mais ampla, por conta da garantia e da estabilidade conferida à coisa julgada, é a recorribilidade permitida, tanto no processo civil como no processo do trabalho, diante do disposto no art. 102, inciso III, alínea *a*, da Constituição, e art. 896, § 2º, da CLT, respectivamente.

A controvérsia sobre a interpretação das decisões judiciais, surgida como questão posta na execução ou como objeto de processo específico, tal qual em ação de cumprimento ou ação declaratória, não implica necessariamente a existência de contencioso constitucional. Pode até surgir contencioso de tal natureza, mas não se deve supor que a simples discussão a respeito da abrangência da decisão a interpretar implique sempre debate a respeito da autoridade da coisa julgada, ou seja, aplicação ou não do art. 5º, XXXVI, da Constituição. O problema que se coloca é outro, a saber, a determinação do significado da decisão. Logo, eventual contraste do segundo pronunciamento com o que seria o correto significado do pronunciamento interpretado fica no plano infraconstitucional. A ofensa ao art. 5º, XXXVI, no caso, é apenas reflexa e indireta, insuficiente para a caracterização de contencioso constitucional[32], como já decidiu, reiteradas vezes, o Supremo Tribunal Federal, inclusive na seguinte decisão: "Direito constitucional, processual civil e trabalhista. Recurso extraordinário trabalhista. Pressupostos de admissibilidade. Agravo ... é pacífica a jurisprudência do STF, no sentido de não admitir, em RE, alegação de ofensa indireta à Constituição Federal, por má interpretação ou aplicação e mesmo inobservância de normas infraconstitucionais, como são as que regulam os limites objetivos da coisa julgada..."[33].

---

(30) *Teoria del regolamento collettivo dei rapporti di lavoro*. Padova: CEDAM, 1927, n. 85, p. 162 e segs.
(31) A propósito, no âmbito da jurisdição administrativa francesa, cf. GUINCHARD, Serge e outros, *Droit processuel — Droit commum et droit compare du procès*. Paris: Dalloz, 2003, n. 680, p. 1.043.
(32) "A ofensa à Constituição, para servir de base ao recurso extraordinário, há de ser direta e frontal, e não verificável por via oblíqua. Precedentes do STF" (STF — Pleno, RE-186.088/DF, Rel. Min. Néri da Silveira *in* DJU de 24.2.95, p. 3.696). Para o exame do problema ante o direito italiano anterior ao vigente Código de Processo Civil, em matéria de cabimento ou não do recurso de cassação, por ofensa a outro julgamento, cf. CALOGERO, Guido. *La logica del giudice e il suo controllo in cassazione*. Padova: CEDAM 1937, ns. 81 e segs., p. 233 e segs.
(33) STF — 1ª T., AI n. 408.513 AgR/RS, Rel. Min. Sydney Sanches, julg. em 17.12.2002 in: DJU 7.3.2003. Ainda no mesmo sentido: "O Supremo Tribunal Federal, pronunciando-se em causas de natureza trabalhista, deixou assentado que, em regra, as alegações de ofensa aos postulados da legalidade, do devido processo legal, da motivação dos atos decisórios, do contraditório, dos limites da coisa julgada e da prestação jurisdicional podem configurar, quando muito, situações de ofensa meramente reflexa ao texto da Constituição, circunstância essa que impede a utilização do apelo extremo. Precedentes." (STF — 2ª T., AI n. 360.388 AgR/MS, Rel.

É a solução também aplicada, *mutatis mutandis*, na hipótese de discussão sobre a interpretação de norma legal. A interpretação apresentada, quando desacertada, não implica ofensa à regra do art. 5º, inciso II, da Constituição, sob o argumento de resultar dela a imposição de obrigação não prevista em lei. Consoante sublinha *Pontes de Miranda*, o ato que não viola de frente a Constituição, mas infringe certa lei, "infringe a Constituição. Certamente, há infração da ordem jurídica constitucional, mas falta a imediatidade. Se fôssemos aceitar a indistinção não haveria nenhuma ilegalidade; toda as questões de irregularidade da legislação ou dos atos dos poderes públicos seriam questões constitucionais"[34]. Muito a propósito, decidiu o Supremo Tribunal Federal: "Admitir o recurso extraordinário por ofensa reflexa ao princípio da legalidade seria transformar em questões constitucionais todas as controvérsias sobre a interpretação da lei ordinária..."[35]. O mesmo se pode dizer no campo da interpretação das decisões judiciais. Aliás, a Súmula n. 636, do Supremo Tribunal Federal refere-se, ao afastar o cabimento de recurso extraordinário, por ofensa ao princípio da legalidade, exatamente à necessidade de "rever a interpretação dada a normas infraconstitucionais pela decisão recorrida".

A conclusão tem de ser outra, contudo, quando, sob o pretexto de interpretar a decisão, nega-se manifestamente o seu conteúdo, contraria-se o seu texto, modifica-se o seu significado, adotando-se interpretação sem nenhum respaldo ou amparo. Não se pode, sob a alegação de pretender interpretar a decisão, alterar o seu teor. Como registrou certa feita a Corte de Cassação francesa, "les juges, saisis d'une contestation relative à l'interprétation d'une précédente décision, ne peuvent, sous le prétexte d'en déterminer le sens, apporter une modification quelconque aux dispositions précises de celle-ci"[36]. Também a Corte Européia de Direitos Humanos, ao examinar uma demande en interprétation d'un arrêt, como previsto em seu Regulamento, assinalou que, sendo a decisão antes tomada clara quanto aos pontos sobre os quais se pediam esclarecimentos, alterar o dispositivo do julgado "aboutirait non pas à clarifier "le sens et la portée" de cet arrêt, mais plutôt à le faire modifier sur une question que la Cour a tranchée "avec force obligatoire"...", pretensão que extravasa o âmbito da "interprétation au sens de l'article 57 du règlement"[37]. De igual modo, a Corte Internacional de Justiça, também ao examinar o pedido de interpretação de decisão sua, cuidou de sublinhar que "la question de la recevabilité des demandes en interprétation des arrêts de la Cour appelle une attention particulière en raison de la nécessité de ne pas porter atteinte au caractère définitif

---

Min. Celso de Mello in: DJU 5.4.02, p. 50). Trata-se de antiga orientação, como mostram outros arestos: "Arts. 891 e 916 do Código de Processo Civil. *Res iudicata*. Interpretação da sentença. descabimento do apelo extremo" (STF — 2ª T., RE n. 22.393, Rel. Min. Orosimbo Nonato, julg. em 24.4.1953 in: DJU de 29.10.1953, p. 13.305) e "Sentença exeqüenda. Interpretação aceitável, que se lhe deu e que não importa vulneração da letra da lei ou dissídio jurisprudencial. Recurso extraordinário sem cabimento." (STF — AI n. 38.673/SP, Rel. Min Luiz Gallotti, julg. em 27.10.1966 in: DJU de 10.5.1967, p. 1.318).
(34) *Comentários à Constituição*. Rio de Janeiro: Forense, 1987, tomo I, p. 298.
(35) STF — 1ª T., Proc. AgAI n. 134.736-9, Rel. Min. Sepulveda Pertence in: DJU de 17.2.1995, p. 2.747.
(36) Corte de Cassação, 1ª Câmara Civil, julgamento de 5.7.1978, Processo n. 77-13410, Relator M. Joubrel, publicado no Boletim 1 n. 258 P. 203.
(37) *Allenet de Ribemont c. France (Interprétation)*.

de ces arrêts et de ne pas en retarder l'exécution"[38]. O próprio Supremo Tribunal Federal, depois de excluir do contencioso constitucional as discussões sobre interpretação da decisão judicial, como visto acima, teve o cuidado de ressalvar situações excepcionais, em que a decisão interpretativa apresenta-se "manifestamente contrária ao (anteriormente) decidido".

Em semelhante contexto, quando a interpretação da decisão anterior redunda em violação de seu significado e conteúdo, com preterição do que foi julgado, abrindo espaço para nova e diferente decisão, pode-se configurar ofensa à coisa julgada, bastante para caracterizar o contencioso constitucional e autorizar, inclusive, a interposição de recurso extraordinário[39] ou, no campo trabalhista, de recurso de revista em execução de sentença. Decide dessa forma o Tribunal Superior do Trabalho na medida em que, ao afastar pedido de rescisão fundado no art. 485, inciso IV, do CPC, em caso de mera interpretação da decisão tomada ao ensejo de sua execução, ressalva a hipótese de "dissonância patente entre as decisões exeqüenda e rescindenda"[40]. Trata-se, é certo, de situação excepcional, cuja ocorrência, todavia, não há como excluir, tanto que já verificada, segundo se infere da seguinte decisão do Superior Tribunal de Justiça: "Tendo a sentença exeqüenda fixados os parâmetros para futura execução, eventual modificação destes a título de interpretação do título executivo mostra-se atentatória à coisa julgada"[41].

6. CRITÉRIOS HERMENÊUTICOS GERAIS E A INTERPRETAÇÃO DAS DECISÕES JUDICIAIS

Certos critérios hermenêuticos de caráter geral, utilizados nos mais diferentes contextos, têm também pertinência na interpretação das decisões judiciais.

A interpretação das decisões judiciais, como qualquer interpretação, começa pelo exame do texto a interpretar. Esse é o seu ponto de partida[42]. Por conseguinte, determinados parâmetros, próprios da interpretação das leis, que também principia pelo exame do texto[43], são igualmente utilizáveis na interpretação das decisões judiciais.

---

(38) Decisão de 25 de março de 1999, tomada no pedido de interpretação da decisão de 11 de junho de 1998, relativa ao caso sobre a fronteira terrestre e marítima entre Camarões e Nigéria.
(39) "Recurso extraordinário. É firme a jurisprudência desta Corte no sentido de que, para a fixação dos limites objetivos da coisa julgada, a não ser quando manifestamente contrária ao decidido, é questão que não se alça do plano constitucional do desrespeito ao princípio de observância da coisa julgada, mas se restringe ao plano infraconstitucional, configurando-se, no máximo, ofensa reflexa à Constituição, o que não dá margem ao cabimento do recurso extraordinário..." (STF — 1ª T., RE n. 233.929/MG, Rel. Min. Moreira Alves in DJU de 17.5.02, p. 66).
(40) OJ-SDI II n. 123.
(41) STJ — 5ª T., AgRg no REsp 864.887/RS, Rel. Min. Laurita Vaz, julg. em 21.11.2006 in DJU de 5.2.2007 p. 369. Veja-se, ainda: "Fixados, com trânsito em julgado os honorários, não pode o magistrado, na execução da sentença, valer-se de outros critérios, a título de interpretação do julgamento anterior, sob pena de violação aos arts. 467, 468 e 471 do Cód. Pr. Civil." (STJ — 3ª T., REsp n. 631.321/SP, Rel. Min. Castro Filho, julg. em 26.8.2004 in DJU de 20.9.2004, p. 293).
(42) NASI, Antonio. Interpretazione della sentenza cit., p. 299.
(43) Como adverte Carlos Maximiliano, "o primeiro esforço de quem pretende compreender pensamentos alheios orienta-se no sentido de entender e linguagem empregada" (Hermenêutica e aplicação do direito cit., n. 113, p. 106).

É correto dizer, por exemplo, que, oferecendo a palavra empregada na sentença ou na decisão dois diferentes significados igualmente aceitáveis, prevalece o que seja usual sobre outro, raramente empregado. Consoante a advertência de *Ferrara*, "per regola le parole devono intendersi nel senso usuale comune"[44]. Na jurisprudência anglo-saxônica afirmou-se: "words are generally to be understood in their usual and most known signification"[45]. Assim, quando a sentença alude a "valor venal", é correto entender, como já se decidiu, que se teve em vista o valor de venda do bem, não o valor pelo qual se acha ele registrado, em algum apontamento público, como a planta de valores que serve de base para a cobrança do imposto predial e territorial urbano[46]. Termos técnicos devem ser entendidos no sentido que, segundo a boa técnica, lhes é próprio, de acordo com a proposição de *Blackstone*[47]. Parte-se da premissa de que foram empregados corretamente. Por conseguinte, se o julgado refere-se, para invocar exemplo encontrado na jurisprudência, a "valor da causa", ao fixar os honorários de advogado, toma-se em consideração o valor que veio a ser atribuído à causa na petição inicial, sentido técnico da expressão, e não o valor da condenação[48].

Também é possível falar em interpretação sistemática da decisão judicial[49], a fim de que as palavras utilizadas em uma passagem do pronunciamento com um claro significado sejam lidas, em outra passagem, com o mesmo significado. Se em um ponto da sentença menciona-se extinção do contrato de trabalho com a nítida referência a dispensa sem justa causa, não cabe pretender interpretar a expressão, que reaparece em outro ponto do julgado, como se indicasse pedido de demissão. Mais ainda, a sentença toda deve ser examinada em seu conjunto, como teve oportunidade de assinalar o Superior Tribunal de Justiça, em aresto com a seguinte ementa:

---

(44) *Trattato di diritto civile italiano*. Roma: Athenaeum, 1921, n. 46, p. 213.
(45) Caso DE VEAUX, De Veaux v. *apud* BLACK, Henry Campbell. *Handbook on the Construction and Interpretation of the Laws*. St. Paul: West Publishing, 1911, § 63, p. 175, nota 108. Também a Suprema Corte dos Estados Unidos da América teve oportunidade de registrar, em decisão de 1979: "Unless otherwise defined, statutory terms are generally interpreted in accordance with their ordinary meaning." (*Perrin* v. *United States*, 444 U. S. 42).
(46) O acórdão, do Tribunal de Alçada de Minas Gerais, acha-se assim ementado: "A expressão "valor venal", de acordo com os dicionários de língua portuguesa e com os trabalhos voltados, especificamente, para a catalogação do sentido jurídico do termo, deve ser entendida como valor de venda do bem, preço de mercado, sendo, pois, irrepreensível a decisão que determinou que os aluguéis correspondessem a 1% da importância fixada pelas partes na promessa de compra e venda do imóvel. É de conhecimento geral que o valor utilizado como base de cálculo do IPTU apenas muito raramente reflete o preço real do imóvel, encontrando-se, em geral, defasado, em relação aos valores praticados no mercado imobiliário. Assim, sua utilização, para cálculo da quantia devida a título de contraprestação pela utilização do imóvel pelo promitente comprador seria evidente fonte de injustiça, eis que se estaria premiando, indevidamente, a inadimplência deste, e deixando de ressarcir adequadamente a promitente vendedora." (Trib. Alçada de MG — 5ª Câm. Cív., Ap Cív. n. 433.395-3, Rel. Juiz Eduardo Mariné da Cunha, julg. em 1º.4.2004 in: DJ de 23.4.2004).
(47) *Blackstone's commentaries*. Philadelphia: William Young Birch, 1803, § 60.
(48) Mais uma vez a decisão é do Tribunal de Alçada de Minas Gerais: "Execução. Título judicial. Excesso. Inocorrência. Interpretação da expressão "valor da causa". "Não há qualquer excesso na execução de título executivo judicial que faz incidir os 10% sobre o valor da causa, conforme recomendado nos votos que constituem o Julgado, pois, quando se utiliza dessa expressão, refere-se ao valor que foi atribuído a ela e não impugnado, o que nada tem a ver com valor da condenação"." (Trib. Alçada de MG — 5ª Câm. Cív., Apelação Cível nº 387.782-5, Rel. Juiz Francisco Kupidlowski, julg. em 27.3.2003 in: DJ de 9.4.2003).
(49) SANTOS, José Aparecido dos. *Cálculos de liquidação trabalhista*, cit., p. 51/52.

> "Processo civil. Liquidação. Interpretação da decisão liquidanda. Análise do respectivo contexto. Art. 610, CPC. Recurso não conhecido. A elaboração de conta em sede de liquidação deve-se fazer em estrita consonância com o decidido na fase cognitiva, para o que se impõe averiguar o sentido lógico da decisão liquidanda, por meio de análise integrada de seu conjunto, afigurando-se desproposi- tado o apego a interpretação literal de período gramatical isolado que conflita com o contexto de referida decisão"[50].

É também nessa linha a jurisprudência dos tribunais norte-americanos. A Corte de Apelação da Califórnia, ao defrontar-se com a necessidade de interpretar decisão tomada em caso de família, para resolver se haveria ou não como reexaminar o julgamento, pôs em evidência: "The true measure of an order...is not an isolated phrase appearing therein, but its effect when considered as a whole"[51].

Mas não se deve pensar, por conta do exposto até aqui, que os critérios para a interpretação das decisões judiciais confundam-se ou identifiquem-se perfeitamente com os aplicáveis à interpretação das leis. Não é assim, como reconhece a doutrina[52]. Há peculiaridades importantes, a serem mais adiante realçadas.

Tampouco se podem aplicar sem restrições, na interpretação das decisões judiciais, os critérios relativos à interpretação dos negócios jurídicos em geral[53]. Como bem enfatizado em acórdão do Tribunal da Relação de Coimbra, "a sentença não se confunde com o negócio jurídico, nem... se pode considerar a sentença um simples acto jurídico de natureza privada. A sentença é "um acto de autoridade pública, de natureza soberana, porque emanada de tribunal"[54]. É excessivo dizer, como fez o Supremo Tribunal de Justiça de Portugal, que "as decisões judiciais constituem actos jurídicos a que se aplicam, por analogia, as normas que regem os negócios jurídicos"[55]. Não está em causa interpretação de uma vontade[56], a vontade do juiz. O que importa é a decisão tomada. Quando muito se poderia falar em vontade do Estado, plasmada, porém, na própria sentença[57]. Daí logo se tiram três primeiras observações importantes.

---

(50) STJ — 4ª T., REsp. n. 44.465/PE, Rel. Min. Sálvio de Figueiredo Teixeira, julg. em 12.4.94 in: DJU de 23.5.94, p. 12.616.
(51) Roraback v. Roraback, 38 Cal.App.2d 592, processo n. 6.375, decisão de 24 de abril de 1940.
(52) SATTA, Salvatore. *Diritto processuale civile*. Padova: CEDAM, 1981, n. 123, p. 228, e MIRANDA, Pontes de. *Comentários ao Código de Processo Civil*, cit., v. II, p. 326.
(53) Salvatore Satta, *Diritto processuale civile, cit.*, n. 123, p. 228, e MIRANDA, Pontes de. *Comentários ao Código de Processo Civil*, cit., v. II, p. 326.
(54) Processo n. 159/1997.C1, Rel. Virgílio Mateus, decisão de 8.5.2007.
(55) Supremo Tribunal de Justiça, Proc. n. 06A4449, Rel. Alves Velho, Ac. de 22.3.2007. Em termos muito próximos, o Supremo Tribunal Administrativo de Portugal também assinalou: "A sentença judicial, como acto jurídico que é, está sujeita a interpretação, valendo nesse domínio, por força do disposto no art. 295 C. Civil, os critérios de interpretação dos negócios jurídicos." (Processo n. 035319, Relator Políbio Henriques, julgamento de 11.10.2006)
(56) NASI, Antonio. *Interpretazione della sentenza*, cit., *passim*.
(57) É nesse sentido que se deve entender a afirmação de Alfredo Buzaid, na seguinte decisão: "O juiz, enquanto razoa, não representa o Estado; representa-o, enquanto lhe afirma a vontade. As razoes de decidir preparam, em operação lógica, a conclusão a que vai chegar o juiz no ato de declarar a vontade da lei" (STF — 1ª T., RE-ED n. 94.530/BA, Rel. Min. Alfredo Buzaid, julg. em 21.5.82 in: DJU de 6.8.82, p. 7.350).

Em primeiro lugar, de pouca valia mostram-se, na interpretação das decisões judiciais, as disposições dos arts. 113, 114 e 423, do Código Civil. Não há, por exemplo, pensar-se na sentença como ato benéfico, a fim de interpretá-la de modo restritivo. Tampouco faz sentido pretender equiparar o réu ao aderente, em contrato de adesão, para interpretar, em seu favor, as disposições ambíguas do julgado[58].

Em segundo lugar, não tem o prolator da decisão autoridade suplementar ou privilegiada para interpretá-la. É erro grave dizer, como já se viu, que "somente o juiz que prolatou a sentença tem o conhecimento da omissão, a fim de preencher o claro existente; somente ele sabe da incoerência de sua decisão, afastando a contradição existente nas proposições"[59]. A decisão é o que nela se contém, não o que o juiz, como pessoa, gostaria que nela estivesse ou pretendeu nela inserir. Importa mais o elemento objetivo da decisão do que a subjetividade de seu prolator, pois, como anota *Satta*, "la volontà del giudice non è altro che il suo giudizio, e questo è un fatto obiettivo che non si può identificare se non con elementi obiettivi, non con la riconstruzione di una volontà"[60].

É fenômeno característico da declaração apartar-se, como lembra *Betti*, do pensamento, para adquirir "espressione oggettiva, dotata di vita propria, percepibile e apprezzabile nel mondo sociale"[61]. Em conseqüência — prossegue o autor — "una volta che con la dichiarazione il pensiero, uscito da se stesso, è distaccato e diventato qualcosa di oggettivo, questo qualcosa, che è la dichiarazione, ha ormai nel mondo sociale un valore a sè stante oggettivamente riconoscibile, che non dipende più dal pensiero dell'autore e fa la sua strada per conto proporio secondo le regole che governano ogni comunicazione espressiva fra gli uomini"[62]. Mesmo na interpretação da lei, anota *Radbruch*, deve-se buscar "o sentido objetivamente válido dum preceito ou disposição jurídica", não o "sentido que foi pensado pelo autor da lei"[63]. Afinal, arremata ainda *Radbruch*, "o Estado não nos fala através das declarações pessoais dos autores da lei, mas tão somente através da própria lei"[64]. Não é diferente no campo dos pronunciamentos judiciais. Como adverte *Pontes de Miranda*, no exame dos embargos de declaração, colocado o problema da interpretação da decisão, deve-se "mais atender ao declarado que ao querido"[65]. Colhe-se, na jurisprudência, interessante situação em que fica realçada a importância da distinção, no campo da interpretação da sentença, entre o querido e o declarado. Em ação de indenização, deferiu-se, por sentença proferida ao tempo em que vigorava o Código Civil de 1916, pensão até que os menores, favorecidos pelo pagamento, completassem 21 anos. Com a vigência do novo Código, reduzida a menoridade para 18 anos, pretendeu o devedor exonerar-se mais cedo do pagamento, sob o argumento de que teria o julgador pretendido limitá-lo à menoridade

---

(58) MIRANDA, Pontes de. *Comentários ao Código de Processo Civil*, cit., v. II, p. 326.
(59) BAPTISTA, Sonia Márcia Hase de Almeida. *Dos embargos de declaração*. São Paulo: RT, 1993. p. 94.
(60) SATTA, Salvatore. *Diritto processuale civile*, cit., n. 123, p. 227.
(61) *Teoria generale del negozio giuridico*. Torino: UTET, 1943, n. 3, p. 11.
(62) *Teoria generale del negozio giuridico*, cit., n. 3, p. 12.
(63) *Filosofia do direito*. São Paulo: Saraiva, 1937. p. 160.
(64) *Filosofia do direito*, cit., p. 160.
(65) *Comentários ao Código de Processo Civil*, cit., v. V, p. 335.

dos favorecidos. O pedido foi rejeitado, acertadamente. Se a intenção era limitar a pensão à menoridade, haveria de explicitar a circunstância, ainda que juntamente com a referência à idade vigente à época. Mencionada, porém, apenas a idade, a intenção do julgador, não exteriorizada na decisão, não pode ser invocada para modificar o que ficou decidido[66].

Não há razão, portanto, para supor preferível a interpretação dada à decisão por seu próprio prolator e muito menos para imaginar que caiba apenas a ele fazer essa interpretação. É inaceitável a idéia proposta por *José Alberto dos Reis*, de que o juiz, no exercício da jurisdição quando do exame do pedido de esclarecimento de decisão judicial, na forma do antigo art. 670, do Código de Processo Civil de Portugal, correspondente ao atual art. 669[67], possa "ouvir o juiz substituto (prolator da decisão cujo esclarecimento se busca) para, em seguida, decidir"[68]. Igualmente criticável é a previsão do art. 475, do *Code de Procédure Civile* do Québec, que atribui ao próprio prolator da decisão a competência para completá-la em caso de omissão ou corrigi-la em caso de erro, admitindo a transferência da atividade ao tribunal apenas na hipótese de não estar mais o seu prolator no exercício da atividade ou se encontrar ausente ou impedido de agir. Insista-se: proferida a decisão, torna-se irrelevante a vontade pessoal de seu prolator. O pronunciamento adquire autonomia e vida própria e fica sujeito a ser interpretado — ou completado, se for o caso — por quem estiver incumbido de aplicá-lo, como já se assentou, com inegável propriedade, no campo dos embargos de declaração[69]. Fosse de outro modo, ficaria por resolver-se — e não haveria como resolver — o problema da competência para interpretar a decisão judicial cujo prolator aposentou-se ou faleceu.

Por fim, a conduta das partes é de pouco significado na interpretação da decisão. No campo dos negócios jurídicos, sua importância, explicitada em certos or-

---

(66) O acórdão, do Tribunal de Justiça de Minas Gerais, tem a seguinte ementa: "Interpretação do dispositivo da sentença que se refere a 21 anos de idade — Vigência do novo Código Civil reduzindo a maioridade civil — Interpretação restritiva em analogia aos casos amparados pela doutrina e jurisprudência estendendo a pensão além da maioridade civil. Ausência de menção do termo "maioridade civil" na sentença concessiva da pensão por prática de ato ilícito. — Pretendendo o devedor de pensão alimentícia decorrente de ato ilícito se exonerar de pensão para menores, ao argumento de que o dispositivo da sentença concessiva da pensão mencionava que esta deveria ser paga até que os menores tenham atingido 21 anos de idade e, com o advento do Novo Código Civil, reduzindo a maioridade para 18 anos, deve prevalecer interpretação restritiva, análoga ao entendimento da doutrina e jurisprudência, que estende o pensionamento em casos de responsabilidade civil por ato ilícito e direito de família além da maioridade civil, até mesmo diante da ausência de qualquer menção do termo "maioridade civil" na sentença concessiva da pensão por prática de ato ilícito" (TJ-MG, 9ª Câm. Cív., Ap. n. 2.0000.00.480722-3/000, Rel. Des. Pedro Bernardes, julg. em 7.2.2006 in: DJ de 1º.4.2006).
(67) "1. Pode qualquer das partes requerer no tribunal que proferiu a sentença: a) O esclarecimento de alguma obscuridade ou ambiguidade que ela contenha..."
(68) *Código de Processo Civil anotado*. Coimbra: Coimbra Editora, 1984, v. V, p. 155.
(69) AROCA, Juan Montero; RAMOS, Manuel Ortells e COLOMER, Juan-Luis Gómez. *Derecho jurisdicional*, II, 1º, Barcelona: Bosch, 1989. p. 328, VESCOVI, Enrique. *Los recursos judiciales y demás medios impugnativos en Iberoamérica*. Buenos Aires: Depalma, 1988. p. 80, e NERY JUNIOR, Nelson e NERY, Rosa Maria Andrade. *Código de Processo Civil comentado*, cit., p. 1.050. Em jurisprudência: "Afastado o juiz que tenha proferido a sentença, por qualquer dos motivos previstos no art. 132, CPC, desvincula-se ele do feito, sendo competente para julgar os embargos de declaração opostos contra essa sentença o magistrado que assumiu a Vara" (STJ — 4ª T., Resp n. 198.767/RJ, Rel. Min. Sálvio de Figueiredo Teixeira, julg. em 2.12.99 in: DJU de 8.3.00, p. 122).

denamentos jurídicos[70] e enunciada pela doutrina[71], é sem dúvida maior. Realmente, o comportamento das partes durante a execução do contrato e após tem grande valor para definir a abrangência das obrigações e dos direitos recíprocos. Como escreve *Carvalho de Mendonça*, "a observância do negócio jurídico é um dos meios denunciativos da interpretação autêntica da vontade das partes. Esclarece esta vontade...."[72]. No processo, porém, o controle sobre o significado da decisão judicial escapa ao domínio das partes. É atribuição que compete ao juiz, por se tratar de matéria de interesse público. Em conseqüência, ainda que autor e réu concordem em atribuir à decisão judicial o significado "a", comportando-se, no processo, de acordo com tal significado, ao juiz é dado interpretá-la no sentido "b". Falha, também aqui, o critério interpretativo próprio dos negócios jurídicos.

7. Alguns outros critérios para a interpretação das decisões judiciais

Entre os critérios peculiares da interpretação das decisões judiciais há um que emerge da forma como elas se estruturam e da presunção de coerência interna do texto. Isso permite enunciar o relevante papel hermenêutico, reconhecido e proclamado por doutrina assente[73] e pela jurisprudência[74], da fundamentação. Se nela se esclarece a obscuridade existente no dispositivo, interpreta-se a decisão de acordo com a fundamentação[75]. Por isso assinala a doutrina que os motivos da decisão, conquanto não transitem em julgado, "possono servire al chiarimento e perciò alla estensione o alla limitazione del dispositivo"[76]. Como assinalou o juiz

---

(70) Dispõe o art. 1.362, do Código Civil italiano: "Nell'interpretare il contratto si deve indagare quale sia stata la comune intenzione delle parti e non limitarsi al senso letterale delle parole. Per determinare la comune intenzione delle parti, si deve valutare il loro comportamento complessivo anche posteriore alla conclusione del contratto".
(71) A esse critério já aludiam Aubry e Rau no *Cours de droit civil français*. Paris: Éditions techniques, s. d. p. (*sixième édition*), *tome quatrième*, § 347, p. 484/485.
(72) *Tratado de direito commercial brasileiro*. Rio de Janeiro: Freitas Bastos, 1934, v. VI, parte I, n. 234, p. 213.
(73) VIDAL NETO, Pedro. *Estudo sobre a interpretação e aplicação do Direito do Trabalho*. São Paulo: tese, 1985. p. 184.
(74) "Para interpretar uma sentença, não basta a leitura de seu dispositivo. O dispositivo deve sintegrado (*sic*) com a fundamentação, que lhe dá o sentido e o alcance." (STJ — 3ª T., REsp n. 818.614, Rel. Min. Nacy Andrighi, julg. em 26.10.2006 *in* DJU de 20.11.2006, p 309). Também assim a decisão do Tribunal de Justiça do Mato Grosso: "Critério de interpretação da sentença — Leitura do dispositivo em conformidade com o contido na fundamentação e no pedido formulado no processo — Recurso conhecido e provido. A parte conclusiva do acórdão deve ser analisada de acordo com a fundamentação nele contida. Se na fundamentação existia determinação expressa, ela deve ser cumprida mesmo se ausente na parte dispositiva, sobremaneira quando o erro técnico ainda pode ser sanado em instância superior." (TJ-MT, 2ª Câm. Cív., Proc. n. 24326/2007, Rel. Des. A. Bitar Filho *in* DJ de 25.10.2007). Na jurisprudência portuguesa há o seguinte precedente do Supremo Tribunal Administrativo, em que sublinhada a importância de considerar-se, na interpretação da decisão, a sua fundamentação: "A interpretação da sentença...exige que se tomem em consideração a fundamentação e a parte decisória" (Processo n. 035319ª, Relator Políbio Henriques, julgamento de 11.10.2006).
(75) SATTA, Salvatore. *Diritto processuale civile cit.*, n. 123, p. 228.
(76) CARNELUTTI. *Lezioni di diritto processuale civile*. Padova: CEDAM, 1930, v. 4, n. 383, p. 432/433. No mesmo sentido, na doutrina francesa, COLIN e CAPITANT, *Cours élémentaire de droti civil français*. Paris: Dalloz, 1953, *tome deuxième*, n. 791, p. 528. Em jurisprudência, restringindo o teor aparentemente mais amplo do dispositivo, ante o seu caráter dúbio: "Apesar da dubiedade da parte dispositiva da sentença singular, que se refere às arras mais o dobro desse valor, a condenação foi estabelecida pelo juiz *a quo*, e confirmada pelo acórdão guerreado, na devolução das arras mais o seu equivalente, acrescidos dos consectários legais." (JC — Ceará, 1ª Câm. Cív., ED n. 2000.0134.1319-9/2, Rel. Des. Ernani Barreira Porto, julg. em 29.10.2007).

Verdross, em acórdão da Corte Européia de Direitos Humanos, proferido em 23 de junho de 1973, "... le dispositif d'un arrêt doit toujours s'interpréter en relation avec les motifs...un dispositif ne peut s'apprécier indépendamment des motifs qui l'accompagnent"[77]. É compreensível, porque "an author must be supposed to be consistent with himself; and therefore, if in one place, he has expressed his mind clearly, it ought to be presumed that he is still of the same mind in another place, unless it clearly appears that he has changed"[78].

Em decisões colegiadas, os debates, que integram a fundamentação, também servem como parâmetro interpretativo. Nem eventuais votos vencidos deixam de ter importância. Indicam, quando menos, como não se pretendeu decidir. Havendo dúvida sobre se a decisão deve ser interpretada no sentido "a" ou no sentido "b", se o voto vencido claramente optava pelo último sentido, o fato de não ter prevalecido é indicativo de que se deve preferir o outro.

Se a fundamentação ou os motivos têm grande peso na interpretação da decisão, o mesmo não se pode dizer da ementa de acórdãos. Não é ela irrelevante. Não é, contudo, muito significativa. Embora deva obrigatoriamente figurar em todo acórdão (CPC, art. 563), destina-se apenas a facilitar a divulgação da jurisprudência. Nem integra a decisão, já que não é submetida a votação. Como disse acertadamente o Tribunal de Apelação do Distrito Federal, em antigo julgado, "ementa não é parte integrante do acórdão"[79]. Escasso o seu valor interpretativo, portanto.

Importa assinalar, como outro critério interpretativo, a presunção de não se haver decidido contra a lei[80]. Deve-se buscar, na interpretação da decisão judicial, solução que esteja mais em harmonia com o direito vigente. Nessa linha, decidiu a Corte de Cassação francesa que, para determinar o termo inicial da correção de aluguel, é correto tomar por base as disposições legais em que se funda a decisão interpretada[81]. No Brasil, em caso envolvendo discussão sobre honorários advocatícios, o Superior Tribunal de Justiça sublinhou a necessidade de interpretar-se dispositivo pouco claro do julgado de maneira que afastasse solução que implicasse ofensa à regra do art. 20, do CPC[82]. É natural. Se *iura notiv curia*, é também de supor tenha sido a decisão tomada em conformidade com a lei. Desse enunciado

---

(77) *Affaire Ringeisen C. Autriche — Interpretation*. Ainda sobre o ponto, no plano do direito internacional, cf. SANCHEZ, Pablo Antonio Fernandez. *L 'autorité de la chose jugée dans les arrêts de la Cour Européenne des Droits de l'Homme* em *Judicial protection of human rights at the national and international level*. Milano: Giuffrè, 1991, v. II, p. 595.
(78) MAXWELL *apud* BLACK, Henry Campbell. *Handbook on the Construction and Interpretation of the Laws*, cit., § 42, p. 119.
(79) Trib. de Apelação do Distrito Federal, Câmaras Reunidas, Proc. Re. de Rev. n. 288, Rel. Des. Rocha Lagoa. In: *Revista Forense*, v. 94, p. 288.
(80) SATTA, Salvatore. *Diritto processuale civile*, cit., n. 123, p. 228.
(81) 2ª Câmara Civil, decisão de 27 de junho de 1990. In: *Nouveau Code de Procédure Civil*. Paris: Dalloz, 2005. p. 280.
(82) Trata-se de acórdão com a seguinte ementa: "Havendo dúvida razoável quanto à correta interpretação do dispositivo da decisão judicial que fixou os honorários advocatícios devidos pela Fazenda Estadual sucumbente na ação anulatória de débito fiscal e nos embargos à execução fiscal, julgados simultaneamente, em hipótese que poderia, efetivamente, levar a entendimentos em sentidos opostos, há que se afastar a tese de violação do art. 20 do CPC, principalmente se também razoável tenha sido a interpretação adotada pelo Tribunal recorrido." (STJ — 2ª T., REsp n. 707.812, Rel. Min. Eliana Calmon, julg. em 6.12.2005 *in* DJU de 1º.2.2006, p. 493).

extraem-se vários desdobramentos, que servem como parâmetro na interpretação das decisões judiciais.

Em primeiro lugar, cabe evitar entendimento que leve a julgamento *extra*, *ultra* ou *citra petita*[83], o qual seria, no fundo, contrário ao direito posto: *ne eat iudex ultra petita partium*. Procura-se interpretar a decisão, portanto, de modo que fique ela em "armonica correlazione con la domanda giudiziale"[84]. Aplicando tal diretriz, resolveu o Superior Tribunal de Justiça: "Havendo dúvidas na interpretação do dispositivo da sentença, deve-se preferir a que seja mais conforme à fundamentação e aos limites da lide, em conformidade com o pedido formulado no processo. Não há sentido em se interpretar que foi proferida sentença *ultra* ou *extra petita*, se é possível, sem desvirtuar seu conteúdo, interpretá-la em conformidade com os limites do pedido inicial"[85].

Justifica-se a proposição na medida em que, se a sentença é, como se costuma dizer em doutrina[86], uma resposta ao pedido, certamente facilita a compreensão da resposta o exame do que foi perguntado. Aliás, a própria fundamentação pode ser esclarecida pelos termos do pedido[87]. Como anota *Carnelutti*, "in quanto il testo della sentenza permetta il dubbio, il tenore delle domanda assume efficacia decisiva"[88]. A resposta "sim" (correspondente à parte dispositiva da decisão), isoladamente considerada, nada significa. Conjugada com a pergunta feita (pedido deduzido no processo), adquire significado mais preciso. Pode-se mesmo ir além, para utilizar, na interpretação do julgado, todo o debate realizado no processo, como fez o Tribunal de Justiça do Rio Grande do Sul, em acórdão com a seguinte ementa: "Embargos à execução. Necessidade de interpretação da sentença, em face de sua ambigüidade. Trabalho hermenêutico que deverá levar em conta a demanda, a parte dispositiva e a discussão judicial travada no processo de conhecimento"[89].

Em segundo lugar, tendo em conta o parágrafo único, do art. 460, do CPC, prefere-se interpretação que leve a decisão certa àquela que conduza a resultado impreciso ou deixe a controvérsia por decidir. Nas palavras de *Pontes de Miranda*, "nunca se interpreta, na dúvida, como deixando a fórmula ou regra ou decisão *in futurum iudicium*: interpreta-se como 'tendo decidido' "[90].

---

(83) MIRANDA, Pontes de. *Comentários ao Código de Processo Civil*, cit., 1947, v. II, p. 327 e DENTI, Vittorio. *L´interpretazione della sentenza civile*, cit. p. 88.
(84) BETTI, Emilio. *Interpretazione della legge e degli atti giuridici*, cit., p. 266. Também assim, na doutrina nacional, SANTOS, José Aparecido dos. *Cálculos de liquidação trabalhista*, cit., p. 65.
(85) STJ — 3ª T., REsp n. 818.614, Rel. Min. Nacy Andrighi, julg. em 26.10.2006. In DJU de 20.11.2006, p 309.
(86) COUTURE, Eduardo J. *Fundamentos del derecho procesal civil*. Buenos Aires: Desalma, 1958, n. 184, p. 293.
(87) NASI, Antonio. *Interpretazione della sentenza*, cit., p. 304.
(88) CARNELUTTI. *Lezioni di diritto processuale civile*. Padova: CEDAM, 1930, v. 4, n. 383, p. 431, e, ainda, DENTI, Vittorio. *L´interpretazione della sentenza civile*, p. 88.
(89) TJ-RS, 6ª Câm. Cív., Ap. Cív. n. 70003139946, Rel. Des. Carlos Alberto Álvaro de Oliveira, julg. em 4.6.2003. Em termos semelhantes: "Consoante entendimento doutrinário, a interpretação dos julgados... exige ir além das palavras utilizadas pelo julgador, para alcançar efetivamente a vontade declarada, que haverá de harmonizar-se com o objeto do processo e com as questões que a seu respeito as partes suscitaram na fase de postulação." (TJ-ES, 2ª Câm. Cív., Proc. n. 048.00.006619-0, Rel. Des. Álvaro Manoel Rosindo Bourguignon, julg. em: 5.6.2007 *in* DJ de 12.7.2007).
(90) MIRANDA, Pontes de. *Comentários ao Código de Processo Civil*, cit., 1947, v. II, p. 327.

Em terceiro lugar, apresentados pedidos cumulados sucessivamente (CPC, art. 289), acolhido o principal, interpreta-se como rejeitado o seguinte, já que não é lícito ao juiz examiná-lo[91]. Se, ao contrário, é claro e induvidoso o acolhimento do pedido formulado sucessivamente, entende-se repelido o pedido principal.

Também se deve partir da premissa de que a decisão, se não dispôs de forma diversa, seguiu a diretriz dominante na jurisprudência. Não que tenham os precedentes força vinculante. Não é isso. O juiz sempre pode, com a restrita exceção da súmula vinculante — nos termos do art. 103-A, da Constituição —, decidir em desacordo com a jurisprudência dominante. A questão é outra, no entanto. Resume-se à idéia de que não se presume solução contrária ao que usualmente prevalece. Afinal, "na dúvida, segue-se a regra geral"[92], pois o normal se presume, enquanto o extraordinário se demonstra ou se explicita. Por isso, se nada diz a sentença sobre o termo inicial para apuração da correção monetária, faz muito mais sentido admitir a incidência da Súmula n. 381, do Tribunal Superior do Trabalho, do que, sem nenhum elemento indicativo do contrário, pretender se tenha buscado aplicar parâmetro diverso. Bem a propósito, decidiu o Tribunal de Alçada de Minas Gerais: "Liquidação — Execução de título judicial — Omissão quanto ao índice a ser aplicado na correção monetária — Utilização da tabela usada pela contadoria judicial. Não determinando a sentença qual o índice a ser utilizado na atualização monetária na liquidação do débito, deve ser utilizada a tabela normalmente utilizada pela Contadoria Judicial e recomendada pela Corregedoria de Justiça"[93]. Tome-se, ainda, o caso de sentença proferida por Vara do Trabalho da capital de Estado, em ação civil pública, omissa a respeito da abrangência territorial de sua eficácia. Não se resolvendo a dúvida pelo exame do pedido ou por outros aspectos da causa, como a natureza da controvérsia ou o problema a resolver com o processo, é de supor a aplicação dos parâmetros estabelecidos pela OJ-SDI I n. 130, do Tribunal Superior do Trabalho, para atribuir-lhe eficácia no âmbito do Estado e não eficácia nacional. Parâmetro diverso sempre pode ser adotado. Mas não é presumido.

A Corte Européia dos Direitos do Homem, por sua vez, ao interpretar decisão sua, proferida em julho de 1995, omissa a respeito da incidência de juros de mora em condenação imposta à França, condenação que não veio a ser paga pontualmente, concluiu não caber o acréscimo, exatamente porque "la pratique consistant à prévoir le versement d'intérêts moratoires en cas de retard de paiement, la Cour ne l'a introduite qu'en janvier 1996". Daí tirou a Corte que, adicionar juros de mora à condenação, diante da prática vigente ao tempo em que proferida a decisão, seria modificar o julgamento, solução incabível no caso, a despeito da inadimplência verificada[94].

---

(91) "Tratando-se de pedidos formulados em ordem sucessiva (art. 289 do CPC), podem eles ter fundamentos opostos. O segundo pedido somente será objeto de decisão na eventualidade da improcedência do primeiro" (STJ — 4ª T., REsp n. 34.371/SP, rel. Min. Barros Monteiro, julg. em 21.10.97 in: DJU de 15.12.97 p. 66.414).
(92) MAXIMILIANO, Carlos. *Hermenêutica e aplicação do direito*, cit. n. 286, p. 234.
(93) Trib. Alçada de MG — 1ª Câm. Cív., Apelação Cível nº 318.892-9, Rel. Juiz Vanessa Verdolim Hudson Andrade, julg. em 31.10.2000. In: DJ de 18.11.2000.
(94) Corte Européia dos Direitos do Homem, caso Hentrich c. France (Interpretation), Processo n. 13616/88, decisão de 3 de julho de 1997.

É a diretriz indicada acima — presunção de decisão em conformidade com a jurisprudência dominante — que explica a solução contida na Súmula n. 401, do Tribunal Superior do Trabalho[95], muito mais do que o caráter de ordem pública dos descontos. Tanto assim que, se a sentença não explicita a proibição de descontos, mas facilmente se percebe haver sido ela estabelecida, pela indicação de um valor líquido para o reclamante em que não contempladas deduções, não há como, sem desrespeitar o julgado, determinar retenções, ainda que sejam elas impostas por norma de ordem pública.

Outro critério a mencionar decorre do princípio da conservação, inerente "all'esenza stessa dell'ordinamento giuridico"[96], segundo o qual "ogni atto giuridico di significato ambiguo deve, nel dubbio, essere inteso nel suo massimo significato utile"[97]. Também a sentença, como ato jurídico que é, fica sujeita a esse princípio, o que já foi realçado pelo Supremo Tribunal Federal: "Não ofende a garantia constitucional da coisa julgada a decisão que, na execução trabalhista, dá interpretação razoável ao acórdão condenatório de modo a emprestar-lhe efeito útil, ao contrário da insanável contradição que resultaria do entendimento sustentado pela agravante"[98]. Logo, entre duas interpretações possíveis da decisão, igualmente adequadas ao seu texto e em conformidade com os demais cânones hermenêuticos, prefere-se aquela de que decorre alguma eficácia, em detrimento da que a priva de eficácia.

Desdobramento do enunciado anterior é a proposição segundo a qual se deve afastar significado de que resulte obrigação inexeqüível ou comportamento impraticável[99]. Em termos gerais, "não se interpreta um texto de modo que resulte fato irrealizável"[100]: *ad impossibilia nemo tenetur*. O mesmo vale para as decisões judiciais. Se, em ação proposta por sindicato, a sentença proferida em detrimento do empregador proíbe a extinção de contratos de trabalho de seus empregados, sob cominação de multa, sem fazer referência, porém, apenas a dispensa sem justa causa, não se deve supor exigível a sanção caso tenha havido, em condições perfeitamente normais, mero pedido de demissão. Afinal, não pode o empregador impedir que o próprio empregado tome a iniciativa de extinguir o contrato de trabalho.

Dizer, como faz *Pontes de Miranda*, que a sentença deve ser interpretada sempre de modo estrito[101] é já conclusão bastante questionável. É certo que não

---

(95) "Os descontos previdenciários e fiscais devem ser efetuados pelo juízo executório, ainda que a sentença exeqüenda tenha sido omissa sobre a questão, dado o caráter de ordem pública ostentado pela norma que os disciplina. A ofensa à coisa julgada somente poderá ser caracterizada na hipótese de o título exeqüendo, expressamente, afastar a dedução dos valores a título de imposto de renda e de contribuição previdenciária".
(96) GRASSETTI, Cesare. *Conservazione (Principio di)* em *Enciclopedia del Diritto*. Varese: Giuffrè, 1961, IX, p. 173.
(97) GRASSETTI, Cesare. *Conservazione (Principio di)*, cit., p. 174. De acordo com isso, estatui o *Codice Civile* italiano: "Art. 1367. Conservazione del contratto Nel dubbio, il contratto o le singole clausole devono interpretarsi nel senso in cui possono avere qualche effetto, anziché in quello secondo cui non ne avrebbero alcuno (1424)."
(98) STF — 1ª T., AI-AgR 135.022/DF, Rel. Min. Sepúlveda Pertence, julg. em 25.7.91 in DJU de 9.8.1991, p. 10.365. No mesmo sentido, cf. ainda, STJ — 3ª T., REsp n. 5.277/SC, Rel. Min. Nilson Naves in DJU de 26.11.90, p. 13.780.
(99) SANTOS, José Aparecido dos. *Cálculos de liquidação trabalhista*, cit., p. 61.
(100) MAXIMILIANO, Carlos. *Hermenêutica e aplicação do direito*, cit. n. 313-B, p. 259.
(101) *Comentários ao Código de Processo Civil*, cit., 1947, v. II, p. 327. Na jurisprudência, acolhendo a proposição: "Interpretação de decisões exeqüendas. Critérios ... Há leis que têm de ser interpretadas de modo estrito, e outras não. As sentenças devem, sempre, ser interpretadas de modo estrito. Manuel Mendes de Castro

se executa nem se exige o cumprimento do que na sentença não se contém, ainda que, segundo o direito positivo, nela devesse figurar. Se os honorários advocatícios não foram deferidos, não podem ser cobrados[102]. De idêntico modo, se não foi concedida a multa de 40% do FGTS, não se pode executar a parcela, mesmo sendo em tese devida, pelo reconhecimento, por exemplo, da dispensa sem justa causa. Por fim, deferidas horas extras, mas não concedidos reflexos em títulos decorrentes do contrato, não se pode ampliar a condenação quando de sua liquidação, para incluir esses reflexos. Não importa — insista-se — a exigibilidade da parcela segundo o direito positivo. O que se executa não é o que a lei, em tese, atribui à parte, mas o que a sentença concretamente deferiu. Mas do exposto não se tira regra de interpretação necessariamente restritiva de julgados. Melhor é dizer que a sentença deve ser executada ou cumprida conforme os seus termos, "sem ampliações ou restrições"[103], ou, em outras palavras, que deve ser executada "como soa"[104].

Nem existe motivo, ademais, para dar-se sempre prevalência à interpretação mais favorável ao executado. A máxima segundo a qual se adota, na dúvida, solução mais benigna ao devedor, válida, talvez, no plano do direito material[105], não tem pertinência na hipótese de interpretação de decisões judiciais, ao contrário do que já foi sugerido[106]. Se na decisão, por exemplo, determinado número é mencionado em algarismos e por extenso, não havendo outros elementos que indiquem qual o correto, não tem de prevalecer necessariamente o que seja mais benéfico ao executado. Mais acertada é a aplicação do critério preconizado pelo art. 12, da Lei n. 7.357, a fim de se considerar o número indicado por extenso[107]. Qual a razão? É mais fácil errar na grafia do número em algarismos do que ao lançá-lo por extenso. Daí a pertinência da regra, concebida para disciplinar matéria cambiária, também no campo da interpretação das decisões judiciais.

O que se pode sim adotar como critério hermenêutico de decisões judiciais, inclusive em matéria trabalhista, é a máxima *in dubio pro libertate*, para que não se imponha restrição à liberdade de outrem se não existe previsão clara no pro-

---

(*Practica Lusitana*, III, 147) entalhou a regra, que é a primeira do *método de interpretação das sentenças* e merece toda a atenção: *Sententia est stricti iuris et stricto modo intelligi debet...*" (Pontes de Miranda). Na espécie, verifica-se que a condenação atine apenas às diferenças de adicional de horas extras, por ter considerado o reclamante comissionista puro e por haver ausência de remuneração integral dessa parcela, de acordo com os documentos dos autos. Sob pena de ofensa à coisa julgada, não cabe a dedução das horas extras pagas espontaneamente pelo empregador, pois não cuidou a sentença exeqüenda de condenar o executado ao pagamento dessa parcela, mas, tão-somente, diferenças sobre os adicionais." (TRT — 23ª Reg., AP n. 0730/2000, Rel. Juiz Roberto Benatar, Ac. n. 1.877/2000, julg. em 15.8.2000).
(102) "Liquidação de sentença. Honorários advocatícios. I — Ação de reparação de dano decorrente de ato ilícito. Não tendo havido condenação em honorários advocatícios no processo de conhecimento, impossível incluir-se, quando da liquidação da sentença, a verba honorária no montante indenizatório. II — art. 20 do Código de Processo Civil, inviolado." (STJ — 4ª T., REsp. n. 2.043/RJ, Rel. Min. Fontes de Alencar, julg. em 6.3.90 *in* DJU de 9.4.90 p. 2.747).
(103) TRT — 15ª Reg., SE, Ac. n. 011080/95, Rel. Juiz Castro Touron *in* DJSP de 3.7.95, p. 103.
(104) Trib. Justiça do Rio de Janeiro: 2ª Câm., Ap n. 90.687, Rel. Des. Euclides Felix de Souza *in* PAULA, Alexandre de. *Código de Processo Civil anotado*. São Paulo: RT, 1977, v. III, p. 142.
(105) MAXIMILIANO, Carlos. *Hermenêutica e aplicação do direito*, cit., n. 435, p. 352, e MENDONÇA, José Xavier Carvalho de. *Tratado de Direito Commercial Brasileiro*, cit., n. 236, p. 213.
(106) FRAGA, Affonso. *Theoria e Pratica na Execução das Sentenças*. São Paulo: C. Teixeira, 1922. p. 54/55.
(107) Trata-se da lei que disciplina o cheque e preceitua, no art. 12, ao regular a hipótese de contradição entre os valores inscritos no documento: "Feita a indicação da quantia em algarismos e por extenso, prevalece esta no caso de divergência..."

nunciamento judicial. De acordo com isso o Tribunal de Justiça do Rio Grande do Sul decidiu: "Se a sentença condenatória, em conformidade com a alta pena imposta, emergente de crime de latrocínio, fixou o regime fechado, porém sem qualquer alusão à Lei n. 8.072 ou à inviabilidade de progressão, não há como, em sede de execução, interpretá-la contra o apenado, nela se vendo o que não foi disposto"[108].

Diversamente, a máxima *in dubio pro misero* ou *in dubio pro operario*, sempre lembrada pela doutrina trabalhista[109], nada indica tenha sido acolhida no ordenamento jurídico brasileiro, muito menos como critério hermenêutico[110]. No direito positivo nacional não se encontra previsão como a existente em vários outros sistemas jurídicos, em que preconizada a interpretação da lei, nos casos duvidosos, no sentido mais favorável ao trabalhador[111]. A regra existente no ordenamento brasileiro é outra e corresponde ao art. 8º, da CLT. Não há, pois, campo para invocar a máxima na interpretação das decisões judiciais, mesmo quando proferidas em processos trabalhistas, em litígio entre empregados e empregados[112].

8. Conclusão

O problema da interpretação das decisões judiciais, embora revestido de grande importância prática, tem sido pouco considerado pela doutrina e mesmo pelo direito positivo. Os critérios aplicáveis não são idênticos aos que incidem em matéria de interpretação legal ou de atos negociais. Existem peculiaridades, que devem ser consideradas, como, entre outras, a importância da fundamentação na compreensão do dispositivo ou a presunção de julgamento em conformidade com a lei e mesmo com a jurisprudência dominante. Já a máxima *in dubio pro misero* ou *in dubio pro operario* não constitui indicativo de como devem ser interpretadas as decisões em processos trabalhistas.

---

(108) TJ-RS — 7ª Câm. Crim., Rel. Des Marcelo Bandeira Pereira, Agravo em execução n. 70009778747, julg. em 11.11.2004. No mesmo sentido: "Sentença condenatória. Dispositivo. Coisa julgada. Interpretação mais favorável ao réu. Exclusão das causas de aumento. Redução da pena. Regime menos gravoso. Decisão mantida." (TJ — Ceará, Proc. n. 2003.0003.6011-8/0, Rel. Des. José Eduardo Machado de Almeida, julg. em 21.10.2003).
(109) Cf., por todos, RODRÍGUEZ, Américo Plá. *Princípios de direito do trabalho*. São Paulo: LTr, 2000. p. 107 e segs.
(110) Nesse sentido, negando valor, como critério hermenêutico, à máxima *in dubio pro operario*, SILVEIRA, Alípio. *O fator político-social na intepretação das leis*. São Paulo: Tipografia Paulista, 1946. p. 132 e seguintes.
(111) Por exemplo: Constituição da Venezuela, de 2000, art. 89, n. 3: "Cuando hubiere dudas acerca de la aplicación o concurrencia de varias normas, o en la interpretación de una determinada norma se aplicará la más favorable al trabajador o trabajadora"; Lei Federal do Trabalho do México, art. 18: "En la interpretación de las normas de trabajo se tomarán en consideración sus finalidades señaladas en los artículos 2º y 3º. En caso de duda, prevalecerá la interpretación mas favorable al trabajador"; Código do Trabalho de El Salvador, art. 13: "En caso de conflicto o duda sobre la aplicación de las normas legales de trabajo, prevalecerá la más favorable al trabajador; entendiéndose por tal, aquella que considerada en su totalidad le otorgue mayores beneficios"; Código Substantivo do Trabalho da Colômbia, art. 21: "Normas más favorables. En caso de conflicto o duda sobre la aplicación de normas vigentes de trabajo, prevalece la más favorable al trabajador"; Lei do Contrato de Trabalho argentina, art. 9º: "En caso de duda sobre la aplicación de normas legales o convencionales prevalecerá la más favorable al trabajador, considerándose la norma o conjunto de normas que rija cada una de las instituciones del derecho del trabajo. Si la duda recayese en la interpretación o alcance de la ley, los jueces o encargados de aplicarla se decidirán en el sentido más favorable al trabajador".
(112) No mesmo sentido, COSTA, Coqueijo. *Direito processual do trabalho*. Rio de Janeiro: Forense, 1984, n. 385, p. 383.

PARTE II

Dos Procedimentos à Sentença

Capítulo 5

Disposições Processuais Preliminares

Suely Ester Gitelman[*]

1. Sobre o homenageado e o tema

É uma honra para nós o convite para participar desta valiosa obra em homenagem ao Professor, Ministro do Tribunal Superior do Trabalho e amigo *Pedro Paulo Teixeira Manus*, ao lado dos eminentes colegas articulistas. O homenageado, que sempre encantou não só pelas decisões judiciais que profere com equilíbrio e total senso da realidade que cerca a área laboralista, mas pela humildade e a atenção que dispensa a todos com quem convive, além do constante bom humor que o acompanha.

Trataremos na presente obra sobre os temas constantes nos arts. 770 e seguintes da Consolidação das Leis do Trabalho, ou seja, as Disposições processuais preliminares, contemplando os Atos, Termos e Prazos Processuais.

Os assuntos serão separados e analisados através de seu conceito, aplicação, características e temas que suscitam o debate, não havendo a intenção de esgotá-los e, sim, de fomentar o estudo e novas idéias, além da satisfação de compartilhar com leitores e articulistas a presente obra.

2. Atos e termos processuais

O processo é um procedimento lógico e cronológico de atos processuais que visam a uma sentença.

Atos processuais são os praticados no curso do processo, tais como a petição inicial, a contestação e o laudo pericial[1]. Os atos processuais trabalhistas classificam-se quanto ao sujeito que os pratica, em atos do juiz, ato das partes e atos de terceiros[2].

Termo é a forma escrita a que se reduzem certos atos processuais, tais como a ata de audiência, o termo de juntada, entre outros.

(*) Advogada militante, professora da PUC/SP e FEA, na área de Direito do Trabalho, com Mestrado e Doutorado pela PUC-SP.
(1) MARTINS, Sérgio Pinto. *Fundamentos de direito processual do trabalho,* p. 35.
(2) NASCIMENTO, Amauri Mascaro. *Curso de direito processual do trabalho,* p. 348.

Os atos e termos processuais trabalhistas têm como principais características a publicidade, a documentação e a certificação[3].

Conforme o art. 770 da CLT, os atos processuais serão públicos, salvo se correrem em segredo de justiça[4]. A publicidade dos atos processuais decorre do art. 93, inciso IX da Constituição Federal que estabelece que os julgamentos dos órgãos do Poder Judiciário serão públicos, porém a lei pode limitar a presença, em determinados atos, às próprias partes e a seus advogados, ou somente a estes, em casos nos quais a preservação do direito à intimidade do interessado no sigilo não prejudique o interesse público à informação.

Seria o caso de segredo de justiça nos processos trabalhistas aqueles que versem sobre dispensa motivada em doença acometida ao empregado, como AIDS, ou assédio moral ou sexual que durante a colheita das provas exponha o obreiro a situações vexatórias, caso em que há necessidade de preservar-lhe a intimidade.

Os atos processuais serão realizados em dias úteis entre as 6 às 20 horas. Única exceção é a penhora que poderá ser realizada em dia feriado, mediante autorização expressa do juiz ou presidente (parágrafo único do art. 770, CLT).

Entretanto, os demais atos processuais, e não só a penhora, poderão ser realizados fora do expediente, desde que motivados e autorizados pelo juiz competente[5].

Seriam exemplos de motivos para a realização de atos processuais fora do expediente mencionado o fato de a parte estar se ocultando para receber intimação através de Oficial de Justiça, quando este deve procurá-la nos finais de semana ou à noite em sua residência, ou ainda, no caso de o estabelecimento comercial somente funcionar a partir das 23 horas, como seria o caso de um clube noturno, razão pela qual o ato praticado até as 20 horas nunca seria frutífero[6].

Quanto à documentação, os atos e termos processuais podem ser escritos a tinta, datilografados ou a carimbo (art. 771, CLT), e aqueles relativos ao movimento dos processos constarão de simples notas, datadas e rubricadas pelos chefes de secretaria ou escrivães (art. 773, CLT).

No tocante à certificação, os atos processuais que devam ser assinados pelas partes, quando estas, por motivo justificado, não possam fazê-lo, serão firmados a rogo na presença de 2 (duas) testemunhas, sempre que não houver procurador legalmente constituído, conforme reza o art. 772 da CLT.

2.1. COMUNICAÇÃO DOS ATOS: INTIMAÇÃO E CITAÇÃO

Tendo em vista que os atos processuais são revestidos de publicidades, devendo ser conhecidos pelas partes, ou às vezes, até por terceiros, impõe-se sua

---
(3) NASCIMENTO, Amauri Mascaro. *Op. cit.*, p. 348.
(4) Segundo o art. 155, I, CPC, devem correr em segredo de justiça os processos em que o exigir o interesse público.
(5) MANUS, Pedro Paulo Teixeira e ROMAR, Carla Teresa Martins. *CLT comentada*, p. 219.
(6) MARTINS, Sérgio Pinto. *Direito processual do trabalho*, p. 167.

divulgação através das formas clássicas de comunicação dos atos processuais: a intimação e a citação[7].

Intimação significa dar conhecimento de um ato processual a alguém, para que faça ou deixe de fazer alguma coisa (art. 234, CPC). Podem ser levadas a efeito pelo correio, por publicação na imprensa ou em audiência, sendo indispensável, sob pena de nulidade, que da publicação constem os nomes das partes e de seus advogados, suficientes para sua identificação (art. 236, § 1º, CPC).

Já citação é a comunicação a alguém da propositura de uma ação contra si, para que apresente defesa em juízo, conforme art. 213 do CPC. No processo do trabalho é feita independentemente de requerimento do autor na petição inicial e é feita pelo correio, não sendo necessária a citação pessoal para ter seus efeitos realizados, isto é, pode ser entregue no endereço correto da parte, a qualquer pessoa.

No caso de recusa no recebimento ou criando embaraços para ser citada a Reclamada, poderá o Juiz determinar a citação através de Oficial de Justiça, quando então o Autor poderá acompanhá-lo. Frustradas todas as tentativas ou estando o Réu em lugar incerto e não sabido, caberá a citação por edital, nos termos do art. 841, § 1º, da CLT.

Ressalte-se que a legislação trabalhista não prevê a citação por hora certa e, no caso do procedimento sumaríssimo, não é admitida a citação por edital (art. 852-B, II, da CLT), sendo que, desconhecido o paradeiro do Reclamado, deverá o Reclamante optar por ação sob o rito ordinário, independentemente do valor da causa.

A lei trabalhista utiliza a palavra "notificação" com ambos os significados[8]. A notificação em sentido amplo, é o ato em que se dá conhecimento a uma pessoa de alguma coisa ou fato, podendo ser judicial ou extrajudicial, como ocorre com as efetuadas através de cartórios de títulos e documentos. A CLT usa indiscriminadamente o termo *notificação* como se fosse sinônimo de citação e intimação[9].

2.2. DAS PARTES E SEUS PROCURADORES

Na Justiça do Trabalho vige a regra do *jus postulandi*, prevista no art. 791 da CLT, onde as partes podem reclamar pessoalmente e acompanhar o processo, sem a presença de advogado. Assim, a parte que não estiver constituída por advogado poderá compulsar os autos, bem como praticar os atos necessários à sua ampla defesa, inclusive carga dos mesmos.

Segundo o art. 778 da CLT, os processos não poderão ser retirados dos Cartórios ou Secretarias, salvo se solicitados por advogado regularmente constituído por qualquer das partes.

---

(7) ROMAR, Carla Teresa Martins. *Direito processual do trabalho*, p. 47.
(8) NASCIMENTO, Amauri Mascaro. *Op. cit.*, p. 350.
(9) MARTINS, Sérgio Pinto. *Comentários à CLT*, p. 785.

O artigo faz menção a Cartório para as Comarcas em que ainda não foram instituídas Varas do Trabalho e os processos trabalhistas são ajuizados e presididos por Juízes de Direito.

As partes ou procuradores poderão consultar, com ampla liberdade, os processos nos cartórios ou secretarias. Entretanto, a teor do disposto na Lei n. 8.906/94, tanto advogados quanto estagiários inscritos regularmente na OAB têm direito ao exame dos processos[10].

3. Prazos processuais

Prazo processual é o lapso de tempo no qual determinado ato deve ser praticado dentro do processo, sob pena de acarretar conseqüências jurídicas, tais como a revelia pela falta de juntada de defesa no prazo legal, ou a concordância com os cálculos apresentados pela parte contrária, tendo em vista a inércia em impugná-los dentro do prazo concedido.

Os prazos admitem várias divisões. Conforme a fonte de fixação, poderão ser legais, se previstos em lei, judiciais, se determinados pelo juiz e convencionais, quando resultam de convenções entre as partes[11].

Um exemplo do prazo judicial é o contido no art. 895, letras *a* e *b*, da CLT, quando prevê o prazo de oito dias para interposição de Recurso Ordinário; prazo judicial seria aquele assinalado pelo juiz para manifestar-se sobre alegação da parte e, prazo convencional seria aquele acordado entre as partes para suspensão do feito, tendo em vista possibilidade de celebração de acordo nos autos (art. 265, II, CPC).

Os prazos poderão ainda ser dilatórios e peremptórios. Nos primeiros há a possibilidade de elastecer o prazo anteriormente estipulado, como exemplo, a prorrogação da suspensão do andamento do processo, a pedido das partes, por período não superior a seis meses (art. 265, II, § 3º do CPC). Os prazos peremptórios esgotam-se em seu termo final, não havendo a possibilidade de prorrogação, mesmo que a consenso das partes, como vem fixado no art. 182 do CPC.

Não havendo preceito legal nem assinação pelo juiz, o prazo será de cinco dias para manifestação da parte, conforme art. 185 do CPC.

Salvo disposição em contrário, os prazos contam-se, conforme o caso, a partir da data em que for feita pessoalmente ou recebida a notificação, daquela em que for publicado o edital no jornal oficial ou no que publicar o expediente da Justiça do Trabalho, ou, ainda, daquela em for afixado o edital na sede da Vara, Juízo ou Tribunal (art. 774 da CLT).

Portanto, não se observa a regra do processo civil de que o prazo começa a contar da data da juntada do mandado aos autos.

---

(10) MANUS, Pedro Paulo Teixeira e ROMAR, Carla Teresa Martins. *Op. cit.*, p. 223.
(11) MALTA, Christovão Piragibe Tostes. *Prática do processo trabalhista*, p. 95.

Ainda, os prazos contam-se a partir da data da ciência do fato pela parte, conforme segue:

> "PRAZO RECURSAL — CONTAGEM — NÃO HAVENDO NOTIFICAÇÃO PELO CORREIO, CONTAR-SE-Á O PRAZO RECURSAL A PARTIR DA DATA EM QUE O RECLAMANTE RETIROU OS AUTOS DA SECRETARIA DA JUNTA, DEMONSTRANDO CIÊNCIA DA R. SENTENÇA NAQUELA DATA." (TRT 2ª Região, Proc. 02950031247, Ac. 02960319707, 7ª T., Juiz Relator Gualdo Formica, Data. Julg.: 17.6.1996, Data Publ.: 4.7.1996).

Os prazos contam-se com exclusão do dia do começo e inclusão do dia do vencimento, e são contínuos e irreleváveis, podendo, entretanto, ser prorrogados pelo tempo estritamente necessário pelo Juiz ou Tribunal, ou em virtude de força maior, devidamente comprovada (art. 775 da CLT).

A falha ocorrida no serviço de recortes de publicação não é considerada como motivo para a devolução do prazo à parte prejudicada, conforme entendimento jurisprudencial abaixo:

> "FALHA NO SERVIÇO DE RECORTES DA AASP — Eventual falha no serviço de envio de recortes das publicações oficiais não autoriza a devolução de prazo, eis que a AASP não é órgão oficial, mas sim uma entidade para dar suporte aos causídicos. O serviço de encaminhamento das publicações não constitui condição *sine qua non* para o aperfeiçoamento das intimações, que se completam apenas com a publicação no Diário Oficial." (TRT 2ª Região, Processo 20030080295, Ac. 20030222570, 4ª T., Relatora Juíza Vilma Mazzei Capatto, Data Julg.: 13/05/2003, Data Publ.: 23.5.03)

Entretanto, no tocante à força maior como motivo para ensejar a modificação de prazos processuais, podemos citar a Portaria GP/CR n. 16/2005, de 25 de maio de 2005, na qual a Juíza Presidente do Tribunal Regional do Trabalho da 2ª Região, Dora Vaz Treviño, determinou a suspensão dos prazos de 1ª e 2ª Instâncias naquela data por motivo de alagamento, conforme segue:

> "A JUÍZA PRESIDENTA e o JUIZ CORREGEDOR DO TRIBUNAL REGIONAL DO TRABALHO DA 2ª REGIÃO, no uso de suas atribuições legais e regimentais,
>
> CONSIDERANDO o alagamento ocorrido na região da Barra Funda, provocado pelas fortes chuvas que atingiram a cidade de São Paulo.
>
> RESOLVEM:
>
> I — SUSPENDER o expediente no Fórum Trabalhista "Ruy Barbosa", localizado na Avenida Marquês de São Vicente, 235, bem como a distribuição de feitos na Sede, no dia 25 de maio de 2005;
>
> II — SUSPENDER a contagem dos prazos judiciais na 1ª e 2ª instâncias da Justiça do Trabalho da 2ª Região, na mesma data; e
>
> III — ADIAR as audiências não realizadas nas Varas do Trabalho de São Paulo, nesta data, exceto quanto aos julgamentos, cujas sentenças serão oportunamente publicadas.

> As novas designações serão regularmente comunicadas às partes e aos seus procuradores.
>
> Registre-se. Publique-se. Cumpra-se.
>
> São Paulo, 25 de maio de 2005.
>
> DORA VAZ TREVIÑO — Juíza Presidenta do Tribunal.
>
> CARLOS DE ARAÚJO — Juiz Corregedor Regional."

Outrossim, início do prazo é diferente de início da contagem do prazo processual. O início do prazo se dá, por exemplo, na data da publicação do ato. Já o início da contagem se dá no dia seguinte, uma vez que se exclui a data do início do prazo e inclui-se a data do término.

Portanto, se o prazo inicia-se numa 6ª feira, a contagem terá início na 2ª feira subseqüente, uma vez que os prazos não se iniciam em sábados, domingos e feriados (Súmula n. 1, TST e Súmula n. 310, STF).

3.1. REGRAS DOS PRAZOS PROCESSUAIS TRABALHISTAS

a) Pela Súmula 16, TST, presume-se recebida a notificação 48 horas após sua postagem. O seu não recebimento ou a entrega após o decurso desse prazo constitui ônus da prova do destinatário.

Este entendimento decorre do parágrafo único do art. 774 da CLT, que determina que, não sendo encontrado o destinatário no caso de notificação postal, os Correios devem devolvê-la imediatamente.

Antigamente nos processos trabalhistas as notificações postais eram corriqueiras, para intimação de sentenças, inclusive, razão pela qual é de suma importância a sua devolução no caso de impossibilidade de entrega.

A súmula estabelece presunção relativa do recebimento em 48 horas. Admite, porém, que o destinatário prove que não recebeu a comunicação de postagem ou que a entrega foi feita após o referido prazo[12].

b) Havendo a notificação ou intimação judicial no sábado, o início do prazo se dará no primeiro dia útil subseqüente (na 2ª feira, via de regra) e a contagem ocorrerá no dia seguinte ao início do prazo (na 3ª feira), pois não se considera o sábado como dia útil para efeito de recebimento de notificações judiciais (Súmula n. 262, I, do TST).

c) No tocante ao recesso forense muita controvérsia gera em torno da contagem dos prazos processuais. O recesso forense é aquele que ocorre de 20 de dezembro a 6 de janeiro de cada ano[13] e seria considerado como período de feriado para uns e como férias para outros. O TRT da 2ª Região entende como

---

(12) MARTINS, Sérgio Pinto. *Comentários às súmulas do TST*, p. 22.
(13) Conforme a Lei n. 5.010, de 30.5.66, art. 62, *caput* e inc. I.

sendo feriado tal lapso de tempo, não acarretando a suspensão do prazo processual iniciado antes de sua superveniência, conforme o art. 178 do CPC.

Entretanto, o colendo TST entende que o recesso forense é considerado como férias, suspendendo, portanto, seu curso, aplicando-se a regra contida no art. 179 do CPC. Assim, iniciando-se o prazo antes do recesso para interposição de Recurso, o TRT entende que, não se suspendendo seu transcurso, a data fatal para interposição do mesmo seria no dia 7.1, quando o TST entende que não, a partir de 7.1, a parte poderá contar o tempo faltante, suspenso antes do recesso forense.

Com certeza, advogar na Justiça do Trabalho é um trabalho árduo.

Finalmente, a Súmula n. 262, II, pacificou a matéria, entendendo que tanto o recesso forense, quanto as férias coletivas dos Ministros do Tribunal Superior do Trabalho suspendem os prazos recursais, aplicando-se, portanto, o art. 179 do CPC.

Quanto à matéria, a Súmula n. 385 do TST afirma que cabe à parte comprovar, quando da interposição do recurso, a existência de feriado local ou de dia útil em que não haja expediente forense, que justifique a prorrogação do prazo recursal.

d) Segundo o parágrafo único do art. 775 da CLT, os prazos que se venceram em sábados, domingos e feriados serão prorrogados automaticamente para o primeiro dia útil seguinte.

e) Nos processos em que for parte a Fazenda Pública (União, Estados, Distrito Federal, Municípios e as autarquias ou fundações de direito público federais, estaduais ou municipais que não explorem atividades econômicas), o prazo previsto no art. 841 da CLT que é de cinco dias será contado em quádruplo para a marcação da audiência em que será entregue a defesa e em dobro o prazo para recorrer (Decreto-lei n. 779, de 21.8.1969)[14].

Note-se que a regra do art. 841 da CLT somente é válida para a audiência inicial e não para a de continuação, conforme passamos a citar:

> "Audiência. Prazo de 5 dias. O prazo de cinco dias contido no art. 841 da CLT é para a realização da audiência inicial e não para a de continuação. A audiência de instrução é marcada para a primeira desimpedida, segundo o art. 849 da CLT. Poderia ser marcada até para o dia seguinte, se o desejasse o juiz e tivesse vaga na pauta. Nulidade inexistente." (TRT 2ª Região, Proc. 20000215842, Ac. 20010491834, 1ª T., Relator Juiz Sérgio Pinto Martins, Data do Julg.: 13.8.2001, Data da Publ.: 28.8.2001)

f) No entanto, em virtude de sua incompatibilidade com o princípio da celeridade processual, não se aplica ao Processo do Trabalho a regra contida no art. 191 do CPC, segundo a qual os litisconsortes com procuradores diferentes têm prazo em dobro (TST, OJ SDI-I, 310)[15].

g) Quando não juntada a ata ao processo em 48 horas, contadas da audiência de julgamento (art. 851, § 2º, da CLT), o prazo para recurso será contado da data em que a parte receber a intimação da sentença (Súmula n. 30, TST).

---
(14) ROMAR, Carla Teresa Martins. *Op. cit.*, p. 52
(15) *Idem, op. cit.*, p. 52.

h) Segundo a Súmula n. 197 do TST, o prazo para recurso da parte que, intimada, não comparecer à audiência em prosseguimento para a prolação da sentença, conta-se de sua publicação.

4. Conclusão

A Consolidação das Leis do Trabalho, em seus arts. 770 e seguintes disciplina as Disposições Processuais Preliminares, tratando, entre outros assuntos, dos atos, termos e prazos processuais.

Atos processuais são os praticados no curso do processo. Termo é a redução a escrito de certos atos processuais praticados no processo e prazo processual é o lapso de tempo em que o ato deve ser praticado, sob pena de preclusão.

Os atos processuais têm como características a publicidade, a documentação e a certificação.

A comunicação dos atos processuais se faz através da intimação e citação, sendo a primeira dirigida a qualquer das partes e também a terceiros para instá-los a manifestar-se sobre o processo, sendo que a citação se dirige à parte para lhe dar ciência da propositura de uma ação, possibilitando apresentar defesa.

Os prazos processuais possuem regras elencadas em leis e Súmulas de jurisprudência, aplicando-se, conforme o caso, especificamente ao processo do trabalho.

5. Referência Bibliográfica

MALTA, Christovão Piragibe Tostes. *Prática do processo trabalhista*. 31. ed. revista e atualizada. São Paulo: LTr, 2002.

MANUS, Pedro Paulo Teixeira e ROMAR, Carla Teresa Martins. *Consolidação das Leis do Trabalho e Legislação complementar em vigor*. 6. ed. revista e atualizada até 3.3.3006. São Paulo: Malheiros, 2006.

MARTINS, Sérgio Pinto. *Comentários à CLT*. 11. ed. São Paulo: Atlas, 2007.

_____. *Direito processual do trabalho:* doutrina e prática forense; modelos de petições, recursos, sentenças e outros. 23. ed. São Paulo: Atlas, 2005.

_____. *Fundamentos de direito processual do trabalho*. 4. ed. São Paulo: Atlas, 2002.

NASCIMENTO, Amauri Mascaro. *Curso de direito processual do trabalho*. 19. ed. ampl. e atual. São Paulo: Saraiva, 1999.

ROMAR, Carla Teresa Martins. *Direito processual do trabalho* (Série leituras jurídicas: provas e concursos; v. 23). São Paulo: Atlas, 2005.

CAPÍTULO 6

DA FASE POSTULATÓRIA[*]
PETIÇÃO INICIAL E RESPOSTA DO RÉU

Jorge Luiz Souto Maior[**]

I — PETIÇÃO INICIAL

1. INTRODUÇÃO

O tema pertinente à petição inicial visto de forma superficial pode parecer sem muita importância já que se tem a idéia de que para a elaboração de uma petição inicial basta seguir o padrão de certos modelos que "insistem em nos rodear..."

Não é bem assim, no entanto. Aliás, muito pelo contrário.

O tema em questão é extremamente relevante, pois é da petição inicial que se direciona o caminho do processo. Uma petição inicial bem formalizada é o marco de um processo ágil e justo. Ademais, dos termos da petição inicial advêm vários outros institutos processuais, como a própria defesa do reclamado, os objetos de prova, a litispendência, a coisa julgada, a sentença etc.

Para compreensão técnica da petição inicial no processo do trabalho é essencial recordar que a aplicação subsidiária do Código de Processo Civil ao Processo do Trabalho somente se pode realizar quando haja lacuna na Consolidação das Leis do Trabalho e mesmo assim quando as regras do CPC não forem incompatíveis com a sistemática traçada pelo procedimento trabalhista (art. 769, da CLT).

Vale lembrar, também, que o procedimento trabalhista tem como pressuposto a simplicidade e que não há nisso nenhum desvio de ordem científica. Aliás, é o perfeito conhecimento da técnica processual que nos permite alcançar a simplicidade. Em outras palavras, tratar eruditamente o procedimento é tratá-lo com simplicidade, já que, sendo instrumental, o procedimento existe para permitir que se atinja o escopo do processo, que é o de conferir a cada um o que é seu por direito, e não para impedir a consecução desse objetivo, por apego a formalismos desarrazoados. Nesse sentido é que se diz que o processo não é um fim em si mesmo, mas meio, instrumento, para se alcançar a justiça do caso concreto.

(*) Capítulo escrito em homenagem ao Min. TST, prof. Pedro Paulo Teixeira Manus.
(**) Juiz do trabalho. Professor de Direito do Trabalho da Universidade de São Paulo.

Neste sentido cabe recordar as lições de *José Carlos Barbosa Moreira*[1]:

"Para mim (....), a técnica é um instrumento — como tal, útil e insubstituível. Longe de constituir empecilho à consecução dos fins de justiça, a que todo processo deve sem dúvida tender, ela aplana, quando corretamente manejada, o caminho para aquela meta. Repito: quando corretamente manejada. O problema está, não raro, na inaptidão para manejar a técnica de modo correto. Quando alguém se queixa de que o respeito da técnica leva, em tal ou qual hipótese, à consagração de uma injustiça, ponho-me a conjecturar se na verdade se terão utilizado adequadamente os próprios recursos da técnica, ou se não terá renunciado cedo demais a explorar-lhe a fundo as virtualidades."

Além disso, apresenta-se evidente que o desprezo à técnica acarreta o risco da multiplicação de incidentes processuais, "com nefastas conseqüências para a marcha dos feitos e o rendimento do trabalho judicial"[2].

Na linha da análise do processo a partir da sua instrumentalidade é relevante também destacar que o processo do trabalho está voltado, como regra, para um único tipo de relação jurídica de direito material, a relação de emprego, cujos elementos fáticos de caracterização e as condutas obrigacionais, com seus efeitos, são fixados por lei. Conseqüentemente, no procedimento trabalhista, para se respeitar o contraditório, que é essencial para o cumprimento da garantia do devido processo legal, não é necessário que se exagere em formalidades.

A título introdutório resta esclarecer que o procedimento trabalhista é oral, o que quer dizer que o *iter* procedimental trabalhista é composto, basicamente, de um único ato, a audiência, que deve, por isso, ser integrada da maior efetividade possível. Assim, a técnica processual trabalhista não comporta, como regra, incidentes que impliquem em adiamento da audiência. Como realça *Pedro Vidal Neto*, "Uma das causas mais evidentes de retardamento dos processos, em primeira instância e de congestionamento das pautas é precisamente a realização de audiências improfícuas"[3].

Fixadas essas premissas, quais sejam: que a aplicação subsidiária do procedimento civil deve ser feita com reservas; que a simplicidade deve estar no centro das atenções no procedimento trabalhista, sendo esta o resultado do bom tratamento da técnica processual; que o procedimento trabalhista é instrumento, como regra, de um único tipo de relação jurídica de direito material, a relação de emprego, que possui características muito marcantes; e que o procedimento trabalhista é oral, em oposição ao procedimento civil que é, como regra, escrito; pode-se passar a algumas considerações mais concretas a respeito do tema.

---

(1) A justiça no limiar do novo século. In: *Revista de Processo*. São Paulo: RT, n. 71, ano 18, jul./set. 93. p. 190.
(2) *Idem*, p. 190.
(3) O comparecimento das partes à audiência. In: *Revista de Direito do Trabalho*. v. 2. São Paulo: RT, p. 87.

2. REQUISITOS DA PETIÇÃO INICIAL

2.1. A APLICAÇÃO SUBSIDIÁRIA DO CÓDIGO DE PROCESSO CIVIL

O § 1º do art. 840 da CLT dispõe que:

> "Sendo escrita, a reclamação deverá conter a designação do presidente da Junta, ou do Juiz de Direito, a quem for dirigida, a qualificação do reclamante e do reclamado, uma breve exposição dos fatos de que resulte o dissídio, o pedido, a data e a assinatura do reclamante ou de seu representante."

Já o art. 282, do CPC, prevê que:

> "A petição inicial indicará:
>
> I — o juiz ou tribunal, a que é dirigida;
>
> II — os nomes, prenomes, estado civil, profissão, domicílio e residência do autor e do réu;
>
> III — o fato e os fundamentos jurídicos do pedido;
>
> IV — o pedido, com as suas especificações;
>
> V — o valor da causa;
>
> VI — as provas com que o autor pretende demonstrar a verdade dos fatos alegados;
>
> VII — o requerimento para a citação do réu."

Surge, então, a questão: quais são os requisitos que a petição inicial trabalhista deve conter? Em outras palavras, mais claras: os requisitos são aqueles elencados na norma trabalhista ou os que constam do Código de Processo Civil, ou, ainda, são aqueles mais estes?

Vários são os autores que propugnam como resposta a última saída, ou seja, que os requisitos da petição inicial trabalhista são aqueles enumerados na CLT e mais aqueles que estão relacionados no art. 282 do CPC mas que não foram trazidos na norma celetista, quais sejam: o fundamento jurídico do pedido; a especificação de provas; o requerimento para citação do réu (reclamado); e o valor da causa.

Essa forma de ver as coisas foi incorporada à prática processual trabalhista, tanto que praticamente todas as petições iniciais na Justiça do Trabalho trazem as fórmulas constantes dos modelos de petição: "Protesta por todos os meios de prova em direito admitidos"; "Requer a citação do reclamado para que, querendo, conteste a presente reclamação sob pena de revelia"; "Dá-se à presente reclamação o valor de R$....".

Cumpre, no entanto, avaliar: há omissão a respeito na CLT?

A única resposta possível é no sentido negativo. Não há omissão, pois a CLT traz regra expressa a respeito dos requisitos da petição inicial trabalhista (§ 1º, do art. 840).

Assim, por aplicação do art. 769, da CLT, está afastada a possibilidade de se aplicar ao procedimento trabalhista o art. 282, do Código de Processo Civil.

Pode-se ponderar que com relação aos requisitos trazidos na norma processual civil e que não foram repetidos na CLT há omissão e, portanto, com relação a eles estaria justificada a aplicação subsidiária.

Data venia, há diversos equívocos que se cometem neste tema.

Em primeiro lugar, não se costuma lembrar que a CLT foi publicada em 1943 e que seu Diploma de correspondência, no âmbito do processo civil era o Código de 1939, que, igualmente, havia sido elaborado à luz do princípio da oralidade. Com o advento do Código de Processo Civil de 1973, houve sensível redução da incidência dos ideais da oralidade na sistemática civilista, implicando maior desajuste entre os dois.

A CLT, expressamente, privilegiou os princípios basilares do procedimento oral: primazia da fala (arts. 791 e 839, *a* — apresentação de reclamação diretamente pelo interessado — 840 — reclamação verbal — 843 e 845 — presença obrigatória das partes à audiência — 847 — apresentação de defesa oral, em audiência — 848 — interrogatório das partes — 850 — razões finais orais — 850, parágrafo único — sentença após o término da instrução) imediatidade (arts. 843, 845 e 848); identidade física do juiz (corolário da concentração dos atos determinada nos arts. 843 a 852); concentração dos atos (arts. 843 a 852); irrecorribilidade das interlocutórias (§ 1º do art. 893); além de conferir maiores poderes instrutórios ao juiz (arts. 765, 766, 827 e 848) e privilegiar a solução conciliada, que se torna mais possível no procedimento oral no qual há uma maior interação entre juiz e partes (arts. 764, §§ 2º e 3º, 846 e 850).

Estão presentes na sistemática trabalhista todos os ingredientes do procedimento oral, que somente não se efetiva por causa de um natural desprezo que se tem pela simplicidade e, em grande medida, pelo despreparo de juízes e advogados — diante das reconhecidas dificuldades — para atuarem em um procedimento dessa natureza.

Neste sentido, disposições como a do art. 284, do CPC, que confere prazo para emenda da inicial, são plenamente incompatíveis com o procedimento oral trabalhista, que prevê a leitura da inicial em audiência e a realização de todos os atos nesta única audiência.

Isso implica dizer que a aplicação subsidiária do Código de Processo Civil de 1973 à CLT deve ser feita com enormes cuidados e não apenas a partir da simples constatação da lacuna, sendo que, por outro lado, como já dito em outro texto, diante dos reconhecidos avanços experimentados pela sistemática processual civil a partir de 1994, nem mesmo a ausência de lacuna pode ser vista como empecilho para aplicação das inovações benéficas à efetividade.

Assim, como segundo aspecto da investigação, deve-se perguntar: trazer para a petição inicial trabalhista, como exigência formal, os requisitos contidos no CPC, que não foram relacionados no art. 840, da CLT, traz algum benefício para a efetividade do processo do trabalho?

Uma investigação atenta desses requisitos permite verificar que em nada eles auxiliam na efetividade do processo.

Senão vejamos:

FUNDAMENTO JURÍDICO DO PEDIDO

A CLT estabelece como requisito "uma breve exposição dos fatos de que resulte o dissídio" e o CPC, "os fatos e os fundamentos jurídicos do pedido", que compõem, segundo a doutrina processual, a "causa de pedir", nos seus dados próximos e remotos.

Dizer que não se aplica ao processo do trabalho o art. 282 do CPC implica afirmar que no processo do trabalho o tema pertinente à causa de pedir não tem incidência?

Para responder a essa indagação é necessário fixar o alcance da expressão "fundamentos jurídicos do pedido".

Em algumas abordagens da doutrina processual civil tem-se a idéia de que fundamento jurídico do pedido é o título jurídico que fundamenta o direito do autor. Por exemplo, numa ação de despejo, o contrato de locação. Já em outras o fundamento jurídico apresenta-se como efeito jurídico dos fatos narrados.

Na perspectiva da segunda corrente, a causa de pedir seria composta de um dado remoto e outro próximo. A causa de pedir remota seria o fato, subdividido em fato constitutivo do direito do autor (causa de pedir remota ativa) e fato do réu violador desse direito (causa de pedir remota passiva). A causa de pedir próxima "se consubstancia, por sua vez, no enquadramento da situação concreta, narrada *in status assertionis*, à previsão abstrata, contida no ordenamento de direito positivo, e do qual decorre a juridicidade daquela, e, em imediata seqüência, a materialização, no pedido, da conseqüência jurídica alvitrada pelo autor"[4].

A fundamentação jurídica, portanto, seria o próprio direito afirmado pelo autor[5], como efeito jurídico dos fatos alegados e não a mera indicação da relação jurídica de direito material que envolve autor e réu (título jurídico).

Nesses termos é que se visualiza, conforme já observado por *Cruz e Tucci*, uma sintonia entre as teorias da substanciação e da individualização, no sentido de que a narração dos fatos constitutivos do título (ou seja, da relação jurídica existente entre autor e réu) somente seria necessária nos feitos em que a própria validade deste título fosse discutida[6].

---

(4) TUCCI, José Rogério Cruz e. *A causa petendi no processo civil*. São Paulo: RT, 1993. p. 128.
(5) MESQUITA, José Ignácio Botelho de. Conteúdo da causa de pedir. In: *Revista dos Tribunais*. v. 564. São Paulo: RT, out. 1982. p. 48.
(6) Na verdade, como diz José Ignácio Botelho de Mesquita (ob. cit., *Conteúdo...*, p. 48), esse é o ponto nevrálgico da diferença entre as duas teorias: "O ponto em que ambas efetivamente divergem está na determinação

A diferença entre o processo do trabalho e o processo civil, neste tema, está em que, nos feitos civis a necessidade de indicação dos fatos constitutivos da relação jurídica básica é a regra, enquanto nas lides trabalhistas isso se consubstancia a exceção.

Com efeito, a relação jurídica básica trabalhista, a relação de emprego, se forma, unicamente, pela conjugação de três elementos fáticos, inscritos nos arts. 2º e 3º, da CLT, quais sejam: a não eventualidade, a subordinação e a onerosidade. Não se forma o vínculo jurídico trabalhista senão pela integração desses fatos, ao contrário do que ocorre na realidade civil, onde a relação obrigacional origina-se de infinitos acontecimentos.

Além disso, como dito por *José Ignácio Botelho de Mesquita* [7], o conteúdo da causa de pedir deve ser analisado sob a ótica do direito material, pois nesse é que se encontra a definição dos fatos constitutivos dos direitos substantivos cuja satisfação é pretendida pelo autor.

A petição inicial trabalhista, portanto, ao contrário do que sustenta *Jorge Pinheiro Castelo* [8], *data venia*, não precisa, como regra, indicar os fatos constitutivos da relação de emprego, bastando que identifique a relação com datas de início, término (se houver) e valor (normalmente, a quantia referente ao último salário). Afinal, como diz *Pedro Vidal Neto* [9]: "A própria lei limita os requisitos da inicial a uma breve exposição dos fatos, sem exigir fundamentação jurídica e dispensando formalidades".

Mesmo que considerada a fundamentação jurídica como a qualificação jurídica dos fatos ligados à pretensão formulada, a análise não se altera.

Na lógica trabalhista, essa fundamentação não precisa ser mencionada na inicial trabalhista, como de resto, mesmo no processo civil[10], por aplicação do aforismo *iura novit curia,* já não se tem exigido maiores rigores em sua apresentação, a não ser para identificar a própria possibilidade jurídica do pedido, quando esse último dado não se apresente nítido no pedido em si[11].

---

do conteúdo da causa de pedir nas ações reais, fundadas em direitos *absolutos*, porquanto, nas ações pessoais, até mesmo os partidários da teoria da individualização concordam em que são importantes para a identificação do pedido os fatos necessários à determinação do direito feito valer".
(7) Ob. cit., *Conteúdo...*, p. 44.
(8) "Entendemos, assim, que a reclamatória trabalhista deve indicar a *causa petendi* próxima ativa e *causa petendi* remota ativa, além de deduzir, quando se verificar a ocorrência, a *causa petendi* próxima ativa.
Melhor explicando, é preciso que se apontem os fatos constitutivos da relação de emprego. Assim, cabe declinar a existência da relação de emprego pelos seus fatos constitutivos essenciais (pessoalidade, habitualidade, subordinação jurídica e onerosidade) e dizer com precisão quando e como se deu o contrato de trabalho" (*O direito processual do trabalho na moderna teoria geral do processo*. São Paulo: LTr, 1993. p. 190).
(9) Estudo sobre a interpretação e aplicação do direito do trabalho. 1985. Tese (livre-docência), Faculdade de Direito da Universidade de São Paulo, p. 98.
(10) Como sustenta Pontes de Miranda, com base naquilo que chama função popular da justiça, não se deve exagerar o aspecto do fundamento jurídico da demanda, pois se "as próprias leis empregam termos impróprios e, às vezes, absurdos, como se há de impor, a quem não faz leis e ganha a vida advogando, nunca errar em catalogar fatos, em metê-los nas caixetas das categorias jurídicas?" (Ob. cit., *Comentários...*, p. 17).
(11) "Conclui-se, assim, que a *causa petendi* possui dupla finalidade advinda dos fatos que a integram, vale dizer, presta-se, em última análise, a individualizar a demanda e, por via de conseqüência, para identificar o pedido, inclusive quanto à possibilidade deste" (TUCCI, José Rogério Cruz e. Ob. cit., A *causa petendi*..., p. 130).

A ausência de indicação da fundamentação jurídica, como um dos requisitos da petição inicial nos dissídios individuais, permite ao juiz julgar o pedido pelos fundamentos que melhor lhe pareçam aplicáveis à espécie, independentemente da eleição formulada pelo reclamante, ou mesmo no caso de omissão a respeito.

Há de se concordar, por isso, com *Wagner Giglio*[12] quando diz que na petição inicial trabalhista, na maioria dos casos, "basta alegar que a suspensão ou o despedimento foi imotivado, que as horas extras trabalhadas ou os aumentos coletivos não foram pagos, que resultaram prejuízos da alteração contratual etc., outorgando à parte contrária o ônus de alegar e provar a justa causa, o pagamento, a inexistência de prejuízo etc.".

Vale acrescentar que a fundamentação jurídica não é mera indicação do dispositivo legal pertinente ao caso narrado. Trata-se, como visto, na segunda perspectiva, do próprio direito afirmado pelo autor, como efeito jurídico dos fatos alegados. É a demonstração de que o fato narrado gera um direito, que justifica a pretensão formulada (o pedido).

Ora, na realidade trabalhista, não se apresenta necessária essa indicação, de forma específica, porque, normalmente, o próprio pedido já a traz ínsita, até porque a lei fixa tanto as obrigações aplicáveis nas relações jurídicas trabalhistas quanto os efeitos para o caso de seu descumprimento. Por exemplo, a legislação trabalhista estabelece que a jornada normal de trabalho é de 8 horas e que o limite semanal normal é de 44 horas. Sob a perspectiva legal, portanto, quando alguém diz que trabalhou horas extras é porque trabalhou mais do que 8 horas por dia ou mais que 44 horas na semana, advindo desse fato o direito ao recebimento do adicional por trabalho suplementar fixado, também na lei, em 50% a mais que o valor da hora normal, com reflexos nas demais parcelas legais, quando habituais.

Assim, do fato narrado (jornada de trabalho) decorre o pedido de horas extras, sem que seja necessário fundamentar juridicamente o pedido, sabendo-se que essa fundamentação não é a indicação da norma legal aplicável ao caso, pois o juiz conhece o direito (*iura novit curia*).

Essa situação é extremamente normal nas lides trabalhistas, pois que incide em vários institutos jurídicos pertinentes às relações de emprego, justificando-se, plenamente, a norma celetista que dispensa a indicação do fundamento jurídico do pedido na petição inicial, pois esse fundamento já se encontra na própria norma aplicável ao fato narrado.

A não ser que se trate de uma situação excepcional, em que a possibilidade jurídica do pedido deva ser explicitada pela fundamentação jurídica é que esta se apresentará necessária. Por exemplo, se o autor pretender o recebimento de horas extras pelo exercício de trabalho além da sexta hora diária, não sendo bancário, deverá indicar o fundamento jurídico de sua pretensão, o mesmo ocorrendo se pretender receber um adicional de horas extras superior a 50%.

---

(12) *Direito processual do trabalho.* São Paulo: LTr, 1993. p. 197.

Cumpre recordar a diferença conceitual existente entre possibilidade jurídica do pedido e fundamentação jurídica do pedido.

A fundamentação jurídica do pedido, como visto, é, nos moldes do processo civil — e no processo do trabalho, apenas excepcionalmente —, um requisito formal da petição inicial. Sem sua indicação, quando necessária, o feito é extinto sem o julgamento do mérito, por defeito formal. Havendo sua indicação, a sua análise qualitativa, importa julgamento de mérito.

A possibilidade jurídica do pedido é uma das condições da ação e se verifica pela análise qualitativa (sob o aspecto legal) do pedido formulado. Isto é, se o pedido é agasalhado pela lei ele é possível.

Se o autor pede aviso prévio, o pedido é juridicamente possível, mas se o faz com base na fundamentação jurídica de que toda cessação de vínculo, ainda que voluntária, dá direito a aviso prévio, a análise qualitativa da fundamentação apresentada dá ensejo a um julgamento de mérito. O pedido de aviso prévio diante do fato narrado de que houve pedido de demissão requer, portanto, fundamentação jurídica, para que seja analisado no mérito, sob pena de se considerar extinta a pretensão por falta de possibilidade jurídica do pedido.

O mesmo se dá, por exemplo, na hipótese de o reclamante pretender uma "estabilidade-paternidade". O pedido, em princípio, é juridicamente impossível, porque a lei não agasalha este direito. Torna-se, assim, necessário que o reclamante, para justificar a possibilidade jurídica de seu pedido, apresente uma fundamentação específica, que poderá ser uma norma coletiva.

De qualquer modo, como já dito, a regra nos feitos trabalhistas é que o pedido já traga em si o seu fundamento, demonstrando, por si só, a sua possibilidade jurídica, tornando pertinente a regra celetista pela qual a fundamentação jurídica do pedido não é entendida como requisito da petição inicial trabalhista, ao contrário do que ocorre no processo civil.

VALOR DA CAUSA

O inciso V, do art. 282, do CPC, exige o valor da causa como requisito da inicial, o que não ocorre na norma trabalhista (art. 840). Isso não significa, no entanto, que a reclamação trabalhista não deva ter um valor, pois o valor da causa tem implicações na esfera processual trabalhista para determinação do rito (ordinário, sumário ou sumaríssimo – processo de alçada única) e fixação do valor da condenação nos casos de improcedência total dos pedidos formulados.

Ocorre que, ao contrário do que se verifica no processo civil, o juiz do trabalho tem poderes para, ele próprio, fixar o valor da causa, se assim não o fizer o reclamante. Conforme prevê o art. 2º, da Lei n. 5.584/70: "... o Presidente da Junta ou Juiz, antes de passar à instrução da causa, fixar-lhe-á o valor para a determinação da alçada, se este for indeterminado no pedido."

O valor da causa no processo trabalhista, desse modo, não pode ser considerado como um requisito da petição inicial, sob o aspeto da gama de responsabilidades atribuídas ao reclamante.

Assim, se a inicial não contiver valor, não poderá o juiz determinar que o reclamante emende sua petição para fazê-lo, mediante cominação de alguma sanção, porque esta não existe no processo do trabalho, na medida em que a fixação do valor da causa é uma atribuição do juiz.

Isso implica dizer, por outro lado, que a indicação do valor da causa pela parte não vincula o juiz. O valor da causa, que deve corresponder à expressão econômica na pretensão formulada, não é fixado pela parte sem qualquer interferência do juiz. Sua intervenção, ademais, não está sujeita à impugnação ao valor da causa pelo réu (procedimento que no processo do trabalho nem sequer existe). Neste aspecto, portanto, inteira razão assiste a *Tostes Malta* [13], quando diz que o exame do valor dado à causa pelo reclamante pode ser feito *ex officio* pelo juiz, ou seja, independentemente de impugnação. Essa mesma orientação é encontrada na jurisprudência[14].

REQUERIMENTO PARA CITAÇÃO DO RECLAMADO

Esse requisito, conforme destacam os próprios processualistas civis, não tem muita significação.

Ora, sendo o processo o meio para se alcançar a satisfação de uma pretensão resistida, pressupõe-se a existência de um sujeito passivo no outro pólo da lide, em face de quem o autor pede a tutela jurídica.

Não é de supor que o provimento jurisdicional pretendido pelo autor, que repercute na esfera jurídica do réu, seja dado sem que este, o réu, possa exercer seu direito de defesa. Assim, citar o réu, dar ciência ao réu a respeito da formulação feita pelo autor é uma conseqüência natural e necessária do processo.

O requerimento do autor neste sentido, na inicial, trata-se, portanto, de uma formalidade irrelevante, pois a citação deverá ser feita mesmo que o autor não a requeira.

---

(13) "Ainda que não haja impugnação, no processo do trabalho o juiz não é obrigado a ter o valor referido na inicial como correto e mesmo deve repudiá-lo de ofício em certos casos, quando o erro é manifesto" (*Prática do processo trabalhista*. São Paulo: LTr, 1993. p. 206).

(14) "Havendo critério fixado por lei, pode o Juiz alterar de ofício o valor da causa, como facultado pelo art. 2º, da Lei n. 5.584/70.
O valor da causa será determinado na esteira dos critérios ditados pelos arts. 258 a 260 do CPC, não sendo arbitrária ou aleatoriamente estipulado.
Sendo irreal, irrisório e desproporcionado o valor atribuído à causa, não poderá o mesmo subsistir, mesmo na hipótese de extinção, equivalente ao arquivamento, desistência ou improcedência, quando as custas processuais são devidas sobre o pedido (art. 789, § 3º da CLT).
As custas processuais são obrigação da parte e se destinam à cobertura de despesas da União, inexistindo fundamento legal que autorize a suspensão do recolhimento, vez que o Sindicato não é beneficiário da gratuidade, estando excluído dos permissivos delimitados pela Lei n. 5.584/70. Segurança denegada" (TRT 2ª Região RO 01 — 344/94-P — Ac. SDI n. 689/94-P — Rel. Maria Aparecida Pellegrina, in DOE, 14.10.94. p. 168).

A formalidade em questão trata-se apenas de um resquício histórico. Como informa *Moacyr Amaral Santos*[15]: "No sistema das Ordenações, requerimentos e pedido se formulavam separadamente, constituindo dois atos distintos. Naquele consistia a inicial: requerimento da citação do réu para comparecer em juízo, a fim de ver-se-lhe propor determinada ação nos termos do libelo, a ser oferecido em audiência. Depois, o *libelo*: peça escrita, contendo a pretensão do autor e o pedido em face do réu. Já no sistema do Reg. n. 737, de 1850, e no dos códigos estaduais, facultava-se ao autor reunir, ou não, os dois atos num só. (...) No sistema do Código vigente, como no de 1939, libelo e requerimento de citação do réu formam, necessariamente, uma peça única — *petição inicial*."

Assim, o requisito representa muito mais o efeito de manutenção de uma tradição histórica do que uma obrigação essencial do autor, vez que tal providência deverá ser tomada ainda que o requerimento não tenha sido formulado expressamente pelo autor. O contrário é privilegiar a forma em prejuízo da lógica do razoável, como se pronuncia a respeito a jurisprudência[16].

No processo do trabalho essa conclusão se reforça pelo aspecto de que não foi relacionada a formalidade no art. 840, da CLT, e também porque há norma expressa conferindo essa atribuição à própria Justiça:

"Art. 841 — Recebida e protocolada a reclamação, o escrivão ou secretário, dentro de 48 (quarenta e oito) horas, remeterá a segunda via da petição, ou do termo, ao reclamado, notificando-o ao mesmo tempo, para comparecer à audiência do julgamento, que será a primeira desimpedida, depois de 5 (cinco) dias."

Como observa *Tostes Malta*[17], "O CPC prevê contenha o pedido inicial requerimento para a citação do réu. A CLT não exige tal formalidade de modo que sua omissão, no processo trabalhista, não tem qualquer conseqüência."

Acrescenta *Amador Paes de Almeida*[18] que é desnecessário o requerimento de citação do réu (reclamado), pois a citação "é levada a efeito *ex officio*, independentemente de solicitação da parte", segundo os termos do art. 841 da CLT.

Outro efeito dessa previsão legal, é que a fixação do momento da propositura da reclamação trabalhista não depende de despacho do juiz. Essa se terá por proposta tão logo seja distribuída, onde houver mais de uma Junta, ou quando a reclamação, escrita ou verbal, for apresentada em juízo[19].

No aspecto que tem relevância para a presente investigação, resta apenas pôr em destaque que a CLT ao não prever o requerimento para citação do réu foi mais sábia que o CPC, sendo, portanto, um despropósito trazer essa formalidade sem sentido para a sistemática trabalhista.

---

(15) *Primeiras linhas de direito processual civil*. v. 2. São Paulo: Saraiva, 1995. p. 133.
(16) "É irrelevante a falta de pedido de citação, se o réu se defendeu, sem prejuízo para ele" (JTA 95/376).
(17) Ob. cit., *Prática...*, p. 211.
(18) *Curso prático de processo do trabalho*. São Paulo: Saraiva, 1993. p. 115.
(19) "Assim — conclui-se —, considera-se proposta a ação trabalhista na segunda forma prevista no artigo 263 do CPC, ou seja, quando simplesmente distribuída, onde houver mais de uma Junta, ou, não havendo, quando a petição ingressar em juízo" (COSTA, Coqueijo. Ob. cit., *Direito Judiciário...*, p. 111).

ESPECIFICAÇÃO DE PROVAS

A especificação de provas é outra formalidade sem sentido.

Bem verdade que os doutrinadores têm tentado dar algum sentido ao dispositivo. Segundo *José Carlos Barbosa Moreira*[20], para preenchimento do requisito em questão, basta a referência aos meios de prova, que podem ser genericamente apontados (prova documental, pericial etc.), mas não cabe a alusão "vaga", conforme diz, a meios de prova em direito admissíveis, ou qualquer outra equivalente. *Vicente Greco Filho*[21], por sua vez, acrescenta que a indicação da natureza da prova "não pode ser tão genérica a ponto de obrigar o juiz a mandar especificá-las, posteriormente".

No entanto, a especificação dos meios de prova depende dos termos da defesa. Assim, tem-se aceito, de forma generalizada, sem maiores implicações[22], o preenchimento desse requisito pela utilização da fórmula genérica, "Protesto por todos meios de prova em direito admitidos", que, no fundo, não especifica nada.

O requisito é desobedecido, já que preenchido por fórmula que o nega na essência.

A CLT, em seu art. 840, não exige a especificação dos meios de prova com que o autor pretende demonstrar a verdade dos fatos alegados.

A CLT, novamente, foi mais coerente, não havendo razão lógica para que se traga tal formalidade sem sentido para a petição inicial trabalhista.

Em conclusão, os requisitos do art. 282, do CPC, não trazidos no art. 840, da CLT, não têm relevância jurídica na esfera trabalhista, razão pela qual transportá-los para a esfera trabalhista constitui aplicação equivocada da técnica processual.

2.2. O § 1º DO ART. 840, DA CLT

São, portanto, requisitos da petição inicial trabalhista aqueles relacionados no § 1º do art. 840, da CLT, que merecem ser compreendidos à luz do princípio da instrumentalidade, para que não se lhes dê importância exagerada, impedindo o processo de cumprir seu papel de distribuir justiça para o caso concreto.

a) Designação do presidente da Junta, ou do Juiz de Direito, a quem for dirigida

A importância desse requisito é estabelecer, de modo inequívoco, a qual órgão julgador o reclamante requer a apreciação de sua pretensão. Daí dizer-se que o reclamante é o primeiro a apreciar a regra processual da competência, isto é, deverá dirigir sua pretensão ao órgão competente para julgar seu pedido, pois, do contrário, poderá sofrer os efeitos processuais de seu equívoco.

---

(20) *O novo processo civil brasileiro.* Rio de Janeiro: Forense, 1995. p. 21.
(21) *Direito processual civil brasileiro.* v. II. São Paulo: Saraiva, 1989. p. 97.
(22) "Admite-se o direito de produzir prova, ainda que omitida na inicial a sua indicação" (RT 495/83).

Cumpre consignar que as Juntas de Conciliação e Julgamento foram transformadas em Varas do Trabalho, razão pela qual a petição deve ser direcionada ao juiz da Vara do Trabalho, abstraindo-se, por óbvio, a indicação pessoal do juiz.

b) A qualificação das partes

No processo civil são especificados os elementos da qualificação. A CLT não o faz, mas isso acaba sendo benéfico, pois deixa a critério da parte estabelecer quais os dados que deverá apresentar para a sua identificação e da outra parte.

Não assiste razão, por isso, a *Tostes Malta*[23], quando preleciona que: "Como a CLT é omissa sobre o que seja essa qualificação, recorre-se ao CPC, cujo art. 282, II, determina que a petição inicial contenha o nome, o prenome, o estado civil, a profissão, o domicílio e a residência do autor e do réu."

Não há, propriamente, uma omissão, e sim o reconhecimento de que a identificação da parte compete a quem está incumbido de fazê-lo, ou seja, o reclamante.

A qualificação das partes não precisa ser feita com os elementos identificadores do processo civil: "nome, prenome, estado civil, profissão, domicílio e residência". Basta que, por qualquer elemento, se consiga identificar quem está propondo a reclamação e em face de quem o faz.

Exigências de indicação de RG, número de CTPS e CEP são ilegais, muito embora, a título de colaboração com a Justiça, nada impede que sejam fornecidas quando solicitadas.

Cabe deixar claro, no entanto, que o maior interessado em bem identificar as partes é o próprio reclamante, visto que qualquer falha neste aspecto, por menor que seja, motivará a rescisão de eventual decisão proferida em um processo com vício de identificação.

É importante reconhecer que quanto ao próprio reclamante todos os dados que forem exigidos podem ser facilmente por este fornecidos, mas se as exigências forem exageradas, no que se refere ao reclamado, pode-se inviabilizar o próprio acesso à justiça.

No que se refere ao reclamado, portanto, tratando-se de pessoa jurídica, basta que o reclamante indique a sua designação — ainda que se refira ao nome de fantasia — e a localização em que se situa. Não se pode exigir que o reclamante saiba a razão social precisa daquele que aponta como seu empregador, ainda mais quando não tenha sido registrado, e muito menos os nomes daqueles que integram o contrato social na condição de sócios, até porque não raro muitas empresas são apenas pessoas jurídicas de fato ou são integradas por sócios fictícios ("laranjas").

Tratando-se de filial, cuja matriz se encontra na mesma localidade, não é necessário indicar o endereço da matriz, onde provavelmente se encontrará o representante da pessoa jurídica, visto que a citação no processo do trabalho não é feita pessoalmente, bastando a presunção de que a notificação da reclamação tenha

---

(23) Ob. cit., *Prática...*, p. 152.

sido realizada, ainda que indiretamente, somente sendo derrubada por prova inequívoca em sentido contrário

A citação, no caso de pessoa jurídica, mesmo no processo civil já era considerada válida ainda que não feita diretamente à pessoa com poderes específicos para tal (arts. 222 e 223 do CPC). Aliás, reconhecendo o avanço do processo trabalhista, o art. 222 do Código de Processo Civil foi alterado pela Lei n. 8.710, de 24 de setembro de 1993, estabelecendo, como regra, a citação por registro postal.

O que se deve ter por critério é que esse requisito não possui um fim em si mesmo, mas o de diferenciar o reclamante e o reclamado de quaisquer outras pessoas, bem como o de tornar possível a sua localização. A lei trabalhista não fixa quais os dados que, necessariamente, devem constar da inicial para essa identificação. Como há muito já destacava *Pontes de Miranda*, "Se o erro na indicação do nome, ou do prenome, ou da residência, ou do domicílio, ou da profissão, ou da nacionalidade, ou do estado civil, quer do autor, quer do réu, não é bastante para qualquer dúvida acerca da legitimação ativa, ou passiva, não se há de considerar causa de invalidade do feito (*e.g.*, o erro de nome é relativo ao único inquilino do prédio e esse recebeu a citação, a interpretação ou o aviso, cf. 1ª Câmara Cível do Tribunal de Justiça do Rio de Janeiro, 5 de dezembro de 1960)"[24].

c) *Uma breve exposição dos fatos de que resulte o dissídio*

Diz o inciso III, do art. 282, do CPC, que a petição inicial deve conter: "o fato e os fundamentos jurídicos do pedido".

A Consolidação das Leis do Trabalho, portanto, é mais sucinta que o Código de Processo Civil, pois além de não exigir, expressamente, a exposição dos fundamentos jurídicos do pedido, ainda diz que exposição dos fatos de que resulta o dissídio deve ser breve.

Essa diferença de enunciados representa, no entanto, alguma distinção fundamental? A CLT diz que a inicial deve conter uma breve exposição dos fatos de que resulte o dissídio. A brevidade seria, assim, um requisito?

Segundo afirma *Tostes Malta*[25], a brevidade da exposição não é obrigatória, mas uma exigência mínima, tendo em vista que a inicial deve conter uma exposição dos fatos, ainda que breve, não podendo ser omissa a respeito.

Há de se considerar essencial a narração apenas dos fatos que identifiquem a situação jurídica havida entre reclamante e reclamado, ou seja, início, término do contrato de trabalho — se término tiver havido — e valor da remuneração — normalmente o da última.

Necessária, também, a indicação dos fatos constitutivos das relações jurídicas derivadas, mas apenas quando o direito pleiteado não tenha as hipóteses de

---
(24) Ob. cit., *Comentários...*, Tomo IV, 1974. p. 11.
(25) "A CLT determina que a petição inicial exponha brevemente (o que não torna a brevidade obrigatória; a exposição deve ser pelo menos breve; não pode o pedido ser omisso de exposição) os fatos de que a reclamação resulta. Só o CPC prevê que a inicial indique os fatos e os fundamentos jurídicos do pedido" (Ob. cit., *Prática...*, p. 182).

incidência fixadas por lei. O pedido de horas extras, por exemplo, traz em si, independentemente de narração, os fatos que o constituem — trabalhar além de oito horas diárias ou quarenta e quatro semanais.

Já o pedido de diferenças salariais necessita de indicação do fato que constitui o direito alegado, ou seja, a que espécie de diferença se refere.

A narração do ato contrário do réu não compõe, igualmente, como regra, a causa de pedir no processo trabalhista, pois está subentendida na mera alegação de que as parcelas pleiteadas não foram pagas ao reclamante. Será, no entanto, necessária nos pedidos de reintegração.

Não se deve, de qualquer modo, perder de vista o objetivo que o reclamante almeja do processo, qual seja, o de alcançar um julgamento de mérito favorável às suas pretensões. Por isso, quanto mais confusa for a inicial, menos se atingirá esse escopo. Vale, a propósito, repetir a lição de *Wagner Giglio*[26]: "Os fatos devem ser expostos segundo um critério lógico, regra geral o cronológico, excepcionalmente o de maior importância, mas sempre de forma *selecionada*. Com essa última expressão pretendemos dizer que o advogado não tem obrigação de narrar *todos* os fatos, inclusive os que são desfavoráveis ao seu cliente, antecipando-se à defesa, nem a de fornecer *todos* os pormenores, sujeitando-se a prová-los, missão trabalhosa, muita vez desnecessária, e perigosa, porque prejudica a objetividade e enfraquece a convicção, caso não obtenha êxito na prova."

Assim, quando a lei diz que a petição inicial deve apresentar uma "breve exposição dos fatos de que resulte o dissídio", é de um requisito que se cuida, para resguardo do direito ao acesso à Justiça, como garantia de um julgamento célere e justo.

Tendo em vista a peculiaridade do direito material trabalhista, que vincula um feixe de obrigações a uma única relação, cujos fatos constitutivos — tanto da relação quanto dos direitos dela decorrentes — são previstos na lei, a breve narração dos fatos, na reclamação trabalhista, possui mais a função de localizar a relação entre reclamante e reclamado no tempo e no espaço do que a de fundamentar, um a um, os pedidos formulados, até porque o julgamento envolverá todas as questões de fato relativas à pretensão.

Cabe deixar expresso, também, que apenas os fatos principais, aqueles que geram a relação obrigacional, devem ser narrados na inicial. Os fatos secundários, os que servem para demonstrar a ocorrência dos fatos principais, não precisam ser apresentados na inicial, podendo ser argüidos em qualquer momento processual, sem que isso implique alteração substancial da demanda.

Lembre-se, por fim, que o procedimento trabalhista é oral e todos os atos devem ocorrer em uma única audiência, dentre eles a leitura da petição inicial. Uma petição inicial extensa, com fatos narrados a minúcias e indicação excessiva de doutrina e jurisprudência, inviabiliza a realização da audiência, ferindo, assim, os propósitos determinados pela consagração da oralidade. Uma petição inicial

---

(26) Ob. cit., *Direito processual...*, p. 197.

formulada nestes termos, portanto, fere o requisito específico da regra trabalhista, podendo, portanto, gerar a extinção do processo, sem apreciação de mérito, até porque petições assim formuladas, em geral, atraem defesas com igual conteúdo e tamanho e a se entender que o reclamante pode formular assim sua pretensão o mesmo direito estaria garantido ao reclamado e não está, como se verá a seguir, pois, como frisado, a técnica processual trabalhista deve viabilizar a realização de todos os atos processuais em uma única audiência, regra que se pode quebrar apenas excepcionalmente, quando se exigir, no caso concreto, para respeito ao contraditório.

d) O pedido

Após a apresentação breve dos fatos, deve o autor formular seu pedido, pois o juiz decidirá a lide nos termos em que foi proposta (art. 128, do CPC).

Deve-se ter em mente, no entanto, que os feitos trabalhistas são abrangidos por certa previsibilidade, tendo em vista a limitação de suas controvérsias. Além disso, o processo, há muito, deixou de ser mero instrumento técnico, consubstanciando-se, igualmente, um "instrumento ético e político de efetivação de justiça e de tutela de liberdade"[27], no qual o juiz não funciona como simples expectador, movido tão-somente pelas provocações das partes. Ao contrário, o juiz, em um processo dinâmico e dialético, precisa tornar efetiva a vontade da lei, principalmente, em se tratando de normas de direito público, como se dá com as que compõem o ordenamento trabalhista. O processo, especialmente o processo do trabalho, que serve de instrumento a um direito material decorrente da necessidade de se tornar efetiva a dignidade do trabalho humano, não pode se tornar meio de eternização de injustiças, mediante o apego a formalismos desarrazoados ou que exacerbam as garantias de ordem meramente formal[28].

É evidentemente que essa atitude ativa do juiz nunca deve menosprezar conquistas democráticas, tais como a do juiz natural, a da ampla defesa e a do contraditório. Tais garantias, no entanto, devem ser vistas não sob o ângulo meramente individual e sim inseridas dentro de um contexto maior, qual seja, o social[29].

Dessa forma, desde que as questões fáticas e de direito tenham sido debatidas nos autos, em respeito a essas garantias, a ingerência da norma de ordem pública deverá ocorrer, independentemente de pedido expressamente formulado nesse sentido, como, aliás, se encontra, de certa forma, nos arts. 28 e 73, das legislações respectivas da Colômbia a Argentina e, de forma expressa, no art. 229, Código de Processo do Trabalho do Paraguai[30].

---

(27) GRINOVER, Ada Pellegrini. Processo trabalhista e processo comum. *Revista de Direito do Trabalho*, n. 15. São Paulo: RT, p. 88.
(28) Como adverte Ada Pellegrini Grinover (*idem*, p. 89), "o processo civil ainda corresponde, em muitos países, às preferências ideológicas e às exigências materiais de grupos já firmemente consolidados no poder, e por isso mesmo conservadores, que tendem mais a frear do que a acelerar; que visam mais ao formalismo do que à simplificação; que preferem exceder em garantias do que permitir o dinamismo renovador do juiz".
(29) "O que é preciso, é que essas garantias não mais se enfoquem a partir de uma visão puramente individualista, mas que sejam construídas como garantias da pessoa situada no grupo, como garantias sociais" (GRINOVER, Ada Pellegrini. Ob. cit., *Processo trabalhista...*, p. 93).
(30) "El juez podrá en la sentencia:

O art. 496 da CLT prevê expressamente essa possibilidade ao determinar que na ação em que se objetive reintegração de empregado estável ao serviço, uma vez constatada a incompatibilidade entre empregado e empregador, resultante do litígio, especialmente quando for o empregador pessoa física, a Justiça do Trabalho poderá converter a obrigação de reintegrar em obrigação de pagar indenização na forma da lei trabalhista.

Neste sentido, não há vício formal quando o juiz, apreciando pedido do reclamante por reconhecimento de vínculo empregatício, sem pagamento de verbas rescisórias, condene, mesmo sem pedido expresso, o reclamado a anotar a CTPS do reclamante (art. 39, da CLT) e a pagar ao reclamante multa do § 8º, do art. 477, da CLT e penalidade prevista no art. 467, da CLT, e a depositar os valores correspondentes ao FGTS, com a multa de 40%.

O pedido somente não pode ser obscuro. Sendo inequívoco e apoiado por elementos fáticos apresentados na inicial, ainda que não específicos, há de se entendê-lo corretamente formulado, nos termos das Ementas abaixo transcritas:

> "Se o reclamante declinou sua função, deixou claro as datas de início e término da relação empregatícia; especificou jornada de trabalho que teria cumprido; apontou seu último salário, indicou a causa extintiva do contrato e, como conseqüência, deduziu seu pedido, determinado quanto ao gênero (aviso prévio, diferenças de horas extras, de férias, de 13º salário, etc.) e indeterminado na quantidade (ilíquido no seu valor), sua petição inicial atende os pressupostos do § 1º, do art. 840, da CLT. Por isso mesmo, impõe-se a formalização do contraditório e não a extinção do processo sob o argumento de inépcia do pedido. Recurso provido." (TRT 15ª Reg. 4ª T. — Ac. 1.592/91, Rel. Milton de Moura França, DOE, 7.3.91, p. 115)

> "Não há inépcia quando a inicial alega que houve injusto despedimento e que as verbas rescisórias não foram pagas, e termina por pleitear aviso prévio, multa, férias e 13º salários proporcionais. O pedido decorre da sintética narração dos fatos." (TRT 15ª Reg. 1ª T. — Ac. 12.930/91, Rel. Antonio Miguel Pereira, DOE, 5.3.93, p. 174)

e) Data

A designação da data é importante para determinar o momento em que a reclamação foi entregue ao juízo ou distribuída, com única repercussão no instituto da prescrição.

A data constante da inicial, subscrita por advogado ou pela própria parte, no entanto, nem sempre corresponde à data em que a petição deu entrada na Justiça.

---

a) Ordenar el pagos de salarios, prestaciones o indemnizaciones mayores que las pedidas por el trabajador, supliendo la omisión de éste, cuando quedar demonstrado que son inferiores a las que le corresponden de conformidad con la ley, y siempre que no hayan sido pagadas; y
b) Aunque el trabajador no lo pida, condenar al empleador cuando esté debidamente probado en juicio que no ha dado cumplimiento a obligaciones legales o contractuales."

Portanto, o requisito não tem grande relevância e, portanto, sua ausência não tem repercussão na ordem jurídica, já que será aposto na inicial pelo próprio órgão julgador, quando da apresentação da petição.

f) A assinatura do reclamante ou de seu representante

Corolário do *jus postulandi* das partes, a petição inicial, escrita ou reduzida a termo, poderá ser assinada pelo reclamante (empregado ou empregador), ou, se constituído advogado, por este.

A importância desse requisito situa-se na responsabilidade que decorre ao demandante pelos atos processuais, especialmente, o efeito da perempção, que impede o reclamante de demandar, na Justiça do Trabalho, durante 6 (seis) meses, quando der causa a dois arquivamentos de reclamações, em virtude de seu não comparecimento à audiência designada. O defeito pode ser sanado a qualquer instante, sendo mais propício fazê-lo no próprio ato da propositura da ação pelo servidor encarregado de receber a petição, com autorização neste sentido conferida pelo juiz.

3. APRESENTAÇÃO

Não diz a lei, de maneira expressa, que a petição inicial tenha que ter uma apresentação especial. A inicial, no entanto, deve demonstrar de modo inequívoco a lide, principalmente, quem são reclamante e reclamado, o que se pede e por que isto é feito. Sendo confusa a inicial, há nítido prejuízo para o próprio reclamante, para a defesa e, em última análise, para Justiça. Ademais, os requisitos exigidos para a formulação da inicial visam exatamente a essa clareza, sob pena, até, de ser considerada inepta.

A clareza da inicial, aliás, é requisito expresso da petição inicial no direito argentino (item "6", do art. 65, do Decreto-lei n. 18.345/69) e o é, também, a precisão, assim como ocorre no direito paraguaio (letra *d*, do art. 110, do Código de Processo). Além disso, essa situação já estava prevista no art. 158, inciso III, do Código de Processo brasileiro de 1939.

Analisando-se a disposição dos termos do art. 840, da CLT, verifica-se que os requisitos são dispostos em uma ordem seqüencial e taxativa. Não se trata, pois, de preceito exemplificativo.

A petição inicial trabalhista, por isso, deve ser iniciada com o direcionamento (a designação da Vara do Trabalho, ou do Juiz de Direito) e expor, na seqüência: a qualificação do reclamante; a qualificação do reclamado; uma breve exposição dos fatos; o pedido; a data; e, finalmente, a assinatura do reclamante ou de seu representante.

4. INÉPCIA DA PETIÇÃO INICIAL — EMENDA E INDEFERIMENTO

Tendo em vista que a irregularidade da inicial, prevista no art. 284, não sanada em 10 (dez) dias, nos termos do parágrafo único do mesmo artigo, é hipótese de indeferimento da inicial, fixada no inciso V, do art. 295 e a inépcia é referida pelo inciso I, com definição dada no parágrafo único, ambos do mesmo artigo, está claro que as duas situações não são as mesmas.

Não é possível, portanto, ao juiz corrigir a inicial nos casos de inépcia desta, até porque isso representaria uma alteração substancial da postulação, contrariando o dever de imparcialidade do juiz.

As irregularidades a que se refere o art. 284 são facilmente sanadas, não importando uma mudança substancial no postulado. O acerto delas apenas esclarece e reforça os termos da inicial.

No processo civil, portanto, conforme observa *James Eduardo Oliveira*[31], as imperfeições dos requisitos I, II, V, VI e VII do art. 282 e do constante do art. 283 admitem correção. Já a imperfeição dos incisos III e IV, que também será suprível, não se sujeitará a acerto quando a conclusão não decorrer logicamente da narração dos fatos, o pedido for juridicamente impossível ou houver incompatibilidade entre os pedidos, sendo de se acrescentar que o mesmo ocorrerá quando não existir pedido ou causa de pedir (incisos I a IV, do parágrafo único, do art. 295, do CPC).

No processo do trabalho essa orientação deve ser seguida, com as adaptações procedimentais pertinentes a esse ramo do direito processual. Com efeito, a regularização de defeito da inicial, quando não impeça a formação da relação jurídica processual, deverá ser efetuada em audiência, até porque a petição inicial somente neste instante é, judicialmente, examinada. Além disso, muitas vezes os próprios termos da defesa suprem a falha da inicial. Isso quer dizer que, não sendo possível a regularização da petição inicial em audiência, gerando a necessidade de o reclamado complementar a sua defesa, é porque não se está diante de um mero defeito ou irregularidade e sim de inépcia da inicial ou de um dos pedidos, o que, em homenagem à boa aplicação da técnica, não permite ao juiz a determinação para que o reclamante emende sua inicial (ou pelo menos não existe um direito subjetivo da parte neste sentido).

Não se cogita, portanto, de aplicação, como regra, do art. 284 e seu parágrafo único, do CPC, no processo do trabalho, visto que a concessão de prazo de 10 (dez) dias para regularização e mesmo de reabertura de prazo para que o reclamado complete sua defesa, não se compatibiliza com o processo oral trabalhista. Esse acerto, que não pode ocasionar mudança substancial da inicial, deve, por isso, ser feito na audiência, exceto quanto aos documentos essenciais, cujo conhecimento é pressuposto obrigatório para que o juiz, saneando o processo, profira julgamento de mérito da demanda, caso em que se possibilitará a juntada em momento posterior, sem que isso signifique, no entanto, adiamento da audiência.

Tratando-se de inépcia da inicial, nos termos do parágrafo único, do art. 295, do CPC, aplicável ao processo do trabalho, por perfeita compatibilidade, o feito deverá ser extinto, sem julgamento do mérito, com base no art. 267, IV ou VI, do

---

(31) Ob. cit., *Juízo de Admissibilidade*..., p. 41.

CPC, sendo que o mesmo ocorrerá quando a inicial tiver, de forma gritante, algum dos defeitos enunciados nos incisos II e III do mesmo art. 295, ressalvando-se, ainda, que a possibilidade de acerto, mencionada no inciso V, também do art. 295, não se aplica ao processo do trabalho, pois neste o rito é único, e que o mesmo ocorre com as previsões do inciso IV e da primeira parte do inciso VI, do art. 295 em questão.

No caso de inépcia parcial, ou seja, com relação a algum ou alguns dos pedidos formulados em cumulação simples, o feito prosseguirá normalmente com relação àqueles considerados regulares, declarando o juiz a inépcia na própria audiência, quando isto representar alteração em um dos pólos da relação processual, deixando para a decisão final a declaração de inépcia nos demais casos, desde que se apresente dificultosa essa declaração em audiência.

Marli Lopes da Costa de Góes Nogueira corrobora esse entendimento ao afirmar que a emenda à inicial trabalhista somente pode ser determinada quando os defeitos da inicial forem de pequena monta[32].

5. INALTERABILIDADE DA PETIÇÃO INICIAL TRABALHISTA

A inalterabilidade da petição inicial, que deve constituir a regra, encontra exceção com as possibilidades de emenda, aditamento e modificação. Emenda é regularização da inicial, tendente a fazer os acertos mencionados no art. 284 do CPC. Aditamento é o acréscimo de novo pedido aos já formulados na inicial. Modificação é a alteração dos elementos que compõem a ação (partes, causa de pedir e pedido).

No sistema do Código de Processo Civil, a adição do pedido, pelo autor, somente pode ser feita enquanto o réu não for citado (art. 294, com a redação que lhe fora dada pela Lei n. 8.178/93). Após a citação, somente com consentimento do réu, mas sempre antes do despacho saneador (parágrafo único, do art. 264).

A modificação, prevista no art. 264, do CPC, somente será possível, também, antes da citação e, após esta, condicionada à concordância do réu. Em todo caso, sempre antes do despacho saneador.

No processo do trabalho não há expressa previsão de despacho saneador, mas deve-se entender que a audiência tem ao mesmo tempo essa função. Assim, o momento preclusivo para qualquer alteração (modificação ou adição) deve ser o ato da audiência, antes de se passar à fase instrutória. De qualquer modo, a alteração somente será possível com a concordância do reclamado, visto que a citação, no processo do trabalho, já é expedida automaticamente, quando da interposição da reclamação, subtendendo-se tenha sido realizada, 48 horas após a expedição de registro postal, para esse fim. Antes de transcorrido esse prazo de 48 horas, no entanto, há de entender possível qualquer alteração.

---

(32) I — Das Custas em Caso de Arquivamento. II — Da inépcia da Petição Inicial no Processo do Trabalho. In: *Suplemento Trabalhista*. São Paulo: LTr, n. 031/94. p. 159.

A modificação não se confunde com o pedido de desistência. Este poderá ser feito mesmo após a citação, sem o consentimento do réu, respeitando-se o prazo limite para a apresentação da defesa do réu (interpretação a *contrario sensu* do § 4º, do art. 267, do CPC). Essa disposição aplica-se plenamente ao processo do trabalho, sendo relevante destacar que neste processo a defesa do reclamado é apresentada em audiência após a leitura da inicial (art. 846, da CLT). Assim, o reclamante poderá desistir de algum pedido, ou mesmo da reclamatória, até o momento da leitura de sua inicial, antes, portanto, da apresentação da defesa.

É importante frisar que esses limites à alteração da inicial não se aplicam aos aspectos de ordem pública, mencionados, exemplificativamente, no item pertinente ao pedido (supra). Além disso, vários acréscimos que não alterem substancialmente a defesa, não ampliando, portanto, o objeto da prova ou a linha de argumentação da defesa, podem ser, validamente, acrescidos em audiência, como, por exemplo, a pretensão dos reflexos das horas extras pleiteadas, o que não implica, igualmente, por óbvio, necessidade de adiamento da audiência.

II — Resposta do Réu

Ao contrário do que se dá com a petição inicial, a lei não estabelece requisitos para elaboração da defesa do réu.

No entanto, o réu deve ter em mente que os fatos não contestados são tidos como verdadeiros, desde que respeitados os limites fixados no art. 302, do CPC e que lhe compete, na defesa, apresentar todos os argumentos de fato e de direito (art. 300, CPC), inclusive de ordem processual, que possua, para contestar a pretensão do autor, sob pena de preclusão quanto às questões pertinentes ao direito material e ter que arcar com os custos do processo no que tange aos temas de ordem processual, que se insiram no contexto de ordem pública, como, por exemplo, a coisa julgada.

Um aspecto muito relevante para o processo do trabalho deve ser destacado, que é o de que seu procedimento é oral. A técnica processual, conseqüentemente, deve permitir a realização de todos os atos processuais em uma única audiência.

Assim, e também como corolário da regra de que a petição inicial deve conter uma breve exposição dos fatos, a defesa deve pautar-se, como regra, pela mesma limitação. Lembre-se que o art. 847 da CLT é claro ao estabelecer que "o reclamado terá vinte minutos para aduzir sua defesa", o que implica dizer que não se pode conceber a existência de uma defesa que traga, por escrito, muito mais do que se consiga digitar em 20 (vinte) minutos.

Claro, essa não é uma regra absoluta, até porque a apresentação de uma defesa por escrito auxilia na realização da audiência. O exercício do direito pelo réu, de apresentar defesa oral em 20 (vinte) minutos traria muito mais prejuízo à oralidade que a prática que se institucionalizou da apresentação da defesa escrita. No entanto, tudo tem limite. Há defesas que para serem integralmente lidas em audiência se gastaria uma tarde inteira, mesmo quando o processo não traz complexidade relevante. Nesse caso, uma ação corretiva se exige, determinando que se consigne como argumentos de defesa apenas o que for possível constar em ata em vinte minutos de leitura e digitação.

Na defesa o reclamado poderá apresentar, inicialmente, as preliminares de mérito e os incidentes processuais que sejam pertinentes.

Isso não quer dizer que uma defesa bem-feita tenha sempre "preliminares". Esse, aliás, é um vício que compete extirpar.

As preliminares e os incidentes infundados dão ensejo à consideração de que o reclamado, em verdade, litiga de má-fé. Cumpre verificar que a força de trabalho dos juízes está no limite e a apreciação de liminares e incidentes, muitas vezes formulados sem uma razoável controvérsia jurídica, ocupa relevante atenção dos juízes, diminuindo, sensivelmente, em prejuízo geral, sua força de trabalho.

1. PRELIMINARES

As preliminares em questão são pertinentes à constituição válida e ao desenvolvimento regular do processo e à regularidade (denominados na doutrina tradicional pressupostos processuais) da ação proposta (condições da ação). Os incidentes referem-se à reconvenção, à ação declaratória incidental e ao requerimento de intervenção de terceiro.

1.1. ELEMENTOS DE CONSTITUIÇÃO VÁLIDA DO PROCESSO

Devem-se distinguir pressupostos processuais de elementos de constituição válida e de desenvolvimento regular do processo.

Seguindo o raciocínio de *Celso Neves*, os pressupostos processuais são requisitos de existência do processo[33]. Elementos, por sua vez, são requisitos de formação válida ou de desenvolvimento regular do ato jurídico processual. Por isso, os pressupostos preexistem ao ato e os elementos se avaliam por ocasião da sua formação ou, posteriormente, na verificação da viabilidade de seu desenvolvimento, sendo ambos, pressupostos e elementos, espécies do genérico conceito, requisitos.

Assim, sob este prisma, o inciso IV, do art. 267 do CPC, quando menciona "pressupostos de constituição e de desenvolvimento válido do processo", o fez no sentido de requisitos, mais precisamente, no de elementos. Daí por que se abandona a expressão legal "pressupostos", para adotar a de elementos, já que os pressupostos, propriamente ditos, não são analisados dentro do ato processual e sim anteriormente à sua existência.

Essa conclusão ainda mais se reforça, quando se atenta para o fato de que o *caput* do art. 267 do CPC faz referência à extinção do processo, o que faz supor

---

(33) Adota-se, a posição de Celso Neves no sentido de que pressuposto processual é o requisito que antecede à formação, propriamente dita, do processo (Processo, resumo das aulas dadas em curso de pós-graduação na Faculdade de Direito da Universidade de São Paulo, 1º semestre de 1983).

que este tenha sido formado, embora sem preencher os requisitos para se considerar válido ou para poder desenvolver-se regularmente, até porque não se pode extinguir aquilo que jamais chegou a existir.

Dessa forma, os pressupostos processuais são: a capacidade de ser parte do agente; o exercício do direito da ação, que se materializa pela petição inicial; e a investidura do destinatário. E os elementos de formação válida do processo: a competência do juízo; a capacidade de estar em juízo; a capacidade postulatória; os requisitos da petição inicial (ser dirigida a um juiz ou tribunal; identificar as partes; apresentar os fatos e os fundamentos jurídicos do pedido; e especificar o pedido) e a juntada de documento essencial.

1.2. ELEMENTOS DE DESENVOLVIMENTO REGULAR DO PROCESSO

Os elementos de desenvolvimento regular do processo são: a regularidade procedimental, a citação do réu, propriamente dita, a ausência de impedimento (perempção, litispendência, coisa julgada e compromisso arbitral), e a imparcialidade do julgador (impedimentos e suspeição, arts. 134 e 135 do CPC).

1.3. CARÊNCIA DA AÇÃO

Não estará apta a um julgamento do mérito a ação que não preencha certas condições, conhecidas, por isso, como condições da ação.

Em verdade tais condições são os "requisitos de validade da ação, necessárias para a obtenção do fim almejado, qual seja, um provimento jurisdicional sobre o pedido formulado..."[34], provimento este que poderá ser favorável ou desfavorável ao autor[35]. A ação, em suma, equivale a uma espécie de "direito de petição", sujeita a menção a uma determinada situação concreta[36]. O direito a um provimento de mérito — favorável ou não — se atinge por uma ação na qual estejam respeitados certos requisitos exigidos na esfera processual. Neste sentido, a ação tem seu conceito alterado para "ação processual". Já o provimento, quando garante a proteção de um direito ou de uma situação jurídica, dá ensejo à tutela jurisdicional, a qual, portanto, "está reservada apenas para aqueles que efetivamente estejam amparados no plano do direito material"[37]. Em outras palavras, sem as condições

---

(34) MAIOR, Jorge Luiz Souto. *Petição inicial: no processo civil e no processo do trabalho.* São Paulo: LTr, 1996. p. 73.
(35) "Direito ao provimento sobre a situação jurídica material somente têm aqueles que preencherem determinados requisitos, denominados por parte da doutrina de *condições da ação.* Trata-se, aqui, de algo mais que o simples direito de ingresso em juízo. O titular da 'ação processual' tem direito ao provimento judicial sobre a situação da vida trazida para o processo, ainda que desfavorável. No processo de conhecimento fala-se em direito à sentença de mérito." (BEDAQUE, José Roberto dos Santos. *Direito e processo.* São Paulo: Malheiros, 1995. p. 24)
(36) "Não existe garantia constitucional do mero ingresso, ou pelo menos não é nesse sentido que se fala da inafastabilidade da jurisdição. (....) Assim, entende-se por direito constitucional de ação o poder ou faculdade de alguém provocar a atividade jurisdicional do Estado, em função de determinada situação concreta." (BEDAQUE, José Roberto dos Santos. *Direito e processo,* p. 69)
(37) *Idem,* p. 24.

da ação não se assegura o direito processual de ação, mas tão-somente o direito constitucional de ação[38].

O exame das condições da ação é feito em conformidade com a relação jurídica substancial afirmada pelo autor na inicial e que, por isso mesmo, é um exame superficial que não adentra todos os aspectos que envolvem o mérito do conflito[39].

As condições da ação são: a legitimidade *ad causam*, o interesse processual e a possibilidade jurídica do pedido.

1.4. ORDEM DE FORMULAÇÃO DAS PRELIMINARES

Seguindo a diretriz acima fixada, poderão se apresentar ao juiz questões processuais, na seguinte ordem:

> I — Pertinentes aos elementos de formação válida do processo:
>
> 1. competência do órgão (absoluta);
>
> 2. capacidade de estar em juízo;
>
> 3. capacidade postulatória;
>
> 4. regularidade da inicial quanto;
>
> — à apresentação dos fatos e dos fundamentos jurídicos do pedido;
>
> — à especificação do pedido; e
>
> — à juntada de documento essencial.
>
> II — Pertinentes aos elementos de desenvolvimento regular do processo:
>
> 1. regularidade procedimental, quanto:
>
> — à nulidade de citação do réu;
>
> — à ausência de impedimentos:
>
> — perempção;
>
> — litispendência;
>
> — coisa julgada;
>
> — compromisso arbitral;
>
> — imparcialidade do julgador:
>
> — impedimento;
>
> — suspeição

---

(38) *Ibidem*, p. 77.
(39) "Se o juiz realizar cognição profunda sobre as alegações contidas na petição, após esgotados os meios probatórios, terá, na verdade, proferido juízo sobre o mérito da questão, acolhendo ou rejeitando a demanda." (BEDAQUE, José Roberto dos Santos. *Direito e processo*, p. 78).

> III — Pertinentes às condições da ação:
> 1. legitimidade *ad causam*;
> 2. interesse processual e
> 3. possibilidade jurídica do pedido.
> 2. Incidentes processuais.

Em defesa, o reclamado poderá, ainda, apresentar incidentes de ordem processual, sendo os mais relevantes para a sistemática trabalhista os a seguir postos em discussão:

2.1. RECONVENÇÃO

O novo § 1º, do art. 278, do CPC, dispõe que "é lícito ao réu, na contestação, formular pedido em seu favor, desde que fundado nos mesmos fatos referidos na inicial". Essa disposição teria dado origem ao que os doutrinadores passaram a chamar de "demanda contraposta", ou "pedido contraposto", instituto jurídico distinto da reconvenção e das ações dúplices.

Para entender melhor esse novo instituto importante, portanto, que se tenha conhecimento da aplicabilidade dos outros dois institutos mencionados.

Nas ações normais, o autor age e o réu reage. Não pede o réu nada em seu favor, a não ser o julgamento da improcedência do pedido ou pedidos formulados pelo autor.

Diversamente se dá nas ações dúplices. Nestas, "ambos os litigantes figuram concomitantemente no pólo ativo e passivo da demanda, em face da articulação de pretensões antagônicas"[40]. Dúplice, portanto, é a ação que confere ao réu a possibilidade de obter um título executivo contra o autor, no caso de improcedência do pedido ou pedidos formulados pelo autor. Isto se dá, até mesmo sem pedido do réu, pois é resultado automático da declaração de que o pedido do autor é improcedente, p. ex: atual ação de consignação em pagamento (Lei n. 8.951, de 13.12.94); ação de inquérito para apuração de falta grave na Justiça do Trabalho (arts. 853 a 855, da CLT).

A reconvenção é uma ação autônoma exercida pelo réu em face do autor, utilizando-se do mesmo processo já instaurado por iniciativa do autor. É, por assim dizer, uma demanda paralela nos mesmos autos, na qual o réu se transmuda em autor (reconvinte) e o autor em réu (reconvindo).

A contrademanda, ou contrapedido, é, igualmente, uma ação do réu contra o autor, no mesmo processo já instaurado, mas com certas limitações. No procedimento sumário cível, porque a ação já é limitada pelo valor e matéria, o contrapedido igualmente o será, além disso, por disposição do já mencionado § 1º, do art.

---

(40) FIGUEIRA JÚNIOR, Joel Dias. *Novo procedimento sumário*. São Paulo: Revista dos Tribunais, 1996. p. 206.

278, do CPC, o contrapedido deve basear-se nos mesmos fatos referidos na inicial. Nestes termos, "a contra-ação demandada pelo réu é uma espécie de reconvenção, limitada pelo valor da causa e pela matéria objeto da controvérsia e nos mesmos parâmetros fornecidos pelo autor. A diferença entre uma e outra forma de exceção reside no grau em que as matérias podem ou não ser objeto de ampliação do espectro da lide. Em outras palavras, a reconvenção pode perfeitamente superar os contornos delineados pelo autor na *causa petendi* e na formulação do própria *petitum*; porém a contraposição de pedidos ou *contrapretensão* nos moldes estipulados nesse novo rito, limita-se aos mesmos fatos referidos na inicial"[41].

No processo do trabalho, diante da nítida diversidade de seu procedimento com o procedimento ordinário cível e diante da completa omissão do legislador acerca da possibilidade de se interpor reconvenção na lide trabalhista, durante muito tempo se discutiu quanto ao cabimento, ou não, da reconvenção no processo do trabalho, saindo vencedores aqueles que defenderam tal possibilidade, mesmo que no procedimento sumário cível — antigo sumaríssimo — mais similar ao procedimento trabalhista, a reconvenção, por lei, fosse expressamente proibida.

Situações de ordem prática, no entanto, faziam que fosse necessária a aceitação da reconvenção quer no procedimento trabalhista, quer no procedimento sumaríssimo (atual sumário), tanto que a recente alteração legislativa deste último veio para acertar o rigor da antiga proibição. Todavia, o fez de forma reservada, como visto.

Uma atualização dos institutos processuais trabalhistas, revitalizando os seus objetivos primordiais, celeridade e distribuição de justiça, faz com que se repense a questão da reconvenção no processo do trabalho.

Em primeiro lugar, deve-se reconhecer que mesmo conceitualmente falando a reconvenção no processo do trabalho não se equiparava àquela exercida no processo civil, dada a natural limitação que esta sofria, em razão da competência restrita da Justiça do Trabalho para julgar controvérsias oriundas de relações de emprego.

Em segundo lugar, muitas das hipóteses mencionadas para justificar a reconvenção, na verdade, tratava-se de ações dúplices (ex.: inquérito para apuração de falta grave). Outras nem de reconvenção se tratava (ex.: exceção de justa causa).

Em terceiro lugar, aplicando-se o princípio defendido da preferência do procedimento sumário em relação ao procedimento ordinário, para servir de parâmetro para aplicação subsidiária do Código de Processo Civil ao processo trabalhista, deve-se limitar, ainda mais, o campo de contra-ataque do reclamado em face do reclamante, negando-se o cabimento da reconvenção no processo do trabalho, garantindo-se, apenas, ao reclamado a possibilidade de formular contrapedido, conforme os padrões desse instituto acima expostos.

---

(41) *Idem*, p. 207.

O objetivo de tal medida é óbvio: não permitir a ampliação do objeto de prova da lide, facilitando a consecução da celeridade processual e dos demais princípios que encerram o procedimento oral trabalhista.

O contrapedido, assim, assemelha-se, e muito, ao instituto da compensação que, aliás, já era, e ainda é, expressamente admitido no procedimento trabalhista (art. 767, CLT).

2.2. INTERVENÇÃO DE TERCEIROS

Trata-se de outro tema que merece ser estudado sob a ótica técnico-procedimental trabalhista, isto é, sob o ângulo de sua base fundamental, que é a oralidade.

A intervenção de terceiros é uma espécie de meio-termo entre os princípios da singularidade — participação exclusiva das partes no processo — e da universalidade — realização do processo perante assembléia geral (direito germânico, que vigorou na Idade Média).

Justifica-se tal temperamento porque, em verdade, a sentença, "desde que existe no mundo jurídico, provoca implicações em relações jurídicas de pessoas que não são apenas as partes, isto é, em relações jurídicas de pessoas que não são exclusivamente autor e réu"[42].

No direito processual civil brasileiro impera a regra do princípio da singularidade, o que significa dizer que a intervenção de um terceiro no processo depende de expressa autorização legal, devendo, ainda, essa mesma disposição legal ser interpretada restritivamente, ou seja, não se aplicar a hipóteses expressamente não previstas, ainda que análogas.

Na Consolidação das Leis do Trabalho não se previu qualquer hipótese de intervenção de terceiros — exceção feita ao *factum principis* — em razão mesmo do reconhecimento de que esse instituto seria incompatível com o procedimento oral que se estabelecera, já que a intervenção de um terceiro ampliaria o campo da cognição, que se pretendia sumária.

Todavia, a carta branca do art. 769, da CLT, deu margens a que os intérpretes e aplicadores do direito processual do trabalho concluíssem pela inclusão do instituto da intervenção de terceiros no procedimento trabalhista, procurando justificar sua posição com a apresentação de diversas hipóteses em que a intervenção seria viável. Com essa postura, *data venia,* acabaram, em verdade, legislando e atuando contra os próprios padrões jurídicos. Ora, se as regras de excepcionalidade devem ser expressas e se o procedimento trabalhista nada previu sobre intervenção de terceiros, que é instituto criado por uma norma de exceção, como visto, não se poderia buscar no processo civil, por aplicação subsidiária, as regras de intervenção de terceiros, nitidamente voltadas para outra realidade jurídica. Com efeito, a especificidade do campo de cognição do Judiciário trabalhista (a discussão da relação de emprego e seus efeitos) inibe, naturalmente, a preocupação com os

---

(42) GRECO FILHO, Vicente. *Direito processual civil brasileiro.* v. I. São Paulo: Saraiva, 1989. p. 134.

efeitos que a sentença possa produzir na esfera jurídica de um terceiro, por dois motivos: primeiro, porque a preocupação primordial do procedimento trabalhista é com a rápida e justa solução do conflito; segundo, porque, conseqüência da especialização da Justiça do Trabalho, os feitos trabalhistas, quase sempre, interferem, direta ou indiretamente, na esfera jurídica de outros empregados ou empregadores, fazendo com que a intervenção de um terceiro não elimine conflitos posteriores sobre a mesma controvérsia, embora com partes distintas. A homogeneidade dos conflitos individuais trabalhistas exige, portanto, uma solução mais de acordo com as características da relação trabalhista, o que se deve dar, como se sustentou neste trabalho, por utilização da substituição processual e da ação civil pública.

Nestes termos, há de se reconhecer que a intervenção de terceiros no processo do trabalho serve apenas para inserir complicadores no litígio, que impedem a efetivação do procedimento oral e seus objetivos, sem trazer qualquer vantagem processual para partes, intervenientes e Justiça.

Pode-se imaginar que o rigorismo dessa posição acabe causando mais prejuízos ao processo do que os adiamentos de audiência e a "ordinarização" do procedimento, provocados pelo deferimento de uma das figuras de intervenção de terceiro, nos moldes traçados pelo Código de Processo Civil. Ocorre que a hipótese imaginada, em apoio dessa última argumentação, que de fato se verifica no dia-a-dia das Juntas trabalhistas, em nada se assemelha aos tipos de intervenção de terceiros, previstos no processo civil. Com efeito, costuma-se aceitar "intervenção de terceiro" no processo do trabalho, em benefício do reclamante, para corrigir o pólo passivo da demanda. Por exemplo: o reclamante propõe reclamação contra X, este alega que não era seu empregador e que o real empregador era Y, por motivos variados. O juiz, reconhecendo a verossimilhança da alegação constante da defesa e com a concordância do próprio reclamante, acaba aceitando a intervenção requerida pelo reclamado. Mas, verifique-se, o interveniente acaba sendo chamado a integrar a lide como litisconsorte do reclamado e não como terceiro. Tendo em vista a preocupação de efetividade do processo, seguindo a tendência de acréscimo dos poderes do juiz na condução do processo e reforçando a idéia de instrumentalidade das formas processuais — ou seja, o processo a serviço da justiça e não um entrave à realização desta —, esse procedimento acaba se justificando, mas como figura anômala de integração da lide, jamais como hipótese de cabimento de intervenção de terceiro no processo do trabalho.

Além disso, cabe acrescentar que essa correção do pólo passivo da demanda somente se justifica quando entre o reclamado e o terceiro, que é chamado a integrar a lide, existe uma relação jurídica, da qual possa, razoavelmente, advir uma dúvida de quem seria o real empregador do reclamante. Do contrário, não caberá a medida, devendo o feito ser julgado com relação ao reclamado acionado; decisão que poderá se dar em sede preliminar, quando se verifique a ilegitimidade passiva *prima facie*, ou no mérito, quanto os elementos da caracterização de emprego tenham que ser analisados, factualmente.

No novo procedimento sumário ficou expressamente proibida a intervenção de terceiros, exceto quanto a duas modalidades: assistência e recurso de terceiro prejudicado. A preocupação, também lá, foi com a celeridade processual, como explica *Cândido Rangel Dinamarco*: "Quer simples ou qualificada a assistência, o interveniente 'recebe o processo no estado em que se encontra' (art. 50, parágrafos) e a ele não são dadas oportunidades especiais no procedimento (nem sequer se duplicam os prazos), o que significa que seu ingresso não causa demoras processuais. É por isso que a nova lei, excluindo todas as demais modalidades de intervenção coata ou voluntária no procedimento, abriu exceção à assistência"[43].

---

(43) *A reforma do Código de Processo Civil*. 3. ed. São Paulo: Malheiros, 1996. p. 254.

CAPÍTULO 7

TEORIA GERAL DA PROVA[*]

Sérgio Seiji Shimura[**]

1. NOÇÕES INTRODUTÓRIAS

A jurisdição consiste na função estatal, exercida pelo Poder Judiciário[1], de declarar e realizar, de forma prática, a vontade da lei diante de uma situação jurídica controvertida. Nessa atividade, o Estado-juiz ora conhece do litígio posto pela parte lesada e lhe outorga a solução prevista em lei (processo de conhecimento), ora dá efetividade ao direito já acertado (processo de execução), ora confere tutela preventiva ao direito das partes (processo cautelar).

Em regra, a jurisdição atua sobre um caso concreto, diante de uma hipótese fática específica (ex.: reclamação trabalhista, descumprimento de um contrato, falta de pagamento de aluguel, concepção de um filho etc.).

E essa atividade judiciária é exercida por meio de um *processo*. Em outras palavras, o processo é instrumento de composição da lide, obtenível pelo exercício da jurisdição[2].

---

[*] Escrito em homenagem ao Ministro do TST, Prof. Dr. Pedro Paulo Teixeira Manus.
[**] Membro do Ministério Público do Estado de São Paulo, Mestre, Doutor e Livre-Docente pela PUC/SP, Professor nos programas de graduação e pós-graduação da PUC/SP, da Escola Superior do Ministério Público e do Curso de Mestrado do Unifieo — Centro Universitário Fieo.
(1) No presente estudo, a expressão "jurisdição" é usada como atividade precípua e específica do Poder Judiciário. É que, por vezes, é utilizada como *área territorial* sobre a qual o poder, no sentido administrativo, é exercido.
Exemplos: art. 14, § 7º, Constituição Federal: "São inelegíveis, no território de *jurisdição* do titular, o cônjuge e os parentes consangüíneos ou afins, até o segundo grau ou por adoção, do Presidente da República, de Governador de Estado ou Território, do Distrito Federal, de Prefeito ou de quem os haja substituído dentro dos seis meses anteriores ao pleito, salvo se já titular de mandato eletivo e candidato à reeleição".
Art. 156, CLT. "Compete especialmente às Delegacias Regionais do Trabalho, nos limites de sua *jurisdição*:
I — promover a fiscalização do cumprimento das normas de segurança e medicina do trabalho;
II — adotar as medidas que se tornarem exigíveis, em virtude das disposições deste Capítulo, determinando as obras e reparos que, em qualquer local de trabalho, se façam necessárias;
III — impor as penalidades cabíveis por descumprimento das normas constantes deste Capítulo, nos termos do art. 201".
(2) No item 6 da Exposição de Motivos do CPC, *lide* designa *mérito* (lide = conflito de interesses qualificado por uma pretensão resistida, conforme lição de Carnelutti). Assim, os arts. 5º, 22, 46, I, 47, 110, 126, 132 etc., CPC. Mas, há situações em que a expressão *lide* pode estar no sentido de *ação* ou *processo* (arts. 70, 132, CPC; art. 793, CLT).

Porém, essa atividade só se apresenta *se e quando* provocada pela parte[3]. Em regra, sem que a parte apresente expressamente o pedido de uma providência estatal, não se há cogitar de atividade jurisdicional de ofício[4]. Tal situação advém do chamado princípio da inércia.

Outrossim, todo pedido se baseia em algum fato afirmado pelo autor/reclamante. E se o réu se opuser, negando o fato ou alegando outros, impeditivos, modificativos ou extintivos do direito do autor, igualmente deve prová-los (art. 326, CPC).

Por isso, na peça inicial que instaura o processo, o requerente (autor/reclamante) deve indicar os fatos que envolvem o litígio ou o dissídio, bem como o respectivo pedido (art. 282, CPC; art. 840, CLT). O art. 282, CPC, reza que a petição inicial deve indicar o fato e os fundamentos jurídicos do pedido. Além disso, não basta alegar. Tem de provar.

Nessa linha de raciocínio, ao analisar o "pedido", é possível separar idealmente dois aspectos: o *direito* e o *fato*. Exemplo: na reclamação trabalhista, os fatos podem consistir na admissão ao serviço, as horas trabalhadas e a despedida; o direito resulta da previsão legal abstrata, no sentido de que "É assegurado a todo empregado, não existindo prazo estipulado para a terminação do respectivo contrato, e quando não haja ele dado motivo para cessação das relações de trabalho, o direito de haver do empregador uma indenização, paga na base da maior remuneração que tenha percebido na mesma empresa" (art. 477, CLT). Em um pedido de indenização, o fato pode consistir no assédio sexual; o direito provém da norma legal, abstratamente prevista (art. 927, CC)[5].

Assim, quando o juiz, na sentença, decide sobre o pedido formulado pela parte, exerce o seguinte silogismo: analisa a *premissa maior* (norma jurídica), constata a premissa menor (fatos) e chega à conclusão (sentença)[6]. Infere-se, pois, que a atividade probatória versa sobre a *situação fática* da relação jurídica.

---

(3) Art. 2º, CPC. Nenhum juiz prestará a tutela jurisdicional senão quando a parte ou o interessado a requerer, nos casos e forma legais.
(4) Como exceção ao princípio da inércia, podemos mencionar a "execução trabalhista", à luz dos art. 877-A e 878, CLT.
Art. 877-A. É competente para a execução de título executivo extrajudicial o juiz que teria competência para o processo de conhecimento relativo à matéria.
Art. 878. A execução poderá ser promovida por qualquer interessado, ou *ex-officio*, pelo próprio juiz ou presidente ou tribunal competente, nos termos do artigo anterior.
(5) Art. 927, CC. Aquele que, por ato ilícito (arts. 186 e 187), causar dano a outrem, fica obrigado a repará-lo.
Parágrafo único. Haverá obrigação de reparar o dano, independentemente de culpa, nos casos especificados em lei, ou quando a atividade normalmente desenvolvida pelo autor do dano implicar, por sua natureza, risco para os direitos de outrem.
Art. 129, CLT. Todo empregado terá direito anualmente ao gozo de um período de férias, sem prejuízo da remuneração.
(6) Art. 458, CPC. São requisitos essenciais da sentença:
I — o relatório, que conterá os nomes das partes, a suma do pedido e da resposta do réu, bem como o registro das principais ocorrências havidas no andamento do processo;
II — os fundamentos, em que o juiz analisará as questões de fato e de direito;
III — o dispositivo, em que o juiz resolverá as questões, que as partes lhe submeterem.
Art. 832, CLT. Da decisão deverão constar o nome das partes, o resumo do pedido e da defesa, a apreciação das provas, os fundamentos da decisão e a respectiva conclusão.

Apenas excepcionalmente há necessidade de se provar o *direito* (conteúdo e *vigência*, cf. art. 337, CPC; art. 14, LICC)[7]. No processo trabalhista, interessa lembrar as convenções coletivas de trabalho (arts. 154, 227, § 2º, 444, 462, 611 e ss., CLT) ou convenção internacional (art. 651, § 2º, CLT), que, embora não sejam "leis" no sentido estrito, ostentam verdadeiramente conteúdo de norma jurídica.

2. Conceito de prova e sua finalidade

Prova é todo elemento que pode levar o conhecimento de um fato a alguém. No processo, significa todo meio destinado a convencer o juízo a respeito da ocorrência de um fato.

A sua finalidade é demonstrar uma situação fática dentro do processo, reunindo elementos para a convicção do órgão judiciário. Interessa ressaltar que a prova é feita para o processo e, por conseqüência, gerar o convencimento do juízo sobre determinado fato.

De conseguinte, ainda que o juiz (pessoa física) já esteja convencido sobre o fato, não pode lastrear a sua decisão em conhecimento próprio e impressão pessoal acerca dos fatos. Deve ensejar a produção da prova para que a mesma se perpetue no processo, inclusive para servir de suporte aos órgãos superiores na verificação do acerto ou do equívoco da sentença.

A exceção a essa regra fica por conta da chamada *máxima de experiência*, conforme dispõe o art. 335, CPC: "Em falta de normas jurídicas particulares, o juiz aplicará as regras de experiência comum subministradas pela observação do que ordinariamente acontece e ainda as regras da experiência técnica, ressalvado, quanto a esta, o exame pericial". De mesmo teor, o art. 852-D, CLT, preceitua que "O juiz dirigirá o processo com liberdade para determinar as provas a serem produzidas, considerado o ônus probatório de cada litigante, podendo limitar ou excluir as que considerar excessivas, impertinentes ou protelatórias, bem como para apreciá-las e dar especial valor às regras de experiência comum ou técnica".

3. Objeto

A prova envolve *fatos*, relevantes e controvertidos. Na investigação dos fatos, caberá ao juiz perquirir a respeito *do que, quando, onde, quem* e *como* foram os acontecimentos relevantes à causa. Bem por isso é que o art. 331, § 1º, CPC, determina que o juiz deve fixar os *pontos controvertidos* sobre os quais serão produzidas as provas.

E o art. 852-D, CLT, dispõe que "O juiz dirigirá o processo com liberdade para determinar as provas a serem produzidas, considerado o ônus probatório de cada

---

(7) Exemplo de prova da vigência do direito. Na adoção internacional (art. 51, § 2º, Estatuto da Criança e Adolescente), "A autoridade judiciária, de ofício ou a requerimento do Ministério Público, poderá determinar a apresentação do texto pertinente à legislação estrangeira, acompanhado de prova da respectiva vigência".

litigante, podendo limitar ou excluir as que considerar *excessivas, impertinentes ou protelatórias*, bem como para apreciá-las e dar especial valor às regras de experiência comum ou técnica" (g/n).

Quanto ao fato ocorrido no exterior, o art. 13, Lei de Introdução ao Código Civil, estabelece que "A prova dos fatos ocorridos em país estrangeiro rege-se pela lei que nele vigorar, quanto ao ônus e aos meios de produzir-se, não admitindo os tribunais brasileiros provas que a lei brasileira desconheça".

A questão sobre "fatos" e a "respectiva prova" ganha relevo quando se cogita do cabimento dos recursos extraordinários (especial, extraordinário e o de revista), situação que demanda a análise de dois aspectos.

O primeiro refere-se à *valoração da prova*, à admissibilidade legal da prova. Diz respeito ao valor legal da prova, abstratamente considerado. Por hipótese, se a lei federal exige determinado meio de prova, abstratamente considerado, eventual decisão que considere o fato provado por *outro meio* ofende o Direito Federal, permitindo o recurso especial ao STJ (art. 105, III, CF) ou o de revista ao TST (art. 896, CLT).

O segundo aspecto concerne à *reapreciação da prova*. Nesse particular, descabem recursos extraordinários para rediscutir o simples reexame de provas. Vale dizer, se a lei federal não dispuser sobre o valor probante, em abstrato, de certos meios de provas, não se pode asseverar que o julgado local, apreciando bem ou mal as provas, contraria ou ofende Direito federal.

No reexame de provas, pode ocorrer ofensa ao direito subjetivo da parte, mas não contrariedade a Direito federal, abstratamente considerado. De conseguinte, nem o Superior Tribunal de Justiça nem o Tribunal Superior do Trabalho se prestam ao reexame de matéria fática ou reapreciação das provas, sob pena de a instância especial se convolar em ordinária, imiscuindo-se na livre convicção motivada do juiz.

Assim, as Súmulas ns. 279-STF ("Para simples reexame de prova não cabe recurso extraordinário"), 7-STJ ("A pretensão de simples reexame de prova não enseja recurso especial") e 126-TST ("Incabível o recurso de revista ou de embargos — arts. 896 e 894, "b", da CLT — para reexame de fatos e provas)".

E a Súmula n. 410-TST não admite nem ação rescisória ("A ação rescisória calcada em violação de lei não admite reexame de fatos e provas do processo que originou a decisão rescindenda").

4. FATOS QUE NÃO DEPENDEM DE PROVA

Se a prova diz respeito aos fatos controvertidos e relevantes para o deslinde da causa, há outros, por conseqüência, que não reclamam a respectiva prova. Daí por que o art. 334, CPC, enunciar que "Não dependem de prova os fatos: I — notórios; II — afirmados por uma parte e confessados pela parte contrária; III — admitidos, no processo, como incontroversos; IV — em cujo favor milita presunção legal de existência ou de veracidade.

4.1. FATO NOTÓRIO

É o fato que seja de conhecimento geral, em determinado local ou região, sobre os quais as partes não têm dúvida. Exemplo: ninguém há duvidar que o dia 1º de maio é feriado nacional.

No processo trabalhista, a Súmula n. 217-TST estabelece que "O credenciamento dos bancos para o fim de recebimento do depósito recursal é fato notório, independendo da prova".

4.2. FATO CONFESSADO

É a admissão de um fato que prejudica uma parte e beneficia a outra (art. 348, CPC). O art. 844, CLT, a respeito, edita que "O não comparecimento do reclamante à audiência importa o arquivamento da reclamação, e o não comparecimento do reclamado importa revelia, além de confissão, quanto à matéria de fato".

Todavia, a confissão não gera efeitos se provir de pessoa incapaz de dispor do direito a que se referem os fatos confessados (art. 213, CC). E, se feita a confissão por um representante, somente é eficaz nos limites em que este pode vincular o representado (parágrafo único do art. 213, CC).

Malgrado a confissão seja irrevogável, a mesma pode ser anulada se decorreu de erro de fato ou de coação (art. 214, CC). Será caso de ação anulatória, se ainda estiver pendente o processo em que foi feita; e, será caso de ação rescisória, se já transitado em julgado a sentença, da qual constitui o único fundamento (art. 352, CPC).

4.3. FATO INCONTROVERSO

É o fato não contrariado pela parte (não necessariamente confessado) e desde que a prova seja disponível (arts. 320, III, 366, CPC). Exemplos: o autor diz que o acidente foi no dia tal, e o réu não contesta. O reclamante alega falta de anotação em carteira de trabalho e a reclamada não oferece defesa quanto a esse ponto.

Na esfera trabalhista, a incontrovérsia se mostra relevante em alguns aspectos, como a condenação em dobro (art. 467, CLT. Em caso de rescisão do contrato de trabalho, motivada pelo empregador ou pelo empregado, e havendo controvérsia sobre parte da importância dos salários, o primeiro é obrigado a pagar a este, à data do seu comparecimento ao tribunal do trabalho, a parte incontroversa dos mesmos salários, sob pena de ser, quanto a essa parte, condenado a pagá-la em dobro).

No que concerne à revelia, existe a presunção (relativa) da incontrovérsia dos fatos. Revelia é a falta de defesa (contestação), situação em que se presumem verdadeiros os fatos afirmados pelo autor.

A revelia resulta de uma situação fática (ausência de defesa); mas a revelia nem sempre gera *efeitos* (presunção de veracidade dos fatos invocados pelo autor). Diz o art. 320, CPC, que a revelia não induz o efeito da presunção de veracidade: I — se, havendo pluralidade de réus, algum deles contestar a ação; II — se o litígio versar sobre direitos indisponíveis; III — se a petição inicial não estiver acompanhada do instrumento público, que a lei considere indispensável à prova do ato.

Como dito, tal presunção é apenas relativa. O juiz pode, ao sentenciar, entender que há carência da ação, que o pedido improcede ou, ainda, mandar produzir provas, em face do princípio do livre convencimento motivado. A propósito, a Súmula n. 231-STF: "O revel, em processo cível, pode produzir provas, desde que compareça em tempo oportuno".

Na seara trabalhista, "O não comparecimento do reclamante à audiência importa o arquivamento da reclamação, e o não comparecimento do reclamado importa revelia, além de confissão, quanto à matéria de fato" (art. 844, CLT). "Ocorrendo, entretanto, motivo relevante, poderá o presidente suspender o julgamento, designando nova audiência" (parágrafo único do art. 844)

A Súmula n. 16-TST estabelece que: "Presume-se recebida a notificação 48 (quarenta e oito) horas depois de sua postagem. O seu não-recebimento ou a entrega após o decurso desse prazo constitui ônus de prova do destinatário".

4.4. Fato presumido

Fato presumido é a conclusão a que se chega a partir de um fato conhecido. É uma forma de raciocínio do juiz, pela qual, de um *fato provado*, conclui a existência de outro.

A respeito, o art. 212, IV, CC, reza que "O ato jurídico pode ser provado mediante presunção". O art. 334, IV, CPC, edita que "Não dependem de prova os fatos em cujo favor milita presunção legal de existência ou de veracidade".

Indício e presunção se equivalem. Ambos encerram um procedimento racional pelo qual de um fato conhecido e certo se conclui, pela lógica da causa e efeito, o fato desconhecido.

Em regra, a presunção é relativa (*juris tantum*), admitindo prova em sentido contrário. Excepcionalmente, a presunção é absoluta (presunção *juris et de jure*), não admitindo prova em contrário. Verificadas as premissas legais, a lei impõe ao juiz a aceitação do fato como verdadeiro (exemplos: é incapaz o menor de 18 anos, art. 5º, CC; é nulo o negócio jurídico quando celebrado por pessoa absolutamente incapaz, art. 166, CC; o registro da penhora de imóvel no cartório imobiliário gera presunção absoluta de conhecimento por terceiros, art. 659, § 4º, CPC).

Ilustrativamente, na jurisprudência, há julgados no sentido de que o uso de imagem sem autorização já leva à presunção de dano moral[8].

---

(8) Trata-se de pedido de ação de indenização por danos morais proposta por goleiro que teve sua imagem (foto) vinculada em folder promocional de empresa (fábrica de bolas), utilizando sua imagem para fins comerciais sem sua autorização e ainda em situação depreciativa: "levando um gol". O pedido foi julgado improcedente nas instâncias ordinárias, ao fundamento de ausência de prova do dano moral sofrido. Prosseguindo a

5. MEIOS DE PROVA E HIERARQUIA

5.1. TODOS OS MEIOS LEGAIS E MORALMENTE LEGÍTIMOS

Todos os meios legais e os moralmente legítimos são hábeis a provar a verdade dos fatos (art. 5º, LVI, CF; art. 332, CPC). O art. 212, CC, estabelece que "Salvo o negócio a que se impõe forma especial, o fato jurídico pode ser provado mediante: I — confissão; II — documento; III — testemunha; IV — presunção; V — perícia. Assim, como regra, qualquer meio de prova é hábil para provar os fatos controvertidos e relevantes (ex.: documentos, testemunhas, fotos, filmagem etc.).

A Constituição Federal diz expressamente que são inadmissíveis, no processo, as provas obtidas por meios ilícitos (inciso LVI do art. 5º, CF). O que não se permite é a *obtenção de forma ilícita* da prova. Por exemplo, o documento, em si considerado, é prova lícita; todavia, se a sua obtenção se deu mediante coação, furto, violação de correspondência, tortura, violação de domicílio, deixa de ter valor legal. A interceptação telefônica, em si, é meio de prova; porém, o que está vedado é a interceptação telefônica sem autorização judicial.

Portanto, é vedado meio *ilegal* de prova. Prova *ilegal* (gênero) é aquela cuja obtenção contraria normas legais, ou princípios gerais do direito, sejam de natureza processual, sejam de cunho material. Quando a ofensa incide sobre norma de caráter processual, tem-se a prova *ilegítima*; se afetar norma de conteúdo material, é caso de prova *ilícita*.

5.2. HIERARQUIA ENTRE AS PROVAS

Em princípio, não há uma valoração preestabelecida das provas ou uma hierarquia das provas. Não há prioridade na valoração das provas, não ficando o juiz vinculado a determinada prova em detrimento de outra, bem porque o fato pode ser provado por *qualquer meio de prova* (art. 332, CPC).

Entretanto, em algumas situações, a lei exige que a prova seja *documental* (art. 400, II, CPC). Por exemplo: contrato de fiança (art. 819, CC), distrato social de contrato escrito (art. 472, CC), contrato de seguro (art. 758, CC), depósito voluntário (art. 646, CC), procuração *ad judicia* (arts. 37, 38, CPC; art. 675, CC), ação monitória (art. 1.102a, CPC), contrato de alienação fiduciária (art. 1º, Decreto-lei n. 911/69), prova de pobreza (art. 1º, Lei n. 7.115/83).

No âmbito trabalhista, "A Carteira de Trabalho e Previdência Social é obrigatória para o exercício de qualquer emprego, inclusive de natureza rural, ainda que

---

renovação do julgamento em razão do empate, a Turma, por maioria, deu provimento pelo voto mérito da Min. Relatora, de acordo com a jurisprudência assente, segundo a qual a reparação dos danos morais independe da prova desses e considerou que a sociedade empresária que utiliza, sem autorização e para fins econômicos, a imagem de terceiro, como no caso, causa lesão ao direito de imagem da vítima, portanto deve ser compensado. Em voto-vista, o Min. Castro Filho lembrou que o direito à indenização pelo uso indevido da imagem é garantido constitucionalmente e a ofensa se materializa com o simples uso sem autorização, ainda que tal utilização não seja vexatória. Ressaltou-se que, nos autos, houve pedido de condenação em danos materiais, por isso só se apreciaram os danos morais (STJ. REsp. 426.070-CE, rel. Min. Nancy Andrighi, j. 4.11.2004).

em caráter temporário, e para o exercício por conta própria de atividade profissional remunerada" (art. 13, CLT); "É considerado como documento essencial ao comparecimento às concorrências públicas ou administrativas e para o fornecimento às repartições paraestatais ou autárquicas, a prova da quitação da respectiva contribuição sindical e a de recolhimento da contribuição sindical, descontada dos respectivos empregados" (art. 607, CLT).

E mais. A lei, em algumas situações, exige prova documental e já lhe confere valor absoluto, hipótese em que o juiz fica vinculado à respectiva prova, como se infere dos arts. 366, CPC, e 134, CC. Tais provas são reguladas e já tarifadas em sua eficácia probante por normas imperativas, caso em que o juiz tem liberdade apenas na análise de seu aspecto formal.

É a hipótese da escritura pública relativa a bens imóveis (art. 108, CC: "Não dispondo a lei em contrário, a escritura pública é essencial à validade dos negócios jurídicos que visem à constituição, transferência, modificação ou renúncia de direitos reais sobre imóveis de valor superior a trinta vezes o maior salário mínimo vigente no País").

Outros exemplos: o casamento celebrado no Brasil prova-se pela certidão do registro. Justificada a falta ou perda do registro civil, é admissível qualquer outra espécie de prova (art. 1.543, CC). "A filiação prova-se pela certidão do termo de nascimento registrada no Registro Civil" (art. 1.603, CC).

5.3. DEVER DE COLABORAR COM A JUSTIÇA

Sendo um direito fundamental, a prestação jurisdicional, como atividade estatal, deve ser exercida de modo eficaz e célere, fazendo com que a situação violada seja restaurada, o quanto possível, de maneira mais fiel e próxima àquela existente antes da violação da norma.

Daí por que a lei exige a participação e a colaboração de todos na demonstração dos fatos. "Ninguém se exime do dever de colaborar com o Poder Judiciário para o descobrimento da verdade" (art. 339, CPC). "Além dos deveres enumerados no art. 14, compete à parte: I — comparecer em juízo, respondendo ao que lhe for interrogado; II — submeter-se à inspeção judicial, que for julgada necessária; III — praticar o ato que lhe for determinado" (art. 340, CPC). Compete ao terceiro, em relação a qualquer pleito: I — informar ao juiz os fatos e as circunstâncias, de que tenha conhecimento; II — exibir coisa ou documento, que esteja em seu poder" (art. 341, CPC).

Por exemplo: o perito pode solicitar documentos que estejam em poder das partes ou em repartições públicas, pode ouvir testemunhas (art. 429, CPC); o oficial de justiça deve procurar informações sobre o paradeiro do réu a ser citado (art. 228, CPC).

Na Justiça do Trabalho, aqueles que se recusarem a depor como testemunhas, sem motivo justificado, incorrerão na multa de 3 (três) a 30 (trinta) vezes o valor de referência regional (art. 730, CLT). Ainda, as repartições públicas e as associações sindicais são obrigadas a fornecer aos juízes e Tribunais do Trabalho e à Procuradoria da Justiça do Trabalho as informações e os dados necessários à instrução e ao julgamento dos feitos submetidos à sua apreciação. A recusa de informações ou dados a que se refere este artigo, por parte de funcionários públicos, importa na aplicação das penalidades previstas pelo Estatuto dos Funcionários Públicos por desobediência (art. 735, CLT).

Em relação às organizações criminosas, nos procedimentos investigatórios concernentes a crime resultante de ações de quadrilha ou bando, permite-se o acesso a dados, documentos e informações fiscais, bancárias, financeiras e eleitorais. E se envolver violação de sigilo preservado pela Constituição ou por lei, a diligência será realizada pessoalmente pelo juiz (arts. 2º e 3º da Lei n. 9.034/95).

5.4. RESTRIÇÕES À AMPLITUDE PROBATÓRIA

Se todos os meios legais e os moralmente legítimos são hábeis a provar a verdade dos fatos, se todos têm o dever de colaborar com o descobrimento da verdade dos fatos, é certo que a própria Constituição Federal e as normas infraconstitucionais se encarregam de impor certos balizamentos.

5.4.1. ESCUSAS LEGÍTIMAS

O próprio ordenamento se encarrega de limitar a atividade probatória, prevendo certas *escusas* em favor da própria parte ou de terceiros.

A parte e o terceiro se escusam de exibir, em juízo, o documento ou a coisa que possam comprometer a vida da família, que cause ofensa à honra de alguém; se a exibição acarretar a divulgação de fatos, a cujo respeito, por estado ou profissão, devam guardar segredo (art. 363, CPC).

De igual modo, a parte não pode ser obrigada a depor sobre fatos que a incriminem (art. 347, CPC; art. 229, CC). Exemplo: o empregado não pode ser instado a depor sobre o furto de produtos que praticou contra o estabelecimento.

Por outro lado, quanto à testemunha, pode suceder que tomou ciência dos fatos, em razão de sua profissão ou de seu estado, que a impede de falar a seu respeito. *Profissão* é a atividade remunerada, exercida com habitualidade (ex.: médico, advogado, jornalista, psicólogo). *Estado* é a situação ou posição em que determinada pessoa se encontra no meio social, sem caráter remuneratório (ex.: padre, pastor).

E mais. O sigilo, além de *dever*, pode configurar verdadeira *obrigação* para a parte ou terceiro, cujo descumprimento pode fazer incidir sanções de diversas naturezas.

No campo laboral, é falta grave e constitui justa causa para rescisão do contrato de trabalho pelo empregador, a violação de *segredo da empresa* (art. 482, *g*, da CLT).

No funcionalismo público, impõe-se ao servidor guardar sigilo sobre assunto da repartição, podendo até ser demitido, no caso de revelação de segredo do qual se apropriou em razão do cargo (arts. 116 e 132, da Lei n. 8.112, de 11.12.90, Regime Jurídico dos Servidores Públicos da União).

Além da sanção trabalhista, a quebra do sigilo pode ter igualmente conseqüências penais. É a hipótese do empregado que divulga segredo que soube pela profissão que exerce (art. 153, CP); violação de sigilo profissional por funcionário público (art. 325, CP); pratica crime de concorrência desleal quem divulgar, sem autorização, conhecimentos, informações ou dados confidenciais, utilizáveis na indústria, comércio ou serviço, a que teve acesso mediante relação contratual ou empregatícia (art. 195, CP); na licitação, incorre em crime aquele que devassar o sigilo de proposta apresentada em procedimento licitatório (art. 94, Lei n. 8.666/93).

Pode caracterizar ainda infração de natureza administrativa, como se infere do art. 247, Estatuto da Criança e Adolescente: "Divulgar, total ou parcialmente, sem autorização devida, por qualquer meio de comunicação, nome, ato ou documento de procedimento policial, administrativo ou judicial relativo a criança ou adolescente a que se atribua ato infracional".

Também pode encerrar ato de improbidade administrativa revelar fato ou circunstância de que tem ciência em razão das atribuições e que deva permanecer em segredo; revelar, antes da divulgação oficial, teor de medida política ou econômica capaz de afetar o preço de mercadoria, bem ou serviço (art. 11, III e VI, Lei n. 8.429/92).

No tocante a algumas profissões, a lei confere especial relevo a algumas delas. Ilustrativamente, o advogado pode praticar o crime de patrocínio infiel, traindo, na qualidade de procurador, o dever profissional, prejudicando interesse, cujo patrocínio, em juízo, lhe é confiado (art. 355, do CP).

Quanto ao médico (ou equiparados, como o dentista, psicólogo etc.), o profissional freqüentemente tem acesso a informações íntimas do paciente, da família, de seus amigos, ao buscar a origem do problema ou as circunstâncias que ensejaram a doença. No exame do paciente, o médico pode ter acesso a comportamentos ilegais, antiéticos ou que não devam ser expostos ao público, como ocorre no caso do consultório ser confessionário do empregador que praticou assédio sexual contra a funcionária. Nessa situação, a lei lhe garante o direito de guardar o sigilo profissional.

Porém, cabe aqui a ressalva da perícia. Quer dizer, às vezes, o médico tem o *dever* de informar em razão de o respectivo exame já trazer consigo a *função específica de servir de elemento probatório*. A atuação específica no exame dos fatos já tem a destinação na produção da prova.

Exemplos: médico que faz exames que antecedem a contratação ou a demissão de empregado (art. 168, CLT), a obtenção de aposentadoria, ou a autorização e sua renovação da licença para dirigir veículos, casos em que não se cogita de escusa, mas sim *dever* e *obrigação* do médico de colaborar com a Justiça, cujo descumprimento pode, até, configurar crime (falsa perícia, art. 342, CP; omissão de doença, art. 269, CP).

Quanto à profissão de jornalista, o sigilo é exatamente requisito indispensável ao bom desempenho de sua atividade. A sua profissão é exatamente dar publicidade aos fatos de que tem conhecimento, gozando, pois, de maior proteção na questão do dever de servir de testemunha. Nesse contexto, a própria Constituição Federal preconiza que "É assegurado a todos o acesso à informação e resguardado o sigilo da fonte, quando necessário ao exercício profissional" (art. 5º, XIV, CF) e "nenhuma lei conterá dispositivo que possa constituir embaraço à plena liberdade de informação jornalística em qualquer veículo de comunicação social" (art. 220, § 1º, CF).

Nenhum jornalista pode ser compelido a indicar o nome do informante ou a fonte de suas informações (arts. 7º e 71 da Lei de Imprensa, Lei n. 5.250/67). O acesso às informações fica facilitado na medida em que o jornalista está desobrigado de revelar as fontes de que se valeu para colher seu material informativo.

Mas, essa prerrogativa do jornalista não é absoluta. O próprio art. 220, § 1º, CF, determina que se observe o disposto no art. 5º, incisos IV, V, X, XIII e XIV. Em outras palavras, é preciso que se respeite a inviolabilidade da intimidade, da vida privada, da honra e da imagem das pessoas, assegurado o direito a indenização pelo dano material ou moral decorrente de sua violação. Além disso, fica garantido o direito de resposta, proporcional ao agravo, além da indenização por dano material, moral ou à imagem.

5.4.2. Restrições à prova testemunhal

Embora todos os meios de provas sejam permitidos, a lei pode restringir o uso de determinada prova. É o caso, por exemplo, da prova exclusivamente testemunhal. O art. 401, CPC, dispõe que "A prova exclusivamente testemunhal só se admite nos contratos cujo valor não exceda o décuplo do maior salário mínimo vigente no país, ao tempo em que foram celebrados".

No mesmo sentido, o art. 227, CC: "Salvo os casos expressos, a prova exclusivamente testemunhal só se admite nos negócios jurídicos cujo valor não ultrapasse o décuplo do maior salário mínimo vigente no País ao tempo em que foram celebrados". Parágrafo único. "Qualquer que seja o valor do negócio jurídico, a prova testemunhal é admissível como subsidiária ou complementar da prova por escrito".

De outro lado, pode a lei exigir prova escrita, como sucede na ação monitória (art. 1.102, a, CPC), ou, conforme entendimento doutrinário e jurisprudencial, na ação de mandado de segurança.

No processo laboral, a Súmula n. 299-TST enuncia que "É indispensável ao processamento da ação rescisória a prova do trânsito em julgado da decisão rescindenda", prova essa que há de ser documental. De igual modo, no que tange ao mandado de segurança, a teor da Súmula n. 415-TST: "Exigindo o mandado de segurança prova documental pré-constituída, inaplicável se torna o art. 284 do CPC quando verificada, na petição inicial do *mandamus*, a ausência de documento indispensável ou de sua autenticação".

Há também previsão no que concerne à imparcialidade ou capacidade da testemunha. Daí a lei fixar que podem depor como testemunhas todas as pessoas, exceto as incapazes, impedidas ou suspeitas (art. 405, CPC; art. 228, CC).

São incapazes o interdito por demência; o que, acometido por enfermidade, ou debilidade mental, ao tempo em que ocorreram os fatos, não podia discerni-los; ou, ao tempo em que deve depor, não está habilitado a transmitir as percepções, o menor de 16 (dezesseis) anos e o cego e o surdo, quando a ciência do fato depender dos sentidos que lhes faltam (art. 405, § 1º, CPC).

São impedidos: I — o cônjuge, bem como o ascendente e o descendente em qualquer grau, ou colateral, até o terceiro grau, de alguma das partes, por consangüinidade ou afinidade, salvo se o exigir o interesse público, ou, tratando-se de causa relativa ao estado da pessoa, não se puder obter de outro modo a prova, que o juiz repute necessária ao julgamento do mérito; II — o que é parte na causa; III — o que intervém em nome de uma parte, como o tutor na causa do menor, o representante legal da pessoa jurídica, o juiz, o advogado e outros, que assistam ou tenham assistido as partes (art. 405, § 2º, CPC).

E são suspeitos: I — o condenado por crime de falso testemunho, havendo transitado em julgado a sentença; II — o que, por seus costumes, não for digno de fé; III — o inimigo capital da parte, ou o seu amigo íntimo; IV — o que tiver interesse no litígio (art. 405, § 3º, CPC).

5.4.3. Sigilo bancário

A instituição bancária não serve apenas para ser depositária de valores. Atua como agente financeiro, intermedia cobranças, vende moedas estrangeiras, aluga cofres, redesconta títulos etc. E atende a todos (comerciante, industrial, funcionários públicos, empregados, patrões, estudantes). Envolvendo valores, a lei resguarda o sigilo, não só para reforçar a confiança da clientela nas instituições financeiras, como assegurar a afluência de capitais. Sem o sigilo, o capital tomaria outro rumo, ignorado ou ilegal.

O art. 38 da Lei n. 4.595/64 dispunha que "As instituições financeiras conservarão o sigilo em suas operações ativas e passivas e serviços prestados". § 1º "As informações e esclarecimentos ordenados pelo Poder Judiciário, prestados pelo Banco Central do Brasil ou pelas instituições financeiras, e a exibição de livros e documentos em juízo, se revestirão sempre do mesmo caráter sigiloso, só podendo a eles ter acesso as partes legítimas na causa, que deles não poderão servir-se para fins estranhos à mesma".

No entanto, com vistas ao maior controle das atividades ilícitas, sobreveio a Lei Complementar n. 105/01, seguida da Lei n. 10.174/01, diplomas que passaram a dispor sobre o sigilo das operações de instituições financeiras. Autorizam a quebra do sigilo de contas de depósitos e aplicações financeiras dos contribuintes mediante a simples existência de processo ou procedimento administrativo fiscal, quando houver indícios da prática de atividades ilícitas ou criminosas.

As instituições financeiras conservarão sigilo em suas operações ativas e passivas e serviços prestados (art. 1º, LC n. 105/01). Todavia, é possível a quebra de sigilo, quando necessária para apuração de ocorrência de qualquer ilícito, em qualquer fase do inquérito ou do processo judicial, e especialmente nos seguintes crimes: terrorismo, tráfico ilícito de substâncias entorpecentes ou drogas afins, de contrabando ou tráfico de armas, munições ou material destinado a sua produção; extorsão mediante seqüestro; contra o sistema financeiro nacional; contra a Administração Pública; contra a ordem tributária e a previdência social; lavagem de dinheiro ou ocultação de bens, direitos e valores; praticado por organização criminosa.

O sigilo bancário pode ser quebrado pelo Poder Judiciário, Fisco (agentes tributários) e Comissão Parlamentar de Inquérito. Quanto ao Poder Judiciário, as informações devem ser prestadas pelo Banco Central do Brasil, pela Comissão de Valores Mobiliários e pelas instituições financeiras, preservado o seu caráter sigiloso mediante acesso restrito às partes, que delas não poderão servir-se para fins estranhos à lide (art. 3º, LC n. 105/01).

De igual modo, as autoridades e os agentes fiscais tributários da União, dos Estados, do Distrito Federal e dos Municípios somente poderão examinar documentos, livros e registros de instituições financeiras, inclusive os referentes a contas de depósitos e aplicações financeiras, quando houver processo administrativo instaurado ou procedimento fiscal em curso e tais exames sejam considerados indispensáveis pela autoridade administrativa competente (art. 6º, LC n. 105/01).

Entretanto, existe o contraponto. A quebra de sigilo, fora das hipóteses autorizadas nesta Lei Complementar, constitui crime e sujeita os responsáveis à pena de reclusão, de um a quatro anos, e multa, aplicando-se, no que couber, o Código Penal, sem prejuízo de outras sanções cabíveis (art. 10, LC n. 105/01).

E o servidor público que utilizar ou viabilizar a utilização de qualquer informação obtida em decorrência da quebra de sigilo de que trata esta Lei Complementar responde pessoal e diretamente pelos danos decorrentes, sem prejuízo da responsabilidade objetiva da entidade pública, quando comprovado que o servidor agiu de acordo com orientação oficial (art. 11, LC n. 105/01).

5.4.4. GARANTIAS FUNDAMENTAIS

A Constituição Federal prevê certos direitos e garantias fundamentais que interferem na amplitude probatória. Com efeito, são invioláveis a intimidade, a vida privada, a honra e a imagem das pessoas, assegurado o direito a indenização pelo dano material ou moral decorrente de sua violação (inciso X do art. 5º, CF).

A casa é asilo inviolável do indivíduo, ninguém nela podendo penetrar sem consentimento do morador, salvo em caso de flagrante delito ou desastre, ou para prestar socorro, ou, durante o dia, por determinação judicial (inciso XI do art. 5º, CF).

De igual modo, é inviolável o sigilo da correspondência e das comunicações telegráficas, de dados e das comunicações telefônicas, salvo, no último caso, por ordem judicial, nas hipóteses e na forma que a lei estabelecer para fins de investigação criminal ou instrução processual penal (inciso XII do art. 5º, CF)[9].

Nessa ordem de idéias, pode-se cogitar, em linha de princípio, da proibição absoluta da prova quando envolva, por exemplo, violação ao direito à intimidade ou a imagem das pessoas.

Contudo, é certo que, dependendo dos interesses em litígio, uma garantia constitucional pode conflitar com outra, podendo e devendo o juiz flexibilizar tais regras, analisando e proporcionalizando o direito de cada parte. Dependendo de valores jurídicos e morais em discussão, permite-se considerar a prova obtida por meio ilegal.

É a doutrina conhecida como a do *interesse predominante*, com a adoção do *princípio da proporcionalidade*. Analisa-se a gravidade do caso, a dificuldade na produção da prova, o vulto do dano, os interesses em discussão etc. Exemplos: interceptação de conversa telefônica de detento, filmagem de empregada doméstica que espanca criança ou idoso. Nestes casos, o autor da prova poderia ser processado criminalmente, mas a prova produzida é de ser levada em consideração.

5.4.4.1. Interceptação telefônica

O art. 5º, XII, CF, prevê a inviolabilidade do sigilo comunicações telefônicas, salvo, por ordem judicial, nas hipóteses e na forma que a lei estabelecer para fins de investigação criminal ou instrução processual penal. A Lei n. 9.296/96 veio regular tal procedimento.

Interceptação telefônica é a captação da comunicação telefônica feita por um terceiro, sem o conhecimento dos interlocutores. Para a sua validade, exige autorização judicial para fins penais; realizada sem autorização judicial, é crime (art. 10, Lei n. 9.296/96).

A escuta telefônica consiste na captação da comunicação feita por um terceiro, *com a ciência e consentimento* de um dos comunicadores. É o caso, por exem-

---

(9) Empresa não pode violar sigilo de correspondência do empregado – "A Justiça Trabalhista de Brasília condenou a HSBC Seguros a pagar os direitos de um empregado que foi demitido por justa causa após usar seu e-mail para transmitir fotos pornográficas. A 13ª Vara concluiu que a correspondência de Elielson Lourenço do Nascimento foi violada indevidamente. Além de pagar todos os direitos trabalhistas ao ex-funcionário, a empresa terá de emitir um comunicado sobre a sua dispensa. Para tomar a decisão, a Justiça enumerou leis e decisões judiciais que asseguram o direito à inviolabilidade do sigilo da correspondência. Até o Supremo Tribunal Federal (STF) foi lembrado: "O STF tem mantido, após a Constituição, a firme posição sobre a inadmissibilidade das provas ilícitas", concluindo que o acesso ao e-mail de Elielson se deu de modo ilegal. Na justificativa foram citadas leis de outros países, como EUA, Itália e Portugal. "Os americanos situam as comunicações havidas por meio eletrônico, inclusive as realizadas por computador, como pertencentes à esfera da privacidade do indivíduo." (Jornal *O Estado de São Paulo*, de 23.10.01)

plo, em que a polícia grava a conversa entre a família da vítima do seqüestro e os seqüestradores. Também reclama autorização judicial.

Cabe frisar que interceptação telefônica não se confunde com a obtenção dos *dados* ou *registros telefônicos* (ex.: número do telefone discado, data, horário, duração do uso, valor). Esses registros armazenados pela companhia telefônica, relacionados com chamadas telefônicas pretéritas, também estão protegidos pelo sigilo, podendo, todavia, ser quebrado por ordem judicial. Além do previsto na Lei n. 9.296/96, outros diplomas legais autorizam tal meio de prova (ex.: art. 399, CPC; art. 198, CTN, Lei Orgânica Nacional do MP etc.). De conseguinte, tal prova pode ser usada não só no processo penal, mas também no processo civil (inclusive no trabalhista).

Interessa destacar a chamada *prova emprestada*, consistente naquela produzida em determinado procedimento (ex.: documentos, testemunhas, confissão etc.) e trasladada para outro, por meio de certidão ou por cópias das peças. Malgrado a Lei n. 9.296/96 permita a interceptação telefônica apenas para fins penais, nada obsta o empréstimo da prova obtida para o âmbito civil.

Pela relevância, cabe citar o precedente consubstanciado no caso conhecido como "Operação Furação, *Hurricane*". Na apuração de crimes praticados por desembargadores e juiz trabalhista, a Polícia Federal procedeu à interceptação telefônica, autorizada pelo Supremo Tribunal Federal, seguida de prisão dos envolvidos.

Em 25.4.2007, o Plenário do Supremo Tribunal Federal, por maioria, autorizou o envio de cópias do acervo de provas reunidas nos autos do Inquérito (INQ) 2424, atendendo aos requerimentos de informações do Superior Tribunal de Justiça (STJ) e do Conselho Nacional de Justiça (CNJ) para terem acesso ao inquérito relativo à Operação Furação. A decisão foi tomada após o Ministro relator, Cezar Peluso, levar ao Plenário da Corte uma questão de ordem referente a esses pedidos. STJ e CNJ afirmaram, nos seus respectivos requerimentos, que os pedidos têm por objetivo formar "juízo sobre a instauração ou não de processo administrativo destinado a apurar infrações disciplinares imputáveis a magistrados sujeitos a seu controle administrativo". O Ministro Cezar Peluso levantou a questão de ordem tendo em vista que os autos do inquérito contêm interceptações telefônicas realizadas, de forma lícita, pela Polícia Federal. Segundo o ministro, a Constituição Federal, bem como a Lei n. 9.296/96, não permitiriam o *empréstimo de prova* contendo interceptação telefônica para qualquer outra investigação ou processo penal. Ao serem atendidos os requerimentos do STJ e do CNJ, o Ministro Peluso disse acreditar que as provas obtidas pela interceptação estariam sendo usadas para "provar os mesmos atos, contra as mesmas pessoas ou agentes, pelo mesmo Estado". O que se faria no caso é "tirar da mesma fonte de prova a capacidade de servir de meio de convencimento do mesmo fato, desde que se trate de procedimento não penal", resumiu o ministro. Em seu voto, o Ministro afirmou que não insulta a Constituição nem a Lei "o entendimento de que a prova oriunda de interceptação lícita, autorizada em investigação criminal, contra certa pessoa, na condição de suspeito indiciado ou réu pode ser-lhe oposta na esfera própria pelo mesmo Estado encarnando por órgão administrativo ou judiciário a que esteja o agente submisso como prova do mesmíssimo ato, visto sobre a qualificação jurídica de ilícito administrativo ou disciplinar". Nesta hipótese, continuou o Ministro, "tenho que se desvaneçam as objeções. Está nela, por pressuposto, afastada a idéia de *fraus legis* ou *fraus constituiciones*, que o juízo da prova poderia, em caso contrário, abortar". Assim, votou para que o Supremo autorize, sob dever de resguardo do segredo de justiça, a remessa de cópias do Inquérito n. 2.424 ao STJ e ao CNJ, bem como ao Tribunal Regional Federal da 2ª Região (Rio de Janeiro) e ao Tribunal Regional do Trabalho de Campinas, se estes últimos vierem a fazer a mesma solicitação. Mais uma vez, o Ministro ressaltou que as provas obtidas por interceptação telefônica não devem ser usadas apenas em procedimentos penais.

6. ÔNUS DA PROVA

Ônus é o encargo processual que, se não atendido, acarreta prejuízo à própria parte que o descumpriu (ex.: ônus de contestar, de provar, de recorrer). O descumprimento de tal encargo não é fato ilegal ou contrário à norma jurídica. Daí se falar em *ônus da prova*, como o encargo de provar os fatos alegados.

Diferentemente, a *obrigação* constitui-se no vínculo jurídico pelo qual alguém fica sujeito a uma prestação (ex.: obrigação de pagar a dívida). O descumprimento de uma obrigação é fato contrário à lei, que gera prejuízo à parte contrária, daí poder ser reclamada em juízo. É um encargo passível de conversão em pecúnia, gerando benefício à parte contrária e se esgota com o seu cumprimento.

O *dever* apresenta similitude com o ônus, mas com ele não se confunde. O dever também é um encargo, porém não se converte em pecúnia nem se esgota com o seu cumprimento. Em regra, o dever constitui-se em um encargo permanente de conduta. Exemplo: dever de colaborar com a justiça, de proceder com lealdade processual.

Nessa ordem, tem-se a questão do ônus da prova. O art. 333, CPC, fixa as suas bases. O ônus da prova incumbe: I — ao autor, quanto ao fato constitutivo do seu direito; II — ao réu, quanto à existência de fato impeditivo, modificativo ou extintivo do direito do autor. É nula a convenção que distribui de maneira diversa o ônus da prova quando: I — recair sobre direito indisponível da parte; II — tornar excessivamente difícil a uma parte o exercício do direito.

De igual modo, o art. 818, CLT, estabelece que "A prova das alegações incumbe à parte que as fizer". Assim, cabe ao autor cabe a prova dos fatos dos quais deduz o seu pedido (horas extras, similitude do serviço prestado etc.). Ao réu demandado cabe a prova dos fatos extintivos, impeditivos e modificativos (ex.: pagamento, despedida com justa causa etc.).

"A regra geral, quanto ao encargo de provar, é a de que incumbe a cada uma das partes litigantes a prova de suas alegações. Assim, deve o reclamante, ao ajuizar sua reclamação, juntar as provas com que pretende provar o alegado, na força dos arts. 787 e 845, pois seu o encargo de provar o fato constitutivo de seu direito. Alegando, porém, a reclamada fato impeditivo, modificativo ou extintivo do direito do reclamante, assume o ônus da prova. Fixadas essas premissas, se a reclamada apenas nega os fatos alegados pelo reclamante, a ele incumbe a prova do fato constitutivo de seu direito. Já no caso de a contestação alegar determinado fato que impeça, modifique ou extinga o direito postulado, inverte-se o ônus da prova, incumbindo-o à reclamada. Outro modo de inversão do ônus da prova é a aplicação ao litigante da pena de confissão quanto à matéria de fato"[10].

Na Justiça do Trabalho, oportuno citar as seguintes súmulas:

> Súmula n. 6 — TST, "VIII — É do empregador o ônus da prova do fato impeditivo, modificativo ou extintivo da equiparação salarial";
>
> Súmula n. 212 — TST: "O ônus de provar o término do contrato de trabalho, quando negados a prestação de serviço e o despedimento, é do empregador, pois o princípio da continuidade da relação de emprego constitui presunção favorável ao empregado";
>
> Súmula n. 338-TST: "I — É ônus do empregador que conta com mais de 10 (dez) empregados o registro da jornada de trabalho na forma do art. 74, § 2º, da CLT. A não-apresentação injustificada dos controles de freqüência gera presunção relativa de veracidade da jornada de trabalho, a qual pode ser elidida por prova em contrário. (ex-Súmula n. 338 – alterada pela Res. n. 121/03, DJ 21.11.2003). II — A presunção de veracidade da jornada de trabalho, ainda que prevista em instrumento normativo, pode ser elidida por prova em contrário. (ex-OJ n. 234 da SBDI-1 — inserida em 20.6.01). III — Os cartões de ponto que demonstram horários de entrada e saída uniformes são inválidos como meio de prova, invertendo-se o ônus da prova, relativo às horas extras, que passa a ser do empregador, prevalecendo a jornada da inicial se dele não se desincumbir. (ex-OJ n. 306 da SBDI-1- DJ 11.8.2003).

6.1. PODERES INSTRUTÓRIOS DO JUIZ

A questão do ônus da prova pode, aparentemente, conflitar com os poderes instrutórios do juiz, previstos nos art. 130 e 1.107, CPC. Edita o art. 130, CPC: "Caberá ao juiz, de ofício ou a requerimento da parte, determinar as provas necessárias à instrução do processo, indeferindo as diligências inúteis ou meramente protelatórias". E o art. 1.107: "Os interessados podem produzir as provas destinadas a demonstrar as suas alegações; mas ao juiz é lícito investigar livremente os fatos e ordenar de ofício a realização de quaisquer provas".

Em verdade, esses enunciados só têm espaço quando a teoria do ônus da prova não tiver plena operatividade. Vale dizer, os poderes instrutórios do juiz têm lugar de modo subsidiário, sendo uma alternativa para a carência probatória.

Com efeito, o processo é instrumento a serviço da jurisdição, que envolve a correta aplicação da lei ao caso concreto, de acordo com os fatos ocorridos. Nessa

---

(10) MANUS, Pedro Paulo Teixeira e ROMAR, Carla Teresa Martins. *CLT e legislação complementar em vigor.* São Paulo: Malheiros, 2006, nota ao art. 818.

dimensão, é dever do juiz dirigir o processo, assegurando as partes igualdade de tratamento, velando pela rápida solução do litígio, prevenindo e reprimindo qualquer ato contrário à dignidade da justiça (art. 125, CPC).

É considerado litigante de má-fé aquele que altera a verdade dos fatos (art. 17, CPC). Se as partes têm disponibilidade sobre o direito discutido, não podem usar o processo para alcançar objetivo ilegal, simulado ou fraudulento. E o juiz, em obediência ao princípio da indeclinabilidade, não pode deixar de sentenciar (art. 126, CPC; art. 4º, LICC).

De outra parte, o juiz não está circunscrito às provas realizadas pelas partes. Pode até indeferi-las, porque desnecessárias, impossíveis ou protelatórias. Faculta-se-lhe determinar, de ofício, a produção de outras provas. Pode determinar, por exemplo, nova perícia (art. 437, CPC), comparecimento pessoal das partes, a fim de interrogá-las sobre os fatos da causa (arts. 342 e 343, CPC), a oitiva de testemunhas referidas (art. 418, CPC), acareação de testemunhas ou delas com as partes (art. 418, CPC), exibição de documentos (art. 399, CPC) ou proceder à inspeção judicial (art. 440, CPC).

Em suma, o poder instrutório do juiz não conflita com o ônus da prova, nem quebra a sua imparcialidade, seja porque, ao determinar a produção de uma prova, não pode antever o respectivo resultado, seja porque é seu dever velar pela igualdade entre as partes, buscando um julgamento justo àquele, com ou desprovido de razão.

6.2. INVERSÃO DO ÔNUS DA PROVA

O Código de Processo Civil já previa a inversão do ônus da prova, por convenção entre as partes. Edita o parágrafo único do art. 333, CPC, que "É nula a convenção que distribui de maneira diversa o ônus da prova quando: I — recair sobre direito indisponível da parte; II — tornar excessivamente difícil a uma parte o exercício do direito".

A par disso, o Código de Defesa do Consumidor, permite-se a inversão do ônus da prova (arts. 6º, VIII, 38, e 51, VI, CDC). A despeito da divergência doutrinária e jurisprudencial, temos que a temática da inversão do ônus da prova importa em "regra de procedimento".

É certo que o problema do ônus da prova aparece quando o juiz não se tenha convencido sobre os fatos, diante da falta ou insuficiência de provas. Todavia, o juiz deve fixar a inversão do ônus da prova, antes do pronunciamento final, até para que a parte não se veja surpreendida com uma decisão que lhe condene, sem que tenha tido a oportunidade de produzir determinada prova, que, a rigor, caberia à parte adversa.

7. PRINCÍPIOS REFERENTES À PROVA

O primeiro princípio é o do *livre convencimento motivado* (art. 131, CPC; art. 93, IX, CF). Significa que o juiz é livre na apreciação das provas, devendo, contudo, decidir em conformidade com os fatos e circunstâncias dos autos, indicando os motivos que lhe formaram o convencimento. Não pode julgar simplesmente conforme a sua experiência ou convicção pessoal, sem base nas provas produzidas nos autos do processo. Em verdade, é vedado ao juiz atuar como magistrado e, ao mesmo tempo, como testemunha do caso.

No campo penal, especificamente no tribunal do júri, o sistema é o da livre apreciação, independentemente de fundamentação por parte dos jurados, em face da permissão constitucional (art. 5º, XXXVIII, CF).

O segundo princípio é o da *comunhão da prova*, ou da *aquisição processual* (arts. 354, 373 e 380, CPC). Indica que, uma vez realizada a prova, a mesma pertence ao processo, não podendo ser desentranhada se prejudicial à parte que a produziu. Por exemplo, se a testemunha do autor-reclamante depuser de modo contrário ao respectivo interesse, tal prova deve considerada.

O terceiro princípio diz com a *oralidade* (art. 336, CPC; art. 820, CLT). Representa uma forma de o juiz ter contato direto com a prova oral (depoimentos, interrogatório da parte), produzida, preferencialmente, em audiência.

Com decorrência desse princípio, exsurge o da *imediação* (art. 446, CPC; 820, CLT), pelo qual é o juiz quem procede à colheita da prova oral, direta e pessoalmente (e não por interposta pessoa), permitindo ao juiz perceber as reações das pessoas (partes ou testemunhas), nervosismo, apreensão, discernimento etc.

Outro princípio é o da *identidade física do juiz* (art. 132, CPC), também como desdobramento do princípio da oralidade. Refere-se à vinculação do juiz ao processo, quando tiver concluído a audiência. Não se aplica tal princípio quando o juiz tiver sido convocado, licenciado, afastado por qualquer motivo, promovido ou aposentado, casos em que passará os autos ao seu sucessor. No processo trabalhista, esse princípio resta inaplicado, até por conta do aspecto histórico, em que, até a Emenda Constitucional n. 24/99, os juízos eram colegiados, com a presença de vogais, dado que já inviabilizava a vinculação de um juiz a determinado feito.

Conquanto os princípios da oralidade, imediação e identidade física do juiz sirvam de norte, é certo que, se descumpridos, não geram nulidade do feito, se, por si, não causarem prejuízo à parte, bastando imaginar que, em regra, perante os tribunais, não há espaço para a sua incidência.

CAPÍTULO 8

Das Provas no Processo do Trabalho[*]

César P. S. Machado Jr.[**]

1. A audiência de conciliação, instrução e julgamento

Com a distribuição do processo fica definido o juízo competente para o conhecimento da demanda, com designação imediata de audiência de conciliação, instrução e julgamento, tanto no procedimento comum como no sumaríssimo, para o recebimento da defesa e a produção das provas necessárias ao esclarecimento dos fatos relevantes e controvertidos para a solução da controvérsia.

Assim, é na audiência trabalhista onde são produzidas as provas, salvo circunstâncias especiais.

Na hora designada, serão apregoadas as partes, permitindo unicamente ao juiz um atraso de 15 minutos (CLT, art. 815). Essa possibilidade de atraso não se estende às partes (OJ n. 245/SBDI-1/TST).

O reclamante deverá comparecer, acompanhado ou não de advogado, já que o mesmo possui o *jus postulandi*. Sua ausência sem justificativa acarretará o arquivamento do processo, ou seja, sua extinção sem resolução do mérito.

O reclamado também deverá comparecer, acompanhado ou não de advogado, podendo ser representado por preposto que tenha conhecimento dos fatos. A ausência do reclamado acarretará a aplicação da revelia e confissão quanto à matéria de fato, com o julgamento antecipado da lide.

A principal razão para a designação imediata da audiência é a presença das partes com o juiz, que sempre empregará seus esforços para uma solução conciliatória (CLT, art. 764, § 1º). Somente não sendo possível a realização do acordo, há o prosseguimento do processo, apresentando a reclamada (réu) a sua defesa, com a produção das provas necessárias ao esclarecimento dos fatos importantes e controvertidos para a solução do conflito.

(*) Elaborado em homenagem ao Min. TST, prof. Pedro Paulo Teixeira Manus.
(**) Desembargador do Tribunal Regional do Trabalho da 3ª Região, professor da Faculdade de Direito da Universidade Federal de Uberlândia e autor dos seguintes livros, todos publicados pela Editora LTr: *O ônus da prova no processo do trabalho; Os embargos do devedor na execução trabalhista; Direito do Trabalho e o Direito à Educação na realidade brasileira.*

2. As provas

É indispensável que a petição inicial mencione os fatos e os fundamentos do pedido, pois é em decorrência da existência de alguns fatos que surge o direito postulado pelo reclamante. Na defesa, o reclamado deverá contestar ou impugnar a existência dos fatos indicados pelo reclamante, ou alegar outros que sejam de seu interesse.

Assim, na existência de fatos importantes e controvertidos para o processo é que surge a necessidade da instrução processual, que nada mais é do que a oportunidade que as partes têm de demonstrar a veracidade dos fatos que alegaram em seu benefício.

Se os fatos são incontroversos por não contestados ou por ter a parte sofrido os efeitos da confissão, nada mais há para ser provado e a instrução processual deve ser encerrada, com o julgamento antecipado da lide.

Para a demonstração da veracidade de suas alegações, as partes possuem a possibilidade da produção de diversas provas, que são as seguintes:

— Juntada de documentos;

— Prova pericial;

— Oitiva da partes;

— Oitiva de testemunhas;

— Prova emprestada

— Inspeção judicial

3. A prova documental

Na generalidade dos processos trabalhistas as partes apresentam inúmeros documentos, notadamente recibos de salários, de férias e cartões de ponto, além de outros, como prova de suas alegações, principalmente o empregador, em face do princípio da pré-constituição das provas.

Na definição de *Amauri Mascaro Nascimento,* "documento é todo objeto, produto de um ato humano, que representa outro fato ou um objeto, uma pessoa ou uma cena natural ou humana" e no seu rol estão incluídos papel, madeira, tela, película fotográfica ou cinematográfica, fita de gravação, pedra, etc.[1].

A CLT somente se refere aos documentos escritos, exigindo sua juntada no original ou com autenticação (art. 830), estando as pessoas jurídicas de direito público dispensadas de autenticar as cópias reprográficas de quaisquer documentos que apresentem em juízo (Lei n. 10.522/02, art. 24). Também se dispensa a autenticação dos documentos não impugnados em seu conteúdo, em face da diretriz constante a Orientação Jurisprudencial n. 36/SBDI-2/TST.

---

(1) *Curso de direito processual do trabalho.* 22. ed. São Paulo: Saraiva, 2007, p. 533 e 534.

Os documentos devem acompanhar a petição inicial e a contestação, respectivamente (CLT, art. 787; CPC, art. 396), somente sendo possível a juntada posterior de outros documentos para fazer prova de fatos ocorridos depois daqueles alegados ou para contrapô-los aos que foram produzidos nos autos (CPC, art. 397) ou se se tratar de direito superveniente (CPC, art. 462).

Mozart Victor Russomano[2] é claro ao mencionar que "A parte final do art. 787 contém um princípio de magna importância para o processo e que não tem sido devidamente cumprido, na prática: os documentos que fundamentam o pedido inicial devem ser apresentados — quando a reclamação for escrita — juntamente com a petição. De modo que essa matéria (que se liga, diretamente, à prova documental e aos princípios inerentes à sua produção) está regulamentada de forma rigorosa: a não ser que ocorra motivo de força maior, a não ser que o documento seja obtido depois do ajuizamento da ação trabalhista, ele não poderá ser anexado aos autos. A ser assim, seremos forçados a admitir que a prova documental do réu (reclamado) também será anexada aos autos, obrigatoriamente, com a defesa prévia apresentada em audiência. Um princípio decorre do outro".

Francisco Antônio de Oliveira[3] também se expressa no sentido de que "as partes devem juntar com as peças básicas — inicial e defesa — todos os documentos que reputem hábeis. Nesse sentido dispõem os arts. 787 e 845 da CLT; arts. 283 e 396 do CPC. (...) Assim, regra geral, aqueles documentos que não foram juntados na fase de conhecimento e que não foram apreciados pelo juízo *a quo* não poderão ser juntados por ocasião de recorrer. O mesmo acontecendo na fase executória".

Em vista do art. 787 da CLT, realmente é de se afirmar que o reclamante deve juntar com a petição inicial todos os seus documentos, o mesmo ocorrendo com o reclamado, que deve juntar todos os documentos com sua defesa.

Porém, o próprio art. 787 da CLT estabelece uma distinção importante: a necessidade da juntada de todos os documentos com a petição inicial refere-se à reclamação escrita.

Como se sabe, a CLT previu duas espécies de reclamação: a escrita (CLT, art. 787) e a verbal (CLT, art. 786), mas somente exigiu da reclamação escrita a necessidade de vir acompanhada de todos os documentos.

Essa distinção deve ser realizada quando se tratar de contestação verbal, formulada pelo reclamado leigo, sem a presença do advogado, já que o princípio estabelecido no art. 125, I, do CPC exige tratamento igualitário entre as partes.

Desse modo, já que não podemos legalmente exigir a juntada de todos os documentos pelo reclamante, em sua reclamação verbal, não poderemos, pelo princípio da igualdade de tratamento, exigir que o reclamado junte todos os seus documentos com a defesa, quando realizada verbalmente, sem a presença de advogado.

---

(2) *Comentários à CLT*. 13. ed., v. II. Rio de Janeiro: Forense, 1990, p. 859.
(3) *Comentários aos enunciados do TST*. São Paulo: Revista dos Tribunais, 1991, p. 33/34.

Para se evitar adiamentos desnecessários da audiência, é salutar a expressa intimação das partes para comparecer à audiência, juntando todos os documentos até a realização da audiência inicial, sob pena de preclusão da prova documental.

Agora, com as disposições relativas ao procedimento sumaríssimo quanto à audiência única (CLT, art. 852-C), a necessidade da juntada de todos os documentos até a primeira audiência ganha nova importância. Frise-se que no procedimento comum a audiência também deve ser única — CLT, art. 848 —, e assim as partes deverão juntar aos autos até essa audiência todos os documentos necessários à análise dos fatos controvertidos.

É de se salientar, ainda, a necessidade da parte impugnar expressamente os documentos juntados pela parte contrária, na forma do art. 372 do CPC, argüindo a existência de falsidade, se existente, uma vez que sem essa impugnação restará incontroversa a validade do mesmo, com os efeitos decorrentes, não sendo admissível a produção de prova testemunhal para demonstrar o contrário do fato ali descrito.

Nos termos do art. 372 do Código de Processo Civil: "Compete à parte, contra quem foi produzido documento particular, alegar, no prazo estabelecido no art. 390, se lhe admite ou não a autenticidade da assinatura e a veracidade do contexto, presumindo-se, com o silêncio, que o tem por verdadeiro".

E, ademais, o art. 400, I, do mesmo diploma legal, é claro ao estatuir que: "A prova testemunhal é sempre admissível, não dispondo a lei de modo diverso. O juiz indeferirá a inquirição de testemunhas sobre fatos: I — já provados por documento ou confissão da parte. II — que só por documento ou por exame pericial puderem ser provados".

Analisando-se em conjunto ambas as disposições, temos que a parte sempre deve impugnar os documentos juntados pela outra, sob pena de presunção de serem os mesmos verdadeiros.

Humberto Theodoro Júnior, ao comentar o disposto no art. 372 do Código de Processo Civil, também esclareceu que "Ultrapassado esse prazo, sem impugnação, não poderá mais a parte alegar a falta de autenticidade ou a inveracidade do seu contexto"[4].

Por exemplo, a não impugnação pelo empregado dos cartões de ponto mecanicamente preenchidos juntados pelo empregador tornará incontroversa a jornada de trabalho cumprida, sendo inadmissível, a esse respeito, a produção da prova testemunhal.

Por outro lado, segundo o art. 388 do CPC temos dois tipos de falsidade: falsidade de assinatura e falsidade de documento.

A alegação de falsidade de assinatura não depende de incidente de falsidade para seu reconhecimento, uma vez que a fé do documento particular cessa a partir

---

(4) *Curso de direito processual civil*. 15. ed., v. I. Rio de Janeiro: Forense, 1994, p. 444.

do momento em que lhe for contestada a assinatura, e por isso, a sua eficácia probatória não se manifestará enquanto não se lhe comprovar a veracidade (art. 388, I)[5], uma vez que o impugnado não poderá valer-se do documento se não provar a sua veracidade[6].

Nas palavras de *Humberto Theodoro Júnior*, "Produzido o documento por uma parte, portanto, e negada a assinatura pela outra, incumbirá à primeira o ônus de provar a veracidade da firma, o que será feito na própria instrução da causa, sem a necessidade de incidente especial"[7], sendo que esta lição foi adotada pela jurisprudência[8].

É de acrescer que se reputa autêntico o documento, quando o tabelião reconhecer a firma do signatário, declarando que foi aposta em sua presença, na forma do art. 369 do Código de Processo Civil.

A aplicabilidade dessas disposições processuais comuns foi reconhecida por *Manoel Antonio Teixeira Filho*[9]: "A contestação da assinatura aposta em documento particular faz cessar a sua fé, que somente será restabelecida se a parte contrária demonstrar, pelos meios de prova previstos em lei, a autenticidade do autógrafo. Entendemos que essa norma do CPC seja aplicável ao processo do trabalho, desde que se tenha em mente o fato de o inc. II do art. 389 do mesmo Diploma estabelecer que, em se tratando de contestação à assinatura, o ônus da prova incumbirá "à parte que produziu o documento". Nem há como deixar-se de interpretar, conjugadamente, ambos os dispositivos processuais. Desta forma, contestando o empregado a assinatura aposta, por exemplo, em recibos salariais, e que se alega ser sua, caberá ao empregador, por ter produzido ditos documentos, o encargo de provar a autenticidade da assinatura; na hipótese, porém, de o empregador não reconhecer como sua a firma constante de anotação feita na CTPS do empregado, ou de recibo de quitação de parcelas contratuais, o *onus probandi* não incumbirá ao trabalhador, como pode fazer crer a leitura insulada do inc. I do art. 388, do CPC, e sim ao próprio empregador, porquanto o documento foi produzido por ele (CPC, art. 389, II)".

A falsidade documental divide-se em:

a) falsidade ideológica, quando a declaração constante do documento revela um fato inverídico, correspondente ao fruto da simulação ou dos vícios de consentimento (erro, dolo e coação), e

---

(5) THEODORO JÚNIOR, Humberto. *Curso de direito processual civil*. 15. ed., v. I. Rio de Janeiro: Forense, 1994, p. 451.
(6) SANTOS, Moacyr Amaral. *Comentários ao código de processo civil* 4. ed., v. IV. Rio de Janeiro: Forense, 1988, p. 213.
(7) *Curso de direito processual civil*. 15. ed., v. I. Rio de Janeiro: Forense, 1994, p. 451.
(8) "CERCEIO DE PROVA — A prova da autenticidade do documento, quando contestada a assinatura, é de quem o produziu, no caso, a recorrida (art. 389, II do CPC). Não sendo o recorrente detentor do ônus probatório, não há falar em cerceio de prova, nem violação do art. 5º, LV, da Carta Magna. O indeferimento das provas desnecessárias e inúteis é faculdade do magistrado, como se vê do art. 130/CPC. Preliminar rejeitada". (TRT 10ª Reg., 3ª T., RO 3.182/99, Relª Juíza Cilene Ferreira Amaro Santos, DJ 28.1.00).
(9) *A prova no processo do trabalho*. 7. ed. São Paulo: LTr, 1997, p. 281/282.

b) falsidade material, nas hipóteses em que o vício se manifestou na elaboração física do documento, e não na vontade declarada[10].

Na hipótese do art. 389, I, do CPC, o ônus da prova caberá àquele que argüir o preenchimento abusivo do documento.

Essa regra também é de aplicação cotidiana no processo do trabalho, já que são freqüentes as alegações dos empregados de que assinaram recibos de pagamento ou a própria rescisão contratual em branco.

Portanto, reitere-se, é indispensável a impugnação dos documentos juntados, pois a sua não impugnação resultará na aceitação dos mesmos como verdadeiros, e representativos do fato controvertido[11].

4. A PROVA PERICIAL

Pode ocorrer a necessidade da realização de vários tipos de perícias no processo do trabalho: a perícia médica, de insalubridade ou periculosidade, a perícia grafotécnica e a contábil, dependendo da natureza da questão discutida.

A prova pericial deve ser indeferida quando a prova do fato não depender de conhecimento especial de técnico, for desnecessária em vista de outras provas produzidas ou a sua verificação foi impraticável (CPC, art. 420, parágrafo único).

Determinada a realização da prova pericial, o juiz nomeará o perito, fixando prazo para a entrega do laudo. As partes poderão indicar assistentes técnicos e apresentar quesitos em cinco dias (CPC, 421, § 1º).

O perito pode ser recusado pelas partes nos casos de suspeição ou impedimento, na hipótese de o mesmo ter interesse na causa; se acolhida a alegação, outro perito deve ser designado. Os assistentes técnicos serão sempre da confiança da parte.

Para o desempenho de sua função, podem o perito e os assistentes técnicos utilizar de todos os meios necessários, ouvindo testemunhas, obtendo informações, solicitando documentos que estejam em poder de parte ou em repartições públicas, bem como instruir o laudo com plantas, desenhos, fotografias e outras quaisquer peças (CPC, art. 429).

O juiz poderá não acolher as conclusões constantes do laudo pericial, podendo formar sua convicção com outros elementos ou fatos provados nos autos (CPC,

---

(10) THEODORO JÚNIOR, Humberto. *Curso de direito processual civil*. 15. ed., v. I. Rio de Janeiro: Forense, 1994, p. 451.
(11) "HORÁRIO DE TRABALHO — PROVA PELA JUNTADA DE CARTÕES DE PONTO — OUTRO TIPO DE PROVA — EXCEPCIONALIDADE — Por determinação expressa do art. 74, § 2, da CLT, a prova do horário de trabalho se faz mediante anotação da entrada e saída em registro manual, mecânico ou eletrônico, nos estabelecimentos com mais de 10 empregados. A realidade fática disposta no registro — que constitui prova documental — somente pode ser ilidida admitindo-se prova testemunhal ou exigindo-se qualquer outro meio de prova quando uma das partes impugnar o registro por não revelar, com fidelidade, a realidade fática nele retratada". (TRT 3ª Reg., 1ª T., RO 13054/95, Rel. Juiz Manuel Cândido Rodrigues, DJMG 12.1.96).

art. 436). O juiz poderá, também, determinar a realização de nova perícia, quando a matéria não estiver suficientemente esclarecida (CPC, art. 437).

A partir do art. 195, § 2º, da CLT, a jurisprudência praticamente unânime estabelece como indispensável a realização de prova pericial, quando argüida judicialmente a existência de trabalho em condições de insalubridade ou periculosidade, mesmo na hipótese de revelia ou confissão do empregador.

Entendemos que a aplicação do art. 195, § 2º, da CLT não torna a perícia obrigatória em todos os casos.

A prova técnica deve ficar restrita àquelas hipóteses onde existe controvérsia efetiva sobre a existência dos elementos insalubres ou perigosos, principalmente na necessidade da verificação quantitativa do elemento agressor, o que ocorre, em realidade, na maioria dos casos onde se discute a existência do direito a tais adicionais.

Como se sabe, em muitas hipóteses somente advirá insalubridade quando os limites de tolerância ao agente agressivo forem ultrapassados, o que exigirá a quantificação desse agente.

Isso porque os agentes considerados insalubres (agentes químicos, físicos, biológicos e radiações não ionizantes) foram considerados em dois aspectos: qualitativa e quantitativamente, estes gerando insalubridade apenas quando os limites de tolerância forem ultrapassados.

Por exemplo, no pedido de insalubridade pelo trabalho em fornos, é indispensável a realização da perícia porque temos a necessidade de quantificar a temperatura suportada no local de trabalho.

Porém, se o empregado menciona a exposição diária em ruído de 90 decibéis, por oito horas diárias, e o empregador não contesta a afirmativa, não vemos a necessidade da realização da perícia, eis que o fato já restou suficientemente demonstrado nos autos.

O mesmo acontece quando há a alegação de trabalho no transporte com explosivos, e na contestação não se nega essa tarefa. Como não existe qualquer limite de tolerância quando se trabalha nessas condições, não vemos por que realizar a prova pericial, se não há nenhuma controvérsia fática a ser resolvida, mas, tão-somente, o enquadramento desse fato nas disposições legais mencionadas na NR 16, da Portaria n. 3.214/78.

É a situação, igualmente, dos frentistas dos postos de combustível que, pela notoriedade da sua exposição aos inflamáveis, o Tribunal Superior do Trabalho editou a Súmula n. 39, no sentido de que "Os empregados que operam em bomba de gasolina têm direito ao adicional de periculosidade".

Com isso, pode-se dizer que os fatos relativos à insalubridade e periculosidade também devem se subordinam à regra genérica prevista no art. 334, do CPC, no sentido de que

> "Art. 334. Não dependem de prova os fatos:
>
> I — notórios;
>
> II — afirmados por uma parte e confessados pela parte contrária;
>
> III — admitidos, no processo, como incontroversos;
>
> IV — em cujo favor milita presunção legal de existência ou de veracidade".

Como fato notório, dispensando prova a respeito, inclusive a prova pericial, temos o trabalho já citado dos frentistas dos postos de combustíveis.

Outras situações, em outros contextos, também podem dispensar a produção da prova pericial, desde que todos os fatos necessários à análise do litígio sejam incontroversos.

É o que ocorre, igualmente, quanto ao contato com o óleo mineral, seja na fabricação, seja no simples manuseio, pois a Norma Regulamentadora estabelece avaliação qualitativa, sendo devido o adicional em grau máximo, não havendo que se falar em limites de tolerância ao agente.

Por outro lado, a Súmula n. 293/TST estabeleceu a possibilidade do deferimento do adicional de insalubridade com base em agente insalubre diverso do apontado na petição inicial.

Favorável ao entendimento da referida súmula, *Francisco Antônio de Oliveira*[12] declara que: "em se cuidando de pedido versando sobre o adicional de insalubridade, a causa de pedir se consubstancia na simples alegação de que labora em ambiente agressivo. Não se pode exigir que o trabalhador, elemento leigo no assunto, ou mesmo o seu advogado se assistido estiver, tenham conhecimentos técnicos para indicar na exordial o nome dos elementos agressivos. (...) A causa de pedir, como já dissemos, é a simples alegação de que labora em ambiente agressivo. Não há necessidade de mais nenhuma informação técnica. Mesmo porque o perito não está atrelado a "informações técnicas" provindas de leigos. O rigor civilista que se vinha dando à matéria não é condizente com o processo trabalhista, onde o leigo é detentor do *jus postulandi* (art. 791, CLT). E ainda que assim não fora, advogado não é perito em insalubridade ou periculosidade e não exige a lei que tenha conhecimentos específicos na matéria para que possa propor ação".

Não obstante tais posicionamentos, não entendemos possível que a causa de pedir nas reclamatórias envolvendo pedido de adicional de insalubridade seja a simples alegação de que se exerce atividade em ambiente agressivo. Seria o mesmo que alegar trabalho extraordinário, com pedido de horas extras sem mencionar a jornada de trabalho cumprida.

Assim, o empregado deve descrever, sob pena de inépcia da petição inicial, todos os fatos envolvendo seu pedido de adicional, o que significa que os agentes insalubres ou perigosos devem ser conhecidos e arrolados na petição inicial.

---

(12) *Comentários aos Enunciados do TST*. São Paulo: Revista dos Tribunais, 1991, p. 704.

A descrição desses fatos é que possibilitará a apresentação da defesa e a realização da perícia, uma vez que o perito deve valer-se dos quesitos elaborados pelas partes.

Por exemplo, o pedido de adicional de insalubridade pelo contato com álcalis e ácidos numa fábrica, envolve vários fatos que devem ser descritos, o que possibilitará à empresa fazer suas alegações, como por exemplo a existência de equipamentos de proteção, etc.

Damos ênfase à seguinte ementa que traduz, com perfeição, nosso entendimento: "A sentença está impedida de condenar a ré fundamentada em agente agressivo completamente diverso do que foi apontado na petição inicial, mesmo com apoio em laudo técnico. Violaria o princípio do contraditório e do direito de defesa. O CPC, art. 282, III, exige no pedido os fatos e o fundamento jurídico. A doutrina e a Jurisprudência menosprezam este último; não fazem o mesmo com os fatos. É que "para a identificação da demanda leva-se em conta apenas os fatos narrados e com base nos quais o juiz julgará..." (DINAMARCO, Cândido Rangel, em nota a LIEBMAN. Manual de direito processual civil. Rio de Janeiro: Forense, 1984, nota 124, p. 195; In: *Nova Jurisprudência em direito do trabalho.* CARRION, Valentin. São Paulo: RT, 1988, ementa n. 3.693)" (TRT-SP, 7ª T, RO 6.154/88-1, Valentin Carrion) (In: CARRION, Valentin. *Nova jurisprudência em direito do trabalho.* São Paulo: Revista dos Tribunais, 1990, p. 540).

É de salientar, ainda, a necessidade de as partes se manifestarem sobre o laudo pericial, impugnando-o sobre todos os aspectos, uma vez que a não manifestação sobre o mesmo acarretará preclusão, tornando-se incontroversas as suas conclusões, sendo vedada, nessa hipótese, a produção da prova testemunhal.

Quanto à doença profissional, matéria que se tornou comum, em face de tantas ações trabalhistas com pedidos de danos morais, a realização da prova pericial também é necessária, com a demonstração do nexo de causalidade entre o exercício das atividades laborais e as patologias existentes.

Não é fato impeditivo à realização da prova pericial a existência de conclusão médica contrária do INSS, pois as provas judiciais se submetem a vários requisitos de validade, inclusive o da oralidade e do contraditório, o que significa dizer que a validade da prova depende do acompanhamento ativo do magistrado, como destinatário da prova, desde o seu deferimento (CPC, art. 130) e produção, para afinal análise (CPC, art. 131).

Ademais, pelo princípio do contraditório, que vigora intensamente no processo do trabalho, assegura-se às partes a participação efetiva na produção das provas, manifestando-se sobre os documentos juntados pela parte contrária, participando da inquirição das testemunhas e apresentando quesitos para a análise do perito ou indicando assistentes técnicos.

Desse modo, é necessária a produção da prova pericial para a constatação da existência ou não da doença profissional, alegada nos autos, mesmo quando há conclusão médica contrária do INSS.

5. O DEPOIMENTO PESSOAL

As partes poderão ser convocadas para interrogatório sobre os fatos da causa em qualquer estado do processo (CPC, art. 342).

Porém, na audiência de instrução e julgamento, as partes são ouvidas em depoimento pessoal, com a necessária intimação de que a sua ausência acarretará a confissão dos fatos contra ela alegados caso não compareça ou, comparecendo, se recuse a depor (CPC, art. 343, § 1º).

A parte não é obrigada a depor sobre fatos criminosos ou torpes que lhe foram imputados ou aqueles a cujo respeito, por estado ou profissão, deva guardar sigilo (CPC, art. 347).

A confissão se caracteriza quando a parte admite a verdade de um fato, contrário ao seu interesse e favorável ao adversário, podendo ser judicial ou extrajudicial (CPC, art. 348).

Quando se tratar de reclamado revel, ao mesmo é imputada a confissão quanto à matéria de fato, com presunção da verdade dos fatos alegados pela parte contrária, sendo que a presunção de verdade estabelecida pelo art. 319 do Código de Processo Civil é absoluta, não havendo como se prosseguir com a fase probatória, já que o revel não pode fazer prova sobre fatos que não contestou[13].

Wilson de Souza Campos Batalha também é claro, afirmando que "Quem não se defende não pode produzir provas"[14].

Havendo pluralidade de reclamados, e se algum deles contestar a ação, a revelia não produzirá os seus efeitos, desde que a lide tenha que ser decidida de forma uniforme com relação a todos eles (CPC, art. 320, I). Ou seja, o que importa aqui é se os fatos alegados na contestação aproveitam ou não ao reclamado que não apresentou contestação.

Se os fatos podem ser aproveitados pelo outro reclamado, a revelia não produzirá efeitos, pois esses fatos serão controvertidos e será necessária a realização de prova para dirimi-los[15].

É a aplicação do princípio dispositivo, em que o juiz deve julgar segundo o alegado e provado nos autos.

A CLT não previu a subdivisão da audiência em várias etapas. A audiência única foi reiterada na instituição do procedimento sumaríssimo (CLT, art. 852-C).

Porém, em vista do grande número de processos em pauta diariamente, muitas vezes os juízes não cumprem a determinação processual da audiência una,

---

(13) OLIVEIRA, Francisco Antônio de. *Comentários aos Enunciados do TST*. São Paulo: Revista dos Tribunais, 1991, p. 196.
(14) *Tratado de direito judiciário do trabalho*. 2. ed. São Paulo: LTr, 1985, p. 505.
(15) "Processo trabalhista. Pluralidade de réus, por vínculo de solidariedade. A revelia de um não induz confissão dos demais quanto à matéria de fato, conforme art. 320, I, do CPC, sobretudo se a matéria discutida for declaração de vínculo de emprego. Deve ser considerada a prova dos que contestaram, em face do art. 5º, LV, da CF, e a dúvida se resolve contra o devedor ausente, por ordem do art. 844 da CLT". (TRT/SP, 19990545459 RO, Ac. 9ª T. 20000649656, Rel. Juiz Luiz Edgar Ferraz de Oliveira, DOE 19.12.00).

mesmo porque de difícil realização, pelo menos quanto aos processos do procedimento comum. Com isso, a audiência que deveria ser una é desmembrada em várias partes.

Surge, então, a possibilidade de ausência da parte na segunda audiência para a instrução do processo, onde deveria ser colhido o seu depoimento, da parte contrária e das testemunhas.

Dispõe a Súmula n. 74 do Tribunal Superior do Trabalho que a aplicação da confissão à parte que não comparecer para depoimento pessoal deve ser precedida de expressa intimação.

Ou seja, pela aplicação da referida súmula somente podemos considerar a parte confessa em sua ausência na audiência de instrução, quando deveria prestar depoimento pessoal, se expressamente intimada sob essa cominação.

Da confissão advêm duas conseqüências importantes:

— a aplicação da cominação de confessa inibe a parte de produzir provas que elidem a confissão aplicada;

— a aplicação da confissão ficta acarreta a inversão do ônus da prova, que passa à parte que sofreu a cominação.

Na forma do art. 343, § 2º, do Código de Processo Civil, na hipótese de não comparecimento da parte para depor, ou de recusa a prestar depoimento, será havida por confessa, presumindo-se verdadeiros os fatos alegados contra ela, desde que verossímeis e coerentes com as demais provas dos autos.

Com isso, *Francisco Antônio de Oliveira*[16] afirma que a confissão ficta é relativa, e "poderá ser ilidida pelo depoimento da parte contrária presente ou mesmo por provas testemunhais e provas documentais. A *ficta confessio* cederá lugar sempre à prova real (princípio da valoração da prova)".

Realmente, em face do princípio da primazia da realidade, a parte que tem contra si a pena de confissão, deveria ter o direito de produzir prova suficiente para a demonstração efetiva dos fatos; porém, esse direito à demonstração da realidade dos fatos foi tolhido pela Súmula n. 74, II, do Col. Tribunal Superior do Trabalho, que somente admite a elisão dos efeitos da confissão ficta com as provas já produzidas nos autos, "não implicando em cerceamento de defesa o indeferimento de provas posteriores".

Aplicada a pena de confissão, há a inversão no ônus da prova, presumindo-se verdadeiros os fatos alegados pela parte contrária. Nas palavras de *Wilson de Souza Campos Batalha*[17], "a ficta confessio acarreta presunção favorável à parte contrária, fazendo recair o ônus da prova sobre a parte que lhe sofre a imposição".

Assim, a conseqüência mais importante da confissão ficta é a inversão do ônus da prova ao ausente para prestar depoimento pessoal, o que significa que os

---

(16) *Comentários aos Enunciados do TST*. São Paulo: Revista dos Tribunais, 1991, p. 194.
(17) *Tratado de direito judiciário do trabalho*. 2. ed. São Paulo: LTr, 1985, p. 505.

fatos alegados pela parte contrária passam a ter a presunção de veracidade, mas, como presunção relativa, admite prova em contrário, a qual, contudo, somente será confrontada com as provas já existentes nos autos.

6. A PROVA TESTEMUNHAL

A prova testemunhal é sempre admissível no processo do trabalho, mesmo porque entre os princípios do direito do trabalho está o da primazia da realidade. Por exceção, o juiz indeferirá a prova testemunhal sobre fatos: I) já provados por documento ou confissão da parte; II) que só por documento ou por exame pericial puderem ser provados (CPC, art. 400).

As testemunhas poderão ser recusadas quando incapazes, impedidas ou suspeitas. Consideram-se incapazes as testemunhas interditadas por demência, acometidas por enfermidade ou debilidade mental que ao tempo dos fatos não podiam discerni-los, os menores de 16 anos e os cegos e os surdos quando a ciência do fato depender dos sentidos que lhes faltam (CPC, art. 405, § 1º).

São considerados impedidos o cônjuge, bem como o ascendente e o descendente em qualquer grau, ou colateral, até o terceiro grau, de alguma das partes, por consangüinidade ou afinidade, além daquele que é parte na causa ou que interveio em nome de uma parte, como o tutor na causa do menor, o representante legal da pessoa jurídica, o juiz, o advogado e outros, que assistam ou tenham assistido as partes (CPC, art. 405, § 2º). São considerados suspeitos aqueles condenados por crime de falso testemunho, havendo transitado em julgado a sentença; o que, por seus costumes, não for digno de fé; o inimigo capital da parte, ou o seu amigo íntimo; o que tiver interesse no litígio (CPC, art. 405, § 3º).

Exclusivamente quando for estritamente necessário, o juiz ouvirá testemunhas impedidas ou suspeitas; mas os seus depoimentos serão prestados independentemente de compromisso (art. 415) e o juiz lhes atribuirá o valor que possam merecer (CPC, art. 405, § 4º).

Como ocorre com as partes, as testemunhas também não são obrigadas a depor sobre fatos que lhes acarretem grave dano ou ao seu cônjuge e aos parentes até o segundo grau ou aqueles a cujo respeito, por estado ou profissão, devam guardar sigilo.

A parte deve comparecer na audiência, acompanhada de suas testemunhas, como indica o art. 825 da CLT. Quando não comparecerem espontaneamente, as mesmas serão intimadas e, se novamente ausentes, serão conduzidas coercitivamente (CPC, art. 825, parágrafo único).

Para se evitar os sucessivos adiamentos da audiência pela ausência da testemunha, normalmente o juiz fixa prazo para que as partes arrolem suas testemunhas, providenciando a intimação prévia das mesmas. Nessa hipótese, nada obsta a substituição da testemunha quando de sua inquirição, sendo inaplicáveis as restrições do art. 408 do CPC[18]. No procedimento sumaríssimo, as testemunhas são convidadas pela própria parte (CLT, art. 852-H, § 3º).

O juiz interrogará a testemunha sobre os fatos importantes e necessários para o esclarecimento da causa, cabendo, primeiro à parte que a arrolou e depois à parte contrária, formular perguntas tendentes a esclarecer ou completar o depoimento.

O depoimento será registrado no termo de audiência, onde serão transcritas as perguntas que o juiz indeferir, se a parte o requerer.

No procedimento sumaríssimo as partes poderão ouvir até duas testemunhas, no procedimento comum até três e no inquérito para apuração de falta grave é possível a oitiva de até seis testemunhas (CLT, art. 821).

As testemunhas não poderão sofrer descontos salariais pelo fato de comparecerem a juízo (CLT, art. 822), sendo que a testemunha funcionário público deverá ser requisitada ao chefe de sua repartição para comparecer à audiência marcada (CLT, art. 823).

O juiz deve providenciar para que o depoimento de uma testemunha não seja ouvido pelos demais que ainda não prestaram depoimento (CLT, art. 824)[19].

Chegado o momento do depoimento da testemunha, a mesma será apregoada para adentrar à sala de audiência. Antes de depor, a testemunha será qualificada, indicando o nome, nacionalidade, profissão, idade, residência, e, quando empregada, o tempo de serviço prestado ao empregador, ficando sujeita, em caso de falsidade, às leis penais (CLT, art. 828).

A parte poderá contraditar a testemunha, argüindo-lhe a incapacidade, o impedimento ou a suspeição. Se a testemunha negar os fatos que lhe são imputados, a parte poderá provar a contradita, com documentos ou a oitiva de outras testemunhas. Provados os fatos, a testemunha será dispensada (CPC, art. 414, § 1º).

No início da inquirição, a testemunha prestará compromisso de dizer a verdade do que souber e lhe for perguntado, advindo-lhe o juiz que incorre em crime de falso testemunho quem faz afirmação falsa, cala a verdade ou oculta a verdade (CPC, art. 415).

---

(18) "SUBSTITUIÇÃO DE TESTEMUNHA ARROLADA NA PRÓPRIA AUDIÊNCIA DE INSTRUÇÃO PELA PARTE — ADMISSÃO NO PROCESSO DO TRABALHO — O Processo do Trabalho é informal e possui regras próprias, sendo-lhe aplicada apenas subsidiariamente a legislação processual civil. Neste sentido, o texto consolidado estabelece em seu art. 825 que as testemunhas comparecerão à audiência independentemente de notificação e, ainda, o art. 845, que as partes comparecerão à audiência acompanhadas de suas testemunhas. Dentro da liberdade na condução do processo que confere ao Juiz ampla liberdade (art. 765/CLT) e, ainda, associando-se aos preceitos contidos nos dispositivos apontados, admite-se a substituição de testemunha arrolada pela parte, no Processo do Trabalho, quando realizada na própria audiência em atenção aos princípios da oralidade e concentração, sobretudo quando o escopo é a busca da verdade. (TRT 3ª Reg., 5ª T., RO 13742/98, Rel. Juiz Luiz Philippe V. de Mello Filho, DJMG 17.4.99).

(19) "OITIVA DAS TESTEMUNHAS DAS PARTES EM CONJUNTO — NULIDADE — O art. 413 do Código de Processo Civil dispõe que o juiz inquirirá as testemunhas separada e sucessivamente; primeiro, as do autor e depois, as do réu, providenciando de modo que uma não ouça o depoimento das outras. Assim, independentemente da aplicação dos princípios de celeridade e economia processual, o julgador não pode inquirir as testemunhas de ambas as partes em conjunto, sob pena de nulidade. (TRT 3ª Reg., 4ª T., RO 24178/97, Rel. Juiz Márcio Flávio Salem Vidigal, DJMG 6.3.99).

Não é motivo de suspeição o fato de a testemunha estar movendo ação trabalhista contra a reclamada, nos termos da Súmula n. 357 do Col. TST.

Contudo, quando essa mesma testemunha já foi favorecida com o depoimento do reclamante, como sua testemunha em sua ação trabalhista, havendo a chamada "troca de favores", um sendo testemunha do outro, não vemos como dar valor ao depoimento dessa testemunha, em face da existência de liame psicológico unindo as pretensões judiciais da testemunha e reclamante, principalmente quando ambos postulam reclamação trabalhista com idêntico objeto.

Nessas circunstâncias, dificilmente a testemunha teria isenção de ânimo para dar um testemunho sereno e verdadeiro.

Valentin Carrion consigna que "o embate litigioso é mau ambiente para a prudência e isenção de ânimo que se exigem da testemunha"[20], o que tem sido prestigiado pelo Col. Supremo Tribunal Federal[21] e em algumas decisões do Col. Tribunal Superior do Trabalho[22].

7. A INSPEÇÃO JUDICIAL

A inspeção judicial consiste na inspeção de pessoas ou coisas, a fim de se esclarecer sobre fato que interesse à decisão da causa (CPC, art. 440).

O juiz irá ao local onde se encontra a pessoa ou coisa, quando: I) julgar necessário para a melhor verificação ou interpretação dos fatos que deva observar; II) a coisa não puder ser apresentada em juízo, sem consideráveis despesas ou graves dificuldades; III) determinar a reconstituição dos fatos.

As partes têm sempre direito de assistir à inspeção, prestando esclarecimentos e fazendo observações que reputem de interesse para a causa, e, cumprida a diligência, deverá ser lavrado auto circunstanciado, mencionando nele tudo quanto for útil ao julgamento da causa (CPC, art. 443).

8. A PROVA EMPRESTADA

A prova emprestada não foi prevista nas normas processuais, caracterizando-se como prova inominada, com ampla utilidade no processo de trabalho, pela necessidade de celeridade e rapidez no trâmite das ações judiciais.

---

(20) *Comentários à CLT*. 20. ed. São Paulo: Saraiva, 1995, p. 597.
(21) "PROVA TESTEMUNHAL — SUSPEIÇÃO — TESTEMUNHAS EM LITÍGIO COM A PARTE CONSIDERADO O OBJETO DO PROCESSO. As testemunhas arroladas pelos autores que demandam contra o réu, considerado o objeto do processo, têm interesse no desfecho desta última devendo serem tidas como suspeitas. PROVA TESTEMUNHAL — ARCABOUÇO. Inexiste vício a revelar transgressão ao devido processo quando a sentença condenatória lastreia-se em depoimento de testemunha do próprio réu muito embora fazendo alusão, também, aos depoimentos de testemunhas que demandam, considerado o mesmo objeto do processo". (STF, 2ª T., RE 220329/MT, Rel. Min. Marco Aurélio, DJ 20.4.01).
(22) "1. A Súmula n. 357 do TST não se aplica à hipótese dos autos, em que a testemunha possui idêntica ação contra a Reclamada, sendo o ora Autor sua testemunha. 2. Evidenciada a troca de favores, na forma do art. 405, § 3º, IV, do CPC, o indeferimento da oitiva da testemunha não caracteriza cerceamento de defesa". (TST, SBDI-1, E-ED-RR 768212/2001, Relª Min. Maria Cristina Irigoyen Peduzzi, DJ 7.12.07).

A prova emprestada vem sendo definida como o "transporte de produção probatória de um processo para outro. É o aproveitamento de atividade probatória anteriormente desenvolvida, mediante traslado dos elementos que a documentaram"[23].

Para a garantia dos litigantes e do juízo, são vários os requisitos da prova emprestada:

— ingressa sob a forma de documento, mas com o mesmo peso da prova originariamente produzida;

— devem ser observados os mesmos requisitos da prova documental;

— devem ser respeitados os princípios do contraditório e da imediatidade;

— há necessidade de identidade ou semelhança do fato probando nos dois processos.

Embora ingressando no processo como documento, a prova emprestada tem o valor da prova originariamente produzida, colhendo-se na jurisprudência a possibilidade do uso da prova emprestada quanto ao:

— depoimento pessoal[24];

— prova testemunhal;

— prova pericial[25].

Essas são as palavras de *Eduardo Talamini*[26], com quem concordamos integralmente, no sentido de que "O juiz, ao apreciar as provas, poderá conferir à emprestada precisamente o mesmo peso que esta teria se houvesse sido originariamente produzida no segundo processo. Eis o aspecto essencial da prova trasladada: apresentar-se sobre a forma documental, mas poder manter seu valor originário".

Seja o depoimento pessoal, o laudo pericial ou o depoimento de testemunhas, a prova produzida anteriormente, em processo judicial, poderá ser transportada para o outro processo, com a juntada de cópias dos termos de audiência ou do laudo pericial, mas será considerado com o mesmo valor e influência do depoimento pessoal, do laudo pericial ou do depoimento das testemunhas, respectivamente.

---

(23) TALAMINI, Eduardo. Prova emprestada no processo civil e penal. In: *Revista de Informação Legislativa*, Senado Federal, Brasília, n. 140, out./dez. 1998, p. 146.
(24) "Prova emprestada — O depoimento prestado pelo reclamante em outra reclamatória, na condição de testemunha, vale como prova emprestada e, por conseguinte, e de ser examinado em conjunto com os demais elementos probatórios produzidos nos autos". (TRT 3ª Reg., 2ª T., RO 15.193/93, Rel. Juiz Pedro Lopes Martins, DJMG 18.3.94).
(25) "ADICIONAL DE INSALUBRIDADE — DESATIVAÇÃO DO LOCAL DE TRABALHO — PROVA TÉCNICA EMPRESTADA — É plenamente justificável a utilização de prova emprestada para aferição de insalubridade quando o local de trabalho foi desativado, não podendo a empresa atribuir aos empregados as conseqüências de suas decisões administrativas e os riscos do negócio, mormente quando se constata a sonegação por parte da empresa de levantamento ambiental, existente na mesma, apesar de solicitado pelo perito". (TRT 3ª Reg., 4ª T., RO 12.526/98, Rel. Juiz Antônio Augusto M. Marcellini, DJMG 17.4.99).
(26) Prova emprestada no processo civil e penal. In: *Revista de Informação Legislativa*, Senado Federal, Brasília, n. 140, out./dez. 1998, p. 147.

Assim, por exemplo, existindo restrições à produção da prova testemunhal, a prova emprestada também será analisada sob essas condições, pois equivalerá à prova testemunhal anteriormente produzida.

Entendemos que a produção da prova emprestada quanto aos depoimentos pessoais ou de testemunhas é um direito da parte, observados os requisitos aqui analisados. Evidentemente que requerida a produção da prova emprestada com relação ao depoimento de uma testemunha, a parte ainda terá o direito de ouvir outras até que se atinja o número legal.

Agora, se além da juntada dos depoimentos de testemunhas, a parte ainda pretender a oitiva de outras três testemunhas, a solução será: a) não se deferirá a juntada das cópias dos depoimentos como prova emprestada, b) ou, se a parte requerer a juntada como prova emprestada dos depoimentos, deverá ser indeferida a oitiva das demais testemunhas.

Como ocorre com a produção de qualquer prova judicial, sua produção deve respeitar os princípios do contraditório e da imediatidade.

Em outras palavras, somente valerá como prova emprestada aquela que foi produzida judicialmente e, além disso, deve ter sido respeitado o princípio do contraditório.

Principalmente quanto à parte que desfavorece, é preciso que seja respeitado o princípio do contraditório, pelo que é indispensável que a mesma tenha participado de sua produção, ou que lhe tenha sido dada essa oportunidade.

Se se tratar de empréstimo de laudo pericial, é necessário que a parte desfavorecida tenha participado da relação processual, com a oportunidade de indicação de assistentes técnicos e a apresentação de quesitos.

O não cumprimento desses requisitos constitucionais, torna inservível a prova emprestada.

A juntada de prova emprestada relativa a processo entre terceiros, só é útil se tiveram a participação da parte a quem tal prova prejudica.

Não há, assim, nenhuma utilidade na consideração de que a prova foi produzida: a) entre as mesmas partes; b) entre uma parte e um terceiro; c) entre terceiros.

O que importa, o que é indispensável, é que a parte a quem a prova prejudique tenha participado do processo, colaborando com a sua formação e produção, eis que somente assim estará sendo obedecido o comando constitucional de ampla defesa.

Nada impede, em decorrência, por exemplo, que seja utilizada prova emprestada produzida em processo crime contra o empregado, no processo trabalhista em que se discute o mesmo fato atribuído como falta grave.

Mas não será possível a juntada de cópias de inquérito policial, uma vez que somente as provas judiciais servirão como prova emprestada, e não aquelas produzidas em procedimentos administrativos.

Para a análise da identidade ou semelhança do fato probando devem ser juntadas todas as peças necessárias a esse confronto[27].

Esse requisito tem sido observado em inúmeras decisões, seja quanto ao laudo pericial[28], seja quanto à prova testemunhal[29].

Apresentada a prova emprestada em tempo oportuno, é direito da parte à sua produção, que não fica ao arbítrio da parte contrária aceitá-la ou não.

Juntados os documentos como prova emprestada, é indispensável que seja intimada a parte contrária para manifestação, a qual poderá impugná-la (CPC, art. 390), nos mesmos moldes em que é cabível a impugnação da prova documental.

Poderá ocorrer de a parte aceitar a produção da prova emprestada, mesmo quando não estiverem presentes todos os seus requisitos, como seria a hipótese da produzida entre terceiros ou em procedimento administrativo.

Podendo o juiz determinar qualquer diligência ao esclarecimento da demanda (CLT, art. 765), resta claro que poderá o mesmo determinar a juntada de prova emprestada, evidentemente observados os requisitos de sua validade.

Naturalmente que essa produção de prova emprestada não impedirá os litigantes de produzirem as provas que entendam devidas, salvo situações especialíssimas, pois estaria configurado o cerceamento de defesa.

9. A AVALIAÇÃO DA PROVA

O juiz, como destinatário da prova, deve necessariamente proceder à sua análise, como forma de formar a sua convicção sobre a verdade dos fatos, e com base nessa convicção, proferir seu julgamento.

Na evolução do direito processual, temos a existência de três sistemas diversos:

— a prova legal

— o da livre apreciação

— o da persuação racional.

---

(27) "Prova emprestada — Inexistência nos autos — Nulidade — A utilização de prova pericial realizada em outro processo, com idêntica situação fática, deve ser admitida em benefício da celeridade processual e como forma de se evitar ônus desnecessário. Sendo, todavia, imprescindível a anexação de cópia do laudo e da manifestação das partes a respeito do mesmo. Sentença que se anula por não ter sido observado esse procedimento". (TRT 3ª Reg., 3ª T., RO 12.068/94, Relª Juíza Maria Laura Franco Lima De Faria, DJMG 8.11.94)

(28) "Prova emprestada — Fatos idênticos — Tratando-se de fatos idênticos, discutidos contra a mesma reclamada, admite-se a prova emprestada, ainda mais levando-se em consideração que o local de trabalho onde o reclamante prestou serviço já não era o mesmo, impossibilitando a realização de prova pericial". (TRT 3ª Reg., 5ª T., RO 1.621/97, Rel. Juiz Marcos Bueno Torres, DJMG 13.9.97)

(29) "Horas extraordinárias — Prova emprestada — Pressupostos fáticos dessemelhantes — Efeitos — Se o depoimento de testemunha vem aos autos por força da juntada de prova emprestada com a anuência das partes, quando da avaliação do conjunto probatório não deve o julgador olvidar a necessidade da existência de pressupostos fáticos semelhantes entre o depoimento obtido sob aquela forma e a situação objetiva do reclamante no desempenho de suas atividades diárias. Não havendo identidade suficiente neste particular, não se revela hábil a prova para a demonstração do fato constitutivo do direito do autor, que é a existência de sobrejornada". (TRT 3ª Reg., 5ª T., RO 5.915/97, Rel. Juiz Luiz Philippe Vieira de Mello Filho, DJMG 25.10.97)

Com base no sistema do critério legal, juiz "apenas afere as provas seguindo uma hierarquia legal e o resultado surge automaticamente. Representa a supremacia do formalismo sobre o ideal da verdadeira justiça"[30].

Embora de forma mitigada, não é possível dizer que tal sistema tenha sido totalmente abolido, eis que o art. 401 do CPC, por exemplo, veda a produção de prova exclusivamente testemunhal nos contratos com valor superior ao décuplo do salário mínimo, o que é inaplicável ao processo do trabalho em face do princípio da primazia da realidade.

Outra restrição à produção da prova, refere-se na contagem do tempo de serviço para fins previdenciários, onde também se nega valor à prova testemunhal, sem um razoável início de prova documental (Lei n. 8.213/91, art. 55).

Do extremo oposto, no sistema da livre apreciação, o juiz apreciava livremente a prova, esteja ela constando ou não nos autos, e estabelecia sua conclusão com base em sua íntima convicção, mesmo que fosse contrária à prova existente nos autos.

A evolução do direito chegou ao sistema da persuação racional, um sistema equilibrado entre os dois extremos citados, em que o juiz tem liberdade na livre avaliação da prova, sem se submeter a nenhum critério preestabelecido, porém deve se ater aos fatos e circunstâncias constantes dos autos, indicando os motivos que o levaram àquela convicção.

Segundo o art. 131 do CPC, "O juiz apreciará livremente a prova, atendendo aos fatos e circunstâncias constantes dos autos, ainda que não alegados pelas partes; mas deverá indicar, na sentença, os motivos que lhe formaram o convencimento".

Aí está, pois, o sistema da persuação racional, ou do livre convencimento motivado, onde o juiz deve, obrigatoriamente, indicar na sentença os motivos que lhe formaram o convencimento.

Contudo, a possibilidade de análise dos fatos e circunstâncias constantes dos autos, ainda que não alegados pelas partes, constante do citado dispositivo, não pode ser interpretado de forma literal.

Como bem indica *Celso Agrícola Barbi*[31], a interpretação desse dispositivo deve partir da necessária consideração dos fatos simples e dos fatos jurídicos.

Segundo suas palavras, os fatos jurídicos "são os que criam, modificam, conservam ou extinguem direitos", e se referem à causa de pedir.

Os fatos simples "não tem essas características, mas servem para demonstrar a existência dos fatos jurídicos", e a estes é que se refere o citado art. 131 do CPC.

---

(30) THEODORO JÚNIOR, Humberto. *Curso de direito processual civil.* 15. ed. v. I. Rio de Janeiro: Forense, 1994, p. 415.
(31) *Comentários ao código de processo civil.* 5. ed. v. I. Rio de Janeiro: Forense, 1988, p. 535.

Em remate, como bem salienta *Celso Agrícola Barbi*[32], "Se o juiz fosse decidir com base em fatos jurídicos não alegados pelas partes estaria, na verdade, julgando outra demanda, porque o que caracteriza esta são precisamente os fatos daquela natureza".

No seu livre convencimento motivado, segundo *Ernane Fidelis*, "O juiz é livre na apreciação da prova. Vigorando o princípio do livre convencimento, não está o juiz adstrito a nenhuma prova, nem tem qualquer delas, em razão de sua peculiaridade, mais valor do que a outra. Pode o juiz, por exemplo, dar prevalência à prova testemunhal sobre a pericial e vice versa".

Segundo esse autor, "Na apreciação da prova, atende o juiz aos fatos e circunstâncias constantes dos autos, ainda que não alegados ou contrariados pelas partes (art. 131)". "Os fatos referidos no art. 131 são os fatos simples, isto é, fatos e circunstâncias que, por si só, não produzem consequência jurídica. O autor alega que o réu o atropelou, culposamente, quando transitava pela contramão. Transitar na contramão é fato simples: fato jurídico é o atropelamento". "O fato jurídico tem de ser alegado para ser conhecido, não o fato simples. Daí, se, nos autos, surgir outro fato simples, mesmo não alegado, como, por exemplo, o excesso de velocidade, pode o juiz dele conhecer, para se concluir no fato jurídico (atropelamento culposo)"[33].

Relativamente à prova testemunhal, é de se relembrar que, nas palavras de *Moacyr Amaral Santos*, "Assim, porque a testemunha precisa ter conhecimento dos fatos, e só é realmente testemunha quem o tenha, segue-se que ao depor sobre eles deverá dar a razão da sua ciência. Dá-la corresponde a justificar o conhecimento que tem dos fatos. Não basta, porém, diga a testemunha conhecer os fatos de ciência própria ou certa. Convirá sempre esclarecer as razões dessa ciência, precisando os motivos e circunstâncias que justifiquem o conhecimento"[34].

Desse modo, na análise da prova testemunhal, a aptidão da testemunha em esclarecer os fatos controvertidos, sua maior ou menor proximidade deles, e seu maior ou menor conhecimento a respeito deles, ensejará o acolhimento ou rejeição do depoimento.

A maior ou menor possibilidade da testemunhas prestar informações aptas ao esclarecimento da realidade vem sendo adotado pela jurisprudência como critério seguro e norteador na análise da prova, como se verifica da seguinte ementa: "Horas extras — Prova. Uma testemunha que trabalhou apenas quinze dias com o empregado não se presta para comprovar a jornada extraordinária deste, durante todo o tempo trabalhado na empresa. Revista provida. (TST, 1ª T., RR 7359/89.9, Rel. Min. Afonso Celso, DJU 19.12.90)".

A produção da prova emprestada também se submete ao livre convencimento motivado do julgador, estatuído no art. 131 do CPC.

---

(32) *Op. cit.*, p. 535.
(33) *Manual de direito processual civil*. 2. ed. v. I. São Paulo: Saraiva, 1988, p. 174.
(34) *Prova judiciária no civil e comercial*. 4. ed. v. III. São Paulo: Max Limonad, 1972, p. 204.

Isso significa que não se acolherão necessariamente as mesmas conclusões sobre a veracidade dos fatos existentes na decisão anterior, mesmo porque não faz coisa julgada a verdade dos fatos estabelecida como fundamento daquela decisão, como indica o art. 469, I, do CPC.

10. BIBLIOGRAFIA

BARBI, Celso Agrícola. *Comentários ao código de processo civil.* 5. ed. v. I. Rio de Janeiro: Forense, 1988.

BATALHA, Wilson de Souza Campos. *Tratado de direito judiciário do trabalho.* 2. ed. São Paulo: LTr, 1985.

CARRION, Valentin. *Comentários à CLT.* 20. ed. São Paulo: Saraiva, 1995.

FIDELIS, Ernane. *Manual de direito processual civil.* 2. ed. v. I. São Paulo: Saraiva, 1988.

NASCIMENTO, Amauri Mascaro. *Curso de direito processual do trabalho.* 22. ed. São Paulo: Saraiva, 2007.

OLIVEIRA, Francisco Antônio de. *Comentários aos enunciados do TST.* São Paulo: Revista dos Tribunais, 1991.

RUSSOMANO, Mozart Victor. *Comentários à CLT.* 13. ed. Rio de Janeiro: Forense, 1990.

SANTOS, Moacyr Amaral. *Comentários ao código de processo civil.* 4. ed. v. IV. Rio de Janeiro: Forense, 1988.

_____. *Prova judiciária no cível e comercial.* 4. ed. São Paulo: Max Limonad, 1972.

TALAMINI, Eduardo. Prova emprestada no processo civil e penal. In: *Revista de Informação Legislativa,* Senado Federal, Brasília, n. 140, out./dez. 1998.

TEIXEIRA FILHO, Manoel Antonio. *A prova no processo do trabalho.* 7. ed. São Paulo: LTr, 1997.

THEODORO JÚNIOR, Humberto. *Curso de direito processual civil.* 15. ed. Rio de Janeiro: Forense, 1994.

CAPÍTULO 9

DO PROCESSO COLETIVO DO TRABALHO
Observações sobre a Defesa do Direito Coletivo em Ação Civil Pública

Amauri Mascaro Nascimento[*]

1. O Sindicato pode legitimamente representar o interesse coletivo em ações civis pública, mas há questões que merecem a nossa reflexão em alguns casos nos quais ingressa com ação coletiva legitimando-se na qualidade de substituto processual de todos os empregados, listados ou não na inicial, sócios ou não da entidade, para pedir, por exemplo, o pagamento, como salário acrescido, de jornada *in itinere* de todos os empregados, quer façam jornadas comuns ou diferentes, quer noturnas, diurnas ou mistas, pela contagem minuto a minuto, considerando-se a hora noturna reduzida e a dobra nos finais de semana ou feriados, com integração no salário-base de todos os adicionais que um empregado receba, inclusive aos já desligados da empresa, não importando a diversidade de residências dos empregados pois alguns moram no próprio Município, outros em Município periféricos, todos conduzidos por ônibus da empresa, outros, ainda, em evidente situação diferente, transportando-se para a fábrica em veículos próprios, automóveis ou motos, outros mais, transportando-se em carona com colegas ou parentes.

2. A ação coletiva é cabível para os fins pretendidos?

Várias cogitações podem ser feitas.

Estar-se-á diante de pleito de direitos homogêneos, tamanha a diversidade de situações, muito menos de origem comum? Será igual o período de deslocamento dos trabalhadores, de suas residências até o local de trabalho e respectivo retorno (horas *in itinere*). É heterogênea cada situação dos empregados porque o tempo de deslocamento de cada um deles varia de acordo com o local de sua residência? Em casos nos quais os percursos não são os mesmos e são servidos por diversas linhas de ônibus ou microônibus que atendem as empresas em mais de 100 (cem) itinerários diferentes, nos diversos turnos, dias e horários da semana como configurar uma situação homogênea? E se o número de empregados substituídos for de por exemplo 10.000 pessoas? É possível em sede de substituição

---

(*) Professor Titular Aposentado de Direito do Trabalho da Faculdade de Direito da USP e Orientador de Mestrado e Doutorado da mesma Faculdade. Presidente Honorário da Academia Nacional de Direito do Trabalho. Membro da Academia Brasileira de Letras Jurídicas. Secretário da Academia Iberoamericana de Direito do Trabalho. Ex-Juiz do Trabalho. Ex-Promotor de Justiça em São Paulo.

processual a apuração de quais e quantos trabalhadores optaram por não utilizar o transporte oferecido pelas empresas, bem como da freqüência com que exerceram dita opção?

3. Substituição processual não admite *nuance pessoal* se há diversidade entre as *situações pessoais* de cada trabalhador, o direito pleiteado possui natureza heterogênea e personalíssima.

Uma sentença, a pretexto de ser genérica, não pode criar um parâmetro fictício para quantificar a condenação.

4. O *tempus in itinere,* como observa o próprio doutrinador precursor da sua discussão, *Montenegro Baça,* do Peru, em determinadas circunstâncias não vale a pena computar na jornada porque acarreta inúmeros problemas mais que vantagens e sua aplicação seria "odiosa y extremamente difícil", uma vez que cada trabalhador reside em uma distância diferente do local de trabalho e cada trabalhador, escolhendo onde morar, receberá quantias maiores ou menores, dependendo da distância em que resolveu morar.

5. Permitimo-nos iniciar com uma breve exposição sobre as ações coletivas para depois verificar se estamos, no caso concreto, diante de direitos individuais homogêneos ou de direitos heterogêneos e o fazemos porque não é adequado transferir um meio processual instituído para hipóteses do direito comum para as relações de trabalho sem o cuidado de ver se a transposição facilita ou dificulta a solução dos problemas que o caso enfrenta.

A ação coletiva surgiu em razão de uma particular relação entre a matéria litigiosa e a coletividade que necessita da tutela para solver o litígio (Didier). Seu modelo inicial, do qual se valeu o direito processual comum brasileiro, foi o das *class actions* norte-americanas para proteger os indivíduos ou grupos de indivíduos de lesões de massas identificadas por uma comunhão de questões e identidade fática ou de direito. Contudo, há distinções importantes entre a *class action* e a ação civil pública, em especial no que tange à legitimidade *ad causam*. Enquanto na ação civil pública apenas entes institucionais podem ser autores, no caso da ação norte-americana qualquer indivíduo é legitimado para propô-la.

Foi da influência dos processualistas italianos da década de setenta que surgiram no Brasil as ações coletivas para defesa de macrolesões, transformando, assim, o quadro da nossa processualística até então voltada para o processo individual. Os danos de massa para cuja defesa foram instituídas estão bem claros (Lei n. 7.347, de 1985), danos causados ao meio ambiente, ao consumidor, a bens e direitos de valor artístico, estético, histórico, turístico e paisagístico. Como o art. 6º do Código de Processo prevê a legitimação extraordinária com a qual alguém em nome próprio defende direito alheio, os sindicatos, mesclando todos esses remédios processuais, e interpretando em sentido amplo o art. 8º, III da Constituição Federal — o que foi avalizado pelo Supremo Tribunal Federal —, no que foi acompanhado pelo Ministério Público do Trabalho, passaram a postular de modo diferente daquele com o qual atuavam nos conflitos coletivos, por meio do dissídio coletivo. Deram espaço à substituição processual. Inúmeras foram as ações movidas a esse título.

O Código de Defesa do Consumidor (Lei n. 8.078, art. 81), cuja destinação está em seu nome, por aplicação subsidiária — para alguns direta —, lastreou a ação coletiva nas suas três iniciais formas, para a defesa de *direitos difusos*, para a defesa de *direitos coletivos propriamente ditos* e para a defesa de *direitos individuais homogêneos,* que se tornaram categorias do direito processual do trabalho por um método de adaptação que não passou ainda pelo crivo rigoroso de uma doutrina capaz de mostrar em que são e não são aplicáveis esses tipos de direitos no âmbito das relações de trabalho, que só conheciam os direitos individuais e os direitos e interesses coletivos.

Passou-se, com a maior simplicidade, a falar-se, no âmbito trabalhista, em direitos difusos e em direitos individuais homogêneos, em interesses metaindividuais, com respaldo de bibliografia conceituada quase toda de Procuradores do Trabalho — em indisponibilidade dos direitos do trabalhador apesar das seguidas conciliações efetuadas na Justiça do Trabalho, nas Comissões de Conciliação Prévia, da transacionabilidade prevista na OJ n. 270 para os Programas de Demissão Voluntária e da renúncia admitida pela STST n. 51 quanto a regulamentos internos de empresas.

A discussão é, como já tive oportunidade de dizer, mais uma etapa do processo que, gradativamente, vem retirando, da Justiça do Trabalho, as suas características originárias, processo esse que para alguns é visto como *modernização das técnicas* de solução dos conflitos trabalhistas, para outros *erosão das bases instituidoras da jurisdição trabalhista* como parte da revolução que atinge o direito do trabalho.

6. A segunda etapa do mesmo processo deu-se com o esvaziamento parcial do dissídio coletivo econômico cujas origens foram internas, do próprio Poder Judiciário, pela jurisprudência não só do Tribunal Superior do Trabalho (E.TST n. 190) ao concluir que "decidindo ação coletiva ou homologando acordo nela havido o TST exerce o poder normativo constitucional *não podendo criar ou homologar condições de trabalho que o STF julgue iterativamente inconstitucionais*", como, também, do Supremo Tribunal Federal (RE n. 197911-9, Pernambuco, 24.9.96, Rel. Min. Octávio Gallotti), que, ao interpretar o art. 114 da Constituição Federal, decidiu que a Justiça do Trabalho, no exercício do poder normativo, "pode criar obrigações para as partes envolvidas nos dissídios desde que atue no vazio deixado pelo legislador e não se sobreponha ou contrarie a legislação em vigor, sendo-lhe vedado estabelecer normas e condições vedadas pela Constituição ou dispor sobre matéria cuja disciplina seja reservada pela Constituição ao domínio da lei formal".

A regra, em consonância com o princípio da *autonomia do cidadão*, é a que preserva aos indivíduos o poder de agir sem a tutela de entes públicos ou privados que pretendam substituir aos particulares, a pretexto de sua incapacidade ou impotência, fato este sumamente grave porque, longe de representar a salvaguarda da cidadania, alberga o risco de transformar a comunidade em um conglomerado de incapazes (v. REALE, Miguel. *Questões de direito público*. São Paulo, 1997).

7. A Constituição de 1988 (art. 8º) atribuiu ao sindicato a função de defender os *direitos e interesses coletivos ou individuais da categoria*.

A substituição processual de não sócios do Sindicato é artificial, uma vez que o Sindicato não dispõe de dados suficientemente seguros para saber quantos e quais são os integrantes da categoria para relacioná-los no processo. Poderá dispor, quando muito, da relação dos seus sócios, mas não de todos os membros da categoria, pela fungibilidade com que alguém entra e sai de um emprego e, concomitantemente, ingressa ou deixa de pertencer a uma categoria.

Se o sindicato não sabe quantos e quais são os membros da categoria, esse dado é fluido, sofre alterações automáticas e sem nenhuma possibilidade de acompanhamento, porque basta um empregado mudar de setor para deixar de ser membro da categoria "A" e passar a pertencer à categoria "B".

Não há adequada correspondência entre o suposto substituído e a entidade que se propõe a substituí-lo, dificultando, inclusive, a distribuição dos créditos que o Sindicato consiga haver na execução, a menos que obtenha autorização do trabalhador interessado em ser substituído.

Com a Lei de Ação Civil Pública operou-se, no ordenamento jurídico brasileiro, como afirma *Gregório Assagra de Almeida* (v. *Direito Processual Coletivo Brasileiro*. São Paulo: Saraiva, 2003. p. 26), "uma revolução, transformando-se de ordenamento de tutela jurisdicional de direito individual para ordenamento de tutela jurisdicional também de direitos e interesses massificados".

Para acompanhar a renovação, deu-se, no processo trabalhista: o uso máximo da substituição processual, do art. 6º do CPC pelos sindicatos; o pouco interesse dos sindicatos pelo mandado de segurança coletivo; a preferência, dos sindicatos, em representar, ao Ministério Público, para que este órgão, com os poderes de que dispõe, promovesse investigações prévias, inquéritos civis e ações civis públicas; a interpretação ampla do art. 8º, III, da Constituição.

Ganhou dimensão, principalmente por essas causas, o processo civil coletivo do trabalho e, por sua influência, a reinterpretação do processo trabalhista nele ingressando tipos de ações antes ignoradas: a ação civil pública (CF, art. 129, III), o mandado de segurança coletivo (CF, art. 5º, LXX), o mandado de injunção — com restrições — (CF. art. 5º, LXXIII) e a substituição processual.

8. Todavia, a substituição processual trouxe problemas no âmbito trabalhista para o qual foi aplicada sem tempo para um embasamento dogmático em que venha a sustentar-se e entre esses problemas estão: 1) uso para pleito inadequado à falta de delimitações legais. Exemplo: alteração de data de pagamento de salários (TST — ERR 346196 — SDI 1 — Rel. Min. Rider Nogueira de Brito — DJ em 14.12.01); 2) cobrança de todo tipo de diferenças salariais (TST — RR 364893 — 4ª Turma — Rel. Juiz Convocado Aloysio Corrêa da Veiga — DJ em 21.6.2002; 3) defesa de interesses individuais que não tenham natureza coletiva (TST — RR 402506 — 3ª Turma — Rel. Min. Carlos Alberto Reis de Paula — DJ em 14.12.01); 4) falta do rol de substituídos na inicial da ação trazendo as seguintes dificuldades:

a) nomes de substituídos que surgem após o trânsito em julgado, o que dificulta, nesta instância do processo, a verificação exata das situações específicas de cada substituído, dependente que é de provas na fase cognitiva; b) ampliação, na execução, dos limites da coisa julgada, por exemplo em processo de adicional de periculosidade existente em algumas funções da empresa mas não em todas, estendido, na execução, a todas as funções da empresa (TRT 2ª Região — 8ª Turma — RO 02890124902 — Rela. Juíza Antonia Bueno e TRT/2ª Região, Proc. n. 12.931/99.0, originário da 8ª Vara do Trabalho de SP); c) cálculos periciais em alguns casos por estimativa pelo volume do trabalho e homologação dos cálculos pelo Juiz tal como apresentados pelo perito sem solucionar os problemas jurídicos que aparecem na execução com a apresentação do rol de substituídos; 5) artificialidade da individualização dos substituídos tendo em vista a dificuldade do sindicato para relacionar e identificar corretamente cada substituído uma vez que não conhece quantos e quais são os não filiados membros da categoria; 6) alterações dos sujeitos e da legitimidade para agir, desligamentos de empregados comprometendo, na execução, o efetivo cumprimento da condenação; 7) reversão, para os cofres sindicais, dos quantitativos recebidos pelo sindicato que não localiza substituídos; 8) desdobramentos, no curso do processo, de categorias profissionais e econômicas, ou fundação de novos sindicatos, mudando a representatividade e a legitimação para agir; 9) proibição, enquanto pendente a ação ajuizada pelo sindicato profissional, da ação individual pelo titular do direito material (litispendência) (TST — RR 470817 — 5ª Turma — Rel. Min. Rider Nogueira de Brito — DJ em 5.4.2002) e decisões em sentido contrário por se tratarem de ações conexas mas autônomas, com duplicidade de demandas judiciais concomitantes com o mesmo pleito (TST — ROAR 422107 — SDI II — Rel. Min. Gelson de Azevedo — DJ em 3.5.2002).

9. Não é demais acrescentar a jurisprudência que segue:

"os interesses individuais homogêneos se apresentam como subespécie dos interesses transindividuais ou coletivos em sentido lato. São interesses referentes a um grupo de pessoas que transcendem o âmbito individual, embora não cheguem a constituir interesse público. 3 — Para a admissibilidade da tutela desses direitos ou interesses individuais, é imprescindível a caracterização da sua homogeneidade, isto é, sua dimensão coletiva deve prevalecer sobre a individual, caso contrário os direitos serão heterogêneos, ainda que tenham origem comum (...)" (TST — RR n. 811/2001-301-02-00, DJ em 17.3.06, Rel. Min. Barros Levenhagen).

"1) AGRAVO DE INSTRUMENTO DO RECLAMANTE. HIPÓTESE DE PROVIMENTO. SUBSTITUIÇÃO PROCESSUAL. POSSÍVEL VIOLAÇÃO AO ART. 8º, III, DA CONSTITUIÇÃO FEDERAL. Dá-se provimento ao Agravo de Instrumento quando demonstrada uma possível violação ao art. 8º, III, da Constituição Federal. Agravo provido. 2) RECURSO DE REVISTA DO RECLAMANTE. SUBSTITUIÇÃO PROCESSUAL. INEXISTÊNCIA DE VIOLAÇÃO AO ART. 8º, INCISO III, DA CONSTITUIÇÃO FEDERAL. O mandamento contido no art. 8º, III, da Constituição Federal não outorga poderes amplos e irrestritos aos sindicatos para defender os direitos heterogêneos da categoria. Devida a particularidade de cada caso, apenas os direitos homogêneos não sofrem qualquer restrição legal. No caso dos direitos heterogêneos, cada trabalhador tem uma característica diferente dos demais, o que impede o sindicato de agir como substituto processual, pois o benefício não poderá ser estendido a todos os integrantes da categoria, sendo necessário um exame individual para verificar se o empregado tem ou não direito ao referido benefício pleiteado pelo sindicato. Revista não conhecida." (TST — DECISÃO: 3.12.2003 — NUMERAÇÃO ÚNICA PROC: RR — 1018-2001-059-03-00 — RECURSO DE REVISTA — ÓRGÃO JULGADOR — QUINTA TURMA — DJ DATA: 6.2.2004- Relator JUIZ CONVOCADO João Carlos Ribeiro de Souza).

Colhe-se, do inteiro teor do voto da decisão *supra*, que se tratava de ação de substituição processual na qual o sindicato pleiteava horas extras e domingos e feriados trabalhados. O acórdão regional, neste aspecto, havia concluído que "ao postular o pagamento de horas extras e domingos e feriados trabalhados, o sindicato formula pedido de natureza individual, hipótese ausente no ordenamento jurídico vigente, configurando a ilegitimidade da parte", entendimento mantido pelo TST:

"SUBSTITUIÇÃO PROCESSUAL. LEGITIMIDADE DO SINDICATO RECLAMANTE. Consoante o entendimento contido no Enunciado n. 310 do C. TST, o art. 8º, III, da Constituição, não conferiu ao sindicato a prerrogativa de atuar, irrestritamente, como substituto processual de toda a categoria que representa. O entendimento majoritário do TST é, portanto, no sentido de que a matéria contida nesse dispositivo não é auto-aplicável, exigindo regulamentação, motivo pelo qual estaria restrita, atualmente, às reivindicações salariais fundadas em lei sobre política salarial, assim como às hipóteses dos arts. 195 e 872 da CLT. Não se olvida que a Jurisprudência do Supremo Tribunal Federal (RE 202.063-0, Rel. Ministro Octávio Gallotti) tem se inclinado no sentido de dar amplitude ao instituto da substituição processual da categoria pelo Sindicato, com base no dispositivo constitucional já referido. Essa legitimação extraordinária, no entanto, fica afastada quando a controvérsia envolver direitos que não podem ser considerados coletivos e/ou individuais homogêneos da categoria ou cumprimento de norma coletiva. Logo, se o pleito inicial diz respeito ao cabimento de férias-prêmio, qüinqüênios e anuênios, a hipótese revela a discussão de direitos individuais, frente à situação pessoal de cada empregado substituído, motivo pelo qual o sindicato não possui legitimidade para atuar como substituto processual." (TRIBUNAL: 3ª Região — DECISÃO: 20.5.2003 — RO N.: 1437 ANO: 2003 — NÚMERO ÚNICO PROC: RO — 00916-2002-042-03-00 — Segunda Turma — DJMG DATA: 28.5.2003 P: 14 — Relatora Juíza Alice Monteiro de Barros).

"SUBSTITUIÇÃO PROCESSUAL. LEGITIMIDADE DO SINDICATO RECLAMANTE. A Jurisprudência do Supremo Tribunal Federal (RE 202.063-0, Rel. Ministro Octávio Gallotti) tem sido no sentido de se dar amplitude ao instituto da substituição processual da categoria pelo Sindicato, com base no inciso III do art. 8º da Constituição Federal, superando-se a restrição imposta no Enunciado da Súmula n. 310 do E. TST. Essa legitimação extraordinária, entretanto, não pode ser admitida quando não se discutem direitos coletivos e individuais homogêneos da categoria ou cumprimento de norma coletiva, mas se pretende apenas a extensão a

> todos empregados da empresa de participação nos lucros paga em valores superiores aos estipulados em negociação coletiva para alguns. Hipótese que revela a discussão de direitos individuais decorrentes da situação individual de cada empregado substituído, confrontada com a dos eventuais contemplados com a referida liberalidade, já que, fincados apenas no princípio da isonomia, cobram a verificação do trabalho igual caso a caso." (TRIBUNAL: 3ª Região — DECISÃO: 18.12.2001 — RO NUM: 15986 ANO: 2001 — Segunda Turma — DJMG DATA: 6.2.2002 P: 22 — Relatora Juíza Alice Monteiro de Barros).

Em recente decisão o TRT da 4ª Região posicionou-se pelo não-cabimento da substituição processual pelo sindicato em ação em que se postulavam horas extras, domingos e feriados laborados e intervalos não usufruídos, pelo fato de prevalecerem no caso os aspectos particulares, e não os aspectos comuns. Eis o seu teor:

> "Substituição processual. Sindicato. Desde o cancelamento do então Enunciado n. 310 do TST, o entendimento sobre a legitimidade do sindicato para atuar na defesa dos interesses e direitos coletivos e individuais da categoria adquiriu contorno mais abrangente. Não se cogita, no entanto, de que essa legitimidade seja ampla e irrestrita. A Constituição da República assegura a legitimação do sindicato para a defesa dos direitos e interesses individuais da categoria, ou seja, dos direitos e interesses individuais homogêneos de que trata o art. 81, III, do CDC. Não há, por outro lado, legitimidade para a defesa de interesses e direitos individuais dos integrantes da categoria. A postulação de horas extras, domingos e feriados laborados e intervalo não-usufruídos demanda análise específica da situação de cada substituído. Não se enquadra, pois, na idéia de interesse ou direito individual da categoria ou homogêneo." (TRT 4ª Região — RO n. 01325-2005-611-04-00-3 — Rel. Juiz Fabiano de Castilhos Bertolucci, publicado em 22.11.2006).

Idêntico entendimento foi adotado pelo TRT da 2ª Região:

> "Substituição processual. Integração de horas extras. O Sindicato não é substituto processual para postular integração de horas extras para os substituídos. Trata-se de hipótese de legitimação ordinária, comum, e não extraordinária, como ocorre na substituição processual. Esta só pode ser exercitada nos casos previstos em lei; a- ação de cumprimento (parágrafo único do art. 872 da CLT); b- adicional de insalubridade ou periculosidade (art. 195, § 2º, da CLT); c- reajustes salariais (art. 3º da Lei n. 8.073 e En. 331, IV). Nenhuma das hipóteses é a dos autos, pois o que o autor pretende é a integração de horas extras em outras verbas. Correta a extinção do processo sem julgamento de mérito, por ilegitimidade de parte (art. 267, VI, do CPC)." (TRIBUNAL: 2ª Região — ACÓRDÃO N.: 02980122313 DECISÃO: 10.3.1998 — RO N.: 02970000169 ANO: 1997 — RECURSO ORDINÁRIO — ÓRGÃO JULGADOR — TERCEIRA TURMA — DOE SP, PJ, TRT 2ª Data: 24.3.1998 — Relator Sérgio Pinto Martins).

São questões que adquiriram importância porque as situações oriundas das relações de trabalho nas quais se lida com empregados que trabalham em setores diferentes, em funções diferentes, em ambientes não iguais, com horários diversos, com antiguidade no serviço também desigual, com salários de valores não coincidentes, exercendo funções dificilmente idênticas e equiparáveis como fica claro diante das dificuldades da instrução probatória de processos de equiparação salarial, formam uma tipologia que dificilmente pode ser comparada àquela para a qual o Código de Defesa do Consumidor e a Lei n. 7.347, de 1985 foram projetadas, a defesa do consumidor geral pela comercialização de um produtivo lesivo à saúde vendido no mercado, a proteção da população que vive da pesca diante da poluição do mar por um vazamento de produto nocivo à saúde, a população de uma cidade por um dano paisagístico que uma demolição ou uma edificação inadequada podem trazer, a violação de direito líquido e certo dos aposentados por uma lei inconstitucional atacada por mandado de segurança coletivo e assim por diante.

10. Ao Ministério Público do Trabalho (LC n. 75/95, art. 83) foram atribuídas novas funções junto aos órgãos da Justiça do Trabalho, inclusive promover a ação civil pública para defesa de interesses coletivos quando desrespeitados os direitos sociais constitucionalmente garantidos.

Mas não há uma lei disciplinando a substituição processual dos membros da categoria pelos sindicatos, daí o apelo ao art. 6º do CPC que não se destina a esse fim específico.

11. Que são *direitos individuais homogêneos*?

O *quadro dos fatos descritos enquadra-se no conceito de direitos individuais homogêneos* habilitantes da substituição processual?

O Código de Defesa do Consumidor, art. 81, dispõe que a tutela dos interesses do consumidor pode exercer-se nos casos de lesão a interesses ou direitos individuais homogêneos assim considerados os de *origem comum,* sem explicitar, contudo, o que significa homogeneidade e o que quer dizer origem comum, com o que a discussão ficou aberta para a doutrina e para a verificação dos casos concretos.

A alusão a interesses individuais homogêneos aparece também na Lei Orgânica do Ministério Publico, *in verbis*: "art. 25 — Além das funções previstas nas Constituições Federal e Estadual, na Lei Orgânica e em outras leis, incumbe, ainda, ao Ministério Público: IV — promover inquérito civil e a ação civil pública, na forma da lei: a) para proteção, prevenção e reparação de danos causados ao meio ambiente, ao consumidor, aos bens e direitos de valor artístico, estético, paisagístico, e a outros interesses difusos, coletivos e individuais indisponíveis e *homogêneos*".

E esses aspectos são de fundamental importância porque *origem* dá a idéia de fonte de onde emana algo ou alguma coisa e a interpretação tanto pode ser levada para o aspecto normativo — caso em que uma norma comum abrange todos os casos — como para um fato da vida real — o que conduz o debate para a avaliação da origem tal como ela é no plano sociológico da existência física.

Por outro lado, *origem comum* tanto pode ser aquela que acontece simultaneamente, no mesmo tempo, como a que ocorre sucessivamente em um lapso de tempo.

As mesmas dúvidas residem no que tange à interpretação a ser dada a *direitos individuais homogêneos* porque também neste ponto mais de uma avaliação é permitida, já que a homogeneidade tanto seria *indivisibilidade* como, ainda, *semelhança* e a sua ontogenia pode ser tida ou como normativa ou como substancial e fática também.

Nesse caso, discutir-se-ia se o fenômeno a que a lei se refere como de *origem comum* trata de direitos *materialmente* divisíveis ou indivisíveis. É uma análise de fatos, portanto.

E a doutrina, como se posiciona?

Não é demais anotar o que dizem alguns autores.

Apesar de longa a transcrição, vale a pena mostrar o pensamento de *Ada Pelegrini Grinover* (*Das class action for damages* à ação de classe brasileira: os requisitos de admissibilidade. *Revista Forense*, v. 1, v. 352, 2000, Rio de Janeiro).

Entende que "... não há homogeneidade entre situações de fato ou de direito sobre as quais as características pessoais de cada um atuam de modo completamente diferente... Sendo os direitos heterogêneos, haverá impossibilidade jurídica do pedido de tutela coletiva. Chega-se, por esse caminho, à conclusão de que a *prevalência das questões comuns sobre as individuais,* que é condição de admissibilidade no sistema das *class actions for damages* norte-americanas, também o é no ordenamento brasileiro, que só possibilita a tutela coletiva dos direitos individuais quando estes forem *homogêneos.* Prevalecendo as questões individuais sobre as comuns, os direitos individuais serão heterogêneos e o pedido de tutela coletiva se tornará juridicamente impossível. O requisito da *superioridade* da tutela coletiva, em relação à individual, em termos de justiça e eficácia da decisão, pode ser abordado, no direito brasileiro, sob dois aspectos: o do interesse de agir e o da efetividade do processo..."

E prossegue:

"Lembra-se que o interesse de agir, nos ordenamentos da *civil law,* é a condição da ação que exige, para o seu exercício, a necessidade e a utilidade do provimento jurisdicional invocado, além da adequação deste à proteção do direito reclamado. Isto quer dizer que a via judicial só pode ser buscada quando necessária, ou seja, quando as forças do direito material se mostrarem insuficientes pra solucionar a controvérsia; e a utilidade corresponde à aferição, no plano concreto, de que o provimento jurisdicional invocado será útil para assegurar o bem da vida pretendido pelo autor. Os requisitos da necessidade e da utilidade se colocam no plano da economia processual, porquanto a função jurisdicional, que demanda dispêndio de energias, só pode ser ativada se for efetivamente necessária e útil.

Por sua vez, o requisito da adequação significa que o provimento jurisdicional invocado deve ser adequado á proteção do direito em vias processuais previstas no ordenamento jurídico, a que for apta à tutela de um determinado interesse...

Se o provimento jurisdicional resultante da ação civil pública em defesa de direitos individuais homogêneos não é tão eficaz quanto aquele que derivaria de ações individuais, a ação coletiva não se demonstra útil à tutela dos referidos interesses. E, ademais, não se caracteriza como via adequada à sua proteção."

E conclui:

"Parece possível estabelecer uma correlação entre o requisito da prevalência dos aspectos comuns e o da superioridade (ou eficácia) da tutela por ações de classe. Quanto mais os aspectos individuais prevalecerem sobre os comuns, tanto mais a tutela coletiva será inferior à individual, em termos de eficácia da decisão... Isso significa que o requisito da superioridade da tutela coletiva, em termos de "justiça e eficácia da decisão", colocado acima como interesse-utilidade e interesse-adequação, deve também ser examinado enquanto exigência da função social do processo, entendido como instrumento que efetivamente leve à pacificação com justiça.

12. Uma sentença genérica que não seja idônea a pacificar com justiça e um processo coletivo incapaz de solucionar a controvérsia de direito material não podem encontrar guarida num ordenamento processual moderno, com o é o brasileiro. A técnica processual deve ser utilizada, então, para evitar e corrigir eventuais desvios de caminho de um processo que há de ser aderente à realidade social.

Reforça-se, assim, a necessidade de lançar mão de institutos como as condições da ação, para evitar que o processo leve a um resultado ineficaz (em termos de utilidade da decisão), inadequado (em termos de correspondência entre a pretensão de direito material e a tutela pretendida) ou injusto (em termos ao contraditório)".

Kazuo Watanabe (*CDC Comentado*, Cap. I, comentários aos arts. 81 a 90), depois de mostrar que direitos individuais homogêneos são os decorrentes de origem comum, afirma que "a *homogeneidade* e a *origem comum* são, portanto, os requisitos para o tratamento coletivo dos direitos individuais", e acrescenta:

"A origem comum pode ser de fato ou de direito, e a expressão não significa, necessariamente, uma unidade factual e temporal", com o que quer dizer que a causa pode ser próxima ou remota no tempo, próxima como no caso da queda de um avião que vitimou diversas pessoas ou remota, mediata, como no caso de um dano à saúde imputada a um produto potencialmente nocivo que pode ter como causa próxima as condições pessoais ou o uso inadequado do produto.

E afirma que "quanto mais remota for a causa, menos homogêneos serão os direitos".

Enfatiza, citando *Ada Grinover*, que "a origem comum, sobretudo se for remota pode não ser suficiente para caracterizar a homogeneidade".

Termina com o princípio para solucionar o problema da homogeneidade ou heterogeneidade: é a *prevalência da dimensão coletiva ou da dimensão individual*.

13. Penso que *o cabimento da ação coletiva deve ser aferido não apenas em sua ponta inicial, a origem comum, embora esse dado seja da maior importância, mas também na ponta final, do tipo de sentença que exige, a sentença genérica.*

Poderíamos falar em *princípio da prioridade e da exeqüibilidade da sentença genérica.*

Onde é possível sentença genérica é cabível ação coletiva e, ao contrário, onde não é possível sentença genérica é manifesta a impropriedade da ação coletiva.

Explico melhor.

Toda ação coletiva leva a uma *sentença genérica* e só pode ser considerada como tal aquela que compreender, que se prestará a todos os casos igualmente, caso contrário a sentença não será genérica mas específica e individualizada para cada situação diferente. Se a sentença genérica não é suficiente para abranger todas as situações focalizadas, não se deve permitir a ação coletiva porque os problemas de liquidação de sentença serão, por sua vez, individualizados em detrimento do comando emergente da decisão judicial e em prejuízo do direito ao contraditório, que se exercido na fase de conhecimento é amplo, mas se deixado para a execução é comprometido pela limitação probatória nessa fase.

As situações apontadas como os fatos em que se fundamenta a inicial para os pleitos formulados, as horas *in itinere*, o tempo de transbordo (baldeação) e a troca de turnos, diversificam-se de modo que exige uma decisão sobre cada um dos diferentes fatos de que se compõe o todo, fragmentando-se em múltiplos pronunciamentos, prevalecendo a dimensão individual sobre a coletiva de modo a deixar claro que a ação coletiva no presente caso não pode cumprir os seus fins.

Os fatos sobre os quais uma sentença teria que separadamente pronunciar-se são muitos.

Enumerem-se.

Primeiro, há empregados que vão para o local de serviço em condução própria, outros em ônibus público, e outros em microônibus fornecido pelo empregador, situações, portanto, diversas, não existindo controle a respeito do que ocorreu com cada substituído, da sua situação específica, já que pode locomover-se por qualquer dos três meios indicados, e por sua conveniência e opção, com o que a sentença genérica não abrange todas as três situações.

Segundo, o tempo de percurso de cada trabalhador não é o mesmo que o de outro ou outros, cada um mora em uma localidade, em bairro, município, rua cujas distâncias do local de trabalho são para uns mais próximas, para outros mais longas e a sentença teria que ser diferente para quantificar o tempo *in itinere* de cada empregado, sendo impossível fixar uma só duração de trajeto tantas que são as variáveis dos empregados em trajetos percorridos por muitas de ônibus ou microônibus.

Terceiro, o empregado que em um dia transporta-se em condução fornecida pela empresa, em outro dia pode ir "de carona" ou em veículo próprio que usa de vez em quando para ir e voltar do serviço.

Quarto, é inviável, em fase de liquidação de sentença, o levantamento de cada situação-tipo, a dos que trabalham têm um trajeto comum — o que é praticamente impossível — e a variabilidade de trajetos tantas quantas sejam as residências, mais próximas ou distantes da empresa, nas quais escolheram morar.

A *heterogeneidade é manifesta*.

Os fatos impossibilitam uma sentença genérica capaz de abordar cada situação.

A prova de cada situação-tipo não pode ser relegada para liquidação-execução, muito menos por meio de uma perícia — como às vezes se vê —, que nada conseguiria apurar em um universo tão grande.

Mesmo porque tempo *in itinere* não é questão que dependa de perícia ou de juízo técnico.

A natureza e extensão dos créditos deixam claro que sem individualização e quantificação dos valores de cada substituído seria impossível executar a sentença, a menos que se queira transformá-la não em direito material dos substituídos, mas em direito material do sindicato quando todos sabem que a substituição visa criar a homogeneidade para facilitar e não para dificultar a ação.

Não vejo no caso a origem comum ou tese jurídica comum que possa beneficiar a todos os substituídos, mesmo porque o aspecto jurídico em debate fica subordinado ao exame e enquadramento dos fatos e estes são, sem nenhuma dúvida, múltiplos tendo em vista a realidade diversa de cada empregado.

Não poderia, nessas condições, ser preservado o contraditório pleno, princípio básico do processo, se transferidas para a liquidação-execução a prova individualizada de tantos fatos. Muito menos o exato cumprimento do dever que o Juiz tem de fundamentar as decisões de cada situação-tipo, como exige a lei constitucional.

CAPÍTULO 10

DA SENTENÇA TRABALHISTA E SEUS EFEITOS

Sergio Pinto Martins[*]

1. CONCEITO

A palavra sentença vem do verbo latino *sentire*. O juiz sente o fato e o direito e faz incidir o direito sobre o fato[1].

Utiliza a CLT a palavra *decisão* nos arts. 831, 832 e 850 em vez de *sentença*. A palavra *decisão* é o gênero do qual é espécie a *sentença*, pois não deixa de ser uma decisão um despacho proferido pelo juiz, ainda que não possa ser equiparado a sentença, visto que decide alguma coisa nos autos. Melhor, portanto, é a palavra *sentença* para qualificar a conclusão do processo, como o faz o CPC.

O § 1º do art. 162 do CPC dispõe que sentença é ato do juiz que implica alguma das situações previstas nos arts. 267 e 269 do CPC. Adota o conceito do conteúdo da sentença. O aspecto anterior mostrava o efeito da sentença. O processo não termina com a sentença. Em certos casos, há execução forçada.

Decisão interlocutória é o ato pelo qual o juiz, no curso do processo, resolve questão incidente (§ 2º do art. 162 do CPC), sem pôr fim ao processo. Despachos são os atos praticados pelo juiz no processo, de ofício ou a requerimento da parte, a cujo respeito a lei não estabelece outra forma (§ 3º do art. 162 do CPC). Os atos meramente ordinatórios, como a juntada e a vista obrigatória, independem, porém, de despacho, devendo ser praticados de ofício pelo servidor e revistos pelo juiz quando necessário.

As decisões proferidas pelos órgãos colegiados de grau superior têm o nome de acórdãos (art. 163 do CPC). Nos dissídios coletivos, que são de competência dos tribunais, as decisões são chamadas de sentença normativa.

O juiz não se exime de sentenciar ou despachar alegando lacuna ou obscuridade da lei. No julgamento da questão, deverá aplicar a lei. Inexistindo esta, recorrerá à analogia, aos costumes e aos princípios gerais de direito (art. 126 do CPC).

A eqüidade só será utilizada nos casos previstos em lei (art. 127 do CPC). O art. 8º da CLT a prevê, sendo possível a sua utilização no processo do trabalho.

(*) Juiz do TRT da 2ª Região. Professor titular de Direito do Trabalho da Faculdade de Direito da USP.
(1) MARTINS, Sergio Pinto. *Direito processual do trabalho*. 27. ed. São Paulo: Atlas, 2007. p. 357.

Caso o juiz se convença de que autor e réu estão se servindo do processo para praticar ato simulado ou conseguir fim vedado por lei, o juiz proferirá sentença que obste o objetivo das partes, extinguindo o processo sem julgamento de mérito (art. 129 do CPC). É o caso de as partes fazerem uma reclamação simulada, com o de reconhecimento de vínculo de emprego para habilitação de crédito preferencial na massa falida. Percebendo o juiz o fato, deverá extinguir o processo sem julgamento de mérito.

A Súmula n. 136 do TST afirma que não se aplica às Varas do Trabalho o princípio da identidade física do juiz.

2. Classificação das sentenças

As sentenças podem ser classificadas como definitivas, terminativas e interlocutórias.

A — **Definitivas:** são as sentenças que definem ou resolvem o conflito. O juiz ingressa no mérito da questão, acolhendo ou rejeitando o pedido do autor. Extingue-se o processo com julgamento de mérito. O § 1º do art. 893 da CLT usa a palavra *definitiva*. São exemplos de sentença definitiva as hipóteses contidas no art. 269 do CPC, em que o processo é extinto com julgamento de mérito

B — **Terminativas:** são as decisões em que se extingue o processo sem se analisar o mérito da questão. São exemplos as hipóteses contidas no art. 267 do CPC, como quando o juiz indeferir a petição inicial, *v. g.*, por inépcia (I). O § 2º do art. 799 usa a palavra *terminativa*.

C — **Interlocutórias:** são as sentenças que decidem questões incidentes no processo.

3. Efeitos da sentença

Quanto aos efeitos da sentença, estas podem ser declaratórias, constitutivas ou condenatórias.

a) **Declaratórias:** são as sentenças que vão declarar a existência ou inexistência da relação jurídica (art. 4º, I, do CPC); ou a autenticidade ou falsidade de documento (art. 4º, II, do CPC). Mesmo havendo violação de direito é admissível a ação declaratória (parágrafo único do art. 4º do CPC). Exemplo: a sentença que reconhece a existência do vínculo de emprego.

b) **Constitutivas:** são as sentenças que criam, modificam ou extinguem certa relação jurídica. Exemplos: dissídio coletivo de natureza econômica, em que são criadas ou modificadas certas condições de trabalho.

c) **Condenatórias:** são sentenças que envolvem obrigação de dar, fazer ou não fazer alguma coisa, dando ensejo à execução. Exemplos: a sentença que manda o empregador pagar verbas rescisórias, horas extras, anotar a CTPS do reclamante, recolher o FGTS, entregar as guias para o levantamento do FGTS ou do seguro-desemprego, de se abster a exigir da empregada que levante pesos acima de certo limite durante a gestação.

4. ESTRUTURA DA SENTENÇA

A decisão é proferida depois de rejeitada a proposta de conciliação (art. 831 da CLT).

Da decisão deverão constar: o nome das partes, o resumo do pedido e da defesa, a apreciação das provas, os fundamentos da decisão e a respectiva conclusão (art. 832 da CLT).

A sentença pode ser dividida em três partes: relatório, fundamentos e dispositivo.

4.1 RELATÓRIO

No relatório, o juiz deverá indicar as principais ocorrências existentes no processo:

a) o nome das partes;

b) o resumo do pedido e da defesa;

c) o resumo das principais ocorrências existentes no processo.

4.2 FUNDAMENTAÇÃO

A motivação da decisão serve para verificar os argumentos utilizados pelo juiz como razões de decidir.

A sentença deve ser clara, precisa e concisa. O juiz deve se abster de produzir peças literárias na sentença, apenas deverá proferir a sentença de modo que todos os pedidos das partes sejam solucionados, de maneira clara, não dando margens a outras interpretações. Ainda que a sentença seja concisa, deverá apreciar tudo aquilo que foi postulado pelas partes.

O inciso IX do art. 93 da Constituição determinou que todos os julgamentos dos órgãos do Poder Judiciário serão públicos, sendo que todas as decisões serão fundamentadas, sob pena de nulidade. A palavra *decisões* compreende sentenças, acórdãos, decisões interlocutórias e despachos, pois é o gênero. O art. 131 do CPC completa o preceito constitucional, prestigiando o princípio da livre convicção do juiz ou da persuasão racional da prova, em que o magistrado apreciará livremente a prova, atendendo aos fatos e circunstâncias constantes dos autos, ainda que não alegadas pelas partes. Deverá, porém, o juiz indicar na sentença os motivos que lhe formaram o convencimento.

Se a fundamentação está certa ou errada ou não convence a parte, deve ser objeto de recurso e não de embargos de declaração.

A fundamentação da sentença não precisa ir de encontro ao interesse da parte, mas indicar os motivos de convencimento do juiz.

O STF já entendeu que

> O que a Constituição exige, no art. 93, IX, é que a decisão judicial seja fundamentada, não, que a fundamentação seja correta, na solução das questões de fato ou de direito da lide: declinadas no julgado as premissa, corretamente assentadas ou não, mas coerentes com o dispositivo do acórdão, está satisfeita a exigência constitucional (STF, Rel. Min. Sepúlveda Pertence, RTJ 150/269).

Leciona *Cândido Rangel Dinamarco* que "a exigência de inteireza da motivação (*Michele Taruffo*) não chega ao ponto de mandar que o juiz se manifeste especificamente sobre todos os pontos, mais relevantes ou menos, ou mesmo sem relevância alguma ou quase sem relevância, que as partes hajam suscitado no processo. O essencial é motivar no tocante aos pontos relevantes e essenciais, de modo que a motivação lançada em sentença mostre que o juiz tomou determinada decisão porque assumiu determinados fundamentos com que esta guarda coerência. A regra de equilíbrio é esta: motiva-se no essencial e relevante, dispensa-se relativamente a motivação no periférico e circunstancial"[2].

Não se pode confundir falta de prestação jurisdicional com orientação contrária ao entendimento da parte. Nesse caso, a matéria é de recurso. No STF há julgamentos no mesmo sentido:

> A prestação jurisdicional que se revela contrária ao interesse de quem a postula não se identifica, não se equipara e nem se confunde, para efeito de acesso à via recursal extraordinária, com a ausência de prestação jurisdicional (STF, 1ª T., RE 97.557-8/SP, Rel. Min. Celso de Mello, DJU 1º.7.93).
>
> Negativa de prestação jurisdicional: não há confundir decisão contrária aos interesses da parte com negativa de prestação jurisdicional. Inocorrência de ofensa do art. 5º, XXXV da Constituição (STF, 2ª T., AGRAI 146602-2-SC, Rel. Min. Carlos Velloso).

Na fundamentação, o juiz deverá apreciar as provas existentes nos autos, desenvolvendo seu raciocínio lógico, fundamentando por que decidiu desta ou daquela forma, indicando as normas jurídicas aplicáveis ao caso examinado[3].

A fundamentação não fará coisa julgada (art. 469, I, do CPC), apenas o dispositivo da sentença. A sentença que não tiver fundamentação será considerada nula.

Na decisão, o juiz deve indicar a natureza jurídica das parcelas constantes da condenação, inclusive o limite de responsabilidade de cada parte pelo recolhimento da contribuição previdenciária (§ 3º do art. 832 da CLT).

4.3. Dispositivo

No dispositivo, o juiz acolherá ou rejeitará o pedido do autor, no todo ou em parte. Consistirá o dispositivo num resumo, numa síntese do decidido, vindo ao final da sentença.

---
(2) DINAMARCO, Cândido Rangel. *Instituições de direito processual civil.* 2. ed. São Paulo: Malheiros, 2002. p. 242.
(3) MARTINS, Sergio Pinto. *Comentários à CLT.* 11. ed. São Paulo: Atlas, 2007. p. 853.

Acolhido o pedido, ainda que em parte, o juiz deverá determinar o prazo e as condições para o cumprimento da decisão (§ 1º do art. 832 da CLT). Da decisão deverão constar as custas que serão pagas pela parte vencida (§ 2º do art. 832 da CLT).

Da sentença não poderá faltar nenhum dos requisitos: relatório, fundamentação ou dispositivo. Caso isso ocorra, haverá nulidade. Mesmo a sentença que extingue o processo sem julgamento de mérito, em que o juiz decide em forma concisa (art. 459 do CPC), deverá haver relatório, fundamentação e dispositivo, sob pena de nulidade.

Do dispositivo deve, também, constar a forma de liquidação da sentença, pois se nada ficar registrado presume-se que a liquidação será feita por artigos, que é a forma ordinária. Deve o juiz especificar, ainda, os juros e correção monetária, a partir de que data são devidos e de que forma. Depois o juiz deverá arbitrar o valor da condenação, que servirá de base para o cálculo das custas e para efeito do depósito recursal. Por fim, deverá sintetizar se são devidos ou não os honorários de advogado e os honorários de perito, se houver, quantificando-os.

5. Procedimento sumaríssimo

No procedimento sumaríssimo, a sentença mencionará os elementos de convicção do juízo, com resumo dos fatos relevantes ocorridos em audiência, dispensando o relatório (art. 852-I da CLT).

Não haverá necessidade de o relatório constar da sentença. Os fundamentos e o dispositivo serão imprescindíveis.

A fundamentação é necessária, inclusive, por força do inciso IX do art. 93 da Constituição, que determina que todos os julgamentos do Poder Judiciário serão fundamentados.

Na fundamentação é que o juiz irá motivar sua decisão, mencionando os elementos que o levaram a firmar seu convencimento. Valerá o princípio da livre convicção motivada do juiz (art. 131 do CPC). Resumirá os fatos relevantes para efeito de fundamentar sua decisão.

O juízo adotará em cada caso a decisão que reputar mais justa e equânime, atendendo aos fins sociais da lei e às exigências do bem comum (§ 1º do art. 852-I da CLT).

A lei permite que o juiz adote um juízo de eqüidade, de maneira que julgue a questão de forma mais justa possível. De certa forma, isso já era previsto no art. 766 da CLT em relação a dissídios sobre estipulação de salários. O juiz só pode decidir por eqüidade nos casos previstos em lei (art. 127 do CPC), como ocorre na hipótese vertente. Na eqüidade, há a possibilidade de suprir a imperfeição da lei ou torná-la mais branda, de modo que molde à realidade.

Não se exime o juiz de sentenciar ou despachar, alegando lacuna ou obscuridade na lei. No julgamento da lide, caber-lhe-á aplicar as normas legais. Não as havendo, recorrerá à analogia, aos costumes e aos princípios gerais de direito (art. 126 do CPC).

A sentença vai ter de ser líquida, pois o pedido tem de ser certo ou determinado, indicando os valores correspondentes (art. 852-B, I da CLT). Nem sempre a sentença é líquida, como quando há necessidade de se apurar juros e correção monetária ou calcular as horas extras.

Não há previsão específica para as partes oferecerem razões finais, ficando a critério do juiz aceitá-las ou não.

As partes serão intimadas da sentença na própria audiência em que prolatada (§ 3º do art. 852-I da CLT). A regra da intimação das partes da sentença em audiência já tinha previsão no art. 852 da CLT, aplicando-se a Súmula n. 197 do TST.

Caso o juiz não junte a sentença no prazo de 48 horas após a data marcada para ser proferida a sentença (§ 2º do art. 851 da CLT), as partes terão de ser intimadas da decisão.

6. Valor da condenação

Dispõe o parágrafo único do art. 459 do CPC que se o autor houver formulado pedido certo (determinado), será vedado ao juiz proferir sentença ilíquida. No entanto, na maioria dos casos no processo do trabalho, mesmo sendo líquida a condenação há necessidade de se apurar os juros de mora e a correção monetária incidente sobre o principal.

Será, porém, ilíquida quando o *quantum* devido depender totalmente de apuração. O principal corresponde ao valor devido. Os acessórios serão os juros de mora e a correção monetária.

É defeso ao juiz proferir sentença, a favor do autor, de natureza diversa da pedida, bem como condenar o réu em quantidade superior ou em objeto diverso do que lhe foi demandado (art. 460 do CPC). O juiz decidirá a lide nos limites em que foi proposta, sendo-lhe defeso conhecer de questões, não suscitadas, a cujo respeito a lei exige a iniciativa da parte (art. 128 do CPC). Entretanto, a sentença não é um diálogo entre o juiz e a parte. A sentença deverá, porém, ser certa, ainda quando decida relação jurídica condicional (parágrafo único do art. 460 do CPC).

Mesmo que omissa a petição inicial ou a sentença, os juros de mora e a correção monetária são devidos (§ 1º do art. 39 da Lei n. 8.177/91 e Súmula n. 211 do TST). Não se trata de julgamento *ultra* ou *extra petita*, mas apenas da complementação do principal. Correção monetária não é nenhum *plus*, apenas a atualização monetária do valor do principal. Os juros já estão compreendidos no pedido (art. 293 do CPC).

Os juros serão calculados sobre o principal devidamente corrigido (Súmula n. 200 do TST).

Nos casos de execução de sentença contra pessoa jurídica de direito público, os juros e a correção monetária serão calculados até o pagamento do valor total da condenação. Os débitos trabalhistas das entidades submetidas aos regimes de intervenção ou liquidação extrajudicial estão sujeitos a correção monetária desde o respectivo vencimento até seu efetivo pagamento, sem interrupção ou suspensão, não incidindo, entretanto, sobre tais débitos, juros de mora (Súmula n. 304 do TST). O cálculo da correção monetária incidente sobre débitos relativos a benefícios previdenciários devidos a dependentes de ex-empregado pelo empregador, ou entidade de previdência privada a ele vinculada, será o previsto na Lei n. 6.899/81 (Súmula n. 311 do TST). A correção monetária não incide sobre o débito do trabalhador reclamante (Súmula n. 187 do TST).

7. Custas

De acordo com o art. 789 da CLT, nos processos de competência da Justiça do Trabalho, as custas são as previstas na CLT. Assim, os processos previstos no art. 114 da Constituição, inclusive os referentes às relações de trabalho, têm as custas fixadas na CLT. Não se aplica, portanto, o CPC ou legislação federal sobre custas.

Nos dissídios individuais, a decisão mencionará sempre as custas que devem ser pagas pela parte vencida (§ 2º do art. 832 da CLT). As custas serão calculadas à base de 2% observado o valor mínimo de R$ 10,64. Isso facilitou o cálculo das custas, representando mera operação aritmética.

A base de cálculo não mudou nos seguintes casos: a) quando houver acordo ou condenação, sobre o respectivo valor; b) quando o valor for indeterminado, sobre o que o juiz fixar.

Quando o processo for extinto sem julgamento de mérito ou rejeitado integralmente o pedido do autor, as custas são calculadas sobre o valor da causa. O processo é extinto sem julgamento de mérito nos casos descritos no art. 267 do CPC, como por inépcia, litispendência, coisa julgada etc.

Acolhido o pedido formulado em ação declaratória e em ação constitutiva, as custas serão calculadas sobre o valor da causa.

Sendo ilíquida a condenação, o juízo arbitrar-lhe-á o valor e fixará o montante das custas processuais (§ 2º do art. 789 da CLT). Na maioria das condenações, o juiz não sabe efetivamente qual é o valor devido ao empregado. O magistrado arbitra uma importância para efeito de custas e do depósito recursal. Não é um valor exato, mas arbitrado para esse fim.

Nas ações plúrimas (com mais de um reclamante), as custas incidem sobre o valor global em que for condenada a reclamada ou o valor dos pedidos (Súmula n. 36 do TST).

As custas serão pagas pelo vencido. Vencido será o empregador, ainda que o pedido seja acolhido parcialmente. O empregado somente será vencido quando perder integralmente sua pretensão.

Sempre que houver acordo, se de outra forma não for convencionado, o pagamento das custas caberá em partes iguais aos litigantes (§ 3º do art. 789 da CLT). Essa regra já tinha a mesma redação no § 6º do art. 789 da CLT, que, portanto, fica revogado pela lei posterior.

Nos acordos, as partes poderão estipular o pagamento das custas em partes iguais ou da forma como convencionarem, como metade para o empregado e metade para o empregador.

Passou a prever o art. 790 da CLT que "nas Varas do Trabalho, nos Juízos de Direito, nos Tribunais e no Tribunal Superior do Trabalho, a forma de pagamento das custas e emolumentos obedecerá às instruções que serão expedidas pelo Tribunal Superior do Trabalho".

O TST poderá estabelecer a forma de pagamento das custas e emolumentos e não o valor, de acordo com instrução por ele expedida. O valor deve ser fixado em lei.

Viola a garantia constitucional de acesso à jurisdição a taxa judiciária calculada sem limite sobre o valor da causa (Súmula n. 667 do STF).

8. Justiça gratuita

É facultado aos juízes, órgãos julgadores e presidentes dos tribunais do trabalho de qualquer instância conceder, a requerimento ou de ofício, o benefício da justiça gratuita, inclusive quanto a traslados e instrumentos, àqueles que perceberem salário igual ou inferior ao dobro do mínimo legal, ou declararem, sob as penas da lei, que não estão em condições de pagar as custas do processo sem prejuízo do sustento próprio ou de sua família (§ 3º do art. 790 da CLT).

A nova regra trata de faculdade do juiz e não de obrigação. Com a edição da Lei n. 5.584/70 entendia-se que não havia faculdade, mas obrigação da concessão da justiça gratuita, desde que atendidos os requisitos legais.

A lei não faz menção à participação do sindicato para ser concedida a isenção.

A justiça gratuita, pela regra da CLT, somente é concedida ao empregado, que é a pessoa que ganha salário. Não será deferida ao empregador, mesmo que não tenha condições financeiras.

A responsabilidade pelo pagamento dos honorários periciais é da parte sucumbente na pretensão objeto da perícia, salvo se beneficiária de justiça gratuita (art. 790-B da CLT).

A regra legal significa que a parte que perdeu a questão relativa à perícia é que irá pagar os honorários periciais, mesmo que tenha sido vitoriosa no restante da pretensão discutida perante a Justiça do Trabalho.

A União, os Estados, o Distrito Federal, os Municípios e respectivas autarquias e fundações públicas federais, estaduais ou municipais que não explorem atividade econômica ficam isentas do pagamento das custas.

9. HONORÁRIOS DE ADVOGADO

Atendidos os requisitos do art. 14 da Lei n. 5.584, os honorários de advogado são pagos pelo vencido, revertendo em favor do sindicato que prestou a assistência judiciária (art. 16 da Lei n. 5.584/70).

O teto máximo de honorários é de 15% (Lei n. 1.060/50). Não se aplica, portanto, o § 3º do art. 20 do CPC, quando especifica que os honorários são entre 10% e 20%, em razão de haver disposição própria na Lei n. 1.060/50.

Os honorários serão devidos ao sindicato assistente, desde que o empregado perceba salário inferior ao dobro do mínimo legal, ou esteja em situação econômica que não lhe permita demandar sem prejuízo do próprio sustento ou de sua família (Súmula n. 219, I, do TST).

A Súmula n. 329 do TST esclareceu que, "mesmo após a promulgação da Constituição da República de 1988, permanece válido o entendimento consubstanciado no Enunciado n. 219 do TST." Assim, mesmo após a vigência da Constituição de 1988, mais especificamente em relação ao art. 133 da Constituição, que não tratou de honorários de advogado, estes só são devidos se atendidos os requisitos do art. 14 da Lei n. 5.584/70.

É incabível a condenação em verba honorária nos recursos extraordinários interpostos em processo trabalhista, exceto nas hipóteses previstas na Lei n. 5.584/70 (Súmula n. 633 do STF).

10. PUBLICAÇÃO DA SENTENÇA

Redigida a sentença em audiência, a decisão é considerada publicada na própria audiência (art. 834 da CLT e § 3º do art. 852-I da CLT).

A sentença será, porém, juntada ao processo no prazo improrrogável de 48 horas, contado da audiência de julgamento, com a assinatura do juiz do trabalho (§ 2º do art. 851 da CLT).

O cuidado que se precisa ter nessas ocasiões é se a Vara notifica da decisão proferida, ou esta é considerada publicada em audiência, observando-se a Súmula n. 197 do TST. Se o juiz junta a sentença aos autos no prazo de 48 horas, o prazo para recurso começa a correr a partir da data da juntada. Se o juiz determina não publicar a sentença em audiência ou junta a ata da audiência de julgamento após o prazo de 48 horas, as partes devem ser notificadas (Súmula n. 30 do TST).

Assim, se o juiz junta a ata no primeiro dia das 48 horas, o prazo para recurso começa a correr no dia seguinte; se a ata é juntada aos autos no segundo dia, o prazo para recurso começa a fluir no dia subseqüente.

A parte deve, portanto, ter o cuidado de saber qual é a posição seguida pela Vara, para não perder eventual prazo para recorrer da decisão.

Sendo revel o reclamado, há necessidade de intimação da sentença, pois o art. 852 da CLT assim o determina. Há até um contra-senso em mandar-se intimar o revel, pois se este não quis comparecer a juízo para se defender não deveria ter mais uma chance de apresentar eventual manifestação, mas apenas apanhar o processo no estágio em que este se encontrar. No entanto, o art. 852 da CLT dispõe que o revel seja intimado da decisão.

Se a Vara adota o sistema de três audiências (inicial, instrução e julgamento), caso a sentença tenha sido dada na instrução processual e não tenha alguma das partes comparecido em juízo, a sentença é considerada publicada neste ato (art. 834 da CLT), não havendo necessidade de se intimar a parte que não compareceu a juízo, pois, mesmo em se tratando do reclamado, este não é revel. Caso o fosse, não seria marcada audiência de instrução, não sendo preciso ser feita sua intimação.

11. ERROS

Os erros de escrita e de cálculo poderão ser retificados desde que antes da execução (art. 833 da CLT). Na sentença, em vez de constar Joana da Silva, constou João da Silva, ou o valor da condenação era $ 10.000,00, tendo constado $ 1.000,00. Nesses casos, pode haver a correção de ofício pelo juiz ou a requerimento das partes ou da Procuradoria da Justiça do Trabalho, porém sempre antes da execução (art. 833 da CLT).

No procedimento sumaríssimo, os erros materiais poderão ser corrigidos de ofício ou a requerimento de qualquer das partes (parágrafo único do art. 897-A da CLT).

É claro que as partes poderão opor embargos de declaração com a mesma finalidade, ocasião em que o juiz poderá alterar a sentença para corrigir aqueles defeitos (art. 463, II, do CPC).

12. EMBARGOS DE DECLARAÇÃO

12.1. INTRODUÇÃO

A CLT não continha regra sobre embargos de declaração. Isso só passou a ocorrer a partir da Lei n. 9.957/00, que acrescentou o art. 897-A à CLT.

> Dispõe o art. 897-A da CLT que "caberão embargos de declaração da sentença ou acórdão, no prazo de cinco dias, devendo seu julgamento ocorrer na primeira audiência ou sessão subseqüente à sua apresentação, registrado na certidão, admitido efeito modificativo da decisão nos casos de omissão e contradição no julgado e manifesto equívoco no exame dos pressupostos extrínsecos do recurso".

Prevê o art. 535 do CPC que os embargos de declaração são cabíveis em caso de omissão, contradição ou obscuridade da sentença ou do acórdão.

Não são mais cabíveis embargos de declaração em relação a dúvida. Esta era do intérprete da sentença e não nela mesma.

O juiz não é obrigado a responder perguntas, questionário ou quesitos da parte em embargos de declaração. Os últimos devem ser feitos ao perito.

Esclarecimento não é matéria de embargos de declaração, por não ter previsão no art. 535 do CPC.

Reexame da decisão ou da prova não são hipóteses de embargos de declaração, mas do recurso próprio, pois não têm previsão no art. 535 do CPC. No mesmo sentido o entendimento do TST:

> Mesmo nos embargos declaratórios com o fim de prequestionamento, há que se observarem os limites traçados no art. 535 do CPC (existência de obscuridade, contradição e omissão e, por construção jurisprudencial, a hipótese de erro material). Tal recurso não constitui meio hábil ao reexame da causa (TST, ED RR 295.780/1996.0, DJU 16.2.2001, p. 635).

Afirma *Francisco Antonio de Oliveira* que "o que não se pode fazer é reexaminar matéria de prova para desdizer o julgado. A boa ou má apreciação da prova é de foro subjetivo. E a parte que perdeu o processo nunca vai concordar com a apreciação da prova feita pelo juízo de primeiro grau ou mesmo pela turma do Regional...."[4].

12.2. Omissão

José Frederico Marques afirma que há omissão quando o acórdão deixa de pronunciar-se sobre questão concernente ao litígio, que deveria ser decidida[5].

12.3. Contradição

Leciona *Pontes de Miranda* que a contradição só existe entre decisões da própria sentença e não entre a sentença e alguma peça do processo[6].

Assevera *José Carlos Barbosa Moreira* que contradição é a afirmação conflitante quer na fundamentação quer entre a fundamentação e a conclusão[7].

Vicente Greco Filho menciona que contradição é "a afirmação conflitante, quer na fundamentação, quer entre a fundamentação e a conclusão"[8].

Na visão de *José Frederico Marques* a contrariedade se configura quando inconciliáveis entre si, no todo ou em parte, proposições ou segmentos do acórdão[9].

---

(4) OLIVEIRA, Francisco Antonio. *Comentários aos enunciados do TST*. 5. ed. São Paulo: Revista dos Tribunais, 2001. p. 726.
(5) MARQUES, José Frederico. *Manual de Direito Processual Civil*. 1. ed. v. 3. Campinas: Bookseller, 1997. p. 191/2.
(6) MIRANDA, Pontes. *Comentários ao CPC*. Rio de Janeiro: Forense, p. 343.
(7) MOREIRA, José Carlos Barbosa. *Comentários ao CPC*. Rio de Janeiro: Forense, p. 241.
(8) GRECO FILHO, Vicente. *Direito processo civil brasileiro*. 11. ed., v. 2. São Paulo: Saraiva, 1996. p. 260.
(9) MARQUES, José Frederico. *Manual de Direito Processual Civil*. 1. ed., v. 3. Campinas: Bookseller, 1997. p. 191/2.

Afirma *Estevão Mallet* que contradição "é a relação de incompatibilidade que se estabelece entre proposições, de tal modo que não possam ambas ser verdadeiras. A contradição, para justificar a oposição de embargos, deve existir na própria decisão, evidenciando conflito entre dois ou mais enunciados do julgado. (...) Se a contradição se estabelece entre as provas colhidas e a decisão proferida ou entre esta e o ordenamento jurídico, ou ainda, entre diferentes decisões, no mesmo ou em outro processo não há espaço para embargos"[10].

Não haverá contradição se o acórdão ou a sentença explicam o tema e não afirma algo e ao mesmo tempo o nega. Contradição é a incompatibilidade entre proposições. Contradição existiria se algo fosse afirmado na fundamentação e negado no dispositivo ou na própria fundamentação. Não há contradição entre o afirmado no voto e em documento ou no ordenamento jurídico.

Os tribunais já assim decidiram:

> A contradição que dá margem aos embargos declaratórios é a que se estabelece entre os termos da própria decisão judicial — fundamentação e dispositivo — e não a que porventura exista entre ela e o ordenamento jurídico. Pretensão de conversão do julgamento em diligência inviável (STF, 1ª T., RE 174.144, ED/RS, Rel. Min. Sepúlveda Pertence, j. 13.3.98, DJU 13.3.98, p. 10).

> Embargos declaratórios — Contradição — Caracterização. A contradição que autoriza os embargos declaratórios é aquela que implica incoerência entre a fundamentação e a conclusão, ou entre proposições, de forma a comprometer a inteligência da decisão e inviabilizar ou dificultar o direito de defesa da parte. Quando há a análise explícita da defesa contrariamente ao interesse da parte, certo ou errado, houve regular entrega da prestação jurisdicional, de forma que os embargos declaratórios não constituem o instrumento apto para alterá-la ou reformá-la. Agravo de instrumento não provido (TST, 4ª T., AIRR 779.505/01.4-9ª R, Rel. Min. Milton de Moura França, DJU 13.9.02, p. 535).

> Embargos declaratórios — Contradição — Caracterização — A contradição que autoriza a oposição de embargos declaratórios, nos termos do art. 535, I, do CPC, diz respeito a proposições logicamente antagônicas entre si, ou seja, para configurar a contradição no julgado seria necessário que a ementa, a fundamentação ou a parte dispositiva do acórdão entrassem em choque umas com as outras, de modo a ficar estabelecida a contradição. Ademais, se no corpo do acórdão houvesse proposições que afirmassem e negassem uma mesma realidade sob o mesmo aspecto, ferindo o princípio aristotélico da não-contradição (uma coisa não pode ser e não ser ao mesmo tempo e sob o mesmo aspecto), haveria igualmente campo para a oposição dos declaratórios, o que não se dá no caso presente. Embargos declaratórios rejeitados (TST, 4ª T., ED-RR 718164/00.9- 3ª R, Rel. Min. Ives Gandra da Silva Martins, DJU 9.5.03, p. 993).

12.4. OBSCURIDADE

Obscuridade vem do latim *obscuritas*, tendo o sentido de falta de clareza nas idéias e nas expressões. Não se compreende o contido na afirmação.

---

(10) MALLET, Estevão. Embargos de declaração. In: *Recursos Trabalhistas. Estudos em homenagem ao Ministro Vantuil Abdala*. São Paulo: LTr, 2003. p. 31.

Declara *Pontes de Miranda* que a decisão é obscura quando é equívoca, ambígua ou ininteligível[11].

Informa *José Carlos Barbosa Moreira* que a obscuridade é o defeito consistente na difícil compreensão do texto da sentença, decorrente de imperfeição redacional ou mesmo na formulação de conceitos, de modo que a sentença apresenta-se incompreensível no comando que impõe e na manifestação de conhecimento e vontade do juiz[12]. O texto do voto é perfeitamente compreensível. Logo, não é a hipótese de obscuridade.

Ensina *Vicente Greco Filho* que obscuridade é "o defeito consistente na difícil compreensão do texto da sentença e pode decorrer de simples defeito redacional ou mesmo de má formulação de conceitos. Há obscuridade quando a sentença está incompreensível no comando que impõe e na manifestação de conhecimento e vontade do juiz"[13]. O texto do voto é de perfeita compreensão. Não há, portanto, obscuridade.

Obscuridade é a falta de clareza tanto na fundamentação como no *decisum*, na exposição das razões de decidir. Há afirmação ininteligível, prejudicando o entendimento do julgado. Não é o que ocorre na hipótese vertente.

Adverte *Manoel Antônio Teixeira Filho* que "obscura é a sentença ininteligível, que não permite compreender-se o que consta de seu texto. É conseqüência, quase sempre, de um pronunciamento jurisdicional confuso, em que as idéias estão mal expostas ou mal articuladas. A parte não sabe, enfim, o que o juiz pretendeu dizer"[14]. É perfeitamente inteligível o que consta do voto.

Leciona *José Frederico Marques* que "o acórdão conterá obscuridade quando ambíguo e de entendimento impossível, ante os termos e enunciados equívocos que contém"[15]. Se o embargante compreende a decisão, não há obscuridade no caso dos autos. Não há ambigüidade ou entendimento impossível.

Informa *Moacyr Amaral Santos* que "ocorre obscuridade sempre que há falta de clareza na redação do julgado, tornado difícil dele ter-se a verdadeira inteligência ou exata interpretação"[16]. Não há falta de clareza por insuficiência de raciocínio lógico. Contestação da decisão não é feita por meio de embargos de declaração. Deve a parte se utilizar do recurso próprio.

Não existe obscuridade entre o que consta do voto e documento.

Embargos de declaração não têm efeito infringente, pois não existe disposição nesse sentido no art. 535 do CPC.

---

(11) MIRANDA, Pontes. *Comentários ao CPC*. Rio de Janeiro: Forense, p. 335.
(12) MOREIRA, José Carlos Barbosa. *Comentários ao CPC*. V. 5. Rio de Janeiro: Forense, 1981. p. 241.
(13) GRECO FILHO, Vicente. *Direito processo civil brasileiro*. 11. ed. v. 2. São Paulo: Saraiva, 1996. p. 260.
(14) TEIXEIRA FILHO, Manoel Antonio. *Sistema de recursos trabalhistas*. 10. ed. São Paulo: LTr, 2003. p. 475.
(15) MARQUES, José Frederico. *Manual de Direito Processual Civil*. 1. ed., v. 3. Campinas: Bookseller, 1997. p. 191/2.
(16) SANTOS, Moacyr Amaral. *Primeira linhas de direito processual civil*. 8. ed. v. 3. São Paulo: Saraiva, 1985. p. 150.

Não tem o magistrado obrigação de responder um a um os argumentos da parte, principalmente quando já apresentou e fundamentou a sua decisão. Ao ser feito o julgamento, automaticamente foram excluídas outras questões, que lhe são contrárias. O acórdão não é um diálogo entre o juiz e as partes ou seus advogados. Se o juiz fundamentou sua decisão, esclarecendo os motivos que lhe levaram a firmar se convencimento, o seu raciocínio lógico, a prestação jurisdicional foi devidamente concedida às partes. Se os fundamentos estão certos ou errados, a matéria não é de embargos de declaração, mas do recurso próprio. A Constituição exige fundamentação e não fundamentação correta ou que atenda a tese ou o interesse da parte.

No mesmo sentido a jurisprudência:

> Não está o juiz obrigado a examinar, um a um, os pretensos fundamentos das partes nem todas as alegações que produzem: o importante é que indique o fundamento suficiente de sua conclusão que lhe apoiou a convicção de decidir (STF, RTJ 109: 1101).
>
> É entendimento assente na nossa jurisprudência que o órgão, para expressar a sua convicção, não precisa aduzir comentários sobre todos os argumentos levantados pelas partes. Sua fundamentação pode ser sucinta, pronunciando-se acerca do motivo que, por si só, achou suficiente para composição do litígio (STJ, AI, 1ª T., 169.073-SP, AGRG, rel. Min. José Delgado, DJU 17.8.98, p. 44).
>
> O juiz não está obrigado a responder todas as alegações das partes, quando já tenha encontrado motivo suficiente para fundamentar a decisão, nem se obriga a ater-se aos fundamentos indicados por elas e, tampouco, responder, um a um, os seus argumentos (TST, 3ª T., EDRR, 179.818/1995, Rel. Min. José Luiz Vasconcellos, DJU 27.3.98, p. 332).

A omissão que justifica a oposição de Embargos de Declaração diz respeito apenas à matéria que necessita de decisão por parte do órgão jurisdicional (arts. 464 e 535, II do CPC, aplicado subsidiariamente). Não é omissão o Juízo não retrucar todos os fundamentos expendidos pelas partes ou deixar de analisar individualmente todos os elementos probatórios dos autos (TST, ED-AI 8.029/89.9, Rel. Min. Cnéa Moreira, Ac. 1ª T., 2.159/90.1, CARRION, Valentin. *Nova jurisprudência em direito do trabalho*. São Paulo: Revista dos Tribunais, 1992).

12.5. Prazo

O prazo de embargos de declaração é de cinco dias a contar da intimação.

Não existe mais prazo diferenciado para o primeiro grau e para os tribunais. O prazo é o mesmo de cinco dias.

12.6. Interrupção

A apresentação dos embargos de declaração no prazo legal interrompe o prazo para outros recursos, por qualquer das partes (art. 538 do CPC).

Não se trata, portanto, de hipótese de suspensão, mas de interrupção. Isso significa que o prazo que já transcorreu anteriormente não é contado, reiniciando por inteiro o prazo para recurso depois da intimação da decisão.

12.7. PREQUESTIONAMENTO

Prequestionamento é questionar antes, é questionamento prévio, debater anteriormente a matéria no recurso da decisão da qual se recorre.

Para que a matéria embargada possa ser analisada a título de prequestionamento deve estar descrita no recurso ordinário, de forma que devolva o tema à apreciação do segundo grau. A matéria não foi prequestionada, nem devolvida à apreciação do segundo grau. A presente manifestação vem a se tratar de "pós-questionamento". Se não houve devolução ao tribunal da matéria alegada, por falta de razões específicas, não se pode agora falar em prequestionamento.

Os embargos não podem ter por objetivo questionar, contestar, discutir ou rever a decisão

Afirmam *Hugo de Brito Machado Segundo* e *Rachel Cavalcanti Ramos Machado* que "a questão deve estar sendo discutida desde o início da ação, ou pelo menos desde a prolação da sentença para que se possa cogitar de omissão (...). Ora, se em nenhum momento as partes cogitaram da questão constitucional ou federal (...) não se pode afirmar que o tribunal deveria ter sobre ela se manifestado[17].

A jurisprudência esclarece que

> Não configura prequestionamento, para os efeitos da Súmula n. 356, questão nova proposta nos embargos de declaração, sem que tivesse sido presente ao juízo de apelação mediante a sua dedução nas razões do recurso (STF, 1ª T., Ag. 101.689-2-AgRg-SP, Rel. Min. Rafael Mayer, DJU 1 19.4.85, p. 5.457).
>
> É pacífica a jurisprudência desta colenda Corte no sentido de que não se considera prequestionada a matéria constitucional que só tenha sido suscitada no recurso de embargos declaratórios, inexistente omissão do acórdão embargado (Precedentes: AI 133.199-AgR, Rel. Min. Celso de Mello e RE 122.689, Rel. Min. Moreira Alves. ... (STF, 1ª T., AgRG em RE 349.427-9/RJ, j. 16.11.04, Rel. Min. Carlos Ayres Britto, DJU 1 11.2.05, p. 9).
>
> A simples oposição de Embargos de Declaração não configura o prequestionamento; é necessário que a matéria tenha sido trazida nas razões do Recurso anteriormente interposto (TST, 2ª T., AI 126.173/94, Ac. 6.302/94, Rel. Min. Hylo Gurgel, DJU 1, n. 40, de 24.2.95, p. 3.885).
>
> ....VI — Caracteriza ausência de prequestionamento pedido de apreciação da matéria tão-somente em sede de embargos de declaração, não tendo a parte argüido este tema no recurso especial. Incidência das Súmulas ns. 282 e 356.

---

(17) MACHADO SEGUNDO, Hugo de Brito; MACHADO, Rachel Cavalcanti Ramos. O prequestionamento necessário ao cabimento de recurso especial e extraordinário e os embargos de declaração. *Revista Dialética de Direito Processual*. São Paulo: Dialética, abr. 93, n. 1, p. 57.

> VII — Inviável a apreciação de matéria estranha aos autos em sede de embargos de declaração, não aduzida em recurso especial (STJ, 5ª T., EDREsp. n. 450.279/ SP, Rel. Min. Gilson Dipp, DJ 29.9.03).

Os embargos não servem para que o processo seja julgado duas vezes, com perda de tempo do juiz, que poderia estar examinando outro caso. Justifica tal procedimento protelatório a demora na prestação jurisdicional, implicando a aplicação de multa. Os embargos de declaração não têm por objetivo que o processo seja julgado duas vezes em relação à mesma matéria, nem têm efeito infringente, de tornar a examinar a matéria já julgada. É exatamente o que pretende o embargante, porém deve se valer do recurso próprio para esse fim.

12.8. EMBARGOS PROTELATÓRIOS

Quando manifestamente protelatórios os embargos, o juiz ou o tribunal, declarando que o são, condenará o embargante a pagar ao embargado multa não excedente de 1% sobre o valor da causa (parágrafo único do art. 538 do CPC).

Não existe tramitação célere do processo (art. 5º LXXVIII da Constituição) com a utilização de embargos de declaração manifestamente protelatórios.

Manoel Antonio Teixeira Filho vê na multa "necessidade de punir a parte que adotou uma atitude desrespeitosa do conteúdo ético do processo, como método estatal de solução dos conflitos de interesses"[18].

Afirma o Min. *Milton de Moura França* que a multa tem por objetivo "advertir a parte de sua falta de comportamento ético-jurídico em utilizar o recurso. Procedimento pedagógico e dissuasório para que atue no processo com lealdade e boa-fé"[19].

No mesmo sentido há entendimento do TST:

> Quando os Embargos de declaração são opostos pela parte a quem interessa a perpetuação da lide e baseiam-se em vício inexistente, é de ser aplicada a penalidade prevista no art. 538, parágrafo único da CLT, ante o caráter manifestamente protelatório de que se revestem (TST, ED-ED, E-RR 312.847/1996.3, Rel. Min. Milton de Moura França, DJU 2.2.2001, p. 457).

> Quando não verificadas as hipóteses de cabimento dos embargos declaratórios, à luz do art. 535 do CPC, cabe a rejeição dos mesmos, sendo que, constatada a existência de expediente manifestamente protelatório, é de se condenar o embargante a pagar ao embargado a multa prevista no art. 538 do CPC (TST, SDI-2, ED-RO-AR 58.620/92, Rel. Min. José Luiz Vasconcelos, DJU n. 191/97).

---

(18) TEIXEIRA FILHO, Manoel Antonio. *Sistema de recursos trabalhistas*. 10. ed. São Paulo: LTr, 2003. p. 482.
(19) FRANÇA, Milton de Moura. A disciplina judiciária e a liberdade intelectual do magistrado. *Revista LTr*, out. 2002, n. 66-10/1166.

Também comete ato ilícito o titular de um direito que, ao exercê-lo, excede manifestamente os limites impostos pela boa-fé (art. 187 do Código Civil).

A utilização de embargos protelatórios mostra "excesso do acesso" à Justiça[20].

A multa será calculada sobre o valor da causa e não sobre o valor da condenação.

Na reiteração de embargos protelatórios a multa é elevada a até 10%, ficando condicionada a interposição de qualquer outro recurso ao depósito do respectivo valor. Somente se os embargos forem reiterados com o propósito protelatório é que será possível aumentar a multa para 10%. Ela poderá ser fixada pelo juiz entre 2 e 10%. Não poderá ser superior a 10%.

No próximo recurso a ser apresentado pela parte haverá necessidade de ser feito o depósito da multa fixada pelo juiz. Na primeira multa aplicada em relação aos primeiros embargos, não há necessidade de depósito do valor fixado pelo juiz.

12.8. LITIGÂNCIA DE MÁ-FÉ

O TST tem entendido que a apresentação de embargos declaratórios manifestamente protelatórios representa litigância de má-fé, principalmente quando as matérias aduzidas já tinham sido examinadas no acórdão (ED-E-AIRR 544.895/1997.7, Rel. Min. Ríder Nogueira de Brito, DJU 16.2.2001, p. 578; SBDI-2 do TST, Edcl. Em RO em AR 68.984/2002-900-02-00.9, j. 17.6.03, Rel. Min. Ives Gandra da Silva Martins Filho, DJU 1 1º.8.03, p. 769; 4ª T., ED-ED-AG-A-AIRR 790.568/2001.0, j. 9.3.05, Rel. Min. Ives Gandra Martins Filho, LTr 69-07/872; ED-RR 788.368/2001.2, Rel. Juiz convoc. Walmir Oliveira da Costa, DJ 1º.10.2002). Nesses casos o embargante deve ser condenado a pagar ao embargado multa de 1% sobre o valor da causa corrigido e 20% sobre o valor da causa corrigido a título de indenização, por litigância de má-fé, pois houve violação aos incisos VI e VII do art. 17 do CPC. O embargante se utilizou de recurso com intuito manifestamente protelatório e abusivo, tipificando litigância de má-fé, além de provocar incidente manifestamente infundado.

---

(20) LORENZETTI, Ricardo Luiz. *Fundamentos do direito privado*. São Paulo: Revista dos Tribunais, 1998. p. 109/11.

CAPÍTULO 11

DA LIQUIDAÇÃO DA SENTENÇA TRABALHISTA[*]

Bruno Freire e Silva[**]

1. LIQUIDAÇÃO DE SENTENÇA

As circunstâncias que permitem a conjugação dos requisitos liquidez e certeza para a prolação de sentenças em condições de imediato cumprimento nem sempre estão presentes. Inexistente a liquidez é necessária a realização de atividade para apurá-la e dar ao título sua completa eficácia executória.

A expressão liquidar vem do verbo latino *liquere*, que significa "ser manifesto". Liquidação, portanto, tem o significado de tornar clara a sentença quanto aos valores nela estipulados.

O termo "liquidação de sentença", segundo *Sérgio Pinto Martins,* não é o mais correto. O referido Professor quando afirma que:

"Mais correto seria falar em liquidação de obrigação constante da sentença, pois a sentença não vai ser liquidada, mas a determinação nela contida[1]."

De qualquer sorte, em face da praxe forense, utilizaremos o termo liquidação de sentença. Esta consiste na fase intermediária entre a fase de conhecimento e a de execução, na verdade preparatória desta última. Trata-se dos atos de acertamento necessários ao início da execução.

José Augusto Rodrigues Pinto destaca três primas sob os quais a liquidação pode ser abordada:

"Do ponto de vista de estrutura jurídica, a liquidação de sentença trabalhista abrange os atos de acertamento que, dentro da estrutura geral, são os atos iniciais da execução. Do ponto de vista legal, classificam-se como atos prévios da execução propriamente dita (CLT, art. 879 e parágrafos), embora induvidosamente integrados a ela e iniciando-a, se necessários. Do ponto de vista

---

[*] O presente artigo foi escrito em homenagem ao Prof. Pedro Paulo Manus, atualmente Ministro do Tribunal Superior do Trabalho, que tanto honra os pós-graduandos da Pontifícia Universidade Católica de São Paulo, seja pelo notável saber jurídico, seja pela simplicidade e carinho com que trata todos os seus alunos.
[**] Advogado. Pós-graduado em Direito Processual pela Fundação Faculdade de Direito da UFBA. Mestre e Doutorando em Direito Processual Civil na PUC/SP. Professor Convidado da Pós-Graduação da FAAP, UNAERP e UNINOVE. Membro do Instituto Brasileiro de Direito Processual. Advogado em São Paulo.
[1] MARTINS, Sérgio Pinto. *Direito Processual do Trabalho*. São Paulo: Atlas, 2000. p. 560.

dinâmico, a liquidação estende-se da citação (não, ainda, para o cumprimento forçado, mas para a fixação do valor exigido), até a decisão judicial que a pronuncia[2]".

Em suma, sempre que a sentença não estipular o valor devido, necessária será a realização de sua liquidação. Nesse diapasão é o *caput* do art. 475-A do Diploma Processual Civil ao estabelecer que, "quando a sentença não determinar o valor devido, procede-se à sua liquidação". Nesse mesmo sentido é o art. 879 da CLT, o qual estabelece de forma idêntica, porém através de outras palavras, que, "sendo ilíquida a sentença exeqüenda, ordenar-se-á, previamente, a sua liquidação".

A Consolidação das Leis do Trabalho, embora disponha sobre a matéria, é reconhecidamente omissa. Não resta, pois, ao intérprete e aplicador da legislação trabalhista outra alternativa senão recorrer às regras do processo comum. Será através dessa heterointegração das normas dos dois sistemas que realizaremos o estudo da liquidação de sentença trabalhista.

2. A REALIDADE FORENSE: SENTENÇAS ILÍQUIDAS

O parágrafo único do art. 459 do Código de Processo Civil estabelece que, se o autor tiver feito pedido certo, o juiz não poderá proferir sentença ilíquida. Ocorre que, no processo do trabalho, na maioria das vezes o reclamante aduz pedido certo, porém as sentenças costumam ser ilíquidas.

Tal realidade é decorrente do fato de geralmente o pedido ser composto de inúmeras verbas como horas extras, adicional noturno, multa pelo não pagamento das verbas rescisórias em tempo hábil, aviso prévio, férias vencidas e proporcionais, 13º salário vencido e proporcional, adicional de insalubridade e/ou periculosidade, multas dissidiais, indenização pela estabilidade, danos morais, repouso semanal remunerado, verbas do Fundo de Garantia não depositadas nas épocas próprias, entre outras.

Diante de tal situação, provadas horas extraordinárias, adicional noturno e adicional de insalubridade ou periculosidade que compõem a base de cálculo da condenação, por exemplo, a realização de perícia é imprescindível. Assim, o juiz usualmente não prolatará sentença líquida, tendo em vista que obrigatoriamente os cálculos deverão ser refeitos.

Questão interessante surge com a novidade trazida pelo § 3º do art. 475-A do CPC[3]. Pode-se aplicar subsidiariamente esse dispositivo no processo do trabalho para impor ao magistrado a prolação de sentença líquida?

---

(2) PINTO, José Augusto Rodrigues. *Execução trabalhista.* São Paulo: LTr, 1998. p. 87.
(3) "Nos processos sob procedimento comum sumário, referidos no art. 275, inc. II, alíneas *d* e *e* desta Lei, é defesa a sentença ilíquida, cumprindo ao juiz, se for o caso, fixar de plano, a seu prudente critério, o valor devido."

3. É POSSÍVEL IMPOSIÇÃO DE SENTENÇA LÍQUIDA?

O objetivo do legislador civil, ao proibir a possibilidade de decisão ilíquida no ressarcimento de danos ocorrido em acidente de veículo ou cobrança de seguro foi o de acelerar o cumprimento da sentença.

Ocorre que, a despeito da elogiável intenção do legislador, o jurisdicionado não poderá dela se beneficiar na execução trabalhista, uma vez que o § 2º, do art. 852-I da CLT, que trata do procedimento sumaríssimo e estabelecia que "não se admitirá sentença condenatória por quantia ilíquida" foi vetada pelo Presidente da República.

Manoel Antônio Teixeira Filho explica essa incongruência da legislação trabalhista com o seu escopo de um processo célere:

> "Esta norma, entretanto, foi vetada pelo Sr. Presidente da República, sob a argumentação de que a precitada disposição poderia na prática, atrasar a prolação das sentenças, já que se impõe ao juiz a obrigação de elaborar os cálculos, o que nem sempre é simples de se realizar em audiência. Seria prudente vetar o dispositivo em relevo, já que a liquidação por simples cálculo se dará na fase de execução da sentença, que, aliás, poderá sofrer modificações na fase recursal[4]".

Não se pode afirmar, entretanto, que o Juiz do Trabalho se encontra impedido de emitir sentença líquida, seja no procedimento ordinário seja no sumaríssimo, mas sim que não há norma trabalhista que o obrigue.

E, nesse contexto, não nos parece adequado se admitir a supletividade da norma externa do processo civil, quando a norma do próprio processo do trabalho foi vetada.

Não deixa de ser contraditório, entretanto, conceber-se a imposição de uma sentença líquida numa hipótese de procedimento sumário do processo civil e assim não o ser no procedimento sumaríssimo do processo do trabalho, cuja natureza do crédito é alimentar.

Apesar da realidade exposta no tópico anterior, não há como negar as vantagens na prolação de sentenças líquidas, especialmente nas causas de regime sumário. A tendência de se eliminar a fase de quantificação em delimitados casos submetidos ao Judiciário, quando possível logicamente[5], é digna de aplausos.

---

(4) FILHO, Manoel Antonio Teixeira. *Execução no Processo do Trabalho.* São Paulo: LTr, 2004. p. 87.
(5) Paulo Henrique dos Santos Lucon, por exemplo, no texto Sentença e liquidação no CPC. In: *Estudos em homenagem ao Professor Barbosa Moreira.* São Paulo: Revista dos Tribunais, 2005. p. 94, traz exemplo de impossibilidade de sentença líquida para hipótese do art. 275, II, "d":...referido dispositivo não terá o condão de afastar a sentença ilíquida em muitos casos. Assim, por exemplo: em acidente de veículo terrestre, uma das vítimas é obrigada a se submeter a um longo tratamento fisioterápico. Antes do término do tratamento, resolve por bem ingressar com demanda visando o ressarcimento por danos, formulando, para tanto, um pedido líquido, relacionado com as despesas médicas já suportadas, e um outro ilíquido, concernente às despesas a se realizarem. Note-se que esse último pedido é plenamente compatível com o que dispõe o art. 286, inc. II. No momento da prolação da sentença, o juiz condena o demandado ao pagamento das despesas já suportadas — as apresentadas na petição inicial e aquelas pagas ao longo do processo e submetidas ao contraditório. Nesse

De toda sorte, enquanto tal não é possível na Justiça do Trabalho, passemos ao estudo da liquidação de sentença trabalhista, iniciando-o pela definição de sua natureza jurídica, seguindo nossa proposta metodológica de heterointegração das normas da CLT e do CPC.

4. NATUREZA JURÍDICA

O legislador civil, em respeito à nova sistemática para cumprimento das decisões judiciais, reorganizou as disposições do Código de Processo Civil e retirou os procedimentos de liquidação de sentença do Livro II (que trata do processo de execução), transferindo-os para o livro I (que dispõe sobre o processo de conhecimento).

Tal ocorreu tendo em vista que a liquidação passou a ser considerada um prolongamento da ação de conhecimento, haja vista a supressão do ato de "citação". O novo § 1º do art. 475-A fala que "Do requerimento de liquidação de sentença será a parte *intimada*, na pessoa do advogado".

A nova liquidação de sentença civil, portanto, de acordo com o tratamento legislativo dispensado pela Lei n. 11.232/05, perdeu a antiga natureza de ação[6]. A redação do art. 475-A, § 1º, que não fala em petição inicial, mas em "requerimento de liquidação", demonstra que sua atual feição é de incidente processual[7].

Tal mudança está em consonância com o processo do trabalho, uma vez que a Justiça Especializada Trabalhista, conforme ressaltou *Luciano Athayde Chaves*,

---

sentido a sentença será líquida, atendendo ao disposto no art. 475-N. No entanto, como ficará essa sentença em relação à parte ilíquida? O juiz deixará de apreciar o pedido, consagrando o vedado *non liquet*? Ou simplesmente extinguirá o processo em relação a esse pedido por impossibilidade jurídica, submetendo a parte a novo e longo processo de conhecimento? Essa última solução constitui verdadeira denegação de justiça e estimula processos inúteis. Por essa razão, a interpretação sistemática do ordenamento processual faz com que se admita sentença ilíquida no hipótese do art. 275, inc. II, alínea d."

(6) A perda dessa natureza de ação buscada pelo legislador não foi aceita pacificamente pela doutrina. O capixaba Rodrigo Mazzei, por exemplo, a contesta veementemente: "Assim, é de certa maneira ingênua a idéia de que será possível tratar em todos os casos a liquidação de sentença com a simplicidade de um incidente processual, dada a sua natureza própria. A lei não tem o condão de, ao impor simples alteração redacional em alguns dispositivos, mudar a própria estrutura de instituto jurídico, dotando-o, inclusive, de força para formar a coisa julgada." (*Reforma do CPC — Leis ns. 11.187/05, 11.232/05, 11.276/06, 11.277/06 e 11.280/06*. São Paulo: Revista dos Tribunais, 2006, p. 154.)

(7) Quanto à possibilidade de confusão trazida pelo art. 475-A que fala em observação, no que couber, do procedimento comum, concordamos com a conclusão de Olavo de Oliveira Neto. In: *Processo de execução civil modificações da Lei n. 11.232/05*, Coordenação Paulo Hoffman e Leonardo Ferres da Silva Ribeiro, São Paulo: Quartier Latin, 2006. p. 194: "Todavia, o art. 475-F aduz que na liquidação por artigos será observado, no que couber, o procedimento comum, fazendo expressa referência ao art. 272, do CPC; o que pode levar a duas conclusões distintas: a) que o termo *no que couber* quer indicar que a liquidação por artigos deve assumir a natureza de incidente processual, mas com a adoção do procedimento comum; ou, b) que a liquidação por artigos, diferente das demais, continua a ter a natureza jurídica de ação de conhecimento declaratória, já que a estrutura dos procedimentos comuns exige seu início por meio de petição inicial e a seu encerramento prolação de sentença. Cremos que a adoção da primeira posição apresenta-se como a solução mais acertada, já que coincide com uma interpretação originária da lei, na medida em que sua exposição de motivos indicou como um dos principais pontos da reforma a transformação da liquidação de ação incidental em procedimento incidental. Daí a dificuldade de adotar o segundo posicionamento."

"já não tratava da liquidação como procedimento a exigir ato citatório, eis que mero desdobramento da fase de conhecimento e preparatório para a execução do título ilíquido"[8].

Nesse diapasão, outra alternativa não resta senão concebermos a liquidação de sentença como um incidente processual e, assim, ratificamos a conclusão de *Francisco Antonio de Oliveira:*

"A liquidação de sentença constitui incidente da fase cognitiva. Sua natureza é declaratória, posto que apenas o *an debeatur* é conhecido. Há incerteza no que respeita ao *quantum*. Conhecido este, ela se torna integrativa da execução[9]".

Pois bem. Mas como se inicia esse procedimento de liquidação da sentença? Pode ela ser realizada em execução provisória?

5. Iniciativa e execução provisória

O § 1º do art. 475-A do CPC[10] dispõe sobre a iniciativa da liquidação de sentença, através de requerimento do interessado: "Do requerimento de liquidação de sentença será a parte intimada, na pessoa de seu advogado".

Tal dispositivo tem incidência limitada no processo do trabalho. Limitada porque ele dispõe claramente que a liquidação da sentença deverá ser *requerida* enquanto no processo do trabalho, exceto na liquidação por artigos, tal procedimento pode ser iniciado pelo juiz *ex officio*, conforme dispõe o art. 878 da CLT. E, é lógico, não há impedimento de a parte interessada promover a liquidação por sua iniciativa.

O § 2º do art. 475-A trata da possibilidade de a execução provisória ser requerida na pendência de recurso[11]. A Consolidação das Leis do Trabalho é omissa sobre o tema, pois o seu art. 899 se limita a declarar que a execução provisória tramita até a penhora. A aplicação desse dispositivo, pois, é muito corriqueira na Justiça do Trabalho.

Nessa heterointegração das normas da execução civil e trabalhista é importante frisar que, apesar de no processo do trabalho o juiz poder tomar a iniciativa para a liquidação, tal não ocorre na execução provisória, por expressa advertência do inc. I do art. 475-O, que estabelece que ela corre por conta e responsabilidade do exeqüente.

E quando na sentença houver uma parte líquida e outra ilíquida, o credor pode promover a execução daquela e a liquidação desta?

---

(8) CHAVES, Luciano Athayde. *A recente reforma no processo comum — Reflexos no Direito Judiciário do Trabalho.* São Paulo: LTr, 2006. p. 46.
(9) OLIVEIRA, Francisco Antonio de. *Execução na Justiça do Trabalho.* São Paulo: Revista dos Tribunais, 2007. p. 100.
(10) § 1º do art. 475-A do CPC:
(11) "A liquidação poderá ser requerida na pendência de recurso, processando-se em autos apartados, no juízo de origem, cumprindo ao liquidante instruir o pedido com cópias das peças processuais pertinentes."

6. LIQUIDAÇÃO PARCIAL

Não se pode olvidar a novidade do § 2º do art. 475-I do CPC, incluído no capítulo do cumprimento de sentença, o qual estabelece que: "quando na sentença houver uma parte líquida e outra ilíquida, ao credor é lícito promover simultaneamente a execução daquela e, em autos apartados, a liquidação desta[12]."

É alteração interessante no tocante à busca da celeridade processual e pode perfeitamente ser observada de forma subsidiária pelo juiz do trabalho. É uma forma de agilizar o processamento dos atos executivos da parte líquida da decisão, que podem ter seu desenvolvimento prejudicado no caso de o juiz praticar atos de liquidação nos autos principais. Aliás, os juízes mais atentos já procediam dessa forma, ao perceber suas nítidas vantagens.

Definida a natureza jurídica e as iniciativas para a liquidação de sentença, bem como os aspectos relacionados à execução provisória e à liquidação parcial, é mister analisarmos as suas espécies ou formas para apuração do *quantum debeatur*.

7. ESPÉCIES

A CLT dispõe que, "sendo ilíquida a sentença exeqüenda, ordenar-se-á, previamente, a sua liquidação, que poderá ser feita por cálculo, por arbitramento ou por artigos".

Examinaremos, portanto, essas três espécies de liquidação, socorrendo-se, quando necessário, da aplicação subsidiária das normas do Código de Processo Civil, conforme nossa proposta de heterointegração dos sistemas.

7.1. LIQUIDAÇÃO POR CÁLCULOS

A liquidação mediante cálculos prevista no art. 475-B[13] não se aplica à execução trabalhista seja pela referência feita ao art. 475-J (a CLT contém norma própria nos arts. 880 e seguintes), seja por condicionar a liquidação a requerimento do credor (no processo do trabalho a liquidação por cálculos pode ser promovida *ex officio* pelo juiz).

Os §§ 1º[14] e 2º[15] desse artigo, com exceção à menção feita ao art. 362, não contêm novidade expressiva[16] e constituem desmembramento do antigo § 1º do

---

(12) Esse dispositivo está em consonância com o § 2º do art. 586 do CPC: "quando na sentença há uma parte líquida e outra ilíquida, ao credor é lícito promover simultaneamente a execução daquela e a liquidação desta."
(13) "Quando a determinação do valor da condenação depender apenas de cálculo aritmético, o credor requererá o cumprimento da sentença, na forma do art. 475-J desta Lei, instruindo o pedido com a memória discriminada e atualizada do cálculo."
(14) "Quando a elaboração da memória do cálculo depender de dados existentes em poder do devedor ou de terceiro, o juiz, a requerimento do credor, poderá requisitá-los, fixando prazo de até trinta dias para o cumprimento da diligência."
(15) "Se os dados não forem, injustificadamente, apresentados pelo devedor, reputar-se-ão corretos os cálculos apresentados pelo credor, e, se não o forem pelo terceiro, configurar-se-á a situação prevista no art. 362."
(16) Tais dispositivos legais são decorrentes do dever de colaboração e de lealdade, como dispõe construção jurisprudencial elaborada no inc. I, da Súmula n. 338 do Tribunal Superior do Trabalho.

art. 604. Como a CLT é omissa e as normas são compatíveis com o processo do trabalho, estas se aplicam de forma subsidiária, até pelo dever de colaboração e de lealdade das partes.

Cabe ao intérprete apenas solucionar uma incoerência existente entre os §§ 1º e 2º. O § 1º estabelece que, quando a elaboração do cálculo depender de dados em poder do devedor ou de terceiro, o juiz poderá requisitá-los, a requerimento do credor.

Ocorre que, por utilizar o termo "depender", supostamente sem tais documentos não seria possível a confecção dos cálculos. Porém, posteriormente, o legislador dispõe no § 2º que, se os dados não forem apresentados pelo devedor, "reputar-se-ão corretos os cálculos apresentados pelo credor". Mas que cálculos são esses, uma vez que sua elaboração dependia da apresentação de dados que o devedor deixou de fornecer?

Quanto à "novidade" da inclusão do art. 362, que dá ao juiz poderes na execução para ordenar a exibição de documento que contenha as informações solicitadas, sob pena de apreensão judicial, requisição de força policial, além da caracterização do crime de desobediência, trata-se de importante ferramenta contra a resistência do réu em colaborar com a justiça, mas já utilizada de forma subsidiária no processo do trabalho pelos juízes mais atentos com a necessidade de efetividade na prestação jurisdicional.

Ainda no âmbito do art. 475-B, o seu § 3º permite ao juiz valer-se de contador oficial quando o cálculo oferecido pelo credor "aparentemente exceder os limites da decisão exeqüenda". Aplica-se ao processo do trabalho, seja pela omissão dos §§ 1º-B e 2º do art. 879 da CLT, seja pela compatibilidade com o § 1º desse mesmo artigo que rege: "Na liquidação, não se poderá modificar, ou inovar, a sentença liquidanda (...)"

Digno de registro que esse § 1º do art. 879 da CLT é idêntico ao art. 475-G[17] do CPC, o que demonstra uma sintonia entre os sistemas a possibilitar uma uniformização de procedimentos.

Quanto ao § 4º do art. 475-B, também não há obstáculo para aplicação na execução trabalhista e, assim, na hipótese de o credor discordar dos cálculos apresentados pelo contador do juízo: a) a execução se processará pelo valor constante da memória dos cálculos, apresentada pelo credor, b) mas, para efeito de penhora, considerar-se-á o valor apurado pelo contador.

O critério do art. 475-B do Código de Processo Civil, com liquidação realizada pelo autor[18], sujeita porém a controle jurisdicional é, sem dúvida, melhor do que o critério adotado pela CLT, que permite o contraditório prévio em torno do crédito exeqüível (art. 879, § 2º), com possibilidade de reiteração da mesma discussão em

---

(17) "É defeso, na liquidação, discutir de novo a lide ou modificar a sentença que a julgou."
(18) Não podemos olvidar que também o devedor tem legitimidade, bem como interesse processual para dar início ao procedimento da liquidação, como na hipótese de pretender obstar a incidência da correção monetária e dos juros de mora que, certamente, têm o condão de elevar consideravelmente o valor do débito.

sede de embargos à execução (art. 884, § 4º), o que representa desnecessária e inútil repetição de atos, com o único objetivo de permitir interposição de recurso para impugnar a conta de liquidação (art. 897, *a*).

Nem se diga que tal contraditório pode ser evitado conforme entende grande parcela da doutrina, ao interpretar equivocadamente os termos do § 2º do art. 879 que utiliza a expressão "poderá": "elaborada a conta e tornada líquida o juiz *poderá* abrir vistas às partes no prazo preclusivo de 10 dias para impugnação."

De acordo com essa corrente que interpreta literalmente os termos do § 2º, sem atentar para o *caput* do artigo, os atos de acertamento para liquidação da sentença podem acontecer simultaneamente com a execução, o que ensejaria a situação de o executado somente discutir a liquidação após a constrição de seus bens.

Não aceitamos tal posição e, nesse sentido, concordamos com Valton Pessoa ao doutrinar que:

> "Se no *caput* do art. 879 o legislador emitiu uma ordem que 'sendo *ilíquida* a sentença *ordenar-se-á, previamente*, sua liquidação', não podemos admitir que este procedimento seja alternativo, principalmente quando esta condição facultativa é fruto de interpretação de parágrafo do mesmo dispositivo. A nosso ver, apenas quando os cálculos são elaborados pelo próprio juiz é que poderia ser dispensada a impugnação das partes antes da penhora[19]."

Enquanto o art. 884 da CLT tem aplicabilidade nas hipóteses de sentenças líquidas, carentes apenas de atualização aritmética, o procedimento do art. 879 desse mesmo diploma legal para prolação de sentenças ilíquidas sempre possibilitará às partes prévia discussão do *quantum debeatur*. Afinal, qualquer norma que obste o pleno exercício do contraditório antes de uma decisão violará esse direito fundamental assegurado pela Constituição Federal.

7.2. LIQUIDAÇÃO POR ARBITRAMENTO

Os arts. 475-C[20] e 475-D[21] do CPC tratam da espécie de liquidação por arbitramento, a qual é realizada através de perito. Tendo em vista a omissão da CLT, tais dispositivos podem e devem ser utilizados de forma subsidiária.

Exemplo de utilização de tal espécie de liquidação é a de reconhecimento de uma relação de emprego, em que não há subsídios suficientes para o juiz definir o valor do salário para o cálculo das verbas da condenação.

Em suma, o juiz determinará o processamento da apuração do *quantum debeatur* por arbitramento sempre que reputar a forma mais adequada para a liquidação.

---

(19) PESSOA, Valton. *Manual de Processo do Trabalho*. Salvador: JusPodivm, 2007. p. 282.
(20) "Far-se-á a liquidação por arbitramento quando: I — determinado pela sentença ou convencionado pelas partes; II — o exigir a natureza do objeto da liquidação."
(21) "Requerida a liquidação por arbitramento, o juiz nomeará o perito e fixará o prazo para a entrega do laudo".

Após a prolação de decisão homologatória do cálculo apresentado pelo perito, o juiz autorizará o prosseguimento da execução nos moldes das sentenças líquidas, iniciando-a com a intimação do devedor para que cumpra a sentença de acordo com o prazo ou, tratando-se de pagamento em dinheiro, que a pague em 48 horas ou garanta a execução sob pena de penhora.

7.3. LIQUIDAÇÃO POR ARTIGOS

A omissão da Consolidação das Leis do trabalho se repete em relação à liquidação por artigos. Assim, da mesma forma que os artigos que tratam da liquidação por arbitramento, o dispositivo 475-E[22] do Código de Processo Civil que trata da liquidação por artigos se aplica subsidiariamente à execução trabalhista. Então, quando "para determinar o valor da condenação, houver necessidade de alegar e provar fato novo", far-se-á a liquidação por artigos.

A necessidade de provar fato novo enseja uma carga de cognição (até mesmo porque tal procedimento no processo comum foi trazido para a fase de conhecimento), o que explica o disposto no art. 475-F[23], que também se aplica ao processo do trabalho, com a lembrança apenas que nesse processo especial os procedimentos previstos são ordinário e sumaríssimo.

Cabe registrar, apenas, que na Justiça do Trabalho os artigos de liquidação são raros, uma vez que a maioria das sentenças de mérito, quando ilíquidas, apresentam de logo os elementos para elaboração dos cálculos, ensejando a apuração do *quantum debeatur* por simples cálculos.

8. LIQUIDAÇÃO DAS VERBAS PREVIDENCIÁRIAS

A Emenda Constitucional n. 20/98 acrescentou ao art. 114 da Constituição Federal competência à Justiça do Trabalho para executar, de ofício, as contribuições sociais de trabalhadores e empregadores, decorrentes das sentenças que proferisse.

A referida contribuição é incidente sobre a folha de salário e demais rendimentos do trabalho pagos ou creditados pelas empresas às pessoas físicas, a qualquer título, ainda que não existente o vínculo empregatício.

Tal atribuição conferida à Justiça do Trabalho foi dada com o objetivo de aumentar a arrecadação dos valores destinados ao Instituto Nacional de Seguridade Social, bem como evitar a sonegação.

Nesse contexto, através da Lei n. 10.035 de 25.10.2000 foi inserido o § 1º-A no art. 879 da CLT com a seguinte redação: "A liquidação abrangerá, também, o cálculo das contribuições previdenciárias devidas."

---

(22) "Far-se-á a liquidação por artigos, quando, para determinar o valor da condenação, houver necessidade de alegar e provar fato novo."
(23) "Na liquidação por artigos, observar-se-á, no que couber, o procedimento comum (art. 272).

No momento de liquidação de sentença, portanto, também deverão ser elaborados os cálculos relativos às contribuições previdenciárias devidas pelas partes litigantes. Tal cálculo deve ser apurado de acordo com as regras específicas da seguridade social, conforme estabelece o § 4º do art. 879 da CLT: "A atualização do crédito devido à Previdência Social observará os critérios estabelecidos na legislação previdenciária."

Não se pode olvidar que o INSS terá vista dos cálculos e o poderá impugnar, conforme os termos do § 3º do art. 879 da CLT[24]. Em comentário a esse artigo *Erotilde Ribeiro S. Minharro* afirma que:

"As próprias partes elaborarão os cálculos da parcela de contribuição do INSS, após o que o juiz dar-lhe-á vista para que confira se as contas estão corretas. Se estiverem incorretas, a autarquia apresentará os valores que entender pertinentes, sempre de maneira detalhada, no prazo preclusivo de dez dias[25]."

9. RECORRIBILIDADE DA DECISÃO QUE JULGA A LIQUIDAÇÃO

Por fim, até por ser o último dispositivo da norma processual civil, no capítulo que trata da liquidação de sentença, deve-se atinar nesse estudo heterointegrativo para o art. 475-H que dispõe sobre a recorribilidade da decisão que julga a liquidação: "Da decisão de liquidação caberá agravo de instrumento".

Tal norma não tem aplicabilidade no processo do trabalho, uma vez que seu sistema, como dispõe o § 1º do art. 893, não admite interposição de recurso contra decisão interlocutória.

Na seara da execução, outrossim, existe norma específica no § 3º do art. 884 na CLT[26] e, assim, após o contraditório na fase de liquidação (art. 879, § 2º)[27], a decisão sobre a liquidação da sentença não terá o caráter definitivo, tendo em vista a possibilidade da matéria ser impugnada por ocasião dos embargos e, posteriormente, por Agravo de Petição.

Já criticamos tal procedimento pela ocorrência de reiteração e rediscussão desnecessária de matéria. Como inúmeros outros dispositivos da CLT que restam ultrapassados em comparação com as novas normas do processo comum trazidas pelas reformas do Código de Processo Civil, já é hora de se pensar numa forma mais efetiva de aplicação subsidiária deste, numa real reforma da CLT ou até mesmo numa unificação dos sistemas.

---

(24) § 3º do art. 879 da CLT: "Elaborada a conta pela parte ou pelos órgãos auxiliares da Justiça do Trabalho, o juiz procederá à intimação por via postal do Instituto Nacional do Seguro Social — INSS, por intermédio do órgão competente, para manifestação, no prazo de 10 (dez) dias, sob pena de preclusão.
(25) MINHARRO, Erotilde Ribeiro S. *CLT interpretada artigo por artigo, parágrafo por parágrafo*. Org. Costa Machado. Coord. Domingos Sávio Zainaghi. São Paulo: Manole, 2007. p. 862.
(26) "Somente nos embargos à penhora poderá o executado impugnar a sentença de liquidação, cabendo ao exeqüente igual direito e no mesmo prazo."
(27) "Elaborada a conta e tornada líquida, o juiz poderá abrir às partes prazo sucessivo de 10 (dez) dias para impugnação fundamentada com a indicação dos itens e valores objeto da discordância, sob pena de preclusão".

10. BIBLIOGRAFIA

CHAVES, Luciano Athayde. *A recente reforma no processo comum — reflexos no direito Judiciário do Trabalho*. São Paulo: LTr, 2006.

FREIRE, Rodrigo da Cunha Lima; RAMOS, Glauco Gumerato; MAZZEI, Rodrigo; NEVES, Daniel Amorim Assumpção. *Reforma do CPC — Leis ns. 11.187/05, 11.232/05, 11.276/06, 11.277/06 e 11.280/06*. São Paulo: Revista dos Tribunais, 2006.

LUCON, Paulo Henrique dos Santos. Sentença e liquidação no CPC. In: *Estudos em homenagem ao Professor Barbosa Moreira*. São Paulo: Revista dos Tribunais, 2005.

MARTINS, Sérgio Pinto. *Direito Processual do Trabalho*. São Paulo: Atlas, 2000.

MINHARRO, Erotilde Ribeiro S. *CLT interpretada artigo por artigo, parágrafo por parágrafo*. Org. Costa Machado. Coord. Domingos Sávio Zainaghi. São Paulo: Manole, 2007.

OLIVEIRA, Francisco Antonio de. *Execução na Justiça do Trabalho*. São Paulo: Revista dos Tribunais, 2007.

OLIVEIRA NETO, Olavo de. *Processo de execução civil modificações da Lei n. 11.232/05*. Coord. Paulo Hoffman e Leonardo Ferres da Silva Ribeiro. São Paulo: Quartier Latin, 2006.

PESSOA, Valton. *Manual de processo do trabalho*. Salvador: JusPodivm, 2007.

PINTO, José Augusto Rodrigues. *Execução trabalhista*. São Paulo: LTr, 1998.

TEIXEIRA FILHO, Manoel Antonio. *Execução no processo do trabalho*. São Paulo: LTr, 2004.

PARTE III

Dos Recursos

CAPÍTULO 12

DOS RECURSOS TRABALHISTAS[*]

Georgenor de Sousa Franco Filho[**]

I. CONSIDERAÇÕES GERAIS

Considerando o objetivo predominante didático desta obra, dedica-se esta Parte especificamente a cuidar dos recursos trabalhistas, isto é, dos diversos meios que o legislador coloca à disposição do jurisdicionado que, contrariado, deseja ter a decisão que lhe foi adversa revista por órgão superior.

A inconformação com decisão judicial que não lhe é favorável ou que, de alguma forma, o atinge ou a seu patrimônio, leva a pessoa, física ou jurídica, a buscar, em instância superior, a mudança do julgado que lhe foi prejudicial, total ou parcialmente, a fim de repor aquilo que entende ser seu direito.

Trata-se de garantia constitucional, qual seja a do princípio do duplo grau de jurisdição, consagrado no art. 5º, XXXV e LV, da Constituição de 5 de outubro de 1988, a sétima do Brasil.

Cabe de decisões proferidas pelas Varas e Tribunais, a fim de obtenção de novo exame, objetivando sua reforma total ou parcial.

Existem elementos que devem ser necessariamente cumpridos, os chamados requisitos extrínsecos ou pressupostos objetivos. São eles, especialmente, os seguintes: 1) observância do prazo recursal; 2) recolhimento das custas processuais; 3) depósito do valor da condenação, a fim de garantir o juízo *a quo*, medida que deve ser tomada pelo reclamado (obviamente em se tratando de recurso trabalhista), observando limites e condições fixados em instruções do Tribunal Superior do Trabalho. Atualmente, três Instruções Normativas cuidam do tema: n. 15, sobre depósito recursal[1]; n. 18, sobre comprovação desse depósito[2]; e n. 20, sobre procedimentos para recolhimento de custas e emolumentos devidos à União[3].

(*) Elaborado para a obra coletiva *Curso de Direito Processual do Trabalho*, merecida homenagem ao eminente Prof. Pedro Paulo Teixeira Manus, Livre Docente e Titular da PUC — São Paulo e Ministro do Tribunal Superior do Trabalho.
(**) Juiz Togado do TRT da 8ª Região, Doutor em Direito Internacional pela Faculdade de Direito da Universidade de São Paulo, Professor de Direito Internacional e do Trabalho da Universidade da Amazônia, Presidente da Academia Nacional de Direito do Trabalho, Membro da Academia Paraense de Letras, da Sociedade Brasileira de Direito Internacional, da *International Law Association* e do *Centro per la Cooperazione Giuridica Internazionale*.
(1) Resolução n. 88/98, DJ de 15.10.1998.
(2) Resolução n. 92/99, DJ de 12.1.2000.
(3) Resolução n. 902/02, DJs de 13.11.2002, 21.11.2002 e 27.11.2002.

Existe, por igual, o requisito intrínseco ou pressuposto subjetivo, representado, sobretudo, pela lesividade que atingiu os interesses do recorrente.

Observe-se que, no processo do trabalho, descabe recurso de decisão interlocutória, que é aquela que resolve incidente no processo (art. 162, do CPC[4]), consoante dispõe o art. 893, § 1º, da CLT. Distingue-se de decisão definitiva e de decisão terminativa que são aquelas que colocam fim ao processo (com ou sem resolução do mérito, respectivamente). Por exemplo, ao extinguir um processo por inépcia da inicial, essa decisão é terminativa e, conquanto possa ser concisa, dela caberá o recurso adequado.

II. Modalidades recursais

Existem diversos tipos de recursos no processo do trabalho. Alguns cabem tanto do 1º grau para os tribunais regionais, como destes ao Tribunal Superior do Trabalho. Vejamos, de forma mais objetiva possível, um a um esses meios de se ter revista uma decisão de instância inferior.

Recurso ordinário

É o recurso ordinário, para o processo do trabalho, o mesmo que a apelação para o processo comum. Sua interposição deve ocorrer no prazo de oito dias da ciência da decisão proferida pela Vara para o Tribunal Regional do Trabalho correspondente, e das decisões desses Tribunais nos processos de sua competência originária, dirigido ao Tribunal Superior do Trabalho.

O art. 895 da CLT contempla a seguinte redação:

> Art. 895 — Cabe recurso ordinário para a instância superior:
>
> a) das decisões definitivas das Varas e Juízos, no prazo de 8 (oito) dias;
>
> b) das decisões definitivas dos Tribunais Regionais, em processos de sua competência originária, no prazo de 8 (oito) dias, quer nos dissídios individuais, quer nos dissídios coletivos.
>
> § 1º — Nas reclamações sujeitas ao procedimento sumaríssimo, o recurso ordinário:
>
> I — (VETADO).
>
> II — será imediatamente distribuído, uma vez recebido no Tribunal, devendo o relator liberá-lo no prazo máximo de dez dias, e a Secretaria do Tribunal ou Turma colocá-lo imediatamente em pauta para julgamento, sem revisor;
>
> III — terá parecer oral do representante do Ministério Público presente à sessão de julgamento, se este entender necessário o parecer, com registro na certidão;

---

(4) No processo comum, a regra referente às decisões interlocutórias sofreu grande modificação, pela Lei n. 11.187, de 2005, que alterou em parte os arts. 522 e seguintes do CPC.

> IV — terá acórdão consistente unicamente na certidão de julgamento, com a indicação suficiente do processo e parte dispositiva, e das razões de decidir do voto prevalente. Se a sentença for confirmada pelos próprios fundamentos, a certidão de julgamento, registrando tal circunstância, servirá de acórdão.
>
> § 2º Os Tribunais Regionais, divididos em Turmas, poderão designar Turma para o julgamento dos recursos ordinários interpostos das sentenças prolatadas nas demandas sujeitas ao procedimento sumaríssimo.

Como se constata, ao longo dos anos, a modificação mais significativa pretendida, com o fim de agilizar o julgamento dos recursos ordinários, foi a introduzida pela Lei n. 9.957, de 12.1.2000, que criou o chamado *procedimento sumaríssimo* na Justiça do Trabalho.

Relativamente ao art. 895, *b*, da CLT, são de competência originária dos Tribunais Regionais os processos de dissídio coletivo, mandado de segurança, ação rescisória e *habeas corpus*. Das decisões neles proferidas, cabe recurso ordinário para o TST.

Existem, ademais, processos irrecorríveis. São os chamados *processos de alçada*. Deles cuida a Lei n. 5.584, de 26.6.1970. Os §§ 3º e 4º do art. 2º dessa lei prevêem que, quando a causa tiver seu valor fixado em até 2 (dois) salários mínimos, sintetiza-se o termo de audiência e, em casos desses chamados dissídios de alçada, não cabe recurso, salvo se versar sobre matéria constitucional.

RECURSO DE REVISTA

Das decisões proferidas pelos Tribunais Regionais do Trabalho (em composição plena ou, se for o caso, de uma de suas Turmas) cabe recurso de revista para uma das Turmas do Tribunal Superior do Trabalho.

O art. 896 da CLT regula a matéria, tendo sido recomendada rigidez na admissibilidade desse tipo de recurso por parte do juízo de admissibilidade inferior, a fim de evitar o assustador aumento de processo na Corte Superior.

A admissibilidade do recurso de revista dá-se em duas hipóteses: por violação literal de norma ou por divergência jurisprudencial. É a regra do art. 896, *caput, da CLT, verbis*:

> Art. 896 — Cabe Recurso de Revista para Turma do Tribunal Superior do Trabalho das decisões proferidas em grau de recurso ordinário, em dissídio individual, pelos Tribunais Regionais do Trabalho, quando:
>
> a) derem ao mesmo dispositivo de lei federal interpretação diversa da que lhe houver dado outro Tribunal Regional, no seu Pleno ou Turma, ou a Seção de Dissídios Individuais do Tribunal Superior do Trabalho, ou a Súmula de Jurisprudência Uniforme dessa Corte;
>
> b) derem ao mesmo dispositivo de lei estadual, Convenção Coletiva de Trabalho, Acordo Coletivo, sentença normativa ou regulamento empresarial de observân-

> cia obrigatória em área territorial que exceda a jurisdição do Tribunal Regional prolator da decisão recorrida, interpretação divergente, na forma da alínea *a*;
>
> c) proferidas com violação literal de disposição de lei federal ou afronta direta e literal à Constituição Federal.

Seu efeito é meramente devolutivo, cabendo ao Presidente do Tribunal Regional ou o Magistrado a quem for delegada essa competência, pelo Regimento Interno da Corte, proferir o despacho admitindo ou trancando o apelo (art. 896, § 1º).

Excepcionalmente, admite-se o recurso de revista na execução da sentença. Em casos que tais, é indispensável exista demonstração inequívoca, literal e direta, de norma inserta na Constituição da República (art. 896, § 2º).

No que refere às causas sujeitas ao procedimento sumaríssimo, somente cabe recurso de revista em caso de contrariedade à súmula da jurisprudência uniforme do TST e de violação à Constituição da República (art. 896, § 6º).

A Medida Provisória n. 2.226, de 4.9.2001, acrescentou o art. 896-A à CLT, cuidando do princípio da transcendência. O dispositivo tem a seguinte redação:

> Art. 896-A — O Tribunal Superior do Trabalho, no recurso de revista, examinará previamente se a causa oferece transcendência com relação aos reflexos gerais de natureza econômica, política, social ou jurídica.

Caberá ao TST regulamentar a matéria, mas o tema está submetido à apreciação do STF, através da ADIn 2.527-9-DF, tendo sido suspenso, por cautelar, apenas o art. 3º da Medida Provisória n. 2.226/01.

Uma das principais e maiores críticas sofridas pelo princípio da transcendência, é ofensa ao princípio do contraditório, ultrapassando o interesse e direito das partes de ter o recurso apreciado, em razão dos critérios criados. Outra crítica é relativa à subjetividade dos mecanismos para a aplicação do instrumento.

Acredito que essa subjetividade vai violar tudo o que se tem como pressuposto recursal atualmente. Os requisitos do art. 896 da CLT irão cair por terra.

A meu ver, a Medida Provisória já veio violando o art. 62 da Constituição da República, porque não se pode identificar como de urgência ou de relevância seu conteúdo, e o que criou, na verdade, foi um critério de transcendência que se apresenta em quatro espécies (econômica, política, social ou jurídica), e que o TST terá que deixar bastante explícito para que a sociedade, destinatária final da norma, possa entender seu real significado.

Certamente que *transcendência* recursal não quer significar nada de divino, de sagrado. Temo que seja uma experiência que pode resultar em fracasso, mesmo porque é verdadeiramente impossível, em meio a tantas relações conflitivas, querer encontrar transcendência para admitir ou não um recurso.

Apesar de o Excelso Pretório não ter determinado, ainda em sede de cautelar, a suspensão do dispositivo que acrescentou o art. 896-A à CLT, penso que, no julgamento final, essa declaração deverá ocorrer para fim de tranqüilizar o jurisdicionado que precisa ter concretos balizamentos da posição dominante nas Cortes Superiores.

EMBARGOS DE DECLARAÇÃO

As regras principais acerca de embargos de declaração constam do CPC (arts. 535 e segs.). A existente na CLT é apenas o art. 897-A, donde se aplicam as do processo comum, subsidiariamente, por força do art. 769 consolidado. A Lei n. 7.701, de 21.12.1988, que cuidou da especialização das seções e turmas do TST, tratou, igualmente dos embargos declaratórios.

Parte da doutrina brasileira entende que não se trata propriamente de um recurso[5]. Outros tantos interpretam como tal, inclusive por assim estar disposto no CPC[6]. Cabe este remédio recursal em qualquer instância, desde que exista omissão, obscuridade ou contradição no *decisum* (art. 535, CPC). Havia, a meu ver, *data venia*, necessidade de ser coibida a prática do uso indevido dos embargos declaratórios. É que, no mais das vezes, a parte embargante pretende *ganhar tempo* para protelar o trânsito em julgado da sentença.

Deve ser interposto em cinco dias (art. 536, CPC), ocorrendo interrupção do prazo recursal (art. 538, CPC), cabendo multa de 1% em caso de embargos protelatórios, que se elevará para 10% se reincidente, sendo necessário seu depósito em caso de interposição de outro recurso (art. 538, único, CPC).

No TST, cabe aos acórdãos da Seção de Dissídios Coletivos, das Seções de Dissídios Individuais I e II e das Turmas (art. 2º, II, *d*, 3º, III, *d*, e 5º, *d*, da Lei n. 7.701, de 21.12.1998)

Regra específica sobre embargos declaratórios é a do art. 897-A da CLT, introduzido pela Lei n. 9.957, de 12.1.2000, *verbis*:

> Art. 897-A Caberão embargos de declaração da sentença ou acórdão, no prazo de cinco dias, devendo seu julgamento ocorrer na primeira audiência ou sessão subseqüente a sua apresentação, registrado na certidão, admitido efeito modificativo da decisão nos casos de omissão e contradição no julgado e manifesto equívoco no exame dos pressupostos extrínsecos do recurso.
>
> Parágrafo único. Os erros materiais poderão ser corrigidos de ofício ou a requerimento de qualquer das partes.

Por esse dispositivo, temos que só cabe esse recurso em caso de omissão e contradição e para reexame dos pressupostos recursais extrínsecos. Não caberia

---
(5) Entre outros, MANUS, Pedro Paulo Teixeira & GONÇALVES, Odonel Urbano. *Recursos no processo do trabalho*. São Paulo: LTr, 1997. p. 137; TEIXEIRA FILHO, Manoel Antonio. *Sistema dos recursos trabalhistas*. 5. ed. São Paulo: LTr, 1991. p. 314 *passim*.
(6) N. sent.: PINTO, José Augusto Rodrigues. *A modernização do CPC e o processo do trabalho*. São Paulo: LTr, 1996. p. 212 *passim*; NASCIMENTO, Amauri Mascaro. *Curso de direito processual do trabalho*. 10. ed. São Paulo: Saraiva, 1989. p. 254 *passim*.

em caso de obscuridade. Todavia, deve-se entender por sua admissibilidade nessa hipótese em face de expressa previsão do art. 535, I, do CPC, aplicável subsidiariamente. Ademais disso, cabem os declaratórios para corrigir erro material (parágrafo único do art. 897-A, CLT).

Não cabe em caso de dúvida da parte, conquanto exista previsão dessa natureza na legislação brasileira, qual seja o art. 30, II, da Lei n. 9.307, de 23.9.1996, que cuida de arbitragem, e cuja aplicação, à arbitragem trabalhista, tem sido admitida sem maiores controvérsias, à falta de outra norma[7].

AGRAVO DE PETIÇÃO

Este recurso é específico do 1º para o 2º graus, e somente cabe em processos em fase de execução. Igualmente é o recurso adequado em caso de embargos de terceiro.

Recebido sempre no efeito meramente devolutivo, como de resto os demais recursos trabalhistas (art. 899, *caput*, da CLT), o prazo para sua interposição é de 8 dias (art. 897, *a*, da CLT), e, para coibir os excessos, o legislador tratou de criar mecanismos restritivos para a interposição do agravo de petição.

Com efeito, a falta de delimitação justificada da matéria recorrida (art. 897, § 1º, da CLT) leva a não ser examinado o pedido, Da mesma forma, não cabe da sentença homologatória dos cálculos de liquidação, mas apenas da sentença que julgar os embargos à penhora (art. 884, §§ 3º e 4º, da CLT).

AGRAVO REGIMENTAL

Não há, na CLT, previsão para esse tipo de recurso, salvo no art. 709, § 1º[8]. No mais, a legislação extravagante cuida em alguns raros momentos (Lei n. 7.701/88, arts. 2º, II, *d*, *in fine*, 3º, III, *f*, e 5º, *c*).

Cabe esse recurso contra decisão monocrática. Nunca contra decisão colegiada, em hipóteses previstas nos Regimentos Internos dos Tribunais, no prazo de oito dias.

No TST, cabe nos seguintes casos: I — do despacho do Presidente do Tribunal que denegar seguimento aos embargos infringentes; II — do despacho do Presidente do Tribunal que suspender execução de liminares ou de decisão concessiva de mandado de segurança; III — do despacho do Presidente do Tribunal que conceder ou negar suspensão da execução de liminar ou da sentença em cautelar; IV — do despacho do Presidente do Tribunal concessivo de liminar em mandado de segurança ou em ação cautelar; V — do despacho do Presidente do Tribunal proferido em efeito suspensivo; VI — das decisões e despachos proferidos pelo Cor-

---

(7) N. sent.: o meu *A nova lei de arbitragem e as relações de trabalho.* São Paulo: LTr, 1997.
(8) § 1º Das decisões proferidas pelo Corregedor, nos casos do artigo, caberá o agravo regimental, para o Tribunal Pleno.

regedor-Geral; VII — do despacho do Relator que negar prosseguimento a recurso, exceção feita ao disposto no art. 245; VIII — do despacho do Relator que indeferir inicial de ação de competência originária do Tribunal; e IX — do despacho ou da decisão do Presidente do Tribunal, de Presidente de Turma, do Corregedor-Geral ou Relator que causar prejuízo ao direito da parte, ressalvados aqueles contra os quais haja recursos próprios previstos na legislação ou neste Regimento[9].

Nos Tribunais Regionais, também os Regimentos Internos regulam o agravo regimental. Na 8ª Região (Pará/Amapá), por exemplo, cabe nas seguintes hipóteses: I — das decisões proferidas pelo Corregedor Regional, em reclamações correicionais; II — das decisões que indeferir liminarmente a petição inicial de ação de competência originária do Tribunal; III — das decisões do Desembargador Relator que negar seguimento a recurso; IV — das decisões do Presidente que, em definitivo, resolver pedido de requisição de pagamento das importâncias devidas pela Fazenda Pública, acerca de precatório; V — das decisões que concederem ou denegarem medida liminar (art. 285).

AGRAVO DE INSTRUMENTO

De despacho denegatório de admissibilidade de qualquer recurso, o remédio cabível é o agravo de instrumento (art. 897, *b*, CLT).

O prazo para sua interposição é de oito dias, processados em autos separados com as cópias das principais peças do processo. É recebido no efeito meramente devolutivo, salvo se o juízo de admissibilidade ou o relator no Tribunal admiti-lo também no efeito suspensivo (art. 527, III, do CPC).

Geralmente, ao examinar o recurso interposto, o juízo de admissibilidade, verificando os pressupostos extrínsecos, pode negar-lhe seguimento. Ou seja, apelo subscrito por profissional não habilitado, irregularidade do depósito recursal e do recolhimento das custas processuais, tempestividade. Vai daí que o remédio usado é o agravo de instrumento.

Trata-se, *data venia*, de mais uma lamentável forma de atravancar o Poder Judiciário. Dezenas de milhares de agravos de instrumento estão lotando prédios inteiros dos Tribunais brasileiros. Anos atrás, de uma só assentada, e com apenas duas palavras (*não conheço*), dez juízes convocados do Tribunal Superior do Trabalho relataram, e as respectivas cinco Turmas de então julgaram 10.000 agravos de instrumento malformados.

É porque a formação do instrumento é essencial para seu conhecimento regular. Nos termos do art. 525, inciso I, do CPC, existem documentos que obrigatoriamente devem instruir a petição: cópias da decisão agravada, da certidão da respectiva intimação e das procurações outorgadas aos advogados do agravante e do agravado, afora os comprovantes do preparo (§ 1º do mesmo artigo). Outras

---

[9] Art. 243, *caput*, do Regimento Interno do TST (Aprovado pela Resolução Administrativa n. 908/02, publicado no Diário da Justiça da União de 27.11.2002, p. 434, atualizado até o Ato Regimental n. 10/06 e a Emenda Regimental n. 10/07 e a Resolução Administrativa n. 1265/07).

peças poderão ser juntadas, a critério da parte que as deverá indicar (art. 535, II, do CPC).

Entendo que, quanto à juntada das peças obrigatórias, a tarefa é da Secretaria da Vara do Trabalho, porquanto expressamente prevista em lei, devendo o Relator, no Tribunal, verificando sua ausência, determinar o retorno dos autos para essa complementação indispensável. Completo, o instrumento retornará à Corte *ad quem* para apreciação.

EMBARGOS PARA SDI E SDC

Tratam-se, os interpostos na Seção de Dissídios Coletivos, de recurso cabível das decisões proferidas em dissídios coletivos de competência originária do TST (art. 2º, II, *c*, da Lei n. 7.701/88), chamados de *embargos infringentes*.

Das Turmas da C. Corte, em dissídios individuais, desde que exista divergência jurisprudencial ou violação de lei federal, cabem embargos para a Seção de Dissídios Individuais (art. 3º, III, *b*, da Lei n. 7.701/88).

O prazo para a interposição de ambos é de oito dias (art. 894, CLT).

RECURSO EXTRAORDINÁRIO

O recurso extraordinário é o último tipo de recurso admitido no Direito brasileiro. Cabe das decisões dos Tribunais Superiores que violem a Constituição da República ao Supremo Tribunal Federal. Presta-se, com efeito, apenas para examinar matéria constitucional. É certo que, dada a condição extremamente analítica da Carta de 1988, tem esse remédio extremo se prestado para deixar o Excelso Pretório extremamente ocupado com teses já sedimentadas e de entendimento cristalino, ao invés de se ater às questões realmente relevantes dos grandes temas ligados à Constituição.

Tratando-se de matéria trabalhista, cabe o recurso extraordinário das decisões proferidas pelo TST, quando contrárias à Constituição (art. 119, III, da Constituição). Note-se que a ofensa à Carta deverá ser direta, explícita, clara, insofismável. A violação indireta não enseja sua interposição. Por corolário, tem-se que reexame de prova não enseja seu uso (Súmula n. 279, do STF).

Existe uma única referência, na CLT, acerca desse recurso, que é o art. 893, § 2º, prevendo que a sua interposição não prejudicará a execução do julgado, donde, admitido sempre no efeito meramente devolutivo, permite a execução do julgado em caráter definitivo.

RECURSO ADESIVO

O recurso adesivo é previsto no art. 500, do CPC, *verbis*:

> Art. 500. Cada parte interporá o recurso, independentemente, no prazo e observadas as exigências legais. Sendo, porém, vencidos autor e réu, ao recurso inter-

> posto por qualquer deles poderá aderir a outra parte. O recurso adesivo fica subordinado ao recurso principal e se rege pelas disposições seguintes:
>
> I — será interposto perante a autoridade competente para admitir o recurso principal, no prazo de que a parte dispõe para responder;
>
> II — será admissível na apelação, nos embargos infringentes, no recurso extraordinário e no recurso especial;
>
> III — não será conhecido, se houver desistência do recurso principal, ou se for ele declarado inadmissível ou deserto.
>
> Parágrafo único. Ao recurso adesivo se aplicam as mesmas regras do recurso independente, quanto às condições de admissibilidade, preparo e julgamento no tribunal superior.

Durante longo tempo, foi questionada a possibilidade de sua interposição no processo do trabalho. Atualmente, a matéria não suscita mais controvérsias. A solução está na Súmula n. 283 do TST, nos seguintes termos:

> RECURSO ADESIVO. PERTINÊNCIA NO PROCESSO DO TRABALHO. CORRELAÇÃO DE MATÉRIAS — O recurso adesivo é compatível com o processo do trabalho e cabe, no prazo de 8 (oito) dias, nas hipóteses de interposição de recurso ordinário, de agravo de petição, de revista e de embargos, sendo desnecessário que a matéria nele veiculada esteja relacionada com a do recurso interposto pela parte contrária.

Cabe o adesivo das decisões recorridas por uma parte e que a outra, parcialmente vencedora, recorre, após vencido o seu regular prazo. São os seus pressupostos específicos: 1) existência de recurso da parte adversa; 2) sucumbência parcial do recorrente adesivo; 3) sujeito a preparo (recolhimento de custas e depósito *ad recursum*, se for o caso).

O cerne da questão está em que, não conhecido o apelo principal, o adesivo tem o mesmo destino, não chegando à Corte recorrente a examinar o mérito do pedido.

REMESSA EX OFFICIO

Este tipo de recurso é específico para beneficiar entes de direito público interno (União, Estados, Distrito Federal, Municípios e autarquias e fundações de direito público federais, estaduais ou municipais que não explorem atividade econômica), consoante previsto no Decreto-Lei n. 779, de 21.8.1969.

Os privilégios recursais são, basicamente, quatro: 1) prazo em dobro para recorrer; 2) dispensa de depósito recursal; 3) recurso ordinário *ex officio* de decisões total ou parcialmente contrárias, hoje denominado "remessa *ex officio*"; 4) isenção de custas para a União Federal e recolhimento a final para os demais entes.

Essa imposição legislativa é perfeitamente desnecessária, afora servir, atualmente, de mais um instrumento para atravancar as pautas extremamente extensas dos Tribunais Regionais do Trabalho.

A obsolescência dessa revisão necessária está no fato de que todos os entes públicos que são contemplados com esse privilégio possuem suas procuradorias judiciais, com servidores concursados e habilitados para, no cumprimento de seu mister legal, recorrerem ordinariamente para defender os interesses do Estado.

Seria de bom alvitre que o legislador infraconstitucional cuidasse de rever essa norma e, por meio de meio legislativo adequado, fosse revogado esse decreto-lei e abolido esse desnecessário e lamentável privilégio. Seria, penso, mais uma forma efetiva de o Estado, antes de seus vários graus administrativos, demonstrar que também tem verdadeiro interesse em promover a celeridade da Justiça.

CORREIÇÃO PARCIAL

Não se trata, a rigor, de recurso judicial. Cuida-se, sim, de corrigir erro grosseiro de procedimento (*error in procedendo*) de Juiz de grau inferior por decisão superior. O tema é, geralmente, cuidado nos Regimentos internos dos Tribunais, mediante provocação ao Corregedor Geral (no caso de o ato tumultuário ter sido praticado por Juiz de TRT) ou ao Corregedor Regional (na hipótese de essa prática ter sido de Juiz de 1º grau).

Geralmente, o prazo fixado é de oito dias da ciência do ato pela parte prejudicada, formalizado por petição ao Corregedor (Geral ou Regional, conforme o caso).

A CLT assinala, no art. 709, § 1º, que, da decisão em reclamação correicional proferida pelo Corregedor Geral da Justiça do Trabalho cabe agravo regimental para o Tribunal Pleno. Essa regra, que igualmente se destina às correições parciais, aplica-se, a meu ver, igualmente para os Tribunais Regionais.

III. CONCLUSÃO

De tudo o que, *en passant*, se escreveu sobre os recursos admissíveis no processo do trabalho, resta uma coisa bastante provada: há, no Direito brasileiro, um incrível excesso de remédios para demonstrar a inconformação da parte com uma determinada decisão.

Incríveis 159.522 acórdãos foram proferidos pelo Excelso Pretório em 2007[10]. O número excessivo de recursos autuados pelo TST até 14.12.2007 é assustador: 117.072. Até setembro de 2007, o TRT da 2ª Região (São Paulo) apresentou o maior número de processos julgados no Brasil (90.828), e os 24 TRTs brasileiros julgaram, no mesmo período, 451.561 processos. Os números, certamente, assustam e suscitam buscar meios alternativos, máxime se considerarmos que, na

---

(10) Cf. http://www.stf.gov.br/portal/cms/verTexto.asp?servico=estatistica&pagina=movimentoProcessual. Acesso em 13.12.2008.

1ª instância, na mesma época, as 1.370 Varas do Trabalho instaladas no Brasil julgaram 1.379.093 ações[11]. Absurdo? Não! Cruel realidade de um país que despreza mecanismos alternativos, extrajudiciais, usados em abundância no chamado primeiro mundo, e que, aqui, são relegados a plano inferior. Prefere-se, no mais das vezes, que o Estado, paternal e assistencialista, resolva o problema. É mais fácil, afinal, culpar o Estado pelo resultado infrutífero de uma demanda do que obter parcial êxito mediante o encontro de solução extrajudicial. O Juiz, ao fim, é o responsável... Pronto!

Os mecanismos têm sido tentados para solucionar esse problema grave. São vários: ampliação do valor das custas processuais, exigência de depósito integral do montante da condenação, limitação de prazo, incentivo à solução extrajudicial de controvérsias. De pouco ou de nada isso tem adiantado.

A Emenda Constitucional n. 45/04 introduziu o inciso LXXVIII ao art. 5º da Constituição. Pretendeu imprimir maior agilidade ao processo judicial: *razoável duração do processo* e *celeridade de sua tramitação*. Penso que a via encontrada não foi a adequada. De que adianta, ao cabo, previsão constitucional de durabilidade reduzida e celeridade nos trâmites, se, na verdade, não existem os mecanismos processuais necessários a esse fim? Uma legislação extensa e esparsa, fora da realidade, com infinitas oportunidades de eternização de demandas é o que está disponibilizado para a sociedade. A prova maior está na própria Constituição, extremamente analítica, rica em reconhecer direitos, mas, lamentavelmente, pobre em torná-los efetivos. Regras estão ali inseridas, desde sua promulgação, e para nada servem (veja-se, por exemplo, o aviso prévio proporcional, o adicional de atividades penosas, ou a licença-paternidade, até hoje regulada por disposição chamada de transitória, que é o art. 10, do ADCT).

Precisa a sociedade toda unir-se na busca de soluções mais rápidas e pacíficas de seus conflitos. Uso de instrumentos extrajudiciais pode ser um deles. Tem sido exitoso noutros países. Certamente, poderá ser no Brasil, também. A composição, judicial ou não, é, ainda, o melhor meio para resolver problemas, sobretudo o desafogamento do Judiciário.

Para tanto, o mais importante não é criar mais leis, ou mudar as que existem. Recordo que, há alguns anos, o Ministro Wagner Pimenta, então Presidente da mais Alta Corte da Justiça do Trabalho do Brasil, disse: *o homem já fez milhões de leis, mas não conseguiu mudar os dez mandamentos.* A frase de então está atualíssima hoje. Ademais, *as leis não bastam, os lírios não nascem das leis*, escreveu o poeta Drummond. Reflexões que precisamos, teluricamente, fazer porque o importante mesmo é mudar o raciocínio das pessoas e, evitando disputas infindáveis, buscar a paz. Afinal, *a obra da Justiça é a paz*, que é o dístico da Bandeira do TST.

---

(11) Cf. http://www.tst.gov.br/. Acesso em 13.12.2008.

PARTE IV

Da Execução

CAPÍTULO 13

EXECUÇÃO I — DA CITAÇÃO DO DEVEDOR À GARANTIA DO JUÍZO

Marco Antônio Villatore[*]
Roland Hasson[**]

1. INTRODUÇÃO

Gostaríamos de tecer alguns agradecimentos ao amigo *Hamilton Bueno*, da prestigiosa Pontifícia Universidade Católica de São Paulo, que nos convidou a participar de tão importante obra intitulada "Curso de Direito Processual do Trabalho", sendo-nos uma honra maior ainda em razão de tal estudo ser organizado em homenagem ao Professor Doutor *Pedro Paulo Teixeira Manus*, nosso orientador no Mestrado finalizado no ano de 1998, merecidamente nomeado Ministro do Tribunal Superior do Trabalho na metade do ano de 2007, tendo em vista a sua notável experiência e sabedoria.

De acordo com os objetivos desta obra coletiva, oferecemos algumas pinceladas sobre a primeira parte da fase executória do Processo do Trabalho, focando os atos que se dão entre a citação do devedor e a garantia do juízo abordando, ainda, alguns aspectos sociais e econômicos advindos disso.

A tutela jurisdicional em primeira instância, a rigor, verifica-se em duas fases distintas: conhecimento e execução. Afastadas as sentenças declaratórias e as constitutivas, quando a fase de conhecimento resulta em sentença condenatória, há a necessidade de executá-la.

O objetivo da execução nada mais é do que conferir efetividade à tutela jurisdicional, realizar o resultado prático. Não é somente o exeqüente que possui interesse no processo executivo, havendo o interesse do próprio Estado, à medida

---

(*) Mestre em Direito do Trabalho pela PUC/SP. Doutor em Direito do Trabalho pela Universidade de Roma I, "La Sapienza", revalidado pela UFSC. Professor da Graduação e da Pós-Graduação (Especialização, Mestrado e Doutorado) da PUCPR. Professor da FACINTER e da UNICURITIBA. Professor da Escola da Magistratura Trabalhista do Paraná. Vice-Presidente da Associação dos Advogados Trabalhistas do Paraná e Diretor Administrativo do Instituto dos Advogados do Paraná. Coordenador da Especialização em Direito do Trabalho da PUCPR. Advogado trabalhista. E-mail: macvillatore@rvadvogados.com.br
(**) Mestre em Direito Privado pela UFPR e Doutor em Direito das Relações Sociais da UFPR. Professor Titular da PUCPR, da Graduação e da Pós-Graduação (Especialização, Mestrado e Doutorado). Advogado, Procurador do Estado do Paraná. E-mail: hasson_roland@onda.com.br

que as decisões judiciais concretizadas em realidade, e extrapolando o papel e a cibernética para efetivamente alterar a vida dos indivíduos envolvidos na lide, implicam uma elevação social geral do conceito da Justiça.

O que se pretende, pois, é conferir êxito ao direito do credor do título executivo. Naturalmente, essa pretensão é perseguida dentro de determinadas normas, seguindo um rito específico, o procedimento executório. Já se lamentou, em diversas ocasiões, um certo laconismo da CLT na disciplina da fase de execução. Neste sentido afirma *Wagner D. Giglio:*

> A Consolidação das Leis do Trabalho consagra apenas 17 artigos à execução (876 a 892), regulamentado-a de forma extremamente lacunosa[1].

José Augusto Rodrigues Pinto também já alertava para a confusão legislativa, da seguinte forma:

> A parcimônia legislativa, de um lado, e a convivência forçada de sistemas legais incompatíveis, de outro, só poderiam levar à confusão em que se converteu a execução trabalhista, gerando uma idéia falsa de complexidade irremediável para uma estrutura firmada numa lógica muito simples de distribuição dos atos processuais[2].

Teremos oportunidade de explicar, mais adiante, que não é bem assim, e que um certo laconismo não representa, necessariamente, omissão. De qualquer modo, o estudo desse procedimento pode ser aprofundado em inúmeras questões e matizes. Por ora, contudo, vamos nos ater aos atos iniciais, notadamente a citação do devedor e a garantia do juízo.

2. Títulos judiciais

Aquele que pretende promover uma execução no Processo do Trabalho deve estar, necessariamente, escudado por um título executivo. Em cerca de 90% dos casos, na rotina diária do advogado, os títulos executivos são judiciais, a saber: a sentença condenatória e o acordo judicial não cumprido (não esquecendo que o acordo judicial não prescinde de uma sentença que o homologue), como bem afirma *Wolnei de Macedo Cordeiro:*

> A despeito das alterações havidas no âmbito do direito processual, permanece a idéia central de que a tutela de execução só pode ser implementada mediante título executivo judicial ou extra-judicial. Em se tratando de títulos judiciais, a modalidade mais corriqueira manejada perante os órgãos jurisdicionais é a tutela executiva fundada em sentença que contempla comando de índole condenatória. Embora não se tenha estatística quanto ao tema, é pos-

---
(1) GIGLIO, Wagner D. *Direito Processual do Trabalho,* p. 508.
(2) RODRIGUES PINTO, José Augusto. Execução Trabalhista: Caminhos para a Simplificação. *Direito e Processo do Trabalho — Estudos em homenagem a Octavio Bueno Magano,* p. 675.

sível afirmar que a execução com base nas sentenças judiciais representa a esmagadora maioria dos procedimentos de índole executiva[3].

Entretanto, atendendo à constante evolução do Direito Processual do Trabalho, outras possibilidades já se agregaram, no art. 876 da CLT, a saber, o Termo de Ajuste de Conduta, firmado junto ao Ministério Público do Trabalho, e o Termo de Conciliação firmado perante as Comissões de Conciliação Prévia. Este último, nos exatos termos da lei, é um título executivo extrajudicial (parágrafo único do art. 625-E da CLT). Quanto ao ajuste de conduta, a expansão do campo constitucional da Justiça do Trabalho, pela Emenda Constitucional 45, publicada em 31 de dezembro de 2004, adotando as ações relativas às penalidades administrativas impostas aos empregadores pelos órgãos de fiscalização das relações de trabalho (o que impõe afinidade de matéria), parece não deixar dúvidas quanto a esta possibilidade.

Christóvão Piragibe Tostes Malta[4] aponta, ainda, como títulos admissíveis de figurar no processo de execução trabalhista, a sentença homologatória de laudo arbitral (art. 584, inc. III do CPC), a sentença estrangeira que trate de matéria trabalhista que seja homologada pelo Supremo Tribunal Federal (art. 584, inc. IV do CPC) e o formal de partilha (art. 584, inc. V do CPC), desde que haja crédito trabalhista figurando entre os bens do espólio. São casos menos comuns, mas que, de qualquer modo, apontam para um título judicial. Por exemplo, no caso do formal de partilha, estar-se-á executando a sentença judicial trabalhista, sendo que o formal de partilha apenas funciona como elemento de legitimação ativa do exeqüente.

Convém recordar, ainda, que *Francisco Antônio de Oliveira*[5] verifica a possibilidade de as sentenças meramente declaratórias comportarem execução no que diz respeito às custas processuais.

O homenageado *Pedro Paulo Teixeira Manus* adverte que, mesmo com a inserção dos títulos extrajudiciais, a execução trabalhista não deve mudar seu caráter de mera fase processual:

> Há de se considerar, outrossim, que, mesmo a alteração do mencionado art. 876 da CLT, que inseriu como títulos executivos trabalhistas o termo de ajuste de conduta firmado em inquérito civil público, perante o Ministério Público do Trabalho e o acordo celebrado perante a Comissão de Conciliação Prévia, que são títulos extrajudiciais, não significa que a execução trabalhista deverá mudar de status, passando a ser um processo autônomo[6].

Os requisitos da execução trabalhista, conforme *Francisco Ferreira Jorge Neto* e *Jouberto de Quadros Pessoa Cavalcante,* são os seguintes:

> Além dos requisitos comuns as demais ações (legitimação, interesse e possibilidade jurídica), há outros dois específicos para a ação executiva: o inadim-

---
(3) CORDEIRO, Wolnei de Macedo. A execução provisória trabalhista e as novas perspectivas diante da Lei n. 11.232, de 22 de dezembro de 2005. *Revista IOB — Trabalhista*, v. 212, p. 29.
(4) TOSTES MALTA, Christóvão Piragibe. *A execução no processo trabalhista*, p. 66.
(5) OLIVEIRA, Francisco Antônio de. *A execução na Justiça do Trabalho*, p. 54.
(6) MANUS, Pedro Paulo Teixeira. *Execução de sentença no processo do trabalho*, p. 17-18.

plemento do devedor e a existência do título executivo judicial ou extrajudicial (arts. 580 e 583, CPC, e 876 e 880, CLT[7].

Realizadas as considerações supracitadas, analisaremos a legitimação do Processo de Execução Trabalhista.

3. LEGITIMAÇÕES ATIVAS E PASSIVAS

De modo geral, a legitimação corresponde àquela verificada na fase de cognição. Certos incidentes ou acontecimentos intercorrentes, porém, poderão oferecer algumas mudanças. O exemplo mais claro dessa possibilidade reside na morte de devedor ou credor. A atuação caberá ao espólio ou aos herdeiros, conforme a execução se inicie antes ou depois do formal de partilha.

Há, em verdade, inúmeras situações peculiares que podem ocorrer em exemplos distintos, de que não se interessa o estudo vertente, passando da sucessão intervivos (cessão, sub-rogação, sucessão de empresas, etc.) à possibilidade da desconsideração da personalidade jurídica da empresa devedora para atingir a pessoa dos sócios. Cada uma dessas situações particulares implica o aprofundamento de questões específicas, de que não se tratará agora, tendo em vista o número limitado de páginas.

Por ora basta mencionar que o devedor será, em regra, a pessoa indicada no título que se executa (art. 568, inc. I do CPC) e o credor aquele a quem a legislação confere o título executivo (eventualmente, será o próprio Ministério Público), conforme art. 566 do CPC. A CLT, adotando termos bem mais genéricos, afirmou que a execução poderá ser promovida *por qualquer interessado* (CLT — art. 878). Naturalmente, a generalidade da expressão estará adstrita à análise das hipóteses legais, o que nos remeterá novamente ao Código de Processo Civil, onde aplicável.

4. EXECUÇÕES DEFINITIVAS E PROVISÓRIAS

Tanto na execução definitiva quanto na provisória as características gerais antes mencionadas são as mesmas. A diferença reside no caráter de instabilidade conferido à execução provisória, eis que promovida quando pende recurso recebido apenas com efeito devolutivo. Cabe observar que, como regra, os recursos, no Processo do Trabalho, são recebidos com efeito devolutivo, conforme prescreve o art. 899 da CLT, enquanto na execução definitiva já se verificou o trânsito em julgado da decisão proferida na fase de cognição — ou seja, o título judicial está, em tese, consolidado, a execução provisória respalda-se num título judicial passível de ser modificado pela instância superior, conforme nos explica *Christovão Piragibe Tostes Malta*:

---

[7] JORGE NETO, Francisco Ferreira; CAVALCANTE, Jouberto de Quadros Pessoa. *Direito processual do trabalho*, p. 1.137.

A execução é definitiva quando fundada em sentença transitada em julgado e provisória ou imediata quando a sentença é impugnada pela via de recurso recebido só no efeito devolutivo[8].

Se o recurso é recebido com efeito suspensivo, não há que se cogitar de execução. Recebido apenas no efeito devolutivo, a execução provisória nada mais é que uma faculdade oferecida ao credor, que dela dispõe por seu próprio risco, com o intuito de agilizar o processo. O risco de que se fala é a eventual inutilidade de todos os atos praticados, se a decisão em que se respalda a execução vier a ser reformada. Como mínima garantia aos direitos do executado, contudo, veda-se qualquer atividade relativa à efetiva alienação de domínio do devedor (art. 899 da CLT).

Há casos em que pode ocorrer, simultaneamente, num mesmo processo, execução provisória e execução definitiva. Basta que o recurso recebido apenas com efeito devolutivo ataque apenas uma parcela dos pedidos julgados procedentes no título judicial. No que tange a esses pleitos, a execução será provisória. Quanto aos demais, será definitiva.

O art. 589 do Código de Processo Civil afirma que a execução provisória se dá em autos suplementares ou em Carta de Sentença. No Processo do Trabalho, o meio é a Carta de Sentença — extraída no processo pelo escrivão e devidamente assinada pelo Juiz. A Carta de Sentença, pois, nada mais é do que uma cópia xerográfica dos autos principais, a que se confere autenticidade pela assinatura da autoridade judicial. Eventualmente, se o recurso subiu com o traslado de peças (agravo de instrumento, por exemplo), a execução provisória poder-se-á dar nos autos principais.

Como a execução provisória envolve, necessariamente, um risco — entenda-se o de sua inutilidade e a prática de atos contra o devedor que, depois, pela reforma da decisão judicial, mostraram-se sem respaldo —, o exeqüente pode ser obrigado a prestar caução. Se o recurso que impede o trânsito em julgado for o Agravo de Instrumento, contudo, a caução estará dispensada (Lei n. 11.232/05).

De qualquer modo, não há dúvida de que existe uma forte tendência no Direito Processual do Trabalho em incentivar mecanismos cada vez mais ágeis de execução, visando à satisfação do interesse do credor, fortalecendo cada vez mais os contornos da execução provisória, como assevera *Wolnei de Macedo Cordeiro:*

O olhar crítico lançado pela moderna processualística, no entanto, faz com que cresça paulatinamente a importância da utilização da execução provisória[9].

A idéia que cerca esta modernidade, digamos assim, é repartir com o devedor os transtornos decorrentes da demora em se executar uma decisão que ainda não transitou em julgado. A legislação recente — como a Lei n. 11.232/05 — busca dar passos além do que prevê a CLT, que apenas conta com o disposto em seu artigo

---

(8) TOSTES MALTA, Christóvão Piragibe. Ob. cit., p. 70.
(9) CORDEIRO, Wolnei de Macedo. Ob. cit., p. 30.

899, objetivando compelir o executado ao cumprimento das obrigações jurisdicionalmente impostas, ainda que sem o trânsito em julgado. Alguns operadores do direito demonstram, a nosso ver, excesso de entusiasmo nesta tendência. Assim, por exemplo, *Élisson Miessa dos Santos,* apreciando o texto da legislação já referida acima:

> ... que produziu uma revolução no processo de execução, uma vez que o extinguiu como processo autônomo, tornando-o uma mera fase executiva do processo[10].

É preciso cuidado em tais arroubos. De fato, a maneira como se interpreta o que seja "omissão legislativa" torna bastante perigosos os contornos que se conferem ao princípio da subsidiariedade, pondo em risco a própria autonomia do Direito Processual do Trabalho. Mostra-se extremamente relevante assinalar, portanto, que a maioria dos artigos da Lei n. 11.232/05 não é aplicável ao Processo do Trabalho, pois a CLT não é omissa no particular, conforme estabelece o art. 769 do mesmo diploma legal. Tratar uma questão com concisão não significa omitir-se dela.

Francisco Ferreira Jorge Neto e *Jouberto de Quadros Pessoa Cavalcante* nos recordam de algumas limitações nas execuções trabalhistas provisórias:

> Em se tratando de execução provisória, fere direito líquido e certo do impetrante a determinação de penhora em dinheiro, quando nomeados outros bens à penhora, pois o executado tem direito a que a execução se processe da forma que lhe seja menos gravosa, nos termos do art. 620 do CPC (Súm. n. 417, III, TST)[11].

Caso o devedor já tenha indicado algum bem à penhora, na execução provisória, portanto, não poderá o Juízo realizar a penhora "on line", pois se assim o fizer, a parte prejudicada poderá ajuizar mandado de segurança.

5. CITAÇÃO DO DEVEDOR

Manoel Antonio Teixeira Filho[12] afirma que a execução trabalhista é integrada por três fases distintas:

a) Quantificação;

b) Constrição;

c) Expropriação patrimonial.

A primeira delas é destinada, fundamentalmente, à liquidação da sentença, na forma preconizada pela CLT no seu art. 879 e seus diversos parágrafos. Segun-

---

(10) SANTOS, Élisson Miessa dos. A Multa do art. 475-J do CPC e sua aplicação no processo do trabalho. *Revista IOB — Trabalhista*, v. 207, p. 77.
(11) JORGE NETO, Francisco Ferreira; CAVALCANTE, Jouberto de Quadros Pessoa. Ob. cit., p. 1.140.
(12) TEIXEIRA FILHO, Manoel Antônio. *Execução no processo do trabalho*, p. 77.

do o entendimento mencionado, a citação do devedor se dá na fase de constrição, no que concorda *José Augusto Rodrigues Pinto:*

> Encerra a citação, precisamente, o primeiro ato de constrição ao devedor, porque a ela se acopla o apresamento de bens, se não atendida a vontade do Estado posta na sentença[13].

A citação no procedimento executório implica uma preocupação maior do legislador do que se verifica no processo de conhecimento, possivelmente em virtude das iminentes conseqüências que o ato encerra. A seriedade do ato citatório reside em seus termos:... *pague em quarenta e oito horas, ou garanta a execução, sob pena de penhora* (excerto do art. 880 da CLT). Assim, enquanto na fase de conhecimento se admite a citação pela via postal (art. 841 da CLT), na execução a citação deverá ser pessoal, sob pena de nulidade (art. 880 da CLT). Por pessoal, deve-se entender a citação feita na pessoa do executado, seu representante legal ou procurador com poderes específicos. Se a citação não é possível após duas tentativas, admite-se a citação pela via do edital.

Teoricamente, a citação do executado implica um prazo que se conta em horas, visto que o texto legal fala que o devedor tem 48 horas para pagar ou garantir o juízo, sob pena de penhora. Deveria o Oficial de Justiça, pois, atestar em que hora citou o devedor, para que o referido prazo começasse a fluir na hora seguinte. Na prática, porém, isso jamais acontece, e o prazo começa sempre a fluir no dia seguinte ao da citação.

Cabe observar, na prática, que o Oficial de Justiça nem mesmo devolve o mandado à Secretaria depois de citar o devedor, permanecendo com o mesmo para proceder à penhora. O homenageado Ministro *Pedro Paulo Teixeira Manus* destaca o papel do oficial de Justiça, na busca de dar efetividade à execução:

> Assim, ao penhorar os bens o oficial de justiça há de buscar bens que sejam de fácil comercialização, para despertar real interesse de terceiros, projetando perspectiva de sucesso na futura hasta pública. Eis por que a ordem de preferência do mencionado art. 655 do CPC há de ser observado tanto no oferecimento de bens à penhora pelo executado, quanto na penhora levada a efeito pelo juízo[14].

No que diz respeito à citação do executado, verifica-se interessante processo de mitigação do princípio da demanda. Ocorre que o Juiz pode ordenar a citação do devedor por sua própria iniciativa. Trata-se de uma faculdade conferida ao Magistrado ou Presidente do Tribunal competente, estabelecida no art. 878 da CLT e calcada, notadamente, na celeridade que se imagina conferir ao Processo do Trabalho. Se o dispositivo legal utiliza o termo *poderá*, inadmissível o pensamento de alguns que tentam ver aí um conteúdo de obrigatoriedade, consoante *José Augusto Rodrigues Pinto:*

---

(13) RODRIGUES PINTO, José Augusto. *Execução trabalhista*, p. 115.
(14) MANUS, Pedro Paulo Teixeira. Ob. cit., p. 67.

A opinião de alguns sobre se tratar de um dever imposto ao juiz não se compadece com a falta de imperatividade do texto legal (CLT, art. 878), em que se usou a expressão *poderá*[15].

Para outros, a Lei n. 5.584/90, em seu art. 4º, restringiu a execução *ex-officio* na original redação do art. 878 da CLT. Afirma o supracitado art. 4º: *Nos dissídios de alçada das juntas e naqueles em que os empregados ou empregadores reclamarem pessoalmente, o processo poderá ser impulsionado de ofício pelo juiz.*

Não comungamos desse pensamento, visto que o texto mencionado não restringe necessariamente o disposto no art. 878 da CLT. A existência da previsão específica — que em nada contraria a genérica — não a minimiza apenas por ser posterior, salvo se (e isso não ocorre) houvesse menção expressa à restrição.

O mandado de citação deve conter a identificação precisa do executado, do exeqüente o do objeto da execução, além do teor da decisão exeqüenda e a indispensável assinatura do Juiz — tudo sob pena de nulidade. Para eventual edital, os requisitos serão os mesmos, observados os prazos fixados no § 3º do art. 880 da CLT.

5. Pagamento ou garantia do juízo

Uma vez citado no procedimento executório, oferecem-se ao devedor três alternativas, a saber:

• pagar o que deve;

• garantir o juízo para discutir a conta;

• nada fazer.

A primeira hipótese pode se verificar estando ou não presente o exeqüente. Se o exeqüente está presente, o devedor promove o pagamento, lavrando-se o termo de quitação em duas vias, ficando uma acostada aos autos e a outra na posse do executado (na forma do que dispõe o art. 881 da CLT).

Se o exeqüente está ausente, promove-se depósito judicial por meio de guias fornecidas pela Secretaria em conta vinculada ao Juízo. Entende-se que o pagamento deve ser feito atualizando-se a conta, incluindo aí juros e correção monetária. Se houver custas a satisfazer, cabe à Secretaria da Vara do Trabalho exigir do devedor que as pague.

A segunda hipótese ocorre quando o devedor pretende discutir a conta que lhe foi apresentada no mandado citatório. Somente poderá fazê-lo se garantir o Juízo, isto é, se depositar quantia suficiente ao pagamento integral do que se está executando. Normalmente a garantia do juízo se verifica por depósito em conta vinculada ao Juízo, mas é também facultado ao executado promover a indicação de bens à penhora. Neste caso, deve-se necessariamente observar a ordem esta-

---

(15) RODRIGUES PINTO, José Augusto. Ob. cit., p. 66.

belecida no art. 655 do CPC. Existe menção expressa da CLT neste sentido no seu art. 882.

A última hipótese, ou seja, a omissão completa, será necessariamente seguida da penhora, em bens suficientes a garantir a execução.

6. Conclusão

Está claramente manifesta a tendência que assoma entre os operadores do direito no sentido de prover o Processo de Trabalho de mecanismos eficientes na persecução de uma prestação jurisdicional mais ágil na fase executória. Advogados, Magistrados, Representantes do Ministério Público e doutrinadores são unânimes em defender o alcance cada vez mais célere do credor à eficácia do título executivo de que dispõe.

Conquanto seja uma aspiração louvável, cumpre que se trate a questão com certo comedimento, tomando consciência de que nem toda iniciativa é válida e de que não se pode buscar agilidade a qualquer preço.

Preocupa-nos sobremodo uma tendência à fragilização do Processo do Trabalho em sua afirmação como ciência independente, à medida que se busca tornar demasiado elástico o princípio da subsidiariedade.

Cabe aqui uma consideração de natureza filosófica, no sentido de se indagar qual o conteúdo do termo *omissão*. Certamente configura omissão aquilo que não é regrado, em absoluto, aquilo de que se esqueceu completamente a normatização. Não é omissa a CLT, entretanto, apenas porque não regulou a questão da maneira como algumas pessoas desejariam. Estender o conceito de omissão a casos tais é vilipendiar a autonomia do Processo do Trabalho com conseqüências futuras desastrosas.

Se problemas são identificados no Processo do Trabalho, sobretudo em sua fase executória, a solução não está em importar textos legais destinados a regular o Processo Civil, pura e simplesmente. O caminho é buscar seu aperfeiçoamento mediante legislação própria, que venha a se agregar ao corpo da CLT e modernizá-lo, aproximando-a cada vez mais dos anseios de empregado/empregador.

7. Referências bibliográficas

CORDEIRO, Wolnei de Macedo. A execução provisória trabalhista e as novas perspectivas diante da Lei n. 11.232, de 22 de dezembro de 2005. *Revista IOB — Trabalhista*, v. 212.

GIGLIO, Wagner D. *Direito processual do trabalho*. 7. ed. São Paulo: LTr, 1993.

JORGE NETO, Francisco Ferreira; CAVALCANTE, Jouberto de Quadros Pessoa, *Direito Processual do Trabalho*. Tomo II, 3. ed., Rio de Janeiro, 2007.

MALTA, Christovão Piragibe Tostes. *A execução no processo trabalhista*. São Paulo: LTr, 1996.

MANUS, Pedro Paulo Teixeira. *Execução de sentença no processo do trabalho.* 2. ed. São Paulo: Atlas, 2005.

OLIVEIRA, Francisco Antônio de. *A execução na Justiça do Trabalho.* São Paulo: RT, 1995.

RODRIGUES PINTO, José Augusto. Execução trabalhista: Caminhos para a simplificação. *Direito e Processo do Trabalho — Estudos em homenagem a Octavio Bueno Magano.* Estêvão Mallet e Luiz Carlos Amorim Robortella (Coords.). São Paulo: LTr, 1996.

_____. *Execução trabalhista.* 7. ed. São Paulo, LTr.

SANTOS, Élisson Miessa dos. A multa do art. 475-j do CPC e sua aplicação no processo do trabalho. *Revista IOB — Trabalhista,* v. 207.

TEIXEIRA FILHO, Manoel Antonio. *Execução no processo do trabalho.* 9. ed. São Paulo: LTr, 2005.

CAPÍTULO 14

EXECUÇÃO II — DOS MEIOS DE DEFESA

Carlos Roberto Husek[*]

INTRODUÇÃO

Situemos, como é de praxe para a boa consecução da tarefa proposta, o âmbito deste Capítulo.

Ao tratar dos meios de defesa, abrangendo os embargos, a impugnação, a hasta pública e suas conseqüências, bem como o agravo de petição, ficamos a percorrer os caminhos nem sempre claros da fase de constrição, isto é, daquela fase que tem por centro o ato de penhora ou da garantia, da execução, e que a partir disso desenvolve vários atos processuais, dentre eles, a possibilidade de impugnar a própria liquidação da sentença ou de pura e simplesmente contrariar os embargos pelo credor, de ambos, exeqüente e executado, agravarem a sentença decorrente desse conflito, dos bens irem à praça e dos diversos efeitos que isso acarreta, consumando-se na fase da alienação.

Assim, necessariamente, tocamos nas fases da execução, três fases, em tese: dos atos de acertamento, dos atos de constrição e dos atos de alienação — mas sempre com o desiderato de desvendar, da melhor forma, esse rio polêmico que quase nunca termina em mar calmo: a execução forçada.

Nosso alvo neste estudo é a execução pecuniária. Buscamos desenvolver uma visão crítica, que é a melhor conselheira para entendimento do conjunto de normas de um determinado campo do Direito As poucas linhas que fomos contemplados, como de resto todos os co-partícipes deste livro, nos levaram a priorizar algumas questões em detrimento de outras, o que de certo é salutar, porque se privilegia o que há de mais importante.

1. DOS MEIOS DE DEFESA

1.1. EMBARGOS À EXECUÇÃO

1.1.1. CONCEITO. NATUREZA JURÍDICA. IMPROPRIEDADES

Antes de adentrarmos à matéria, deve ficar claro que é auspiciosa, em alguns aspectos as modificações sofridas pelo CPC (Lei n. 11.232/05), que criou um novo

---

[*] Juiz Titular da 34ª Vara do Trabalho de São Paulo, professor da PUC-SP, autor de livros e CDs e membro de diversas entidades, nacionais e internacionais, ligadas ao Direito do Trabalho.

instituto o do 'cumprimento da sentença'. Em outros é criticável, como rapidamente veremos. Assim, não existiriam mais os embargos do devedor em execução por título judicial (art. 475-N do CPC). O modo de o devedor se opor a tal cumprimento da.ordem judicial emanada da sentença é por intermédio da 'impugnação ao cumprimento da sentença (arts. 475-L a 475-R do CPC), permanecendo ainda os embargos do devedor na execução contra a Fazenda Pública (arts. 730 e 741, do CPC) e nos títulos extrajudiciais (arts. 736 e 745 do CPC).

Assim, a execução de título judicial por quantia certa contra devedor solvente teve seu golpe de morte com a novel lei, substituída que foi pelo instituto supramencionado. Menciona-se no caso, o chamado *processo sincrético*, que reúne o processo de conhecimento e o processo de execução. Pelas modificações apontadas e outras, a execução se fará, sem solução de continuidade, no mesmo processo, em que há a sentença definitiva, no processo de conhecimento. Interessante tais modificações, pois, se empregados todos os artigos aqui citados e se considerados compatíveis com o processo do trabalho imprimiriam neste, ritmo mais célere. Alguns entendem aplicável um ou outro artigo, como o 475-J do CPC, no que tange à multa do percentual de dez por cento, ao devedor condenado em quantia certa, fixada na liquidação, e que não efetue o pagamento no prazo de 15 dias. Este é um meio de coerção, para o cumprimento da sentença. Uma escolha que o devedor deverá fazer: cumpre a sentença ou paga a multa.

A disciplina dos embargos, no entanto, está no geral mal posta pela nova lei, porque teríamos: os 'Embargos do Devedor', genéricos, independente de caução ou penhora (art. 736, do CPC e seguintes); 'Embargos do devedor', somente após seguro o juízo (art. 737 do CPC), revogado pela Lei n. 11.382/06; 'Embargos à execução contra a Fazenda Pública' (art. 741 do CPC e seguintes); 'Embargos à execução (art. 745 do CPC e seguintes) e 'Embargos por carta' (art. 747 do CPC), para não falar dos "embargos à execução da pensão alimentícia' no art. 732, parágrafo único, do CPC. Assim, criou o legislador ordinário, no CPC, uma série de caminhos, em processos diferenciados, utilizando-se do nome de embargos, que por si só, não é dos mais claros, tornando a figura jurídica, pela sua aplicação, mais nebulosa. Entretanto, a CLT continua a regular os embargos à execução e embora, pareça a alguns que mais simples e factível tenha ficado a execução no processo comum, mantemos ainda a aplicação das fórmulas processuais estabelecidas na Consolidação, pelo menos nos casos de inexistência de lacuna, aplicando no que couber o CPC, a Lei dos executivos fiscais e outros diplomas, na tentativa de manter um desenho próprio na execução trabalhista (princípio da subsidiariedade).

Assim, vemo-nos impelidos a analisar os embargos à execução tal qual o instituto é encontrado na Consolidação das Leis do Trabalho com suas especificações e algumas incongruências, nos servindo do CPC, já modificado, para uma leitura aperfeiçoada do instituto no processo do trabalho.

A análise do conceito e da natureza jurídica dos embargos à execução devem ser feitas no mesmo tópico, dada a relação intrínseca, entre as referidas figuras.

Em primeiro lugar, faz-se necessário um esclarecimento sobre o título em epígrafe, que de propósito deixamos como está, ante a discussão — hoje amainada — que se implantou na doutrina, sobre a natureza jurídica dos embargos à execução: alguns entendendo que se trata de um meio de defesa, daí a expressão no subtítulo deste Capítulo, outros que, não passa de ação do devedor executado contra a execução forçada. Qual a posição do leitor? Vamos raciocinar. Pela letra da lei, não há dúvida de que teríamos fixada a natureza de defesa. Diz o § 1º, do art. 884 da CLT: "*A matéria de defesa* será restrita às alegações de cumprimento da decisão ou do acordo, quitação ou prescrição da dívida" (grifos nossos). Todavia, de há muito, que nós, operadores do Direito, não seguimos a risca o exato sentido das palavras contidas em um texto legal. Há justificativas para tanto. Todas baseadas tecnicamente na ciência jurídica, em especial na parte da Hermenêutica, como a interpretação extensiva, restritiva, lógico sistemática e etc. Não se olvide que, todas elas são tendentes a arrimar nossas particulares concepções e, por vezes, interesses, na consagração de determinada figura jurídica, ou de determinado procedimento.

Assim, o que se tem, e já se disse alhures, é que o Direito, na verdade, não é uma ciência, como as que conhecemos, porque lida com variantes das relações sociais e jurídicas, das relações jurídicas de poder e de submissão, ao alvedrio das justificativas psicológicas e sociais. Tal realidade também termina por justificar, sem muita discussão, o motivo pelo qual casos similares, por vezes, com igual atuação de advogados envolvidos e com igual concretização das provas, têm julgamento completamente diverso, em juízos diferentes.

Entra em pauta, o chamado *convencimento* do julgador, além da simpatia e educação das partes e dos causídicos, bem como a vivência pessoal de todos os envolvidos: partes, advogados, servidores, juízes. São fatores nem sempre claros que às vezes determinam o destino, o resultado de uma demanda, o que pode não vir a ser muito justo, tornando obscura a prática de certas figuras jurídicas. É esta, particularmente, uma realidade nos processos de execução.

Entretanto, tirante os casos concretos, que têm relativa importância na aplicação do Direito brasileiro, os doutrinadores vão pesquisando, avançando em seus raciocínios, e os julgados, quando atingem um certo nível intelectivo de abstração, principalmente nos tribunais superiores, passam a ditar os caminhos da compreensão e contribuem como instrumentos interpretativos poderosos, por meio da jurisprudência; orientações jurisprudenciais, súmulas e outras manifestações do Poder Judiciário.

No caso em análise, de início, o mar das dúvidas parece revolto, mas aos poucos aclara-se, por esses instrumentos interpretativos supra-mencionados.

O Dicionário de Tecnologia Jurídica, de *Pedro Nunes*, diante do multifacetado emprego do vocábulo embargos (embargos do devedor, embargos como recurso, embargos à arrecadação, embargos ao acórdão, embargos à sentença, embargos infringentes do julgado, embargos de terceiro, dentre outros) revela: "Remédio legal, em forma articulada, ou não, que se emprega para impugnar um pedido ou obstar, ou suspender certa medida, decisão ou ato da causa ou do processo, cuja efetuação ou cumprimento se torne prejudicial aos interesses da parte." e, mais adiante ao definir de forma específica, os embargos à execução ou de devedor legal afirma que é aquele "de que o devedor executado usa para obstar ou moderar os efeitos do cumprimento da sentença, alegando, conforme a fase, matéria anterior ou superveniente à penhora. Segundo a ocasião em que ocorram, tais embargos dizem-se: a penhora, à adjudicação, à remissão, por benfeitorias, etc. (V. CPC, arts. 736 a 740, 741 e 746)"[1]. Bem se vê que a primeira definição é ampla, podendo ser aplicada a várias figuras jurídicas e a segunda nos dá a medida básica do nosso tema.

O executado, diante do título executivo judicial ou extrajudicial, pode agir, contra-atacar e a tal atividade dá-se o nome de embargos à execução ou embargos do devedor

Carlos Henrique Bezerra Leite, em seu consagrado, Curso de Direito Processual do Trabalho, afirma: "Embora haja posições doutrinárias respeitáveis que interpretam literalmente o art. 884, § 1º, da CLT, isto é, consideram os embargos à execução mera 'defesa' do executado, parece-nos que os embargos do devedor constituem verdadeira ação de cognição, incidental ao processo de execução. Afinal, a execução não é um processo dialético, pois sua índole não se mostra voltada para o contraditório"[2].

É importante frisar que nem sequer o nome 'embargos à execução', merece total concordância dos doutrinadores. O próprio autor acima citado afirma preferir o termo 'embargos de devedor' em lugar de 'embargos do executado', pois o próprio devedor pode dar início à execução, situação em que o fará figurar como exeqüente, ficando o credor na posição de executado[3]. Claro está que a situação mencionada, não é comum nos foros judiciais, onde a execução quase sempre começa pelo autor-credor-exequente. Além do mais, também não se olvide que há aí outro sítio de discussões, porquanto é necessário saber qual o termo inicial da execução; se a liquidação da sentença, ou a penhora. Acaso considerada aquela, a afirmativa do doutrinador está rigorosamente correta; acaso considerada esta última, somente teríamos o agir do executado-devedor.

Tais raciocínios revelam quão espinhoso é o tema. Desculpe-nos o legislador, mas acrescentamos que a própria lei coopera para outra confusão, ao introduzir no § 3º, do art. 884, a expressão *embargos à penhora*. Aí teríamos pano para coser vasto tecido de intrigas, porque nos parece que 'embargos à penhora' não é o mesmo que embargos à execução.

---

(1) NUNES, Pedro. *Dicionário de tecnologia jurídica*. 13. ed. Rio de Janeiro: Renovar, p. 469.
(2) BEZERRA LEITE, Carlos Henrique. *Curso de Direito Processual do Trabalho*. 4. ed. São Paulo: LTr, 2006. p. 873.
(3) BEZERRA LEITE, Carlos Henrique. *Op. cit.*, p. 872.

Para não dizer que não demos um norte em nossa exposição, apenas fazemos esta assertiva: o legislador errou no referido parágrafo ao referir-se a embargos à penhora, porque quis dizer mesmo embargos à execução, como consta do *caput* do dispositivo.

Outra não é a ponderação de *José Augusto Rodrigues Pinto,* que entende visível a diferença conceitual e finalística entre os embargos à execução e os embargos à penhora: com os primeiros, ataca-se a pretensão ao recebimento forçado do crédito; pelos segundos, impugna-se apenas e diretamente o ato de constrição[4]. A polêmica ainda se alonga, porque há os que concluem não existirem embargos à penhora[5], e aqueles que dizem ser estes últimos, assim como embargos de terceiro, embargos à adjudicação, à arrematação e outros, espécies dos embargos do devedor[6]. Como a CLT emprega ambos os termos no mesmo dispositivo (art. 884 da CLT), ficamos com as lições de *José Augusto Rodrigues Pinto.*

Apenas uma linha. A CLT e a Lei n. 6.830/80, subsidiariamente aplicável (art. 889 da CLT), nada dizem a respeito de embargos à arrematação e embargos à adjudicação. Duas posições: ou consideramos inexistentes tais embargos na seara trabalhista, e aí a única possibilidade de ataque às homologações em arrematação e em adjudicação é pelo agravo de petição, ou nos valemos do art. 746 do CPC: "É lícito ao devedor oferecer embargos à arrematação ou à adjudicação, fundados em nulidade da execução, pagamento, novação, transação ou prescrição, desde que superveniente à penhora". Ficamos com esta última posição, que, de certa forma, foi adotada pelo TST na Orientação Jurisprudencial n. 66, da SDI-2: "É incabível o mandado de segurança contra sentença homologatória de adjudicação, uma vez *que existe meio próprio para impugnar o ato judicial, consistente nos embargos à adjudicação (CPC, art. 746). (DJ 20.9.00)*". Releva notar que *Wagner D. Giglio* emprega a expressão 'embargos à alienação' para se referir a ambos[7]. Neste diapasão, observa-se que *Pedro Paulo Teixeira Manus* aceitando, os embargos em questão, denomina-os 'embargos à praça', para congregar as três hipóteses, nos casos de sucesso na praça. Seriam meios de defesa do devedor[8], enquanto *Manoel Antonio Teixeira Filho* fala em embargos à expropriação[9].

Não vamos fugir mais ao tema central deste tópico: natureza jurídica dos embargos à execução. Efetivamente, opinamos, com grande parte da doutrina, que se trata de ação e não defesa. Vários motivos nos levam a dizer que o legisla-

---

(4) RODRIGUES PINTO, José Augusto. *Execução trabalhista.* São Paulo: LTr, 1984. p. 92.
(5) TEIXEIRA FILHO, Manoel Antonio. *Execução no processo do trabalho.* 9. ed. São Paulo: LTr, 2005. p. 583/585.
(6) BEZERRA LEITE, Carlos Henrique. *Op. cit.,* p. 874.
(7) GIGLIO, Wagner D. *Direito Processual do Trabalho.* 15. ed. São Paulo: Saraiva, p. 596.
(8) MANUS, Pedro Paulo Teixeira. *Execução de sentença no processo do trabalho.* 2. ed. São Paulo: Atlas, 2005. p. 199.
(9) TEIXEIRA FILHO, Manoel Antonio. *Op. cit.,* p. 635.

dor não deu o devido rigor terminológico à matéria. O réu não é chamado a fazer defesa, e sim a pagar, no prazo de 48 horas (art. 880), salvo o caso da Fazenda Pública, que pelo art. 730 do CPC é citada para opor os embargos. Não o fazendo, poderá garantir a execução, para discuti-la ou terá seus bens constritos.

Aqui, também ficamos em boa companhia: "No processo dos embargos, o devedor assume a posição de autor (e não de contestante)", e mais, "Sobre a posição do embargante como autor da demanda, vale ser reproduzida a lição de *Chiovenda*: 'uma demanda em juízo supõe duas partes: aquela que propõe *(sic)* e aquela em face da qual se propõe *(sic).* Temos dessa forma a posição do autor e a do réu. Característica do autor não é somente o fato de articular uma demanda, porque o réu também pode demandar a rejeição da demanda do autor; e, sim, a de fazer a primeira demanda relativa a determinado objeto (*rem in iudicium deducens*). É de importância ressaltar que a qualidade de autor ou de réu não depende necessariamente de nenhuma forma determinada de demanda judicial. Procedimentos há em que o réu é compelido a assumir parte ativa, sem por essa circunstância perder a figura e a condição de réu. Essa parte ativa recebe a denominação de oposição (equivalente aos nossos embargos) (...). É tarefa do intérprete indagar, nesses casos, se se trata de formas especiais de procedimento, em que o réu, embora conservando-se como tal, deve tomar a iniciativa de provocar a decisão; ou se trata de atos com eficácia própria, que ao interessado caiba eliminar, caso em que será equiparado a verdadeiro autor (impugnação); (sublinhamos)"[10].

Também *José Carlos Barbosa Moreira* ensina: "Não constituem os embargos, tecnicamente, um meio de defesa, assimilável à resposta (ou, em termos específicos, à contestação) do réu no processo de conhecimento. Neste, o contraditório é instaurado por iniciativa de quem vai a juízo; no de execução, verifica-se o contrário: ao sujeito passivo é que toca o ônus de tomar, eventualmente, aquela iniciativa. Têm os embargos, pois, a natureza de ação"[11].

Posicionando-se de forma diversa *Francisco Antonio de Oliveira*[12], afirma que os embargos à execução não têm a dignidade de ação, mas de simples pedido de reconsideração. Assim, não entendemos, pelos próprios termos do art. 884 da CLT e do art. 741 do CPC, bem como do artigo 16 da Lei n. 6.830/80, possibilitando ampla discussão de quase todas as matérias relativas à execução, salvo o direito já reconhecido no processo de conhecimento.

Não podemos, para estabelecer bem clara a polêmica, esquecer também os ensinamentos contrários de *Liebman:* "Os embargos do executado são, pois, ação em que o executado é autor e o exeqüente é réu; mais precisamente, ação inciden-

---
(10) TEIXEIRA FILHO, Manoel Antonio. *Op. cit.*, p. 579.
(11) MOREIRA, José Carlos Barbosa. *O novo Processo Civil brasileiro*. 25. ed. Rio de Janeiro: Forense, p. 295.
(12) OLIVEIRA, Francisco Antônio de. *Comentários à Súmula do TST*. 7. ed. São Paulo: Revista dos Tribunais, 2007. p. 232.

te do executado visando anular ou reduzir a execução ou tirar ao título sua eficácia executória"[13].

Pedro Paulo Teixeira Manus[14], no entanto, de forma mais direta e objetiva, como é seu estilo, diz que os embargos à execução são o principal meio de defesa, referindo-se a outras formas de manifestação, na fase executória, como os embargos à penhora e a impugnação. Os embargos à execução para o ilustre professor e ministro do TST, seria o gênero que compreende estas outras espécies de defesa mencionadas, dependendo de seu conteúdo. Completa seu raciocínio, reafirmando que os embargos à execução têm natureza de incidente na execução, configurando simples meio de defesa e não uma ação[15]. Aqui ficamos e deixamos à escolha do aplicador da norma a posição interpretativa que melhor lhe convier.

1.2. MATÉRIA ARGÜÍVEL

Para efeito de raciocínio, contudo, estabelecemos que com os referidos embargos o devedor ataca a execução, ou melhor, o título executivo, porque objetiva, sem dúvida, efeitos da extinção, total ou parcial da execução.

A seguir a lei trabalhista, a matéria fica, em princípio, de fácil limitação. Diz o § 1º, do art. 884 da CLT: "A matéria de defesa será restrita às alegações de cumprimento da decisão ou do acordo, quitação ou prescrição da dívida". Importa em dizer, em primeiro lugar, que é vedado debater nos embargos, questões já decididas pela sentença no processo de cognição, bem como não é possível levantar questões que deveriam ser alegadas naquele processo e não o foram.

Dito isso — que é o mais simples —, a matéria argüível, como denominamos, não tem igual simplicidade de conclusão. Pelo dispositivo apontado, somente poder-se-ia alegar, exclusivamente, as matérias ali mencionadas (matéria de defesa será *restrita*): cumprimento da decisão ou do acordo, quitação ou prescrição da dívida.

Algo parece certo, as matérias elencadas na norma em estudo devem referir-se a fatos posteriores ao comando da sentença exeqüenda, porque não haveria lógica argüir-se, por exemplo, o cumprimento da decisão, antes da própria decisão. Revelam-se, assim, como objeções que podem ser argüidas após o trânsito em julgado da sentença que pôs fim ao litígio.

O cumprimento da decisão ou do acordo faz concluir pela hipótese de ter isso ocorrido se, à época da citação, o devedor já tiver cumprido, a obrigação, na sua totalidade, com prova documental, de preferência. No entanto não se obstam os demais meios válidos de prova: pericial e testemunhal, designando o juiz audiência se necessário.

---

(13) LIEBMAN, Enrico Túlio. *Processo de execução*. 3. ed. Rio de Janeiro: Forense, p. 216.
(14) MANUS, Pedro Paulo Teixeira. *Op. cit.*, p. 111.
(15) MANUS, Pedro Paulo Teixeira. *Op. cit.*, p. 123.

Quanto à quitação, embora pareça que esta hipótese esteja também embutida na anterior, há sutil diferença, uma vez que a referência é à quitação dada pelo credor.

A prescrição da dívida causa alguma polêmica, porque a Súmula n. 114 do TST diz expressamente: "É inaplicável na Justiça do Trabalho, a prescrição intercorrente", e os nossos Tribunais têm, como era de esperar, seguido a invocada Súmula, mas, seu texto contraria o § 1º examinado, que a permite. Aqui, trata-se da prescrição que se forma no curso do processo, exatamente a circunstância da Súmula e da regra. Como o dever de pagar passa a ter concretização após a '*res judicata*', é a partir desse momento que se contaria o prazo prescricional. A prescrição que se consumou antes do ato sentencial não pode ser objeto de argüição.

Três básicos argumentos teríamos para aplicar a prescrição: o primeiro, é que nenhuma demanda pode perdurar indefinidamente. Tal situação seria contrária aos princípios mais comezinhos do Direito, uma vez que esse deve estar voltado para regular as relações e fatos ocorridos em sociedade, não permitindo que fique no tempo, como uma ameaça eterna, um conflito, ainda que esse conflito seja resultado do reconhecimento, pela Justiça, de um prevalente interesse. Ademais, foge ao bom senso que gerações vindouras, do credor e do devedor, se engalfinhem por um bem da vida, ocupando as salas dos Tribunais, ou páginas e páginas dos autos, com questões, argumentos, contrariedades, atividades processuais, que só levariam ao crescimento desordenado de volumes processuais. A Justiça não seria feita. O tempo é o senhor das almas. Nada justifica uma demanda imortalizada, que pudesse, de período em período, ressuscitar, por mais legítimo que fosse o direito.

Outro motivo é que se a matéria 'prescrição' consta expressamente da lei, não se tem correto interpretar que, no parágrafo em tela, a palavra não existe (sim, porque esta seria a única maneira de não aplicá-la).

Por fim, entre a lei e a jurisprudência sumulada, dizem-nos os estudiosos, que deveríamos ficar com a lei, salvo se aquela for uma interpretação válida e possível de texto legal obscuro. Mesmo que assim não pensássemos, não se deve esquecer que o Supremo Tribunal Federal tem Súmulas diversas, a de n. 150: "Prescreve a execução no mesmo prazo de prescrição da ação (DJ 16.12.63)." e de n. 327: "O direito trabalhista admite a prescrição intercorrente".

Francisco Antonio de Oliveira, ao comentar a Súmula n. 114 do TST[16], incursiona corajosamente pelas novas modificações sofridas no Código de Processo Civil, e embora diga que a Súmula do TST está mais de acordo com o processo do trabalho do que a Súmula do STF, não deixa de afirmar que com a Lei n. 11.280/06, que deu nova redação ao § 5º, do art. 219 do CPC, o instituto da prescrição ganhou *status* de instituto de direito público e que o juiz deve pronunciar-se sobre a prescrição de ofício, uma vez que o art. 194 do C. Civil (*o juiz não pode suprir de ofício a alegação da prescrição*) foi expressamente revogado e o art. 193 do mes-

---

(16) OLIVEIRA, Francisco Antonio de. *Op. cit.*, p. 232/234.

mo diploma (*a prescrição pode ser alegada pela parte a quem aproveita*), restou revogado tacitamente, com base no art. 2º, § 1º, da LICC (*lei posterior revoga a anterior, quando o declare, seja com ela incompatível ou regule inteiramente a matéria da lei anterior*). Seguindo esse entendimento, concluímos que se a matéria é expressamente referida no § 1º, do art. 884 da CLT, e se as modificações do CPC deram roupagem nova ao instituto, que pela sua importância deva ser declarado de ofício, é a prescrição, sem sombra de dúvida, no mínimo, matéria possível de ser conhecida e declarada na fase da execução. O emérito doutrinador citado admite-o de forma clara, ao dizer que "a prescrição intercorrente poderá acontecer, caso o credor não providencie o levantamento do *quantum debeatur* e a citação do devedor dentro de dois anos e, mais (...), Como... a Lei n. 11.051/04 acrescentou o § 4º, ao art. 40 e permitiu que o juiz executor pronunciasse de ofício a prescrição, poder também dado ao juiz do trabalho, por força do art. 889 da CLT. Todavia, com a reforma processual inserida pela Lei n. 11.280/06, a declaração da prescrição será feita de ofício com a resolução meritória do processo"[17].

Para finalizar, podemos imaginar também, passados mais de dois anos, a situação do crédito do exeqüente já ter sido satisfeito, mas o credor, por motivos diversos, não tenha aparecido para o devido levantamento. De ofício, poder-se-ia declarar a prescrição intercorrente.

Bom, falamos que a matéria de embargos é aquela do § 1º, do art. 884 da CLT, todavia, neste mesmo artigo, a Medida Provisória n. 2.180-35/01 veio a acrescentar o § 5º, que diz: "Considera-se inexigível o título judicial fundado em lei ou ato normativo declarados inconstitucionais pelo Supremo Tribunal Federal ou em aplicação ou interpretação tidas por incompatíveis com a Constituição Federal". Assim, para mal dos nossos pecados, teríamos mais uma matéria argüível; esta do § 5º, aumentando o rol de possibilidades. Como o referido dispositivo teve sua gestação na malfadada Medida Provisória, existem opiniões dizendo que compartilhamos, que é o mesmo inconstitucional, porque a referida Medida também ampliou o prazo para o ente público agir na execução e o fez erroneamente, por não ser este o veículo próprio, uma vez carecer de urgência política, que é o que informa uma Medida Provisória. A discussão fica lançada.

Quando pensamos terminadas nossas agruras, vimos que a prática trabalhista não permite a aplicação pura e simples do art. 884 da CLT, apesar de seus estritos termos, isso porque existem situações que não estariam abrangidas nesta norma. Abre-se espaço para a aplicação subsidiária do art. 741 do CPC, mais completo e que preenche esta lacuna, cabendo embargos à execução, ainda nos seguintes casos: falta ou nulidade de citação, no processo de conhecimento, se a ação lhe correu a revelia; inexigibilidade do título; ilegitimidade das partes; cumulação indevida de execuções; excesso da execução, ou nulidade desta até a penhora; qualquer causa impeditiva, modificativa ou extintiva da obrigação, como pagamento, novação, compensação com execução aparelhada, transação ou

---

(17) OLIVEIRA, Francisco Antonio de. *Op. cit.*, p. 234.

prescrição, desde que superveniente à sentença e incompetência do juízo da execução, bem como suspeição ou impedimento do juiz.

Edilton Meireles e *Leonardo Dias Borges*[18], ao comentar sobre os embargos na execução provisória, concluem que melhor seria, com o advento das modificações do CPC, uma vez que os embargos ora estudados não mais existem, também, não mais admitir embargos trabalhistas em situações fora do quadro do § 1º, do art. 884, da CLT, e com certo desânimo concluem que "na prática, nada irá mudar, podendo, inclusive, aplicar a regra do art. 475-L do CPC, por analogia e não mais de forma subsidiária. Tudo, então, ficará igual a dantes".

Lembremos que as matérias elencadas no último dispositivo citado têm pequena diferença com as do art. 741 do CPC, entre elas, a possibilidade de alegar, na impugnação: a penhora incorreta ou a avaliação errônea, e de considerar, ainda, inexigível titulo judicial fundado em lei ou ato normativo declarado inconstitucional pelo STF, ou fundado em aplicação ou interpretação da lei ou ato normativo tidas pelo STF, incompatíveis com a Constituição Federal.

O legislador trabalhista quis ser mais direto e simples, mas acabou por dar margem a aplicação também do CPC, e aí, ficamos com um número alentado de matérias que podem ser invocadas nos embargos à execução, salvo se entendermos que somente se aplicariam, aquelas do § 1º, do art. 884 da CLT. Paraíso para a Justiça do Trabalho e dor de cabeça para os devedores, seria tal entendimento, porque faria despencar consideravelmente o número de embargos e em conseqüência de agravos de petição.

Caberia estudo e raciocínio sobre cada um desses itens em contraposição com os da CLT, o que foge a finalidade deste Capítulo, todavia fica a chamada.

1.3. PRAZO E REQUISITO

Não temos dúvida, pelo que já dissemos, sobre a Medida Provisória n. 2.180-34, e que vale para normas que lhe vieram ao encalço, como, por exemplo, o acréscimo feito à Lei n. 9.494/97, sobre o prazo de trinta dias, que os embargos à execução devem ser opostos dentro do prazo de cinco dias, com idêntico prazo ao embargado-exeqüente para a sua resposta. Observe-se que o prazo de trinta dias contraria a celeridade processual, e em tese faz indevida diferença entre o particular e o ente público. Em tese, porque a redação defeituosa — cremos — da lei, implicou em ampliar o prazo para todos, quando o objetivo do legislador era dar um prazo maior apenas às pessoas jurídicas de direito público. A redação é a seguinte: "O prazo a que se refere o *caput* dos arts. 730 do Código de Processo civil, e 884 da Consolidação das leis do trabalho, aprovada pelo Decreto-lei n. 5.452, de 1º de maio de 1943, passa a ser de trinta dias". Lembremos que o art. 730 do CPC dispõe sobre a execução contra a Fazenda Pública e que o art. 884 da CLT é para

---

(18) *A nova reforma processual e seu impacto no processo do trabalho.* São Paulo: LTr, 2006. p. 54.

todos os executados-devedores trabalhistas. *Valentim Carrion*[19] explica: "O prazo para embargos à penhora (entendemos à execução) volta a ser de cinco dias, pois o TST declarou inconstitucional a MP n. 2.180-35, que alterava a Lei n. 9.494/97".

Quanto ao requisito a CLT é clara: somente é possível após a garantia do juízo. Assim, se a penhora não for realizada ou se os bens nomeados pelo devedor não se revelarem suficientes para a integralidade do crédito, o prazo para a interposição dos embargos não deve começar a ocorrer. *Nelson Nery* fala em defesas na execução, dizendo que o devedor pode defender-se por três instrumentos: a) exceção de executividade; b) objeção de executividade e c) embargos do devedor sendo que nos dois primeiros casos a defesa pode ser feita sem que haja garantia do juízo (art. 736 do CPC), já nos embargos haveria tal necessidade (art. 737 do CPC), mas foi revogado pela Lei n. 11.382/06. A exceção de executividade serve para demonstrar que o credor não pode executar contra o devedor, tendo em vista determinadas matérias, que são de direito material e devem ser requeridas (adimplemento, compensação, novação, confusão, remissão, prescrição etc.), não havendo necessidade dilatória. Objeção de executividade ocorre quando existem matérias de ordem pública a serem sopesadas (arts. 267, IV, V e VI e § 3º, e 301 do CPC, salvo convenção de arbitragem). Matérias que podem ser alegadas a qualquer tempo[20].

1.4. IMPUGNAÇÃO

É a defesa do exeqüente, isto é, daquele que sofre os embargos à execução. Contesta o exeqüente os embargos por intermédio da impugnação. Mais uma vez a CLT não demonstra linguagem apropriada. Quando assim aludimos, não estamos fazendo críticas severas e entendendo que o velho diploma da Consolidação é instrumento defasado, não; estamos apenas despertando o estudioso para a linguagem atécnica do diploma, em matéria de execução. Uma forma de ler e compreender um texto é fazê-lo criticamente. Submetemo-nos àqueles que pensam de forma diversa. O art. 884 da CLT refere-se à impugnação no *caput* e no § 3º. O primeiro para dizer que cabe embargos à execução no prazo de cinco dias e igual prazo ao exeqüente para impugnação. E o segundo, especificando que somente nos embargos à penhora poderá o executado impugnar a sentença. Claro está que se tratam de figuras diferentes. A do '*caput*' é a defesa do exeqüente, e a do § 3º insere-se na fase dos atos de acertamento (liquidação da sentença). Agora, estamos diante de parte da fase de constrição e da fase alienação. Aquela tendo como ato central a penhora e o que vem depois da constrição dos bens do devedor, como os embargos à execução e a impugnação, e última, a hasta pública e demais temas, salvo o agravo de petição que pode resultar em decisão judicial sobre quaisquer das fases da execução.

---

(19) CARRION, Valentim. *Comentários à Consolidação das Leis do Trabalho.* 32. ed. São Paulo: Saraiva, 2007. p. 751.
(20) NERY JUNIOR, Nelson e NERY, Rosa Maria de Andrade. *CPC Comentado.* 9. ed. São Paulo: Revista dos Tribunais, 2006. p. 906/909.

Retornemos. Em relação à impugnação, a CLT nada especifica, apenas determina a sua possibilidade. Embora tenhamos dito tratar-se de defesa, na verdade, não identificamos os mesmos caracteres e efeitos da contestação no processo de conhecimento. Acaso o exeqüente deixe de impugnar os embargos, terá certamente muita dor de cabeça, mas, necessariamente, não significa que os embargos do executado terão pleno sucesso. O que, aliás, diga-se a bem da verdade, também não ocorre com a falta de resposta do réu no processo de conhecimento, porquanto matérias de direito estariam a salvo de julgamento automaticamente contrário ao réu. A impugnação visa desconstituir o direito de execução ou os atos de execução. É uma espécie de resposta que o exeqüente dá ao executado, pela provocação dos embargos à execução. Saudável tal procedimento, porque mantém na execução do processo, a dialética que o caracteriza e é o símbolo da Justiça, a balança (argumentos de um lado e argumentos de outro), mesmo que o campo seja mais restrito, pois, a Justiça já decidiu o vencedor: discute-se, não o direito reconhecido, mas a implementação desse direito, não cumprido espontaneamente pelo réu.

É interessante notar que a disciplina do artigo em pauta e seus parágrafos — continuando nossa tendência de crítica — faz confusão, não só entre os nomes, mas entre os procedimentos, porque abre a possibilidade de discussão dos valores a serem liquidados, no mesmo prazo dos embargos à execução, o que se tem no art. 884, § 3º, da CLT (fase dos atos de acertamento e de constrição), exceção feita ao art. 879, § 2º, da CLT que instituiu a mesma faculdade em outro momento (fase dos atos de acertamento), tanto pelo credor como pelo devedor. Aqui estamos falando sobre impugnação de valores. Fica, ainda, o nome 'impugnação, para a contestação que o exeqüente faz aos embargos do executado. O mais das vezes, nos foros trabalhistas, ambas atividades impugnativas são feitas em única peça processual.

Os atos de acertamento (liquidação) se interpenetram nos atos de constrição (após a penhora), propiciando-se a discussão em um mesmo momento de todas essa matérias. Outro Capítulo trata desta matéria e nela não vamos nos aprofundar, salvo para as comparações que aqui estão sendo feitas. Temos: impugnação aos embargos, feita pelo exeqüente (contestação aos embargos, fase da constrição); impugnação aos valores, feita pelo executado (proposta ou contrariedade sobre o *quantum* da dívida — fase dos atos de acertamento); e, impugnação aos valores, feita pelo exeqüente — fase dos atos de acertamento). Três impugnações, sendo que as duas últimas, referentes a valores, podem ser realizadas tanto no momento dos atos de acertamento (art. 879 da CLT), quanto no momento dos atos de constrição e execução propriamente dita (art. 884 da CLT), salvo se preclusa a manifestação, nos termos finais do § 2º do art. 879 da CLT. Teríamos, ainda, como visto, mas que foge um pouco ao desiderato deste Capítulo a 'impugnação do processo civil ao cumprimento da sentença'. Bem se vê que a intrincada malha da execução está longe de ter fim.

2. Hasta pública/conseqüências

Já que tocamos na constrição dos bens do devedor, também chamada penhora, não podíamos deixar de lado, algumas breves linhas sobre a hasta pública. É esta, basicamente, a venda judicial dos bens constrangidos — embora possa ser criticada a expressão, 'venda', — que se realiza nos foros, mediante autorização do juiz. Ensina-nos *Pedro Paulo Teixeira Manus* que a palavra vem do latim e significa venda, praça[21]. São modalidades de hasta pública, a praça e o leilão. Com a hasta pública, situamo-nos, por inteiro, na terceira e última fase da execução: a dos atos de alienação. Nos modernos livros de Direito, dificilmente o autor invoca essa expressão 'hasta pública', embora corrente nos corredores da Justiça.

O edital que anuncia a possibilidade de venda dos bens constritos deve vir afixado na sede do Juízo ou Tribunal e publicado no jornal local, se houver, com antecedência de 20 (vinte) dias (art. 888 da CLT). Princípio da publicidade (art. 155 do CPC), devendo no edital constar, além das especificações claras sobre os bens e valores, a existência de ônus, caso exista, bem como de recurso pendente de julgamento. Aplicável quanto ao conteúdo do edital o art. 686 do CPC.

É o encerramento dos atos executórios, quando finalmente — no ideal das maravilhas — o comando da sentença pode vir a ser realizado e o credor receber seu crédito. Infelizmente os fatos quase nunca assim acontecem.

Antes deixemos claro alguma diferença entre praça e leilão, embora na prática trabalhista nem sempre tal diferença venha desenhada. Os bens vão à venda num só momento, no átrio do foro, em frente ao juízo da execução. Realizado o evento por um serventuário da Justiça. Aí temos a praça. Caso nada ocorra nessa ocasião, os bens irão a leilão, o que de per si apenas contempla a possibilidade de que o procedimento venha a ser feito por um leiloeiro, juntando bens de diversos processos, num único ato e em local compatível para tanto. Aí temos o leilão (arts. 686, inciso IV e § 2º, 687, § 3º, 1.070, §§ 1º e 2º, 1.113, 1.117 do CPC). Na prática, o leilão enseja avaliação menos rígida dos eventuais valores lançados pelos interessados (arrematantes e adjudicantes). Assim, o que foi considerado 'vil' na praça poderá não ser no leilão, embora persista a importância de não ser aceito lanço vil, porque deprecia o bem, não faz justiça nem para o credor e nem para o devedor. Contudo, nesta matéria, a regra correspondente é do art. 692, *caput* do CPC: "Não será aceito lanço que, em segunda praça ou leilão, ofereça preço vil". O que é preço vil, no entanto, poucos sabem. A doutrina e a jurisprudência buscam revelações (metade da avaliação; menos de 60% da avaliação; muito abaixo do valor de mercado?). Fica na prudente consideração do juiz.

O objetivo é que o devedor se veja forçado a cumprir a obrigação que advém da sentença exeqüenda (remição), ou indiretamente se satisfaça o crédito (adjudicação e arrematação). Fala-se em expropriação dos bens do devedor para satisfazer o direito reconhecido do credor. Fizemos menção na remição, na adjudicação e

---

(21) MANUS, Pedro Paulo Teixeira. *Op. cit.*, p. 187.

na arrematação. Espera-se que uma das três figuras aconteça na praça ou leilão. Em princípio, podemos veicular os seguintes conceitos, ainda que eventualmente exista uma ou outra realidade sobre os mesmos: Remição, quando o próprio devedor-executado resolve fazer o que deveria ter feito desde o início, pagar. A variante está no fato de poder remir os bens também, o cônjuge, ascendente ou descendente. Para tanto, deve, em tese, comparecer à praça e efetuar este ato processual, abrangendo todos os valores devidos, mesmo aqueles que não beneficiem diretamente o credor-exequente: valor da dívida na sua totalidade, custas processuais, taxas, honorários de advogado e etc. Aplicável o art. 13, da Lei n. 5.584/70: "Em qualquer hipótese a remição só será deferível ao executado se este oferecer preço igual ao valor da condenação". Com a remição extingue-se a execução. A adjudicação é ato praticado pelo credor. O art. 708 do CPC veio dar à adjudicação uma feição preferencial exclusiva, juntamente com o pagamento em dinheiro e o usufruto do bem imóvel ou da empresa, ao estabelecê-la como um dos meios de pagamento do credor. A adjudicação, bem como a arrematação e a remição, ocorre na praça e a preferência é numa escala, pois, existindo tais figuras na praça, prefere-se primeiro a remição — basta o devedor pagar o que deve —, depois se dá preferência ao adjudicante, ficando por último o arrematante (art. 888, § 1º, da CLT). Para exercer o direito de preferência, necessário que a manifestação de vontade ocorra antes da assinatura do auto de arrematação (art. 694, do CPC). A arrematação implica a transferência do bem a terceiro, sendo um modo de aquisição da propriedade (art. 647, I do CPC). O licitante na praça pode também ser o próprio credor (art. 690-A, parágrafo único, do CPC), embora normalmente seja o terceiro; aquele que dá o maior lanço. Claro está que as regras processuais devem ser seguidas, como a garantia do lance, pelo arrematante, com o sinal correspondente a 20% do valor, devendo completar o pagamento em 24 horas, sob pena de perder o valor adiantado para a execução (§ 2º, e *caput* do art. 888 da CLT). O exeqüente-adjudicante terá a preferência se garantir igual lance do arrematante. Se não houver licitantes, a adjudicação poderá concretizar-se pelo preço de avaliação do bem penhorado. Após o que, se o valor não for suficiente, a execução prosseguirá pelo restante, buscando outros bens. Interessantes as inovações do CPC que dão mais força ao credor, como a que possibilita o requerimento de adjudicação (art. 685-A) e a alienação do bem por particular, nos termos do art. 685-C, porque não realizada a adjudicação dos bens penhorados, o exeqüente poderia requerer ao juiz sejam tais bens alienados, por sua iniciativa ou por intermédio de corretor credenciado. Depois viria a alienação por hasta pública (art. 686). A aplicação desses dispositivos no processo do trabalho não parece entusiasmar os juízes.

Voltemos às lições de *Pedro Paulo Teixeira Manus*, como na praça ou leilão podem acontecer a arrematação e a adjudicação também, no prazo de cinco dias da efetiva ciência da praça, poderão advir os 'embargos à praça', conforme hipótese comprovada nos autos[22]. Da decisão, após regular manifestação de todos os envolvidos, caberá, assim, como na decisão de embargos à execução, agravo de petição.

---

(22) MANUS, Pedro Paulo Teixeira. *Op. cit.*, p. 199/200.

O fato é que definido o crédito, o pagamento deverá ser feito no prazo de lei, em moeda corrente. Realiza-se o pagamento à custa do devedor ou, eventualmente, de terceiro responsável. O juiz com isso autoriza que o credor levante o dinheiro depositado para segurar o juízo com pagamento de juros e correção monetária ou produto dos bens alienados. Adimplido na sua totalidade ou arrematados os bens, ou ainda adjudicados, nos termos da lei, com resgate total da dívida, extingue-se a execução, quitando o credor, nos autos, a quantia paga e arquiva-se o processo. Caso venha a sobrestar qualquer importância, a mesma será restituída ao devedor.

Pode acontecer que o exeqüente prefira os bens penhorados, ou parte deles; ou se ressarça com o produto da exploração do bem penhorado. O art. 708 do CPC diz de forma clara que o pagamento do credor far-se-á: pela entrega do dinheiro; pela adjudicação dos bens penhorados e pelo usufruto de bem imóvel ou de empresa. Esta última é uma forma engenhosa de pagamento, porque o credor utilizando-se do bem penhorado, vai se pagando, aos poucos, pelo produto advindo da exploração desse bem. Imagine-se um imóvel, ainda que locado; o locatário passaria a pagar o aluguel ao exeqüente, até o ressarcimento total da dívida. O artigo em referência alude a usufruto — não é o usufruto do C. Civil —, é usufruto próprio da execução. Segundo *José Carlos Barbosa Moreira*, três são os requisitos para o exercício dessa terceira possibilidade de pagamento do credor: manifestação de vontade do exeqüente, antes da realização da praça, em se tratando de imóvel; a audiência do executado, que pode ter alguma razão para impugnar o requerimento e a superioridade deste modo de satisfação do credor em confronto com os outros possíveis (adjudicação, arrematação ou alienação por iniciativa particular, seguida de entrega do dinheiro). É menos gravoso ao executado e eficiente para o recebimento da dívida. Não há contrato de usufruto, pois é ato jurisdicional executivo[23].

3. AGRAVO DE PETIÇÃO

3.1. CONCEITO/CABIMENTO

Este recurso é específico do processo de execução e cabe das decisões do juiz nas execuções. Trata-se de recurso para qualquer decisão na execução, após o julgamento dos embargos à execução (arts. 884 e 897, *a*, da CLT). Há os que entendem que a sentença para ensejar o agravo de petição deve ser definitiva, o que estaria escudado no art. 893, § 1º, da CLT. Todavia, o teor do dispositivo que prevê o agravo de petição parece não arrimar tal idéia. De qualquer modo, não se tem possível o agravo de meros despachos, é o que se pode deduzir também do art. 504 do CPC: "Dos despachos não cabe recurso". Lembremos aqui, o art. 162, § 3º, do mesmo diploma que define o que é despacho: "São despachos todos os demais atos do juiz praticados no processo, de ofício ou a requerimento da parte, a cujo respeito a lei não estabelece forma."

---

(23) MOREIRA, José Carlos Barbosa. *Op. cit.*, p. 267.

Tal definição vem em contraposição das definições anteriores de sentença (ato do juiz com aplicação dos arts. 267 e 269 do CPC) e decisão interlocutória (ato que no curso do processo resolve questão incidente).

Também aplicável a Súmula n. 214 do TST, bem como o art. 893, § 1º, da CLT: "Os incidentes do processo são resolvidos pelo próprio Juízo ou Tribunal, admitindo-se a apreciação do merecimento das decisões interlocutórias somente em recursos da decisão definitiva". Portanto, não se admitiria agravo de petição nem dos despachos ordinários, antigamente chamados de 'mero expediente' nem das decisões interlocutórias.

Esta explicação não torna menos árdua a tarefa de saber com exatidão em que situações o agravo de petição pode ser oposto, porque o conceito de decisão na fase executória, como já aludimos, deixa margem a dúvidas. Alguns entendem que somente as sentenças definitivas e as terminativas do feito poderiam ser objeto de agravo. Outros, que pode haver agravo de petição de todas as decisões, incluindo as interlocutórias.

Há aqueles que admitem excepcionalmente o ataque às decisões interlocutórias. *José Augusto Rodrigues Pinto* diz textualmente que cabe agravo de petição das decisões definitivas em processo de execução e das decisões interlocutórias que envolvam matéria de ordem pública a justificar novo exame de seu conteúdo[24].

A jurisprudência parece caminhar nesse sentido, o que tem lógica, porque o dispositivo que regra o agravo de petição, fala em 'decisão', de forma ampla. A Súmula n. 266 do TST reza: "A admissibilidade do recurso de revista interposto de acórdão proferido em agravo de petição, na liquidação de sentença ou em processo incidente na execução, inclusive os embargos de terceiro, depende de demonstração inequívoca de violência direta à Constituição Federal. (Res. TST n. 1/87, DJ, 23.10.87, e DJ, 14.18.87) (Revisão da Súmula n. 210)."

Embora esta Súmula se dirija à admissibilidade do recurso de revista, indiretamente parece admitir o agravo de petição na fase da liquidação da sentença.

Na verdade, ampliando o leque das decisões possíveis a serem atacadas pelo agravo, temos decisões que julgam: os embargos do devedor; os embargos de terceiro, os embargos à praça, aquelas que legitimam a remição, a adjudicação ou a arrematação, as que julgam os artigos de liquidação e a prisão de depositário infiel.

Alguns autores admitem agravos de outras decisões, como aquelas que determinam ou negam o levantamento do depósito. Também nas hipóteses em que o juízo decidir sobre a liquidação, ou, por exemplo, quando julgar extinta a execução, e aos olhos do exeqüente isso não acontece.

O caso concreto, eventualmente, pode ditar outras possibilidades. Entendemos que muitas vezes a lei deve ser adaptada ao caso concreto, costurada no

---
(24) RODRIGUES PINTO, José Augusto. *Execução trabalhista*. 9. ed. São Paulo: LTr, p. 352.

corpo dos fatos. Aprendemos nas academias que o juiz é um escravo da lei, como se a lei fosse feita na medida para todos os fatos, e bastasse ao juiz aplicá-la, numa operação aritmética. Não é assim que acontece em nosso ordenamento da família romano-germânica, apesar da pretensão. Criou-se a ilusão que a lei diz tudo. Não diz, e por vezes necessita de interpretação compatível com o sistema e com os princípios que o informam. Veremos isso, no próximo tópico, claramente, também em relação aos requisitos do agravo.

3.2. Requisitos

Não há necessidade de depósito recursal para a interposição do agravo de petição. Exige-se naturalmente que o juízo esteja garantido de alguma forma, o que na maioria das vezes é verdade plena, porquanto o agravo de petição resulta quase sempre de decisão sobre embargos à execução, e estes não podem ser opostos, sem garantia do juízo (art. 884 da CLT).

Todavia, se é o exeqüente quem agrava, dele não se há de exigir o depósito, exigência essa que só tem lógica para a garantia da execução, isto é, em favor do próprio autor, vencedor na demanda. Havendo elevação do débito, opina *Tostes Malta*[25] ser exigível o complemento da garantia, conforme Súmula n. 128 do TST. Efetivamente, a Súmula em apreço, no seu inciso II diz: "Garantido o juízo, na fase executória, a exigência de depósito para recorrer de qualquer decisão viola os incisos II e LV do art. 5º da CF/88. Havendo, porém, elevação do valor do débito, exige-se a complementação da garantia do juízo (ex-OJ n. 189 — inserida em 8.11.2000)".

A respeito da Súmula em questão e da Lei n. 8.177/91, bem como da Lei n. 8.542/92, explica *Francisco Antonio de Oliveira*:[26] "O presente item sumular veio deitar pá de cal numa interpretação paralógica prestigiada por leis leoninas (Lei n. 8.177/91, cujo art. 40 foi alterado pela Lei n. 8.542/92), que deliravam da realidade". No tópico seguinte, ressalta o conhecido doutrinador que o fato de haver responsabilidade solidária de uma ou mais empresas não significa a duplicação do valor condenatório, já que efetuado o depósito recursal por um dos réus, tal providência aproveita aos demais. As leis referidas estabelecem o valor do depósito recursal de que trata o art. 899 da CLT, para os casos de recurso ordinário, recurso de revista, embargos infringentes e recurso extraordinário, não mencionando no *caput* (art. 40, Lei n. 8.177/91 e art. 40, Lei n. 8.542/92) o agravo de petição. No entanto, o § 2º dos artigos mencionados estabelece que a "exigência de depósito aplica-se, igualmente, aos embargos à execução e a qualquer recurso subseqüente do devedor". O fato é que o teor da Súmula em destaque é base da interpretação na Justiça do Trabalho, que cremos corretamente assentada.

Também as custas serão pagas ao final, nos termos da redação do art. 789-A, da CLT. Pela lei temos os requisitos da delimitação justificada da matéria agravada

---

(25) MALTA, Christovão Piragibe Tostes. *Prática do processo trabalhista*. 34. ed. São Paulo: LTr, p. 676.
(26) OLIVEIRA, Francisco Antonio de. *Op. cit.*, p. 264/265.

e da delimitação de valores (art. 897, § 1º, da CLT), uma vez que se discutirá o *quantum* a ser pago. Tais condições, embora estejam na lei, nem sempre são verificadas pelos relatores dos processos nos Tribunais, pois existem casos em que o agravante não discute o valor, mas alguma matéria de direito. Além do mais, não teria sentido exigir-se do autor-exeqüente, que delimitasse os valores discutidos para permitir a execução remanescente.

Assim, conclui-se que a redação do dispositivo é defeituosa, pois não abrange todas as situações. Impossível a interpretação meramente gramatical para opor obstáculo a todo e qualquer agravo, cujos valores não foram previamente delimitados. Interposto o agravo, o juiz determinará a intimação do agravado para que este possa oferecer contraminuta. A execução, no entanto, prosseguirá em relação aos títulos e valores não agravados. Estatui a Súmula n. 416 do TST: "Devendo o agravo de petição delimitar justificadamente a matéria e os valores objeto de discordância, não fere direito líquido e certo o prosseguimento da execução quanto aos tópicos e valores não especificados no agravo. (ex- OJ SDI-2 55) (Res. TST n. 137/05, DJ, 22.8.05)"

3.3. PRAZO

Quanto ao prazo, não há celeuma: é de oito dias (art. 897 da CLT). Contado da ciência da decisão impugnada, acompanhando a salutar regra que estabelece um prazo comum para quase todos os recursos na esfera trabalhista. Isso facilita a vida dos profissionais do Direito (juízes, advogados e procuradores), bem como do jurisdicionado. Entendemos que o agravo de petição comporta o juízo de retratação, prestigiando o princípio da celeridade processual.

3.4. EFEITOS

Como deixa claro o § 2º, do art. 897 da CLT, o agravo de instrumento interposto contra despacho que não receber o agravo de petição não suspende a execução. Nos termos do Decreto-lei n. 8.737/46, o juiz poderia sobrestar o feito quando julgasse conveniente, com igual resultado do efeito suspensivo. A partir de 1992, com a nova redação do § 2º, do art. 897 da CLT, informada pela Lei n. 8.432/92, tal efeito não mais existe e o efeito, como todo e qualquer recurso, será apenas devolutivo. Daí ser possível extrair-se carta de sentença para prosseguimento da execução. Ao juízo de 1º grau caberia mandar para o Tribunal, o agravo de petição com os autos originais. Todavia, os autos originais podem permanecer na Vara, a fim de que a execução prossiga, obrigando-se à feitura do necessário instrumento para a análise do agravo. O § 3º do art. 897 da CLT agasalha ambas as hipóteses. Possui ainda o efeito translativo, pelo qual se permite ao julgador de 2º grau a apreciação de questões de ordem pública.

Com isso, cremos ter levantado algumas das questões mais importantes. Outras devem ser estudadas, principalmente no que tange à aplicação do CPC com suas inovações, também nesta fase da execução.

A execução deve concretizar o que a Justiça reconheceu como direito. A sensação para muitos é a de que a execução, com seus intrincados caminhos, veio para implementar o não-pagamento, mas o estudo sistemático, da liquidação à venda ou expropriação dos bens na execução, é que permitirá, cada vez mais, alcançar a efetividade do direito reconhecido pela decisão judicial.

CAPÍTULO 15

Execução III — Da Aplicação do Art. 475-J, do CPC, ao Processo do Trabalho

Ivaní Contíní Bramante[*]

Objetivamos, nesta justa homenagem ao prof. *Manus*, tratar da multa do art. 475-J, do CPC, e a sua compatibilidade com o processo do trabalho, à vista do princípio da tutela mais adequada ao empregado.

No bojo das reformas processuais trazidas pela Lei n. 11.232, de 22.12.2005 (DOU de 23.12.05 — em vigor seis meses após a publicação), o art. 475-J prevê a aplicação de uma multa de 10%, sobre o valor da condenação, para o devedor condenado ao pagamento de quantia certa ou já fixada em liquidação, caso não o efetue no prazo de quinze dias. Não tardou o debate sobre a aplicação ou não deste preceito no Processo do Trabalho, com vozes gabaritadas em ambos os sentidos.

Eis o inteiro teor do preceito legal em comento:

> Art. 475-J. Caso o devedor, condenado ao pagamento de quantia certa ou já fixada em liquidação, não o efetue no prazo de quinze dias, o montante da condenação será acrescido de multa no percentual de dez por cento e, a requerimento do credor e observado o disposto no art. 614, inciso II, desta Lei, expedir-se-á mandado de penhora e avaliação. (Artigo acrescido pela *Lei n. 11.232*, de 22.12.2005 — DOU 23.12.2005. Vigência: seis meses após a publicação)
>
> § 1º Do auto de penhora e de avaliação será de imediato intimado o executado, na pessoa de seu advogado (arts. 236 e 237), ou, na falta deste, o seu representante legal, ou pessoalmente, por mandado ou pelo correio, podendo oferecer impugnação, querendo, no prazo de quinze dias.
>
> § 2º Caso o oficial de justiça não possa proceder à avaliação, por depender de conhecimentos especializados, o juiz, de imediato, nomeará avaliador, assinando-lhe breve prazo para a entrega do laudo.
>
> § 3º O exeqüente poderá, em seu requerimento, indicar desde logo os bens a serem penhorados.

(*) Desembargadora Federal do Trabalho do TRT da 2ª Região. Professora de Direito Coletivo do Trabalho e Previdenciário da Faculdade de São Bernardo do Campo. Mestre e Doutora em Direito do Trabalho — PUC/SP.

> § 4º Efetuado o pagamento parcial no prazo previsto no *caput* deste artigo, a multa de dez por cento incidirá sobre o restante.
>
> § 5º Não sendo requerida a execução no prazo de seis meses, o juiz mandará arquivar os autos, sem prejuízo de seu desarquivamento a pedido da parte.

Em 2005, antes da nova reforma processual do Código de Processo Civil, o Professor *Pedro Paulo Teixeira Manus* já profetizava a necessidade de uma revisão no processo de execução trabalhista, para evitar que o executado pudesse retardar a execução injustificadamente. Aludia que:

"Mais do que nunca, acreditamos que a execução há de ser objeto de uma revisão, simplificando-a e tornando-a mera fase administrativa de cumprimento do título executivo. Se este for decorrente de sentença, a matéria que se poderá debater deverá ser simplesmente o acerto da sua quantificação e, caso seja título extrajudicial, poderá o legislador elastecer o rol de temas possíveis de defesa pelo executado. Isso, sim, significará avanço no processo do trabalho, pois a execução do modo que hoje se processa permite ao devedor retardar o cumprimento da coisa julgada injustificadamente (...)"

Neste artigo, apresenta-se uma pequena colaboração para esse embate, que, na realidade, é mera manifestação de um outro, muito mais importante: a aplicação subsidiária do Direito Processual Comum no Direito Processual do Trabalho.

O Processo do Trabalho, segundo parte da doutrina, sempre foi sincrético. A fase de execução sucede naturalmente a de conhecimento, fruto do princípio inquisitório, manifestado no poder do Juiz de iniciar de ofício a execução:

> Art. 878 — A execução poderá ser promovida por qualquer interessado, ou *ex officio* pelo próprio Juiz ou Presidente ou Tribunal competente, nos termos do artigo anterior.
>
> Parágrafo único — Quando se tratar de decisão dos Tribunais Regionais, a execução poderá ser promovida pela Procuradoria da Justiça do Trabalho.

A fase de liquidação encontra-se intimamente relacionada com a execução propriamente dita, tanto que o debate sobre o acertamento da sentença (liquidação) pode ser diferido para a fase de embargos à execução. Observe-se o teor dos arts. 879, § 2º, e 884, § 3º, CLT:

> Art. 879. Sendo ilíquida a sentença exeqüenda, ordenar-se-á, previamente, a sua liquidação, que poderá ser feita por cálculo, por arbitramento ou por artigos. (...)
>
> § 2º Elaborada a conta e tornada líquida, o Juiz poderá abrir às partes prazo sucessivo de 10 (dez) dias para impugnação fundamentada com a indicação dos itens e valores objeto da discordância, sob pena de preclusão. *(Parágrafo incluído pela Lei n. 8.432, de 11.6.92, DOU 12.6.92)* (...)

> Art. 884. Garantida a execução ou penhorados os bens, terá o executado 5 (cinco) dias para apresentar embargos, cabendo igual prazo ao exeqüente para impugnação. *(Vide art. 4º da MP n. 2.180-35/2001, de 24.8.2001, DOU 27.8.2001, que altera o art. 1-B da Lei n. 9.494/97, que se refere a esse artigo. (...)*
>
> § 3º Somente nos embargos à penhora poderá o executado impugnar a sentença de liquidação, cabendo ao exeqüente igual direito e no mesmo prazo. (...)

E tal efeito do princípio inquisitório, gerador do sincretismo trabalhista, também encontra amparo nos princípios da simplicidade e da celeridade, a permitir uma primeira conclusão: o Processo do Trabalho estabelece um procedimento simples, célere, com grande poder do Juiz, tendo em vista a sua vocação principal, que é servir à tutela do crédito trabalhista, de natureza alimentar e privilegiado constitucionalmente — art. 100, § 1º-A, CF-88:

> Art. 100. À exceção dos créditos de natureza alimentícia, os pagamentos devidos pela Fazenda Federal, Estadual ou Municipal, em virtude de sentença judiciária, far-se-ão exclusivamente na ordem cronológica de apresentação dos precatórios e à conta dos créditos respectivos, proibida a designação de casos ou de pessoas nas dotações orçamentárias e nos créditos adicionais abertos para este fim. (...)
>
> § 1º-A. Os débitos de natureza alimentícia compreendem aqueles decorrentes de salários, vencimentos, proventos, pensões e suas complementações, benefícios previdenciários e indenizações por morte ou invalidez, fundadas na responsabilidade civil, em virtude de sentença transitada em julgado. *(Parágrafo incluído pela Emenda Constitucional n. 30, de 13.9.00). (...)*

Ora, o Processo é instrumento do Direito Material.

Assim, a própria natureza instrumental e a vocação do Processo do Trabalho podem explicar o aludido sincretismo. Mas não é só. Explicam também a opção pela oralidade acentuada (concentração de atos processuais na audiência, irrecorribilidade imediata das interlocutórias, defesa e razões finais orais etc.), e por um procedimento aberto às investidas de outras Leis Processuais, notadamente, o CPC e a Lei de Executivos Fiscais (*vide* os arts. 769[1] e 889 da CLT[2]).

Ou seja, o Processo do Trabalho é simples e aberto para ser célere e atender efetivamente o crédito alimentar trabalhista, que tem proteção constitucional especialíssima, como dito acima. E, dessa idéia, emergem evidentes dois outros princípios, um de direito material, o outro de direito processual.

O princípio de direito material é o da proteção do empregado. Tal princípio justifica a existência do Direito do Trabalho, encontra amparo na Norma Ápice (art.

---

(1) Art. 769. Nos casos omissos, o direito processual comum será fonte subsidiária do direito processual do trabalho, exceto naquilo em que for incompatível com as normas deste Título.
(2) Art. 889. Aos trâmites e incidentes do processo da execução são aplicáveis, naquilo em que não contravierem ao presente Título, os preceitos que regem o processo dos executivos fiscais para a cobrança judicial da dívida ativa da Fazenda Pública Federal.

5º, XIII[3], art. 7º, *caput*[4]), e é manifestação de outros princípios-valores constitucionais importantíssimos, por representarem verdadeiros direitos humanos positivados (a dignidade da pessoa humana, a não discriminação, a isonomia, o valor social do trabalho, a tutela da saúde e do ambiente laboral, a valoração do trabalho humano, entre outros).

Já o processual é o da efetividade, segundo o qual o Processo deve proporcionar como resultado à parte vitoriosa o gozo efetivo da utilidade garantida pelo ordenamento jurídico. Isso implica, evidentemente, a adequada tutela do tempo do processo, pois Justiça efetiva é a Justiça rápida.

Nesta linha, o art. 5º, LXXVIII[5], acrescentado pela Emenda n. 45/04, traz o direito fundamental à razoável duração do processo e os meios que garantam a celeridade de sua tramitação. A Norma Ápice também garante o devido processo legal e a inafastabilidade da Jurisdição para a lesão ou ameaça de lesão a direito. E dessa simbiose principiológica decorre a noção de que o devido processo legal é o efetivo, no sentido de célere e adequado, à lesão sofrida ou à ameaça de lesão.

Em resumo, o princípio da tutela processual constitucional adequada ao direito violado ou ameaçado.

Assim, conclui-se, sem grande esforço, que o Processo do Trabalho, para permitir a tutela adequada do direito alimentar trabalhista, abriu-se à orientação do princípio protetivo. Essa orientação ou influência é que explica a oralidade, a celeridade, a simplicidade, a mencionada abertura ou subsidiariedade e, ainda, justifica a inquisitoriedade do Processo do Trabalho.

Porém, essa orientação, sobretudo contemporaneamente, não se faz de modo solitário, já que se trata de Direito Processual, ramo instrumental, porém autônomo, do Direito. Os princípios processuais trazem enorme influência ao Processo do Trabalho, sobretudo o do devido processo legal, o do acesso à ordem jurídica justa, o da efetividade, e, como decorrência lógica, o princípio da tutela processual constitucional adequada ao direito violado ou ameaçado.

Voltemos agora ao art. 475-J do CPC. Ele se aplica ao Processo do Trabalho?

Jorge Luiz Souto Maior[6] ensina que:

---

(3) Art. 5º Todos são iguais perante a lei, sem distinção de qualquer natureza, garantindo-se aos brasileiros e aos estrangeiros residentes no País a inviolabilidade do direito à vida, à liberdade, à igualdade, à segurança e à propriedade, nos termos seguintes:
(...)
XIII — é livre o exercício de qualquer trabalho, ofício ou profissão, atendidas as qualificações profissionais que a lei estabelecer;
(4) Art. 7º São direitos dos trabalhadores urbanos e rurais, além de outros que visem à melhoria de sua condição social:
(5) Art. 5º (...)
(...)
LXXVIII — a todos, no âmbito judicial e administrativo, são assegurados a razoável duração do processo e os meios que garantam a celeridade de sua tramitação. *(Inciso acrescentado pela Emenda Constitucional n. 45, de 8.12.2004)*
(6) Reflexos das alterações do código de Processo Civil no processo do trabalho. In: *Revista da Escola da Magistratura — Tribunal Regional do Trabalho da 2ª Região* — São Paulo, n 1, p. 42 e 45, set. 2006.

"O direito processual, diante do seu caráter instrumental, está voltado à aplicação de um direito material, o direito do trabalho, que é permeado de questões de ordem pública, que exigem da prestação jurisdicional muito mais que celeridade; exigem que a noção de efetividade seja levada às últimas conseqüências(...). Ora, se o princípio é o da melhoria contínua da prestação jurisdicional, não se pode utilizar o argumento de que há previsão a respeito na CLT, como forma de rechaçar algum avanço que tenha havido neste sentido no processo civil, sob pena de se negar a própria intenção do legislador ao fixar os critérios da aplicação subsidiária do processo civil (...)."

E, conclui que:

"Em suma, quando há alguma alteração no processo civil o seu reflexo na esfera trabalhista só pode ser benéfico, tanto no prisma do processo do trabalho quanto do direito do trabalho, dado o caráter instrumental da ciência processual".

A jurisprudência, em sentido favorável, assim se manifesta:

EMENTA: EXECUÇÃO TRABALHISTA. MULTA PREVISTA NO ART. 475-J, COM A REDAÇÃO DADA PELA LEI N. 11.232/05. COMPATIBILIDADE COM A EXECUÇÃO TRABALHISTA. FLUÊNCIA DO PRAZO DE 15 DIAS.

1 — As alterações inseridas pela Lei n.n. 11.232/05, que objetivam a celeridade na fase de execução, à luz inclusive do princípio constitucional do tempo razoável do processo, são, em princípio, perfeitamente aplicáveis às execuções trabalhistas, que também se orientam, há muitas décadas, pelos mesmos postulados.

2 — Considerando que a aplicação subsidiária do processo civil depende da omissão da legislação trabalhista, a aplicação do disposto na Lei n. 11.232/05 será feita mediante a comparação paralela de cada um dos procedimentos da execução cível e trabalhista. Existindo norma expressa trabalhista para determinado procedimento, não será aplicada a respectiva alteração da execução civil. Em contrapartida, havendo omissão na legislação obreira, as alterações impostas pela Lei n. 11.232/05, se compatíveis, devem ser aplicadas à execução trabalhista.

3 — Em decorrência da manifesta omissão na CLT, a multa prevista no art. 475-J do CPC é perfeitamente cabível na execução trabalhista.

4 — Tratando-se de sentença ilíquida, a multa será devida caso o executado não efetue, nos 15 dias subseqüentes, o pagamento espontâneo do *quantum* fixado na decisão homologatória. Proc.: 01201.2006.076.15.00 — 5, Juiz Relator Samuel Hugo Lima. 3ª Turma, 6ª Câmara. TRT 15ª Região.

MULTA DO ART. 475-J, DO CPC. APLICAÇÃO NO PROCESSO DO TRABALHO. ADMISSIBILIDADE. Se a CLT é omissa no tocante à aplicação de multa por descumprimento da obrigação de pagar e, se a matéria regulada no art. 475-J, do CPC, não se mostra incompatível com o direito processual do trabalho, até porque a finalidade maior desse ramo do direito é a celeridade na efetividade de suas decisões, inclusive frente à natureza alimentar do crédito perseguido, não

> há como se afastar a utilização do instituto civilista, fonte subsidiária que é (CLT, art. 769), nesta Especializada, mormente quando o seu conteúdo só virá a acelerar a eficácia do título judicial. Aliás, não foi por menos que o legislador constitucional cuidou de inserir no rol dos direitos e garantias fundamentais os princípios da celeridade e efetividade na tramitação do processo (art. 5º, LXXVIII, AC pela EC n. 45/04). Com efeito, não se pode afastar-se a idéia de priorizar-se os direitos sociais em detrimento dos puramente econômicos, pois, do contrário, estar-se-ia permitindo o absurdo de o Estado atuar com mais rigor nas relações civis do que nas trabalhistas, em que pesem diretrizes constitucionais conduzindo em sentido contrário (assim, os arts. 1º, incisos III e IV, 170, VIII, 100, § 1º, e 193). De resto, se as inovações no processo civil decorrem da extinção do processo de execução, tornando-o mera fase processual, com mais razão se vê a aplicabilidade da norma no processo do trabalho, que já não conta com o processo de execução a partir do título judicial. Proc.: 00382-2006-097-15-00-3, Juiz Relator Valdevir Roberto Zanardi. TRT 15ª Região.
>
> MULTA DO ART. 475-J, DO CPC. APLICABILIDADE AO PROCESSO DO TRABALHO. Aplica-se ao processo do trabalho a disposição contida no art. 475-J, do Código de Processo Civil porque contribui para uma solução mais rápida das lides trabalhistas e, pois, encontra-se em consonância com o princípio da celeridade processual, que norteia tal ramo de direito processual. *Proc.: 00932-2006-085-15-00-4; Juíza Relatora Edna Pedroso Romanini, 3ª Turma — 5ª Câmara; TRT 15ª Região*
>
> MULTA DO ART. 475-J, DO CPC — APLICAÇÃO NO PROCESSO TRABALHISTA: "Aplicável no processo trabalhista a multa prevista no art. 475-J, do CPC, quando o executado não paga, no prazo de quinze dias, quantia certa já fixada em liquidação. Exegese do art. 769, da CLT". Agravo de petição a que se nega provimento. Ac.: 20070585975; Proc. n.: 02857200105202001; Dora Vaz Treviño Relatora, 11ª Turma. TRT 2ª Região.

Em sentido contrário, *Estêvão Mallet*[7] leciona que:

"A imposição de ônus adicional de 10%, no caso de inadimplemento da condenação no pagamento de quantia certa, na forma do art. 475-J, do Código de Processo Civil, busca tornar menos interessante, do ponto de vista econômico, a mora do devedor. Afinal, caso se execute, pouco mais ou menos, o mesmo valor que deveria ser pago voluntariamente, é desprezível a vantagem decorrente do ponto de cumprimento do julgado. Como nota Gordon Tullock, em termos gerais, *the payment which will be extracted by the court proceedings may be sufficient to deter violation of the contract*. Substitua-se a alusão a contrato por sentença condenatória e a proposição explica a regra do art. 475-J. E no processo do trabalho, ante a natureza geralmente alimentar do crédito exeqüendo, sua rápida satisfação é ainda mais importante, o que ficaria facilitado pela aplicação da providência agora inserida no texto do Código de Processo Civil. O art. 880, *caput*, da Consolidação das Leis do

---

(7) O processo do trabalho e as recentes modificações do código de processo civil. In: *Revista da Escola da Magistratura — Tribunal Regional do Trabalho da 2ª Região* — São Paulo, n. 1, p. 60 e 61, set. 2006.

Trabalho, não se refere, porém, a nenhum acréscimo para a hipótese de não satisfação voluntária do crédito exeqüendo, o que leva a afastar-se a aplicação subsidiária, *in malam partem*, da regra do art. 475-J, do Código de Processo Civil."

Na mesma linha, a doutrina de *Salvador Franco de Lima Laurino*[8]:

"Embora simplifiquem e acelerem o caminho destinado à satisfação do direito, essas inovações não se aplicam integralmente ao processo do trabalho. (...). E, a multa prevista no art. 475-J do Código de Processo Civil não se aplica ao processo do trabalho porque a Consolidação tem em seu art. 882 disposição específica sobre os efeitos do descumprimento da ordem de pagamento."

Em sentido contrário a aplicação da norma processual civilista a jurisprudência também já se manifestou:

> AGRAVO DE PETIÇÃO. MULTA PREVISTA NO ART. 475-J DO CPC. INAPLICABILIDADE AO PROCESSO DO TRABALHO. As disposições do Código de Processo Civil na fase de execução são aplicáveis subsidiariamente ao Processo do Trabalho apenas na hipótese de omissão da Consolidação das Leis do Trabalho e da Lei n. 6.830/80, conforme art. 889 da CLT. No caso em questão não há omissão da CLT, eis que o art. 883 da CLT é enfático ao estipular que no caso do executado não pagar a quantia cobrada, nem garantir a execução, seguir-se-á a penhora de bens suficientes ao pagamento do valor executado, não havendo qualquer previsão de multa processual no caso de inadimplemento do valor cobrado, o que por si só desautoriza a utilização subsidiária do art. 475-J do CPC. Por fim, vale acrescentar que a disposição contida no art. 475-J do CPC é absolutamente incompatível com a execução trabalhista, pois enquanto nesta o art. 880 da CLT concede ao executado o prazo de 48 horas para pagar a dívida ou garantir a execução, naquele dispositivo do CPC o prazo é de 15 dias. Assim, por qualquer ângulo que se examine a questão fica evidente a incompatibilidade do art. 475-J do CPC com a execução trabalhista. Ac. 20070206001; Processo n.: 02563-1998-052-02-00-3; Relator Marcelo Freire Gonçalves. Turma: 12ª Turma. TRT 2ª Região.
>
> PRECEITOS DO PROCESSO COMUM SÓ PODEM SER APLICADOS NO PROCESSO DO TRABALHO EM CASO DE LACUNA DA CLT — DOE (Diário Oficial Eletrônico) 23.11.2007. De acordo com o Desembargador Salvador Franco de Lima Laurino em acórdão unânime da 6ª Turma do TRT da 2ª Região: "De acordo com a regra do art. 769 da Consolidação, a aplicação dos preceitos do processo comum justifica-se no caso de lacuna do processo do trabalho. A Consolidação tem um regime próprio de execução forçada que não comporta a aplicação subsidiária da multa prevista no art. 475-J do Código de Processo Civil. Ao contrário do regime do cumprimento de sentença adotado pela Lei n. 11.232, de 22.12.2005, o regime de execução da Consolidação assegura ao executado o direito à nomeação de bens à penhora, o que logicamente exclui a ordem para imediato pagamen-

---

(8) Os reflexos das inovações do Código de Processo Civil no Processo do Trabalho. In: *Revista da Escola da Magistratura — Tribunal Regional do Trabalho da 2ª Região*— São Paulo, n. 1, p. 38, set. 2006.

> to sob pena de aplicação da multa de 10% sobre o valor da dívida. As regras que instituem. punições exigem interpretação restritiva, excluindo qualquer alargamento exegético que se destine a aplicá-las por analogia a situações que não estejam clara e expressamente definidas na lei. Apelo do executado a que se dá provimento para o fim de excluir da execução a multa fundada no art. 475-J do Código de Processo Civil" (Proc. 01985200608902011 — Ac. 20070961250) (fonte: Serviço de Jurisprudência e Divulgação).

Feitas essas considerações, e com o devido respeito às mencionadas vozes contrárias, a resposta à indagação acima é afirmativa.

Segundo o art. 769 da CLT, que trata do princípio da subsidiariedade do Direito Processual comum, deve haver omissão e compatibilidade.

O art. 832, § 1º, da CLT esclarece que:

> "§ 1º Quando a decisão concluir pela procedência do pedido *determinará o prazo e as condições para o cumprimento"* (grifamos)

O art. 835, ao se turno, complementa:

> "O cumprimento do acordo ou da decisão far-se-á no *prazo e condições estabelecidas*" (grifamos)

De início, chama a atenção a autorização concedida ao Juiz do trabalho, na fase de conhecimento, de fixar prazo e condições para cumprimento da sentença, conforme o disposto nos arts. 832, § 1º, e 835, da CLT. Denota-se, pois, a possibilidade explícita, na fase de conhecimento, de estabelecer multas coercitivas para as hipóteses de não observância do prazo estabelecido judicialmente.

Quanto à fase de execução, o art. 880 da CLT, que trata da execução, estatui que:

"O juiz ou Presidente do Tribunal, requerida a execução, mandará expedir mandado de citação ao executado, a fim de que *cumpra a decisão ou o acordo no prazo, e pelo modo e sob as cominações estabelecidas,* ou se tratando de pagamento em dinheiro, incluídas as contribuições devidas ao INSS, para que pague em quarenta e oito horas, ou garanta a execução, sob pena de penhora" (grifamos).

Portanto há compatibilidade, na fase de execução, da aplicação do art. 475-J do CPC com os princípios processuais trabalhistas. O Processo do Trabalho também é sincrético, visionário de efetividade no cumprimento da sentença, embora esta, como fase procedimental, somente tenha recebido esquadro regular com o advento da Lei n. 11.232, de 22.12.2005.

Afora isso, a multa de 10% coage o executado, em regra o empregador, a pagar rapidamente o valor da condenação ao exeqüente, em regra o empregado, sendo, portanto, instrumento eficaz à realização concreta do direito.

Nem se acene com a incompatibilidade, à vista da literalidade do art. 882 da CLT, segundo o qual, o devedor, se não pagar o valor da condenação, pode, ainda, garantir a execução ou sofrer penhora.

De fato, a leitura desatenta deste preceito passa a impressão inicial de que há norma específica para a hipótese de descumprimento da sentença, a qual não estabelece multa. Porém, tal interpretação traz como efeito uma tutela jurídica menos eficaz a um direito trabalhista comparativamente a um direito patrimonial comum, a desrespeitar o ideário constitucional de privilegiar o trabalhista.

Por conseguinte, para harmonizar o disposto nos arts. 769 e 889 da CLT com os princípios da proteção e da efetividade, seus orientadores, há de ser reconhecido um princípio derivado, cuja função, sob os novos ventos constitucionais, é solucionar as questões trazidas pela aplicação do Processo comum no Trabalhista: *o princípio da tutela processual mais adequada ao empregado*[9].

E, sob o pálio deste princípio derivado, não resta dúvida de que a multa do art. 475-J é plenamente aplicável no Processo do Trabalho. Do mesmo modo, a idéia da subsidiariedade do Processo Civil, do Processo de Execução Fiscal e a própria aplicação da CLT deve receber seus fluidos.

Sendo assim, havendo condenação em valor certo ou já fixado em liquidação, o devedor deverá pagá-lo, sob pena de ser acrescida a multa de 10% sobre este valor; efetuado o pagamento parcial, a multa incidirá sobre o restante. O prazo para tanto, no Processo do Trabalho, será de 5 dias, pois os 15 dias previstos no art. 475-J do CPC, para a impugnação, fundamenta-se no prazo de embargos do devedor, no processo de execução de título extrajudicial, previsto no art. 738, do mesmo diploma. Mas, no Processo Trabalhista, o prazo é de 5 dias para embargos (art. 884, CLT).

Em suma, a multa de 10%, prevista no art. 475-J do CPC, é plenamente aplicável no sincrético Processo do Trabalho, em decorrência do princípio da tutela processual mais adequada ao empregado, destinatário da proteção constitucional e da efetividade do processo. Eis a orientação a ser seguida na leitura do disposto dos arts. 832, § 1º, 835, 880 e arts. 769 e 889 da CLT.

E, recusar a aplicação de tal preceito traz a conclusão de que o privilegiado direito trabalhista recebe tutela processual inferior à do direito comum.

Nesse contexto, tampouco cabe argumentar com o prejuízo à segurança jurídica e da contribuição para a existência de "um Processo do Trabalho diferente para cada Vara do Trabalho".

Essa circunstância, regra geral, não trouxe prejuízos para o contraditório ou ampla defesa dos jurisdicionados, mormente em função da correção dos abusos

---

(9) O jurista Jorge Luiz Souto Maior alude ao princípio da melhoria contínua da prestação jurisdicional, na p. 42, ob. cit.

por via recursal. Ao revés, essa abertura e flexibilidade do Processo do Trabalho explica a rapidez e eficiência da fase cognitiva. O calcanhar de Aquiles sempre foi a fase de execução, que, por isso, em termos de eficiência e rapidez, muito tem a ganhar com a aplicação do art. 475-J, além de outros, do CPC, que se ajustam à idéia da tutela processual mais adequada.

O art. 475-J do CPC oferece um norte para a "crise de prestação judicial" como uma das medidas vocacionadas a minimizar a problemática da ineficácia da execução de sentença condenatória em pecúnia.

O art. 769 da CLT autoriza a aplicação subsidiária do Direito Processual Comum nos casos em que haja omissão e compatibilidade com os princípios orientadores do processo do trabalho: oralidade, simplicidade, economia processual, celeridade e efetividade. Acrescente-se, ainda, o princípio da duração razoável do processo (art. 5º, LXXVIII, CF).

Ainda, a insuficiência dos dispositivos celetistas autoriza também o recurso às normas de direito comum. O pensamento moderno aponta a aplicação subsidiária das normas do processo comum ao processo do trabalho nas hipóteses de omissões ontológicas e axiológicas, de molde que permita a realização dos direitos fundamentais, de natureza constitucional e, assim, alcance a efetividade do direito.

Nesse sentido, as ementas aprovadas pela I Jornada de Direito e Processo do Trabalho da ANAMATRA do Tribunal Superior do Trabalho, conforme abaixo transcrita:

> EMENTA N. 66: APLICAÇÃO SUBSIDIÁRIA DE NORMAS DO PROCESSO COMUM AO PROCESSO TRABALHISTA. OMISSÕES ONTOLÓGICA E AXIOLÓGICA. ADMISSIBILIDADE. Diante do atual estágio de desenvolvimento do processo comum e da necessidade de se conferir aplicabilidade à garantia constitucional da duração razoável do processo, os arts. 769 e 889 da CLT comportam interpretação conforme a Constituição Federal, permitindo a aplicação de normas processuais mais adequadas à efetividade do direito. Aplicação dos princípios da instrumentalidade, efetividade e não-retrocesso social.
>
> EMENTA N. 71: ART. 475-J DO CPC. APLICAÇÃO NO PROCESSO DO TRABALHO. Aplicação subsidiária do art. 475-J do CPC atende às garantias constitucionais da razoável duração do processo, efetividade e celeridade, tendo, portanto, pleno cabimento na execução trabalhista.

Enfim, essa linha de argumentação sob o ponto de vista ontológico, é absolutamente correta, pois coloca em primeiro plano a condição de superioridade hierárquica e a fundamentalidade das normas jusfundamentais. Em suma, nada mais condizente com a unidade e máxima efetividade que a aplicação de um preceito legal em combinação com as normas constitucionais.

REFERÊNCIAS BIBLIOGRÁFICAS

GIGLIO, Wagner D. *Direito Processual do Trabalho.* 15. ed. São Paulo: Saraiva, 2005.

LAURINO, Salvador Franco de Lima. Os reflexos das inovações do Código de Processo Civil no Processo do Trabalho. In: *Revista da Escola da Magistratura — Tribunal Regional do Trabalho da 2ª Região —* São Paulo, n. 1, set. 2006.

MAIOR, Jorge Luiz Souto. *Direito processual do trabalho — efetividade, acesso à justiça e procedimento oral.* São Paulo: LTr, 1998.

_____ . Reflexos das alterações do Código de Processo Civil no Processo do Trabalho. In: *Revista da Escola da Magistratura — Tribunal Regional do Trabalho da 2ª Região —* São Paulo, n. 1, set. 2006.

MALLET, Estêvão. O Processo do Trabalho e as recentes modificações do Código de Processo Civil. In: *Revista da Escola da Magistratura — Tribunal Regional do Trabalho da 2ª Região —* São Paulo, n. 1, set. 2006.

MANUS, Pedro Paulo Teixeira. *Execução de sentença no processo do trabalho.* São Paulo: Atlas, 2005.

PISTORI, Gerson Lacerda. *Dos princípios do processo — os princípios orientadores.* São Paulo: LTr, 2001.

SARAIVA, Renato. *Curso de direito processual do trabalho.* 3. ed. São Paulo: Método, 2006.

CAPÍTULO 16

Execução IV — Dos Temas Especiais:
Exceção de Pré-executividade;
Contra a Fazenda Pública;
Insolvência e Execução

Amador Paes de Almeida[*]

1. Processo de Execução

Transitada em julgado a sentença, tem início, como se sabe, a execução definitiva, conceituada de um modo geral, como a procedimentalidade de que se vale o vencedor na ação, tendo em vista compelir o vencido a satisfazer o julgado.

Líquida, porque de valor, quantidade ou qualidade definidos, **certa**, porque estabelecidos os sujeitos e o objeto da prestação, **exigível**, porque transitada em julgado. A sentença definitiva, por força da eficácia executiva que lhe é inerente, confere a seu titular o direito de exigir do devedor o cumprimento da obrigação contida no julgado, dando-se início, pois, à execução, fase complementar do processo de conhecimento.

Entendemos que, com as modificações introduzidas pela Lei n. 11.232, de 22 de dezembro de 2005, a execução se constitui na "fase lógica e complementar da ação", como já afirmava *Gabriel de Rezende Filho*[1], no mesmo sentido opinando *Afonso Braga*:

"a execução, quer se desdobre na tela judiciária posteriormente à ação, como de ordinário ocorre, quer simultaneamente, como nos casos em que lhe empresta a forma e fases, apresenta-se sempre como o último esforço do direito para chegar à sua reintegração, **como a fase coercitiva e derradeira da mesma ação,** ou o epílogo de toda luta travada no pretório. É por esta razão que os juristas, com toda justeza a consideram como **um complemento da mesma ação,** parte integrante do processo igualmente *consummatio judicati*"[2].

Por isso que, com propriedade, escreve *Cássio Scarpinella Bueno*, que o objetivo da Lei n. 11.232/05, entre outras, foi o de:

---

[*] Juiz aposentado do Tribunal Regional do Trabalho de São Paulo e professor titular da Faculdade de Direito da Universidade Presbiteriana Mackenzie.
[1] REZENDE FILHO, Gabriel de. *Curso de direito processual civil*. V. 3, São Paulo: Saraiva, p. 183.
[2] FRAGA, Afonso. *Teoria e prática na execução das sentenças*, p. 14.

"eliminar a (falsa) separação entre **processo de conhecimento** e **processo de execução**, optando a lei, em casos como o exemplo, por entender as atividades jurisdicionais voltadas ao **reconhecimento do direito** e as atividades jurisdicionais voltadas à **realização do direito** como etapas do processo: uma precipuamente destinada ao reconhecimento do direito; a outra, precipuamente voltada à realização do direito"[3].

Na nova sistemática processual civil, os embargos à execução deram lugar à impugnação (art. 475-J, § 1º), que, sem efeito suspensivo, somente pode versar sobre as matérias declinadas no art. 475-L, a saber: I — falta em nulidade de citação, se o processo correu à revelia; II — inexigibilidade do título; III — penhora incorreta ou avaliação errônea; IV — ilegitimidade das partes; V — excesso de execução; VI — qualquer causa impeditiva, modificativa ou extintiva da obrigação, como pagamento, novação, compensação, transação ou prescrição, desde que superveniente à sentença.

Conquanto tenham os **embargos à execução** sido substituídos pela **impugnação**, pela Lei n. 11.232/05, entendemos que subsiste, no Processo civil, a exceção de pré-executividade. Antes de tudo, porque nenhuma referência faz a lei nominada sobre a questão.

Por outro lado, a impugnação, para o seu regular processamento, pressupõe a **penhora**, como deixa claro o art. 475-J, § 1º:

> "Do ato de penhora e avaliação será de imediato intimado o executado, na pessoa de seu advogado (arts. 236 e 237), ou, na falta deste, o seu representante legal, ou pessoalmente, por mandado ou pelo correio podendo oferecer impugnação, querendo, no prazo de quinze dias."

A impugnação, pois, está condicionada à penhora e avaliação, o que, por si só, justifica "oposição pré-processual" objetivando evitar-se execução eivada de irregularidades.

Exatamente por isso que invocamos o magistério de *Cássio Scarpinella Bueno:*

> "Exceções e objeções de pré-executividade. Questão que me parece bastante oportuna de ser enfrentada nesta sede, embora a ela não faça nenhuma referência a Lei n. 11.232/05 e suas profundas modificações, é a relativa às chamadas 'exceções' ou 'objeções de pré-executividade'. Elas sobrevivem às modificações trazidas por aquele diploma legislativo?
>
> A minha resposta é positiva. A bem da verdade, penso que a extinção dos embargos à execução fundados em sentença e a sua substituição pela impugnação regulada pelo art. 475-L são um primeiro (e decisivo) passo para regular, vez por todas, as chamadas exceções ou objeções de pré-executividade, adotando-as como *modelo* de impugnação do devedor nas execuções contra ele promovidas.

---

(3) *A nova etapa da Reforma do Código de Processo Civil*. São Paulo: Saraiva, 2006. p. 15.

> Na exata medida em que a doutrina e a jurisprudência estão absolutamente convencidas da pertinência e do cabimento daquelas medidas quando a matéria nela veiculada é 'de ordem pública', isto é, passível de apreciação judicial mesmo sem provocação específica do interessado, não vejo como recusar, mesmo sob a égide das transformações trazidas pela Lei n. 11.232/05, a incidência desta mesma diretriz interpretativa. Tal realidade decorre do *sistema processual civil* como um todo e não vejo em que medida o mais novo diploma legal tenha a alterado. Embora, não há como negar isto, a 'impugnação' de que tratam os arts. 475-L e 475-M tenham sido moldadas, em grande parte, a partir daqueles incidentes.
>
> Se, é verdade, a impugnação disciplinada pela Lei n. 11.232/05 já não traz o 'grande atrativo' dos embargos à execução, o efeito suspensivo (art. 739, § 1º), não é menos verdade que, pelo que constados arts. 475-J e 475-M, sua apresentação pressupõe, a exemplo dos embargos, duas outras condições: que haja penhora sobre o bem do devedor e que se observe o prazo de 15 dias referido no § 1º do art. 475-J.
>
> Justamente porque a impugnação — a despeito de não ter mais 'como regra' efeito suspensivo (art. 475-M, *caput*) — pressupõe o preenchimento daquelas duas outras condições é que a realidade forense tem espaço suficiente para emprestar às 'exceções' e/ou 'objeções' de pré-executividade ampla aplicabilidade.
>
> É por isto que, com os olhos voltados para a doutrina que se formou sobre aqueles incidentes, não posso descartar que, independentemente da penhora do bem de executado (garantia do juízo), o devedor volte-se ao juízo questionando a higidez e a correção dos atos executivos até então, assim, por exemplo, os cálculos apresentados pelo exeqüente por força do *caput* do art. 475-J.
>
> Sem dúvida que, do ponto de vista da Lei n. 11.232/05, não é isto que se deseja, não é esta a 'normalidade' dos atos processuais a serem praticados na 'fase' de cumprimento da sentença. Mas isto, por si só, não tem o condão de evitar que se busque, legitimamente, outros meios de defesa que, por não pressuporem uma prévia agressão patrimonial, mostram-se mais salutares para o devedor.
>
> Por isto — e com os olhos voltados à receptividade ampla que doutrina e jurisprudência mostraram para estes expedientes —, não descarto a possibilidade de seu emprego, não obstante as profundas modificações trazidas pela nova lei. Até porque, vale frisar, se antes da Lei n. 11.232/05, os embargos tinham *sempre* efeito suspensivo (art. 739, § 1º) e, mesmo assim, o caminho das exceções ou objeções de pré-executividade já era bastante freqüentado, o que dizer agora, diante da regra oposta que ocupa o *caput* do art. 475-M?"[4]

2. Execução contra a Fazenda Pública

Na execução contra a Fazenda Pública, foram mantidos os **Embargos à Execução**, subsistindo, assim, o processo de execução autônomo, obviamente em decorrência das suas características especiais, destacando-se a impenhorabilidade dos bens públicos e a satisfação do julgado mediante o precatório.

---

(4) Obra citada, p. 113.

Na execução contra a Fazenda Pública os embargos à execução, diferentemente da impugnação, não se constituem em defesa, mas em ação desconstitutiva incidental, a ser argüida pela Fazenda:

> "Art. 741. Na execução contra a Fazenda Pública, os embargos só poderão versar sobre:
>
> I — falta ou nulidade da citação, se o processo correu à revelia;
>
> (...)
>
> V — excesso de execução;
>
> VI — qualquer causa impeditiva, modificativa ou extintiva da obrigação, como pagamento, novação, compensação, transação ou prescrição, desde que superveniente à sentença;
>
> (...)
>
> Parágrafo único. Para efeito do disposto no inciso II do *caput* deste artigo, considera-se também inexigível o título judicial fundado em lei ou ato normativo declarados inconstitucionais pelo Supremo Tribunal Federal, ou fundado em aplicação ou interpretação da lei ou ato normativo tidas pelo Supremo Tribunal Federal como incompatíveis com a Constituição Federal."

O processo de execução contra a Fazenda Pública observa as regras dispostas nos arts. 730 a 731, do Código de Processo Civil:

> "Na execução por quantia certa contra a Fazenda Pública, citar-se-á a devedora para opor embargos em 10 (dez) dias; se esta não os opuser, no prazo legal, observar-se-ão as seguintes regras:
>
> I — o juiz requisitará o pagamento por intermédio do presidente do tribunal competente;
>
> II — far-se-á o pagamento na ordem de apresentação do precatório e à conta do respectivo crédito.
>
> Art. 731. Se o credor for preterido no seu direito de preferência, o presidente do tribunal, que expediu a ordem, poderá, depois de ouvido o chefe do Ministério Público, ordenar o seqüestro da quantia necessária para satisfazer o débito"[5].

Nas execuções contra a Fazenda Pública, pois, como já acentuamos, os embargos podem ser opostos sem prévia garantia do juízo, em razão da impenhorabilidade dos bens públicos, razão porque dispensável, se nos afigura, a interposição de exceção de pré-executividade, salvo a hipótese de nulidade ocorrida até a citação da Fazenda.

---

(5) A Lei n. 10.259, de 12.7.2001, que instituiu o Juizado Especial Federal, no seu art. 17, dispensa o precatório para o pagamento de débitos de pequeno valor, assim considerado aquele estabelecido para a competência do Juizado Especial.

3. A Execução no Processo do Trabalho

A execução trabalhista, atualmente, fundar-se-á em três títulos:

a) o **termo de ajuste de conduta**, celebrado perante o Ministério Público do Trabalho;

b) o **termo de conciliação**, celebrado perante as Comissões de Conciliação Prévia;

c) a **sentença**, proferida pelos juízes das Varas do Trabalho.

Os dois primeiros são **títulos executivos extrajudiciais,** até recentemente inexistentes no Processo do Trabalho. O terceiro é a **sentença — título executivo judicial**.

A eficácia executiva do **termo de ajuste**, celebrado perante o órgão do Ministério Público do Trabalho foi, inicialmente, proclamada pelo Tribunal Superior do Trabalho, vazado o V. Acórdão nos seguintes termos:

> "Execução — Título executivo extrajudicial — Ministério Público do Trabalho — Ajuste de Conduta. 1. O termo de ajuste de conduta ou de compromisso celebrado perante órgão do Ministério Público do Trabalho constitui título executivo extrajudicial passível de execução direta perante a Justiça do Trabalho. Incidência do art. 5º, § 6º, da Lei n. 7.347/85 (Lei da Ação Civil Pública), com a redação conferida pelo art. 113 do Código de Defesa do Consumidor, solução em sintonia, ademais, com os princípios da economia e celeridade processuais, tão caros ao processo trabalhista.
>
> 2. Provimento ao Recurso de Revista para determinar o retorno dos autos à MM. Junta, à fim de que se empreste eficácia executiva ao termo de ajuste de conduta." (TST — RR 521.584/98-1 — Relator Min. João Oreste Dalazen — DJU 17.9.99, p. 105).

O **termo de ajuste** é verdadeiro compromisso firmado perante o Ministério Público, estabelecendo adequação de conduta às exigências legais.

No âmbito do direito do trabalho, entre outras hipóteses, o termo de ajuste pode ocorrer quando se impõe a determinadas empresas obrigações destinadas à defesa do meio ambiente do trabalho, observância ao princípio da isonomia entre trabalhadores do mesmo sexo, direitos das minorias étnicas e raciais ao trabalho, como preleciona *Nelson Nery Jr.* e *Rosa Maria A. Nery*[6].

A eficácia executiva de tais ajustes tem suporte jurídico no art. 5º, § 6º, da Lei n. 7.347/85 (Lei da Ação Civil Pública):

> "os órgãos públicos legitimados poderão tomar dos interessados compromisso de ajustamento de sua conduta às exigências legais, mediante cominações, que terá eficácia de título executivo extrajudicial."

---

(6) Ação Civil Pública. In: *Código de Processo Civil Comentado*. 3. ed. São Paulo: RT, p. 1.136.

Tal legitimidade é atribuída ao Ministério Público, *ex vi* do disposto no art. 129, III, da Constituição Federal, que lhe confere competência para "promover o inquérito civil e a ação civil pública para a proteção do patrimônio público e social, do meio ambiente e de outros interesses difusos e coletivos."

Os termos de ajuste, normalmente celebrados como resultado do inquérito civil (de natureza administrativa) cominam multas a serem cobradas do infrator na hipótese de seu descumprimento.

O título nominado tem eficácia executiva, inclusive no Processo do Trabalho, a este respeito não podendo haver qualquer resquício de dúvida em face da clareza do art. 876 da CLT, com a redação dada pela Lei n. 9.958, de 12 de janeiro de 2000:

> "as decisões passadas em julgado ou das quais não tenha havido recurso com efeito suspensivo; os acordos, quando não cumpridos; os termos de ajuste de conduta firmados perante o Ministério Público do Trabalho e os termos de Conciliação firmados perante as Comissões de Conciliação Prévia serão executados pela forma estabelecida neste Capítulo."

A execução, outrossim, há de fundar-se em título líquido, certo e exigível, como dispõe o art. 586 do CPC.

A sentença, além do trânsito em julgado, indispensável à execução definitiva, deve, igualmente, ter seu valor definido.

Fundamental, para que se processe a execução definitiva é, pois, que a sentença seja líquida, com valor definido, e, obviamente, tenha transitado em julgado.

Havendo recurso, ainda que com efeito meramente devolutivo, a execução será, como é sabido, provisória, não ultrapassando a penhora e avaliação, e não envolvendo, por conseguinte, atos de alienação.

No Processo do Trabalho, diferentemente do que ocorre no Processo Civil, a execução pode ter início *ex officio*, isto é, por determinação do Juiz. Como dispõe o art. 878 da CLT:

> "a execução poderá ser promovida por qualquer interessado, ou *ex officio* pelo próprio Juiz ou Presidente do Tribunal competente..."

Observe-se que a legitimidade concedida ao Juiz Trabalhista para executar de ofício o julgado, não afasta a disponibilidade do processo de execução, que é, obviamente, do credor, que, em princípio, é detentor do "poder subjetivo processual", na expressão textual de *Enrico Tullio Liebman*[7], ensejando-lhe, outrossim, a liberdade de desistir total ou parcialmente da execução (art. 569 do CPC).

Assim, em que pese a faculdade concedida ao Juiz de, por iniciativa própria, dar início à execução, "o exeqüente conserva o direito de prosseguir ou não nos atos de cumprimento do julgado".

---

(7) LIEBMAN, Enrico Tullio. *Processo de execução*, p. 63.

O Ministério Público, por sua vez, tanto no Processo Civil quanto no Processo do Trabalho tem legitimidade para propor a execução — nos casos expressamente previstos em lei.

É a hipótese de que cuida o parágrafo único do art. 878 da CLT:

> "quando se tratar de decisão dos Tribunais Regionais, a execução poderá ser promovida pela Procuradoria da Justiça do Trabalho."

Na eventualidade da demanda envolver menores (14 a 18 anos), na falta de representantes legais, o Ministério Público do Trabalho pode propor a ação, e, obviamente, postular a execução (art. 793, da CLT).

Em conformidade com o que dispõe o art. 127 da Constituição Federal vigente:

> "o Ministério Público é instituição permanente, essencial à função jurisdicional do Estado, incumbindo-lhe a defesa da ordem jurídica, do regime democrático e dos interesses sociais e individuais indisponíveis."

Outrossim, há, como se sabe, várias espécies de execução, segundo sejam as obrigações que lhe dêem suporte, tais como as de **fazer,** de **não fazer** e de **pagar**, todas elas presentes no Processo do Trabalho, ausente da esfera trabalhista a execução de prestação alimentícia (arts. 732 a 735 do CPC)[8].

Conquanto no Processo do Trabalho possam ocorrer, e comumente ocorrem, execuções por obrigação de **fazer** (reintegração do trabalhador nas suas funções), por obrigação de **não fazer** (não transferir o empregado para prestar serviços em outra localidade, quando constatado o abuso de direito), as execuções mais comuns são, sabidamente, as de **pagamento de quantia certa**, fundada, como já se acentuou ao longo dessas linhas, em sentença líquida e devidamente transitada em julgado, de molde a ensejar execução definitiva.

As sentenças ilíquidas porque não definido o valor da condenação são previamente submetidas ao chamado **processo de liquidação de sentença**, fase preparatória da execução, ou "um exórdio da execução", na textual expressão de *Costa e Silva*[9].

No mesmo sentido v. acórdão do Superior Tribunal de Justiça (STJ):

> "a liquidação não integra o processo executivo, mas o antecede, constituindo procedimento complementar do processo de conhecimento, para tornar líquido o título judicial (CPC, arts. 586 e 618)." STJ, 4ª Turma, REsp. 586 — PR, Rel. Min. Sálvio de Figueiredo, DJU 18.2.91, p. 1.041.

---

(8) O Código de Processo Civil em vigor prevê as seguintes espécies de execução: 1. para entrega de coisa certa e não incerta (arts. 621 a 631); 2. de fazer ou de não fazer (arts. 632 a 641); 3. por quantia certa contra devedor solvente (arts. 646 a 729); 4. de prestação alimentícia (arts. 732 a 735); 5. por quantia certa contra devedor insolvente (arts. 748 a 786).
(9) COSTA E SILVA, Antônio Carlos. *Tratado do processo de execução*. Rio de Janeiro: Sugestões Literárias, v. 1, p. 289.

4. DOS EMBARGOS À EXECUÇÃO

Transitada em julgado a decisão e líquida quanto ao valor da condenação, o devedor é citado para que, em 48 horas, pague o seu débito, ou garanta a execução, sob pena de penhora — art. 880 da CLT.

Nos termos do art. 882 da CLT, a garantia da execução se fará mediante o depósito correspondente ao valor da condenação, devidamente atualizada e acrescida das despesas processuais, ou com a nomeação de bens à penhora, observando-se a ordem de preferência estabelecida no art. 655 do Código de Processo Civil.

Garantida a execução ou penhorados os bens, tem o executado cinco dias para interpor **embargos à execução** (art. 884 da CLT).

Como adverte *Vicente Greco Filho*:

"o termo embargos no direito processual é um termo equívoco. Já no antigo direito português era utilizado para designar institutos com várias finalidades. É possível identificar nas várias figuras um ponto comum, qual seja o de serem os embargos meios de impugnação de sentenças ou decisões, com a finalidade de obstar-lhes os efeitos. No direito vigente, o termo é usado ora para designar recursos (embargos infringentes, embargos de declaração), ora para designar ações (embargos de terceiro) e, também para designar o meio processual de defesa do devedor na execução (embargos do devedor)."

Conceitua-os, o renomado autor, afirmando tratar-se de "meio de defesa do devedor, com a natureza jurídica de uma ação incidente que tem por objeto desconstituir o título executivo ou declarar sua nulidade ou inexistência"[10].

Para *Frederico Marques*, tais embargos se constituem:

"num processo de conhecimento que tem por objeto sentença constitutiva destinada a desfazer, no todo ou em parte, o título executivo ou anular a execução. O objeto imediato dos embargos, portanto, é a tutela jurisdicional através de sentença constitutiva; e objeto mediato, o título executivo cuja eficácia é atacada, ou a relação processual executiva"[11].

Pode-se, pois, concluir, sem receio de equívoco, serem os embargos à execução, uma ação do executado objetivando tornar sem efeito a eficácia executiva da sentença, em se tratando de execução fundada em título judicial.

É, aliás, de *Frederico Marques* a seguinte observação:

"os embargos constituem verdadeira ação incidental, do executado contra o exeqüente, à fim de tirar eficácia executória do título que serve de fundamento à execução forçada"[12].

---

(10) GRECO, Vicente Filho. *Direito processual civil brasileiro*. V. 3. São Paulo: Saraiva, p. 105.
(11) MARQUES, José Frederico. *Manual de direito processual civil*. 4. ed., v. 4. São Paulo: Saraiva, p. 228.
(12) MARQUES, José Frederico, obra citada, v. 5, n. 1.297.

Com especial espírito crítico observa *Gabriel Saad* que:

"os embargos do devedor não são simples obstáculos à execução proposta pelo credor, nem se revestem da passividade da contestação a pedido do autor no processo de conhecimento. Trata-se de uma ação declaratória ou de cognição objetivando uma sentença que extinga o processo de execução ou faça com que a realização da sanção expressa na sentença da ação principal se efetive sem excesso e ofensas ao direito do devedor"[13].

Os embargos à execução são interpostos para o próprio juízo em que se processa a execução (art. 877 da CLT).

Outrossim, omissa a CLT, o mesmo ocorrendo com a Lei n. 6.830/80 (Lei dos Executivos Fiscais), os embargos, por força da aplicação subsidiária do art. 475-M, do Código de Processo Civil (com a redação dada pela Lei n. 11.382/06), não tem efeito suspensivo, conquanto possa o juiz atribuir-lhe tal efeito, na eventualidade de ameaça de danos irreparáveis.

Releva notar que o art. 899 da CLT veda atos de alienação, em se tratando de execução provisória.

5. A Matéria dos Embargos

A matéria dos embargos à execução, nos termos do § 1º, do art. 884 da CLT, é restrita às hipóteses ali enumeradas, a saber:

a) cumprimento da decisão ou acordo;

b) quitação;

c) prescrição.

O **cumprimento da decisão ou do acordo**, como facilmente se percebe, há de ser posterior à sentença, por isso que cumprimento da decisão ou do acordo homologado pelo Juízo. O mesmo se dirá da **quitação**, que há de ser superveniente à decisão, já que a quitação anterior à sentença deve ser, necessariamente, juntada aos autos na defesa. A prescrição a que se refere o § 1º, do art. 884 da CLT é a **prescrição intercorrente**, ou seja, aquela posterior à sentença exeqüenda:

"a prescrição que se menciona é a do direito de executar a própria sentença, obviamente posterior, intercorrente", afirma *Valentin Carrion*[14].

Equivocada, data vênia, a conclusão do Tribunal Superior do Trabalho, consubstanciada na Súmula n. 114, declarando "inaplicável na Justiça do Trabalho a prescrição intercorrente."

Dois argumentos sustentam tal entendimento: a aplicação subsidiária do art. 40 da Lei n. 6.830/80 (Lei dos Executivos Fiscais), e a instauração *ex officio* da execução no Processo do Trabalho.

---

(13) SAAD, Eduardo Gabriel. *CLT comentada*. 28. ed. São Paulo: LTr, p. 658.
(14) CARRION, Valentin. Obra citada, p. 703.

Ora, a aplicação subsidiária dos preceitos dos executivos fiscais (art. 889 da CLT) pressupõe omissão da legislação processual — "naquilo em que não contrariem ao presente título". E o título em apreço não contém qualquer omissão a respeito, admitindo, de forma cristalina, a prescrição intercorrente (art. 884, § 1º, da CLT).

Por outro lado, a execução por iniciativa do Juiz é facultativa e não obrigatória — "a execução **poderá** ser promovida por qualquer interessado, ou *ex officio* pelo próprio Juiz ou Presidente ou Tribunal competente".

Significativamente, porém, e concluindo de modo diverso, declara o Supremo Tribunal Federal na sua Súmula n. 327:

> "o direito trabalhista admite a prescrição intercorrente."

A prescrição intercorrente tem o mesmo prazo da ação principal, na forma, aliás, da Súmula n. 150 do Supremo Tribunal Federal, tendo início do trânsito em julgado da sentença exeqüenda.

No que concerne à matéria argüível nos embargos à execução, dividem-se as opiniões e os julgados dos tribunais trabalhistas, concluindo, ora pela restrição contida no art. 884, § 1º da CLT, ora admitindo a aplicação subsidiária de Código de Processo Civil.

Manifestamente restritivo, diz v. acórdão do Tribunal Regional do Trabalho de São Paulo:

> "Embargos à execução — Limites.
>
> A matéria a ser deduzida nos embargos à execução, em sede trabalhista, deverá se restringir aos limites estabelecidos no § 1º, do art. 884, CLT, pena de o embargante incidir na hipótese prevista no art. 600, II, do CPC" (TRT/SP 02940004859 — Ac. SDI 089/94, DOE 22.09.94).
>
> De modo contrário, sustentamos a validade da argüição das matérias constantes do art. 741 do Código de Processo Civil, a saber: nulidade do título executivo, ou seja, da sentença exeqüenda, ilegitimidade processual do exeqüente, falta ou nulidade de citação no processo de conhecimento, inexigibilidade do título judicial, excesso de execução, bem como qualquer causa impeditiva, modificativa ou extintiva da obrigação" (Comungam desse entendimento Eduardo Gabriel Saad, *CLT comentada*. 28. ed. São Paulo: LTr, 1995; Arnaldo Süssekind. *Instituições*. São Paulo: LTr, 1997; Tostes Malta. *CLT comentada*. São Paulo: Trabalhistas, 1980; Sérgio Pinto Martins, *Direito Processual do Trabalho*, 1994; Estevão Mallet, *Temas de Direito do Trabalho*. São Paulo: LTr, 1998).

Ainda nos embargos à execução poder-se-á impugnar a decisão de fixação do *quantum* da condenação (processo de liquidação de sentença) se não preclusa a matéria (art. 879, § 2º, da CLT, com a redação dada pela Lei n. 8.432/92).

O processo do trabalho mantém e faz nítida distinção entre **impugnação** e **embargos à execução**. A impugnação é admitida a qualquer das partes (exeqüente e executado), e objetiva a revisão do ato do juiz na fixação do valor da condenação em processo de liquidação de sentença.

Conquanto o art. 884 da CLT, no seu § 3º, declare que "somente nos embargos à penhora poderá o executado impugnar a sentença de liquidação", manifesta a distinção entre impugnação e embargos. Este último, como já salientamos, é verdadeira ação desconstitutiva incidental, cujo objetivo, na expressão de *José Augusto Rodrigues Pinto*, "é desconstituir a constrição patrimonial do Estado-Juiz". É, portanto, ação do executado buscando tornar sem efeito a eficácia executiva da sentença exeqüenda.

6. A Exceção de pré-executividade no Processo do Trabalho

A interposição dos embargos à execução está, como se sabe, condicionada à garantia do Juízo, como expressamente determina o art. 884 da CLT.

Assim, para opor ao exeqüente obstáculos que o impeçam de prosseguir na execução, vê-se o executado na obrigação de nomear bens à penhora, depositar o valor da condenação à disposição do Juízo, ou aguardar a constrição por oficial de justiça, ainda que subsistentes relevantes razões que justifiquem, desde logo, impedir a instauração do processo executório.

Na ocorrência de fatos, manifestamente relevantes, dentre os quais cumpre pôr em relevo a transação, a quitação, a nulidade da execução por falta de citação no processo de conhecimento, ou, até mesmo, a inexistência de bens do devedor, vêm doutrina e jurisprudência admitindo a argüição pelo executado, da chamada **exceção de pré-executividade** que, entretanto, não se confunde com os embargos à execução, já que não pressupõe a garantia do Juízo, podendo ser sustentada por mera petição, constituindo-se, a rigor, numa **objeção** à instauração ou prosseguimento do executório.

Denominada por *Galeno Lacerda* **oposição pré-processual**[15], a exceção de pré-executividade consiste na faculdade do executado argüir determinados fatos sem a necessidade da interposição dos embargos à execução, com a prévia garantia do Juízo.

Objetiva, como acentuam *Cláudio Armando C. de Menezes* e *Leornardo Borges:*

> "evitar o início ou a mantença de uma execução injusta, por defeitos ou vícios que para a sua formação, em nada contribuiu o devedor. Daí porque a garantia do Juízo é despicienda para o seu manuseio, bem como prévio ajuizamento dos embargos."

Os doutos autores fazem nítida distinção entre **exceção** e **objeção de pré-executividade**. Na primeira destacam "a compensação, prescrição, retenção, novação e transação". Na segunda, isto é, na objeção, estariam incluídas "a

---
(15) LACERDA, Galeno. O código e o formalismo processual. *Revista Ajuris* 28/7.

nulidade absoluta, a coisa julgada, a litispendência e os pressupostos processuais da constituição e desenvolvimento válido do processo, a decadência e o pagamento"[16].

Com efeito, em princípio, cabe ao Juiz, *ex officio*, verificar a existência dos pressupostos fundamentais da execução, que, na prática, nem sempre é possível, o que, por si só, justifica manifestação prévia do executado, alertando o Juízo da ocorrência de fatos relevantes que autorizem impedir que se instaure o processo executório.

Na Justiça Comum, inúmeras decisões vêm acolhendo a argüição da objeção nominada:

"é cediço, tanto em doutrina como em jurisprudência, que a nulidade da execução por até proclamável de ofício, pode ser perfeitamente argüida a qualquer tempo, não reclamando, por isso, que o Juízo esteja seguro pela penhora ou que haja, necessariamente, a apresentação de embargos" (AI 350.619-SP, 4ª Câmara do 1º Tribunal de Alçada da Civil de São Paulo, Rel. Juiz José Bedran).

Do Superior Tribunal de Justiça, admitindo a argüição da exceção de pré-executividade:

"a segurança do Juízo não pode ser imposta naqueles casos em que o título em execução não se reveste das características de título executivo, porque, destarte, a própria execução estaria sendo ajuizada com abuso de direito por parte do credor, utilizando uma via processual que a lei, em tese, lhe não concede. Outra hipótese, em que creio não ser caso de exigir a segurança do Juízo, é aquele caso em que o executado, pobre, não dispõe de bens para oferecer à penhora. Não é possível, dentro do sistema jurídico constitucional brasileiro, em que se assegura o pleno contraditório, limitá-lo, desta maneira, contra pessoas economicamente carentes." (STJ — R.Esp. 7.410-MS, Rel. Min. Athos Carneiro).

Cláudio Armando C. de Menezes e *Leonardo Borges* sustentam a previsibilidade legal justificadora da exceção de pré-executividade, afirmando:

"a falta de previsibilidade legal, por alguns preconizada, é mais aparente do que real, posto que certas questões colocadas nos incisos do art. 301 (CPC) podem ser transportas para o terreno da execução, como, por exemplo, o inciso V.

Nem se diga que o art. 301 não pode ser invocado no processo de execução, eis que se não bastasse a clareza meridiana do seu parágrafo quarto, o art. 598, do mesmo diploma legal, afasta qualquer óbice"[17].

O inciso V do art. 301 do Código de Processo Civil cuida da litispendência, que, na melhor doutrina e jurisprudência, "pode ser alegada a qualquer tempo" (JTA — Julgados dos Tribunais de Alçada Civil de São Paulo, 39/246).

---

(16) MENEZES, Cláudio Armando C. de e BORGES, Leonardo. *Revista LTr*, 62-09/1180.
(17) *Idem*.

Mas não é apenas a litispendência que pode ser alegada pelas partes a qualquer tempo. As hipóteses enumeradas no art. 301 do Código citado, à exceção do compromisso arbitral, envolvem interesse de ordem pública e são, por isso mesmo, suscetíveis de exame *ex officio* pelo Juiz, a qualquer tempo e grau de jurisdição, como, aliás, enfatiza o § 4º do art. 301 deste diploma.

Na Justiça do Trabalho a exceção de pré-executividade vem sendo vista com manifesta reserva, não se admitindo a argüição de objeção à execução senão por meio de embargos, com a prévia garantia do Juízo.

Contudo, situações excepcionalíssimas, tal como a nulidade da execução, entre outras, demonstráveis desde logo, independentemente de outras provas, autorizam sua acolhida no Processo Trabalhista, pois, ainda na lição de *Cláudio Armando de C. Menezes* e *Leonardo Borges*— "a construção sistemática também pode ser empregada no Processo do Trabalho, conforme se lê do art. 889 da CLT, combinado com o art. 1º da Lei n. 6.830/80"[18].

Eduardo Gabriel Saad justifica plenamente sua adoção no processo trabalhista: "mesmo no processo do trabalho é de se admitir a exceção em exame desde que fundada em prova sólida que exclua qualquer possibilidade de fim procrastinatório"[19].

Idêntica é a conclusão de *Manoel Antonio Teixeira Filho:*

"a despeito de a exigência legal de garantia patrimonial do Juízo, como pressuposto para o oferecimento de embargos à execução, ser, em princípio necessária, à fim de desestimular a prática de atos protelatórios, por parte do devedor, certas situações verdadeiramente extraordinárias da vida, assinaladas por uma acentuada carga de dramaticidade, poderão autorizá-lo a formular determinadas alegações ou objeções sem realizar essa asseguração e, independentemente da figura formal dos embargos, de que fala o art. 884 da CLT"[20].

A argüição da exceção de pré-executividade deve ser feita no prazo de quarenta e oito horas, previsto no art. 880 da Consolidação das leis do trabalho, por simples petição, que, todavia, contenha prova cabal dos fatos que justifiquem plenamente o trancamento da execução.

Acolhida a exceção, o recurso cabível, obviamente para o exeqüente, é o agravo de petição (art. 897, alínea *a*, da CLT).

Negada acolhida à exceção, não há recurso, por se tratar de decisão interlocutória que, no Processo do Trabalho é irrecorrível.

Contudo, facultado é ao executado reiterar o pedido em embargos à execução (art. 884 da CLT), obviamente, com a garantia do Juízo. Da decisão proferida nos embargos, qualquer que seja, cabe agravo de petição para o Tribunal Regional do Trabalho.

---
(18) MENEZES, Cláudio Armando Couce de e BORGES, Leonardo. Obra citada.
(19) SAAD, Eduardo Gabriel. São Paulo: LTr, *Suplemento Trabalhista*, 60/98.
(20) TEIXEIRA FILHO, Manoel Antonio. *Execução no Processo do Trabalho*. 6. ed. São Paulo: LTr, p. 572.

7. INSOLVÊNCIA E EXECUÇÃO

A atual Lei de Falências e Recuperação de Empresa — Lei n. 11.101, de 9 de fevereiro de 2005 —, alterou profundamente a legislação falimentar brasileira.

Desapareceram as concordatas preventiva e suspensiva, substituída a primeira pela denominada *recuperação judicial*, que objetiva viabilizar a superação de crise econômica do devedor, promovendo, outrossim, a preservação da empresa, como enfatiza o art. 47, da lei nominada:

> "A recuperação judicial tem por objetivo viabilizar a superação de crise econômico-financeira do devedor, à fim de permitir a manutenção da fonte produtora, do emprego dos trabalhadores e dos interesses dos credores, promovendo, assim, a preservação da empresa, sua função social e o estímulo à atividade econômica."

Conquanto objetivando a recuperação econômico-financeira da empresa, não poderia a nova legislação olvidar o interesse dos credores, tanto na recuperação judicial (sucedânea da concordata preventiva), como na falência.

Tal como ocorria sob a égide da legislação anterior (Decreto-lei n. 7.661/45) a Lei n. 11.101/2005 estabelece preferência e privilégios a diversos créditos, determinados tais privilégios pela própria natureza da respectiva obrigação, disso resultando preferências e vantagens de alguns credores sobre outros[21].

OS CRÉDITOS TRABALHISTAS NA RECUPERAÇÃO JUDICIAL

Na recuperação judicial o devedor (empresário individual ou sociedade empresária) terá o prazo máximo de um ano para o pagamento dos débitos trabalhistas, vencidos até a data do pedido de recuperação:

> "Art. 54 — O plano de recuperação judicial não poderá prever prazo superior a 1 (um) ano para pagamento dos créditos derivados da legislação do trabalho ou decorrentes de acidente de trabalho vencidos até a data do pedido de recuperação judicial."

Observe-se que a expressão *créditos derivados da legislação do trabalho* não tem sentido amplo, não envolvendo, por conseguinte, outras *relações de trabalho* abrangidas pela nova competência material da Justiça do Trabalho, por força da Emenda Constitucional n. 45/04. Tem, sim, sentido restrito, para abranger, exclusivamente, os direitos devidos aos empregados celetistas.

O *caput* do dispositivo sob comento (art. 54) fala em *direitos*, sem qualquer restrição, envolvendo, por conseguinte, verbas salariais e indenizatórias.

Já o parágrafo único do dispositivo legal nominado estabelece restrição aos créditos trabalhistas que devam, em recuperação judicial, ser pagos em *trinta dias*:

---

(21) ALMEIDA, Amador Paes de; CUNHA, Sólon de Almeida. *Revista LTr* 69-08/938.

> "Parágrafo único — O plano não poderá, ainda, prever prazo superior a 30 (trinta) dias para o pagamento, até o limite de 5 (cinco) salários-mínimos por trabalhador, dos créditos de natureza estritamente salarial vencidos nos três meses anteriores ao pedido de recuperação judicial."

Em tais condições, na recuperação judicial, o devedor deverá pagar, no prazo de *um ano*, as verbas salariais e indenizatórias porventura devidas a seus empregados, e, até *trinta dias*, para o pagamento de verbas *estritamente salariais*, vencidas nos três meses anteriores ao pedido de recuperação judicial — observado o limite de *cinco salários mínimos* por trabalhador.

O trabalhador não é, obviamente, obrigado a tolerar o atraso no pagamento de seus salários (o salário, como se sabe, tem natureza alimentar), podendo pleitear, perante a Justiça do Trabalho, a rescisão do seu contrato laboral (art. 483, *d*, da CLT), com os valores decorrentes da rescisão por culpa do empregador. Note-se que a recuperação judicial, tal como ocorria com a concordata, não pode ser vista como força-maior ou caso fortuito, constituindo-se em mero risco da atividade econômico-empresarial.

Ressalte-se que o crédito trabalhista só se torna *líquido* quando a sentença fixa devidamente o valor da condenação, o que significa que as ações trabalhistas não se suspendem com o deferimento do pedido de recuperação — Art. 6º, §1º: "terá prosseguimento no Juízo no qual estiver se processando a ação que demandar quantia ilíquida."

De todo conveniente pôr em relevo que a recuperação judicial, em princípio, não priva o devedor da administração da empresa, fiscalizado pelo administrador judicial, nova denominação dada ao comissário (concordata) e ao síndico (falência).

Considerando, outrossim, a competência material da Justiça do Trabalho (art. 114, I, da C. Federal) a ação prosseguirá naquele Juízo, até a apuração do valor da condenação — "que será inscrito no quadro-geral de credores pelo valor determinado em sentença" (art. 6º, § 2º).

De se ressaltar que, na ocorrência de falência, é fundamental a intimação do administrador judicial (antigo síndico), que representará a massa falida no Juízo Trabalhista — sob pena de nulidade de todo o processado (art. 76, parágrafo único).

RESERVA DE VALOR

Tal como ocorria sob a égide da legislação revogada, facultado é ao interessado requerer, ao juiz do trabalho, tanto na recuperação judicial quanto na falência, a expedição de ofício ao Juízo Falimentar, solicitando *reserva de valor* que estimar devida:

> "Art. 6º ...
>
> § 3º o juiz competente para as ações referidas nos §§ 1º e 2º, deste artigo poderá determinar a reserva da importância que estimar devida na recuperação judicial

> ou na falência, e, uma vez reconhecido líquido o direito, será o crédito incluído na classe própria."

Nunca é demais lembrar que a legislação processual trabalhista estabelece preferência, em todas as fases processuais, para dissídios cuja decisão deva ser executada perante o Juízo Falimentar (art. 768 da CLT):

> "Terá preferência em todas as fases processuais o dissídio cuja decisão tiver de ser executada perante o Juízo da Falência."

O crédito trabalhista na recuperação judicial na microempresa e empresa de pequeno porte

A nova legislação falimentar prevê *plano especial* de recuperação judicial para Microempresas e Empresas de Pequeno Porte.

A Lei n. 9.841, de 5.10.1999, que disciplina as empresas nominadas, no seu art. 2º, considerar:

> "I — microempresa, a pessoa jurídica e a firma mercantil individual que tiver receita bruta anual igual ou inferior a R$ 244.000,00 (duzentos e quarenta e quatro mil reais);
>
> II — empresa de pequeno porte, a pessoa jurídica e a firma mercantil individual que, não enquadrada como microempresa, tiver receita bruta anual superior a R$ 244.000,00 (duzentos e quarenta e quatro mil reais) e igual ou inferior a R$ 1.200.000,00 (um milhão e duzentos mil reais)"[22].

O plano de recuperação judicial de tais empresas só abrange os *credores quirografários*, ou seja, aqueles que, na hierarquia dos créditos, não gozam de qualquer regalia, participando, na falência, exclusivamente das sobras, se houver.

São dessa espécie os credores por títulos de crédito, tais como letra de câmbio, nota promissória, duplicata, cheque e outros.

O sistema adotado para a recuperação das microempresas e empresas de pequeno porte estabelece o parcelamento das dívidas quirografárias em até trinta e seis parcelas iguais e sucessivas, corrigidas monetariamente e acrescidas de juros de 12% ao ano; o pagamento da 1ª parcela deve ser feito no prazo de *cento e oitenta dias*, a contar da distribuição do pedido.

Só obrigando os credores quirografários, a recuperação judicial da microempresa e empresa de pequeno porte não afeta os créditos trabalhistas, o que significa que, no decorrer do processamento de tal recuperação, os salários devem ser pagos em conformidade com a legislação trabalhista, podendo o obreiro acionar o empregador na eventualidade de atraso nos pagamentos.

---

(22) O Poder Executivo deve atualizar os valores declinados nos incisos I e II, do art. 2º, da Lei n. 9.841/99, com base na variação acumulada pelo IEP-DI, ou por índice oficial que eventualmente venha a substituí-lo.

A única referência aos empregados é a do inciso IV, do art. 71, que veda ao devedor, em processo de recuperação, a contratação de novos empregados, salvo expressa autorização judicial.

O CRÉDITO TRABALHISTA NA RECUPERAÇÃO EXTRAJUDICIAL

A nova legislação falimentar libera e reconhece a recuperação extrajudicial vedada na lei anterior (art. 2º, III, do Decreto-lei n. 7.661/45).

A recuperação extrajudicial, como o próprio nome deixa entrever, é aquela acertada entre o devedor e seus respectivos credores, em que o primeiro obtém, dos segundos a dilação, remissão de créditos ou cessão de bens, como forma de pagamento.

A recuperação extrajudicial não envolve créditos trabalhistas, como deixa claro o § 1º, do art. 161 — "não se aplica o disposto neste capítulo a titulares de créditos de natureza tributária, derivados da legislação do trabalho ou decorrentes de acidente de trabalho...".

Observe-se, porém, a possibilidade de redução salarial objetivando favorecer a recuperação econômico-financeira da empresa, mediante acordo ou convenção coletiva, *ex vi* do disposto no art. 7º, VI, da Constituição Federal — "irredutibilidade do salário, salvo o disposto em convenção ou acordo coletivo", o que pressupõe a participação do respectivo sindicato.

Com efeito, o § 1º do art. 161, não proíbe a inclusão de outros tipos de credores, em havendo concordância destes. O que estabelece é a inclusão obrigatória de credores quirografários.

Assim, caso concordem os empregados com a redução salarial, na forma do art. 50, VIII, da Lei Falimentar, inexiste qualquer obstáculo à sua admissão na recuperação extrajudicial, exigindo-se, obviamente, como já observamos, a participação sindical.

O CRÉDITO TRABALHISTA NA FALÊNCIA

O crédito trabalhista na nova legislação subsiste com privilégio sobre todos os demais créditos, ao lado do crédito por acidente do trabalho, porém, limitado a *cento e cinqüenta salários mínimos*. O que exceder deste valor é *crédito quirografário*, isto é, sem qualquer preferência, participando, portanto, das sobras, só se situando acima dos *créditos subordinados*, ou seja, *subquirografários*, instituídos pela nova legislação falimentar (art.83, VIII, alíneas *a* e *b*).

De todo conveniente pôr em relevo que, muito embora situado nos limites mencionados na pirâmide dos créditos na falência, o crédito trabalhista cede preferência aos *créditos extraconcursais*.

CRÉDITOS EXTRACONCURSAIS

No exame dos créditos na falência, é fundamental distinguir entre:

a) credores da falência;

b) credores da massa.

Os primeiros são aqueles que já, anteriormente à declaração da quebra, préfalência, possuíam seus créditos. Os segundos, isto é, os credores da massa, são aqueles cujos créditos surgiram após a declaração da falência, contraídos diretamente pelo administrador judicial.

Decretada a falência, sucedem-se a ela inúmeros atos e operações que envolvem despesas, dando origem aos credores da massa. Estes não estão sujeitos à habilitação e devem ser pagos preferencialmente a todos os demais credores. Daí a expressão *créditos extraconcursais*:

> "Art. 84. Serão considerados créditos extraconcursais e serão pagos com precedência sobre os mencionados no art. 83 desta Lei, na ordem a seguir, os relativos a:
>
> I — remunerações devidas ao administrador judicial e seus auxiliares, e créditos derivados da legislação do trabalho ou decorrentes de acidentes de trabalho relativos a serviços prestados após a decretação da falência;
>
> II — quantias fornecidas à massa pelos credores;
>
> III — despesas com arrecadação, administração, realização do ativo e distribuição do seu produto, bem como custas do processo de falência;
>
> IV — custas judiciais relativas às ações e execuções em que a massa falida tenha sido vencida;
>
> V — obrigações resultantes de atos jurídicos válidos praticados durante a recuperação judicial, nos termos do art. 67 desta Lei, ou após a decretação da falência, e tributos relativos a fatos geradores ocorridos após a decretação da falência, respeitada a ordem estabelecida no art. 83 desta Lei."

A LIMITAÇÃO DA PREFERÊNCIA DOS CRÉDITOS TRABALHISTAS

Em conformidade com o inciso I, do art. 83, a preferência dos créditos trabalhistas está limitada a *cento e cinqüenta salários mínimos* — o restante é considerado crédito quirografário.

Esta limitação colide frontalmente com o disposto no art. 449, § 1º, da CLT — "na falência, constituirão créditos privilegiados a totalidade dos salários devidos ao empregado e a totalidade das indenizações a que tiver direito."

Este conflito, por certo, ensejará acirrados debates doutrinários, não se afastando a hipótese de decisões jurisprudenciais discordantes.

Contudo de se observar que a incompatibilidade do art. 83, da Lei Falimentar com o § 1º do art. 449, da CLT, é absoluta, afastado qualquer possibilidade de conciliação de ambos os dispositivos.

Assim considerando, entendemos manifestamente revogado o § 1º, do art. 449, da CLT. A lei nova revoga a anterior quando regula por inteiro a mesma matéria, de forma que afaste qualquer processo de conciliação.

O § 2º do art. 449 da CLT está, por outro lado, igualmente revogado.

A "concordata na falência" era, obviamente, a *concordata suspensiva*, que deixou de existir.

Observe-se que se a limitação da preferência do crédito trabalhista a cento e cinqüenta salários mínimos, colide com o § 1º, do art. 449 da CLT, está, todavia, em conformidade com a Convenção n. 95 da OIT — que prevê, em caso de falência, a prevalência do crédito trabalhista no limite da legislação nacional (art. 11, I).

O *caput* do art. 449 da CLT — "os direitos oriundos da existência do contrato de trabalho subsistirão em caso de falência, concordata ou dissolução da empresa", tem sentido próprio.

Tanto a falência quanto a recuperação judicial ou extrajudicial hão de respeitar os direitos trabalhistas, resgatados na forma da legislação falimentar vigente.

Consumada a falência, com o desaparecimento da concordata suspensiva, extinto está o contrato de trabalho, respeitados os direitos trabalhistas a serem satisfeitos pela massa falida na proporção fixada no art. 83, I, da Lei n. 11.101, de 9 de fevereiro de 2005, ou seja: até *cento e cinqüenta salários mínimos*: crédito privilegiado; o que exceder do valor nominado é crédito quirografário.

Em conformidade com o art. 151, da Lei de Falências — "os créditos trabalhistas de natureza estritamente salarial vencidos nos três meses anteriores à decretação da falência, até o limite de 5 (cinco) salários mínimos por trabalhador, serão pagos tão logo haja disponibilidade em caixa."

O Juízo Universal Falimentar

O Juízo da Falência é universal porque competente para todas as ações sobre bens e interesses da massa falida, como, aliás, enfatiza o art. 76 da Lei Falimentar:

> "O Juízo da Falência é indivisível e competente para conhecer todas as ações sobre bens, interesses e negócios do falido, ressalvadas as causas trabalhistas, fiscais e aquelas não reguladas nesta Lei em que o falido figurar como autor ou litisconsorte ativo."

É, pois, no Juízo da Falência que se processam o concurso creditório, a arrecadação dos bens do falido, a habilitação dos créditos, os pedidos de restituição e todas as ações, reclamações e negócios de interesse da massa falida, daí decorrendo a sua indivisibilidade.

A universalidade redunda da chamada *vis attractiva* do juízo falimentar — ao juízo da falência devem concorrer todos os credores do devedor comum, comerciais ou civis, alegando e provando seus direitos.

Por juízo universal se há de entender, pois, a atração exercida pelo juízo da falência, sob cuja jurisdição concorrem todos os credores do devedor comum — o falido.

AS AÇÕES TRABALHISTAS E A VIS ATTRACTIVA *DO JUÍZO FALIMENTAR*

A *vis attractiva* do juízo falimentar, todavia, não é absoluta: abrange exclusivamente as ações reguladas na Lei de Falências, não prevalecendo para as ações não reguladas no diploma legal nominado como acentua o art. 76:

> "O juízo da falência é indivisível e competente para conhecer todas as ações sobre bens, interesses e negócios do falido, ressalvadas as causas trabalhistas, fiscais e aquelas não reguladas nesta lei, em que o falido figurar como autor ou litisconsorte ativo."

Nessas condições, nas ações em que a massa falida seja autora ou litisconsorte, não prevalecerá a indivisibilidade do juízo falimentar, pois, como bem salientou venerando julgado do Tribunal de Justiça do Estado de São Paulo (*RT, 128*.671):

> "As ações que devem ser tangidas no Juízo Universal da quebra são as intentadas contra a massa.
>
> Trata-se de causas em que a massa é ré, não daquelas em que seja autora. Nestas, salvo quando consideradas na Lei de Falências, seguem-se as regras comuns relativas à competência".

Ressalta-se, porém, que nem todas as ações em que a massa figure como ré serão atraídas pelo juízo falimentar, pois, como já se observou, a indivisibilidade só alcança as ações reguladas na Lei de Falências.

Os conflitos surgidos em decorrência de relações disciplinadas pela legislação trabalhista devem ser dirimidos pela Justiça do Trabalho, não obstante o processo falimentar.

É que, por força do que dispõe o art. 114 da Constituição Federal, a justiça trabalhista é o único órgão do Poder Judiciário com competência para julgar os dissídios oriundos da relação empregatícia.

Nessas condições, se no decorrer de uma ação trabalhista sobrevier a falência do empregador, a ação em questão não será atraída para o juízo da falência, em razão da manifesta incompetência *ratione materiae* deste.

Ao revés, a ação trabalhista prosseguirá normalmente, até sentença final, devendo o juízo trabalhista, ciente da quebra, determinar a citação do respectivo administrador, que representará a massa falida.

Por outro lado, declarada a falência do empregador, ver-se-á o empregado constrangido a acioná-lo, visando seus direitos trabalhistas. Tal ação, da mesma forma, será proposta perante a Justiça do Trabalho e não no juízo da falência.

Somente depois de apurado o crédito laboral, na Justiça do Trabalho, é que o empregado, munido da sentença trabalhista transitada em julgado habilitar-se-á no juízo falimentar como privilégio que a legislação lhe assegura.

Só após a apuração na Justiça do Trabalho é que o crédito trabalhista adquire a liquidez necessária a sua habilitação, o que equivale a dizer que, em se tratando de sentença ilíquida, a liquidação se processará, igualmente, perante a justiça trabalhista:

> Art. 879. Sendo ilíquida a sentença exeqüenda, ordenar-se-á, previamente, a sua liqüidação, que poderá ser feita por cálculo, arbitramento ou por artigos.

Na hipótese de a ação trabalhista não se ultimar com a necessária urgência, de molde que faculte ao empregado habilitar tempestivamente seu crédito, em que pese a regra estabelecida no art. 768 da Consolidação das Leis do Trabalho (que assegura preferência para o dissídio cuja decisão deva ser executada perante o juízo da falência), a solução se encontra no *pedido de reserva*, estabelecido no art. 6º, § 3º da Lei Falimentar.

O pedido de reserva pode ser feito pelo próprio empregado, instruído com os documentos hábeis (certidão do juízo trabalhista), ou, como preconiza *Orlando Gomes*, por ofício do próprio juiz do trabalho:

> "Embora o processo trabalhista reserve preferência para o julgamento do dissídio sobre pagamento de salário que derivam da falência do empregador, nem sempre essas questões são resolvidas a tempo de alcançar o prazo de habilitação no Juízo Falimentar.
>
> Diante dessas inevitáveis procrastinações, com prazos e recursos na Justiça do Trabalho, a solução mais apropriada seria a expedição de comunicação pelo Juízo do Trabalho ao juiz falimentar, após o julgamento em primeira instância, ordenando o caucionamento da quantia necessária para liquidação do crédito salarial, até final decisão de última instância"[23].

Ressalte-se que o crédito trabalhista apurado na Justiça do Trabalho *não está sujeito a impugnação no processo de habilitação* perante o juízo da falência, já que a este não é dado reformar sentença trabalhista:

> "Sentença trabalhista com trânsito em julgado — impugnação do respectivo quantum — Inadmissibilidade — Coisa julgada — Sentença confirmada.
>
> Tratando-se de crédito trabalhista reconhecido definitivamente pela Justiça do Trabalho, ao ser ele habilitado em falência não poderá sofrer impugnação alguma quanto ao seu valor" (RT. 468:59).

---

(23) *Curso de Direito do Trabalho*, cit., p. 408.

A atual Lei Falimentar, a nosso ver, põe fim à *execução paralela* que, na prática, não só ensejava constantes conflitos de competência, como causava sensíveis prejuízos aos próprios trabalhadores, com o esvaziamento do Juízo Universal.

Com efeito, a redação dada ao § 2º, do art. 6º, da Lei n. 11.101/05, é de absoluta clareza:

> "É permitido pleitear, perante o administrador judicial, habilitação, exclusão ou modificação de créditos derivados da relação de trabalho, mas as ações de natureza trabalhistas, inclusive as impugnações a que se refere o art. 8º desta Lei, serão processados perante a justiça especializada até a apuração do respectivo crédito, que será inscrito no quadro-geral de credores pelo valor determinado em sentença."

Dois aspectos merecem relevância:

> I — *as ações trabalhistas serão processadas perante a justiça especializada até a apuração do respectivo crédito*;
>
> II — *o crédito será inscrito no quadro-geral de credores pelo valor determinado na sentença.*

A ação trabalhista, portanto, tem prosseguimento na Justiça do Trabalho até a apuração do crédito do trabalhador, naturalmente fixado em sentença.

O crédito em apreço será inscrito no quadro-geral de credores, obviamente no Juízo Falimentar, mediante habilitação meramente formal, pelo valor fixado na sentença trabalhista, o que equivale a dizer que a sentença em apreço, é insuscetível de alteração pelo juízo da falência, até porque o contrário envolveria invasão de competência constitucional.

Caberá ao Juízo da Falência a incumbência de distinguir o limite de preferência do crédito referido a cento e cinquenta salários mínimos, relegando, o que desse valor ultrapassar, para a categoria de crédito quirografário.

É o que decidiu o Superior Tribunal de Justiça (STJ, no conflito de competência n. 88.786-SP (2007/01911343-1) entre o juízo da 1ª Vara de Falências e Recuperações Judiciais de São Paulo e o Juízo da 3ª Vara do Trabalho de Guarulhos:

> CONFLITO DE COMPETÊNCIA N. 88.786 — SP (2007/0191343-1)
> RELATOR : MINISTRO HÉLIO QUAGLIA BARBOSA
> AUTOR : OCIVALDO ALVES DA SILVA
> ADVOGADO : MIGUEL TAVARES
> RÉU : VIAÇÃO AÉREA SÃO PAULO S/A VASP
> ADVOGADO: ESPER CHACUR FILHO E OUTRO(S)
> SUSCITANTE: VIPLAN — VIAÇÃO PLANALTO LTDA
> ADVOGADO: MARCUS VINÍCIUS DE ALMEIDA RAMOS E OUTRO(S)

SUSCITADO: JUÍZO DE DIREITO DA 1ª VARA DE FALÊNCIAS E RECUPERAÇÕES JUDICIAIS DE SÃO PAULO — SP

SUSCITADO: JUÍZO DA 3A VARA DO TRABALHO DE GUARULHOS — SP

EMENTA

CONFLITO POSITIVO DE COMPETÊNCIA. EMPRESA. DECRETAÇÃO DE FALÊNCIA. DETERMINAÇÃO DE ARRECADAÇÃO DE TODOS OS BENS E DIREITOS DA MASSA PELO MM. JUÍZO DE DIREITO. EXECUÇÃO NA JUSTIÇA DO TRABALHO. COMPETÊNCIA DO JUÍZO UNIVERSAL PARA EXECUTAR CRÉDITO TRABALHISTA APÓS REFERIDO MARCO. ITERATIVOS PRECEDENTES DO STJ.

DECISÃO

1. Cuida-se de conflito positivo de competência, suscitado por VIPLAN — VIAÇÃO PLANALTO LTDA, em virtude de decisão do MM. Juízo da 3º Vara do Trabalho de Guarulhos/SP, que houve por bem dar prosseguimento à execução trabalhista contra a empresa, após decretada sua falência pelo MM. Juízo de Direito da 1ª Vara de Falências e Recuperações Judiciais do Foro Central da Comarca de São Paulo.

Narra o suscitante, em apertada síntese, que o grupo econômico ao qual pertence — VASP S/A VIAÇÃO AÉREA DE SÃO PAULO — se encontra em recuperação judicial que tramita perante o MM. Juízo de Direito da 1ª Vara de Falências e Recuperações Judiciais do Foro Central da Comarca de São Paulo. Adverte que *"após o cumprimento das exigências determinadas pelo MM. Juízo da causa, em 26 de julho de 2006, os credores da VASP de todas as classes, reunidos em Assembléia Geral, aprovaram o plano de recuperação apresentado pela companhia, sujeitando-se, assim, às suas diretrizes"* (fl. 3). Lembra o suscitante, ainda, que o predito plano de recuperação restou aprovado pelo MM. Juízo, de maneira que se encontra em plena vigência.

Em decorrência da peculiaridade apontada, foi requerida a expedição de ofícios aos colendo Tribunais Regionais Trabalhistas, a fim de que fossem suspensas as execuções trabalhistas, aforadas contra a VASP.

Aduz que o MM. Juízo da 1ª Vara de Falências e Recuperações Judiciais do Foro Central da Comarca de São Paulo, ao acolher pedido no sentido de oficiar as Cortes Regionais Trabalhistas indicadas pela suscitante, colacionou decisão proferida pela Segunda Seção do Superior Tribunal de Justiça, nos autos de conflito de competência de interesse de outra empresa aérea, isto é, a VARIG (fls. 4/7).

A par da determinação do MM. Juízo Estadual, afirma a suscitante que *"diversos magistrados do Trabalho continuaram a dar prosseguimento às execuções trabalhistas movidas por ex-empregados da VASP em todo o território nacional, o que já ensejou três Conflitos de Competência (n. 73380, 80652 e 86594) que mereceram o deferimento parcial da liminar."* (fl. 7). Aduz, ainda, que esse foi o proceder do MM. Juízo da 3ª Vara do Trabalho de Guarulhos/SP, na oportunidade em que determinou *"a penhora do faturamento das empresas de todo o grupo econômico da VASP"* (fl. 29), a fim de garantir a satisfação de um crédito trabalhista.

Do contexto fático, sustenta que a competência a prevalecer é do MM. Juízo da 1ª Vara de Falências e Recuperações Judiciais do Foro Central da Comarca de

São Paulo, pois se trata do juízo universal da recuperação judicial, consoante textualmente previsto no art. 7º, § 1º, da Lei n. 11.101/05. Nesse caminhar, caberá ao Juízo do Trabalho apurar o montante devido ao trabalhador, e à Justiça Estadual da Recuperação Judicial dar cumprimento ao julgado trabalhista, conforme preconiza o artigo 6º, do Diploma legal em comento.

Entende a suscitante que, além da nítida afronta à Lei de Falências e Recuperação Judicial, há, também, vulneração ao princípio da isonomia entre os credores, o qual deve ser observado para a realização do pagamento no processo de recuperação judicial.

Nessa ordem de idéias, afirma que estão presentes os pressupostos do *fumus boni iuris* e do *periculum in mora*, a autorizar a concessão do pleito liminar. Obtempera que o acolhimento da pretensão liminar "*não resultará qualquer prejuízo aos credores trabalhistas que vêm dando andamento às suas respectivas execuções individuais, na medida em que eles receberão seus créditos de acordo com o que restou previsto no plano de recuperação judicial da VASP*" (fl. 21).

Assim, pois, almeja suspender a execução trabalhista que tramita perante o MM. Juízo da 3ª Vara do Trabalho de Guarulhos/SP, bem como seja comunicado o pretendido sobrestamento ao Juízo da 3ª Vara do Trabalho de Brasília, perante o qual se fez, por meio de carta precatória, a penhora requerida.

Ao final, pleiteia seja declarada a competência do MM. Juízo de Direito da 1ª Vara de Falências e Recuperações Judiciais do Foro Central da Comarca de São Paulo e, ainda, a designação desse MM. Juízo Estadual para dirimir, em caráter provisório, as medidas urgentes.

Liminar concedida às fls. 388/390. Informações prestadas às fls. 468/485 e 493.

O d. Ministério Público Federal opinou pela competência do MM. Juízo de Direito, qual seja, o Falimentar.

É o relatório. Decido.

2. A matéria sob exame já foi objeto de inúmeras decisões no âmbito da eg. Segunda Seção desta Corte, restando consolidado entendimento no sentido de que a execução de crédito trabalhista deve ser efetuada no Juízo em que se processa a liquidação da empresa, sendo nulos os atos praticados na Justiça Laboral após a decretação da falência.

A propósito:

"CONFLITO DE COMPETÊNCIA. EXECUÇÃO TRABALHISTA. DECRETAÇÃO DE QUEBRA POSTERIOR À PENHORA. JUÍZO UNIVERSAL. ADJUDICAÇÃO POSTERIOR. COMPETÊNCIA DO JUÍZO DA FALÊNCIA. Consoante entendimento mais moderno da 2ª Seção, decidiu-se que o crédito decorrente de salário está sujeito ao rateio entre os de igual natureza. Decretando-se a falência, a execução trabalhista não pode prosseguir, mesmo com penhora anterior. Havendo a adjudicação pelo reclamante, do bem penhorado em execução trabalhista, em data posterior à quebra, o ato fica desfeito em razão da competência universal do juízo falimentar. Precedentes. Conflito conhecido, declarando-se competente o Juízo de Direito de Rolândia/PR, o suscitante." (CC 28418/PR, Segunda Seção, Rel. Min. Castro Filho, DJ de 14.4.2003)

> "COMPETÊNCIA. CRÉDITO DE NATUREZA TRABALHISTA. ADJUDICAÇÃO REQUERIDA PELO RECLAMANTE E DEFERIDA APÓS A DECRETAÇÃO DA QUEBRA DA EMPRESA DEVEDORA. COMPETÊNCIA DO JUÍZO UNIVERSAL DA FALÊNCIA. — Por decorrência do princípio da indivisibilidade do juízo falimentar, ficam suspensas as ações ou execuções individuais sobre direitos e interesses relativos à massa falida, desde a declaração da quebra até o seu encerramento (arts. 7º, § 2º, 24 e 70, § 4º, do Decreto-lei n. 7.661, de 21.6.1945). Pagamento do crédito a operar-se, conseqüentemente, no juízo universal da falência. Conflito conhecido, declarado competente o Juízo da 2ª Vara de Falências e Concordatas da Comarca do Rio de Janeiro, pronunciada a nulidade do ato que deferiu a adjudicação." (CC 24410/RJ, Segunda Seção, Rel. Min. Barros Monteiro, DJ de 7.10.2002)
>
> 3. Do exposto, com amparo no artigo 120, parágrafo único, do Código de Processo Civil, conheço do presente conflito para o fim de declarar competente o MM. Juízo de Direito da 1ª Vara de Falências e Recuperações Judiciais do Foro Central da Comarca de São Paulo, após a decretação da falência da empresa, sendo de rigor o reconhecimento da nulidade dos atos praticados na Justiça Laboral após referido marco.
>
> Publique-se. Intimem-se.
>
> Brasília (DF), 23 de outubro de 2007.
>
> MINISTRO HÉLIO QUAGLIA BARBOSA — Relator

Dessa forma fica inteiramente afastada a hipótese de prosseguimento da execução no próprio juízo trabalhista.

Não se argumente em contrário com os executivos fiscais (art. 187 do CTN e 29 da Lei n. 6.830/80), isentos de habilitação. Os créditos fiscais são apenas *comunicados* ao juízo da falência, para pagamento na ordem que a lei falimentar estabelece, inexistindo execução direta das varas dos feitos fazendários.

A ALIENAÇÃO DOS BENS DO FALIDO NÃO IMPLICA SUCESSÃO TRIBUTÁRIA OU TRABALHISTA

Qualquer que seja a forma de alienação do ativo da massa falida, (alienação da empresa, venda dos estabelecimentos isoladamente, ou alienação dos bens individualmente considerados), não haverá sucessão tributária ou trabalhista.

> "Art. 141...
>
> II — o objeto da alienação estará livre de qualquer ônus e não haverá sucessão do arrematante nas obrigações do devedor, inclusive as derivadas da legislação do trabalho e as decorrentes de acidente do trabalho.
>
> § 2º Empregados do devedor contratados pelo arrematante serão admitidos mediante novos contratos de trabalho e o arrematante não responde por obrigações decorrentes do contrato anterior."

Esta regra tem enorme repercussão no Direito do Trabalho, significando manifesta restrição ao alcance do disposto nos arts. 10 e *caput* do 448 da CLT —

"qualquer alteração na estrutura jurídica da empresa não afetará os direitos adquiridos por seus empregados" — "os direitos oriundos da existência do contrato de trabalho subsistirão em caso de falência, concordata ou dissolução da empresa."

Colide flagrantemente com o conceito de sucessão trabalhista que considera como seu traço marcante a aquisição do acervo e a continuação da mesma atividade econômica:

"O reconhecimento da sucessão de empresas depende do preenchimento de dois requisitos: é necessário que o estabelecimento, visto como unidade econômico-jurídica, tenha a sua propriedade transferida para outro titular, e os serviços prestados pelos trabalhadores não sofram solução de continuidade" (TST.RR 268.333/96.3. Relator Min. Fausto Paulo de Medeiros, 3ª Turma).

Fica, portanto, inteiramente afastada a hipótese de sucessão tributária e trabalhista, na aquisição da unidade empresarial ou de estabelecimento isoladamente, em hasta pública falimentar.

A intenção do legislador foi, inequivocamente, facilitar a aquisição da unidade empresarial, com a continuidade da força produtiva da empresa.

Observe-se que, no âmbito do direito tributário, a Lei Complementar n. 118, de 9.2.2005, adaptando o Código Tributário Nacional ao art. 133, o § 1º, com a seguinte redação:

> "O disposto no *caput* deste artigo não se aplica na hipótese de alienação judicial:
>
> I — em processo de falência;
>
> II — de filial ou unidade produtiva isolada, em processo de recuperação judicial."

Em tais condições, ainda que a empresa, como unidade produtiva venha a ser adquirida em hasta pública falimentar; ainda que o arrematante venha a explorar a mesma atividade econômica do falido; ainda que venha a utilizar-se dos mesmos empregados, não haverá sucessão trabalhista ou tributária.

QUADRO GERAL DOS CREDORES NA FALÊNCIA

A classificação dos créditos na falência obedece à seguinte ordem:

1º) **créditos extraconcursais**, assim considerados aqueles constituídos pós-quebra, ou seja, diretamente com o administrador judicial, declinados no art. 84 da Lei Falimentar, incluídos aqueles resultantes de atos jurídicos válidos praticados durante a recuperação judicial convolada em falência;

2º) **créditos trabalhistas** até o limite de cento e cinqüenta salários mínimos, por empregado; *crédito por acidente do trabalho*, tais créditos, salvo alteração do sistema, atualmente não são de responsabilidade do falido, mas da Previdência Social — Seguro Obrigatório, Lei n. 8.212, de 24.07.1991 e Legislação Complementar.

Poder-se-á considerar em igualdade de condições ao crédito trabalhista a indenização acidentária prevista no art. 7º, XXVIII da Constituição Federal.

Cuida o dispositivo constitucional em apreço de *indenização civil* — "seguro contra acidentes do trabalho, a cargo do empregador, sem excluir a indenização a que está obrigado, quando incorrer com dolo ou culpa."

3º) créditos com garantia real.

Na nova sistemática situados acima dos créditos tributários. A inovação, na forma em que foi implantada, tem um só objetivo — a garantia de privilégio dos créditos bancários, tanto na falência quanto na recuperação judicial.

Observe-se que, normalmente, o crédito bancário vem acompanhado de garantia real.

O privilégio do crédito em apreço, como ressalta a alínea II, do art. 83, é até o limite do bem gravado, isto é, até o valor ou importância efetivamente arrecadada com a sua venda. O crédito que exceder tal valor será considerado quirografário.

Havendo venda em bloco, tal valor é fixado pela avaliação do bem individualmente considerado.

4º) créditos tributários.

A Lei n. 11.101/05 (Lei de Falências) altera profundamente a classificação dos créditos no processo falimentar: não só quando limita a preferência absoluta do crédito trabalhista a cento e cinqüenta salários mínimos, como quando situa em segundo plano os créditos com garantia real, colocando-o acima do crédito tributário que passa a ocupar o quarto lugar na classificação mencionada, considerando-se os créditos extraconcursais,

> "créditos tributários independentemente da sua natureza e tempo de constituição, excetuadas as multas tributárias (art. 83)".

A fim de adaptar o Código Tributário Nacional à nova legislação falimentar, foi promulgada a *Lei Complementar n. 118, de 9 de fevereiro de 2005*, dando a seguinte redação ao art. 186, do Código nominado:

> "Art. 186. O crédito tributário prefere a qualquer outro, seja qual for sua natureza ou o tempo de sua constituição, ressalvados os créditos decorrentes da legislação do trabalho ou do acidente de trabalho.
>
> Parágrafo único. Na falência:
>
> I — o crédito tributário não prefere aos créditos extraconcursais ou às importâncias passíveis de restituição, nos temos da lei falimentar, nem aos créditos com garantia real, no limite do valor do bem gravado.
>
> II — a lei poderá estabelecer limites e condições para a preferência dos créditos decorrentes da legislação do trabalho; e
>
> III — a multa tributária prefere apenas aos créditos subordinados."

5º) créditos com Privilégio Especial

O privilégio especial consiste no direito pessoal de ser pago preferencialmente a outros credores, respeitada a ordem declinada no art. 83, da Lei Falimentar.

São créditos especiais aqueles que, por disposição legal, recaem sobre determinados bens.

O Código Civil de 2002 enumera, no art. 964, os créditos com privilégio especial; o Código Comercial, na parte em vigor (Parte Segunda — Do Comércio Marítimo), nos arts. 470, 471 e 474, enumera os credores privilegiados na esfera do Direito Marítimo[24].

6º) créditos com privilégio geral

Os créditos com privilégio especial recaem sobre determinados bens; os de *privilégio geral* sobre todos os bens, respeitados, obviamente, os que o antecedem na classificação disposta no art. 83 da Lei n. 11.101/05.

O crédito especial, portanto, se efetiva sobre determinados bens (o trabalhador agrícola sobre o produto da colheita para a qual concorrem com o seu trabalho — art. 964 do CC, inciso VIII). O privilégio geral alcança todo o patrimônio, deduzidos os créditos que o antecedem. São aqueles enumerados no art. 965 do Código Civil de 2002.

7º) crédito quirografário.

São aqueles situados na penúltima escala dos créditos. Participam das sobras.

Na ausência de privilégios, têm os credores quirografários igual direito sobre os bens do devedor. O rateio entre eles se faz, portanto, sem prioridade alguma.

São quirografários os credores por títulos de crédito não vinculados a direito real; títulos garantidos com conhecimento ferroviário extraviado (*RT. 221*.245); penhor de máquinas constituído a favor da avalista do falido já insolvente (*RT. 222*.307); dívida representada por cambiais recebidas em pagamento de comissões (*RT. 211*.334); os saldos de créditos não cobertos pelo produto da alienação dos bens vinculados ao seu pagamento; os saldos trabalhistas que excederem o limite de cento e cinqüenta salários mínimos.

8º) crédito subquirografários

Instituídos pela Lei n. 11.101/05, a saber:

a) multas contratuais, tributárias e penas pecuniárias penais ou administrativas.

As multas, sejam contratuais, tributárias, ou decorrentes de infrações penais ou administrativas, têm natureza indenizatória, a rigor só sendo pagas se os bens da massa falida forem suficientes.

---

(24) O Código Civil de 2002 revogou apenas a parte primeira do Código Comercial (arts. 1º a 456), subsistindo a parte segunda — Do Comércio Marítimo.

b) créditos subordinados

Os créditos subordinados são créditos subquirografários, estando, portanto, na última escala dos créditos na falência.

São dessa espécie os créditos decorrentes de *debêntures subordinadas*, também denominadas "subquirografárias", que não gozam de qualquer garantia expressamente previstas no art. 58, § 4º, da Lei n. 6.404/76 (Lei das Sociedades Anônimas):

> "A debênture poderá, conforme dispuser a escritura de emissão, ter garantia real ou garantia flutuante, não gozar de preferência ou ser subordinada aos demais credores da companhia.
>
> § 4º A debênture que não gozar de garantia poderá conter cláusula de subordinação aos credores quirografários, preferindo apenas aos acionistas no ativo remanescente, se houver, em caso de liquidação da companhia".

Da mesma espécie é o eventual direito de acionistas e diretores na partilha da sociedade falida.

CAPÍTULO 17

Execução V — A Execução Trabalhista e a *Disregard Doctrine*
Execução dos Bens dos Sócios em face da *Disregard Doctrine*

José Affonso Dallegrave Neto[*]

1. Denominação e conceito da *Disregard doctrine*

São várias as denominações dadas à *disregard doctrine,* sendo as principais: "disregard of legal entity, piercing the veil, lifting of the corporate entity, durchgriff der juristichen person, il superamento della personalità giuridica delle società d'capitali, teoria da penetração, teoria da desconsideração da pessoa jurídica ou teoria da *disregard*".

Em linhas gerais conceituamos a *disregard doctrine* como a desconsideração da pessoa jurídica, episódica e relativa, como forma de executar os bens dos sócios que a compõem, sempre que sua personalidade for de algum modo obstáculo à satisfação de seus credores.

O instituto é, pois, a contraface da máxima romana *societas distat a singulis*, prevista entre nós no art. 20 do Código Civil de 1916[1]: "as pessoas jurídicas têm existência distinta da dos seus membros". A *disregard,* na busca da efetividade do crédito judicial, ignora momentaneamente a regra da separação patrimonial, penetrando sob o véu da pessoa jurídica para executar bens de seus sócios.

2. Origem da *disregard of legal entity*

Se por um lado é pacífico que a teoria da desconsideração da pessoa jurídica é fruto de construção jurisprudencial, sendo posteriormente aperfeiçoada pela doutrina e, por fim, respaldada na norma legal; de outro lado, é controvertida a fixação

---

[*] Advogado, Mestre e Doutor pela UFPR, Professor da Ematra-IX, Membro do Instituto dos Advogados Brasileiros; da Associação Luso-brasileira de Juristas do Trabalho e da Academia Nacional de Direito do Trabalho.
[1] Pelo novo Código Civil Brasileiro de 2002, aplica-se a regra do art. 46, V, o qual estatui que é no registro que ficará estabelecida a responsabilidade subsidiária, ou não, dos membros da sociedade em relação às obrigações sociais.

da gênese do instituto, restando duvidoso apontar o primeiro julgado que deu origem ao *disregard of legal entity.*

Há quem registre que a primeira decisão que aplicou a desconsideração da pessoa jurídica foi prolatada em 1809 no caso envolvendo o *Bank United States* em face de *Deveaux*[2].

Todavia, o julgamento que efetivamente consagrou a *disregard doctrine* ocorreu quase noventa anos mais tarde, em Londres, 1897. Trata-se do caso inglês *Salomon* versus *Salomon* noticiado pelo professor da Universidade de Piza, *Piero Verrucoli*[3].

Como se vê, os dois precedentes citados, 1809 e 1897, são oriundos do sistema jurídico da *common law*. Somente a partir da tese de *Rolf Serick*[4], ao conquistar a cátedra da Universidade de Tübingen, que a teoria da *disregard* passou a ser recepcionada no sistema romano-germânico (*civil law*). A referida tese de *Serick* sobre a desconsideração da pessoa jurídica foi desenvolvida a partir das obras de *Maurice Wormser*[5]. Tais autores inspiraram *Rubens Requião* a introduzir pioneiramente no Brasil a *disregard doctrine* em célebre conferência na Faculdade de Direito da Universidade Federal do Paraná[6].

No Brasil, o instituto é de utilidade ímpar, haja vista a nossa execrável cultura de sonegação, torpeza e banalização do ilícito trabalhista. Observa-se que a indústria da fraude à execução foi aperfeiçoada de tal maneira, que o desafio hodier-

---

(2) Nesse sentido escreveu Maurice Wormser: "already at that day, courts have draw aside the veil and looked at the caracter of the individual corporators". Disregard of corporate fiction and allied corporation problems. New York: Baker, Voorhis and company, 1929. p. 46. A obra original de Wormser que introduziu o instituto foi *Piercing the veil of corporate entity*. Columbia: Columbia Law Review, 1912. p. 498.
(3) O comerciante Aaron Salomon constituiu uma empresa, colocando como sócios minoritários sua esposa e seus cinco filhos. As cotas foram assim distribuídas: 20.000 para Aaron e 1.000 para cada um dos demais integrantes. Em pouco mais de um ano a companhia encontrava-se endividada e sem patrimônio suficiente para saldar as obrigações. O liquidante dos credores quirografários, ao perceber que a empresa não tinha bens para honrar suas dívidas, alegou que a atividade da empresa se confundia com a atividade pessoal de Aaron, postulando a execução dos bens do sócio majoritário. Foi verificado, contudo, que no momento da integralização do capital, o preço da transferência do fundo de comércio da pessoa física de Aaron Salomon era superior ao valor das ações da *company*. Logo, pela diferença, Aaron Salomon permanecia como principal e privilegiado credor da Salomon & Co. Ltd., estabelecendo-se um inusitado litígio entre Aaron Salomon vs Salomon & Co. Ltd. com o objetivo de frustrar os créditos de terceiros. Os julgamentos de primeira e segunda instância condenaram Aaron a pagar determinado valor aos credores da Salomon & Co. Ltd., desconsiderando o dogma da separação dos patrimônios da pessoa física e jurídica, em face da manobra fraudulenta constatada. Nascia a *lifting of the corporate entity*. (VERRUCOLI, Piero. Il superamento della personalità giuridica delle società di capitali nella *common law* e nella *civil law*. Milano: Giuffrè, 1964. p. 91 a 103).
(4) SERICK, Rolf. *Forma e realità della persona giuridica.* Traduzione di Marco Vitale. Milão: Giuffrè, 1966. Assinala o autor: "questo lavoro è stato presentato come tesi di dottorato alla facoltà di diritto e di economia dell'Università di Tubinga nel semestre invernale 1952/53".
(5) São elas: a) Piercing the veil of corporate entity. Columbia Law Review, Columbia, vol. 12, 1912; b) Disregard of corporate fiction and allied corporation problems. New York: Baker, Voorhis and company, 1929.
(6) Registre-se que a exposição de Rubens Requião pautou-se sobretudo em Piero Verrucoli e Pólo Diez, além dos autores já mencionados (Serick e Wormser). A conferência em homenagem póstuma ao Desembargador Vieira Cavalcanti Filho foi publicada, sob o título Abuso de direito e fraude através da personalidade jurídica (*disregard doctrine*). In: *Aspectos modernos de direito comercial:* estudos e pareceres. São Paulo: Saraiva, 1977.

no não é mais atingir o sócio ostensivo, mas o sócio de fato que se encontra dissimulado pela presença de outros estrategicamente escolhidos pela sua condição de insolvente, os quais são vulgarmente chamados "laranjas" ou "testas de ferro". Nesse sentido é o julgado do TRT da 3ª Região:

> "Desponta na atualidade a força inevitável da doutrina da desconsideração da pessoa jurídica, aplicável com muito maior razão de direito à execução trabalhista e consagrada no art. 5º. da Lei n. 8.078/90, Código de Defesa do Consumidor, a qual, pela sua fascinante tese, impõe não sejam considerados os efeitos da personificação para atingir a responsabilidade dos sócios, como conseqüência, se a pessoa jurídica reclamada não dispõe de bens suficientes para a satisfação do crédito trabalhista do Exeqüente e restou evidenciado nos autos que o executado-agravante é *sócio de fato* das reclamadas, porque público e notório que sempre fez parte destas até mesmo em sua administração direta, embora não o fazendo de direito, deve nessa condição responder com seu patrimônio privado pelas dívidas trabalhistas em direta aplicação do princípio aludido." (TRT, 3ª R., 4ª T., AP 1277/96, 7/8/96, Relatora Juíza Deoclécia Amorelli Dias. São Paulo, *Revista LTr*, 61-02/264)

Como se depreende do aresto, a teoria da desconsideração da pessoa jurídica, além de eficaz e eficiente no combate à fraude, é de utilização ampla, servindo para coibir as mais variadas espécies de manobras maliciosas como também para aquelas situações em que "a personalidade for, de alguma forma, obstáculo ao ressarcimento de prejuízos" causados aos consumidores e trabalhadores (inteligência do § 5º do art. 28 da Lei n. 8.078/90 e art. 50 do CC). Nesse sentido amplo vem se posicionando o Colendo Tribunal Superior do Trabalho:

> "1. Mandado de segurança visando a evitar a consumação da penhora sobre bens particulares de sócio minoritário em execução de sentença proferida em desfavor de sociedade por quotas de responsabilidade limitada, cuja dissolução se deu sem o encaminhamento do distrato à Junta Comercial. 2. Em casos de abuso de direito, excesso de poder, infração da lei, fato ou ato ilícito e violação aos estatutos sociais ou contrato social, o art. 28 da Lei n. 8.078/90 faculta ao Juiz responsabilizar ilimitadamente qualquer dos sócios pelo cumprimento da dívida, ante a insuficiência do patrimônio societário. Aplicação da teoria da desconsideração da personalidade jurídica. 3. Recurso ordinário não provido. (TST — ROMS 478099 — SBDI II — Rel. Min. João Oreste Dalazen — DJU 23.6.2000 — p. 403)

3. CONTEXTUALIZAÇÃO E PREVISÃO LEGAL DA TEORIA DA *DISREGARD*

A origem da *disregard doctrine* pode ser compreendida à luz do modelo de Estado e de Direito subjacentes a cada época. No século XVIII e XIX viveu-se o Liberalismo Econômico burguês e o Positivismo Científico. Desejava-se o mundo da segurança jurídica, um sistema que nem sequer admitia a possibilidade de lacunas, cujos conceitos jurídicos permitiam "apenas apreender a superfície exterior do fenômeno; o cerne, isto é, o conteúdo significativo (do instituto jurídico, do Direito em geral) vem a ser quase completamente eliminado"[7]. Nesta época consagrou-se a separação do patrimônio da pessoa jurídica em relação a de seus sócios como verdadeiro *dogma* consubstanciado no art. 20 do Código Civil de 1916. Nesta quadra não era permitido ao intérprete, aplicador ou julgador, ir além da letra fria, abstrata, formal e absoluta da norma legal. Não havia espaço para investigar a presença de fraude ou uso abusivo do direito.

Posteriormente, a partir do modelo de Estado Social, século XX, ganhou espaço a chamada teoria crítica do direito[8]. Mais do que o aspecto formal ou morfológico, o aplicador da norma deve perquirir as circunstâncias reais que envolvem o suporte fático aplicado ao direito. Passa-se a coibir o uso abusivo e fraudulento da norma. A igualdade meramente formal cede espaço para a busca da igualdade material. A presunção expressa no brocado *pacta sunt servanda* é relativizada pela cláusula *rebus sic stantibus*. O instituto da responsabilidade civil mitiga a necessidade da prova robusta do elemento culpa e passa a priorizar a reparação da vítima. Nascem as primeiras leis tuitivas: trabalhista, do consumidor, da criança e do adolescente e das demais classes menos favorecidas.

É nesse novel cenário sociojurídico que a teoria da *disregard* encontrou terreno fértil para se consolidar e aperfeiçoar-se. Não por acaso, que nesse momento histórico, exsurgiu a previsão legal da teoria da desconsideração da pessoa jurídica plasmada na Lei n. 8.078/90 (o Código de Defesa ao Consumidor):

> "Art. 28 — O juiz poderá desconsiderar a personalidade jurídica da sociedade quando, em detrimento do consumidor, houver abuso de direito, excesso de poder, infração da lei, fato ou ato ilícito, ou violação dos estatutos ou contrato social. A desconsideração também será efetivada quando houver falência, estado de insolvência, encerramento ou inatividade da pessoa jurídica provocados por má administração."
>
> § 5º Também poderá ser desconsiderada a pessoa jurídica sempre que sua personalidade for, de alguma forma, obstáculo ao ressarcimento de prejuízos causados aos consumidores."

Veja-se que, antes da edição desta norma, a teoria da *disregard* não tinha expressa previsão legal. Sua aplicação pretérita era fruto de mera construção jurisprudencial e doutrinária, fundadas nos princípios gerais de direito, sobretudo o da ineficácia do ato abusivo e fraudulento.

---

(7) LARENZ, Karl. *Metodologia da ciência do direito*. 3. ed. Tradução de José Lamego. Lisboa: Fundação Calouste Gulbenkian, 1997. p. 39.

(8) Luiz Fernando Coelho escreveu: "uma *teoria crítica do direito* deve ir além da simples denúncia das contradições sociais, da mera análise crítica da manipulação a que estão sujeitas as estruturas sociais, em proveito dos interesses de grupos privilegiados, além da desmistificação das aparências hipostasiadas que as classes e os estamentos dominantes soem incutir no inconsciente dos cidadãos, para elidir-lhes o *status* de opressão social, mas indicar o caminho da superação dessa realidade cruel do mundo contemporâneo, mediante a elaboração de categorias aptas a pensar prospectivamente, o que juridicamente é melhor para o homem e a sociedade". In: *Teoria Crítica do Direito*. 2. ed. Porto Alegre: Sergio Fabris Editor, 1991. p. 35.

A crítica maior a esse dispositivo reside na enumeração desordenada e sem rigor científico inserida no *caput* do art. 28, que prevê a desconsideração da pessoa jurídica nos casos de "abuso de direito, excesso de poder, infração da lei, fato ou ato ilícito, ou violação dos estatutos ou contrato social, e, ainda, em casos de falência, estado de insolvência, encerramento ou inatividade da pessoa jurídica provocados por má administração".

Da mesma forma, não é correto dizer que os casos de "falência, estado de insolvência, encerramento ou inatividade da pessoa jurídica provocados por má administração" são causas autorizadoras da teoria da desconsideração da pessoa jurídica[9]. Deveras, a *disregard* geralmente tem o seu campo de incidência nestas hipóteses, mas não que elas sejam, necessariamente, "causas de argüição". Logo, houve impropriedade do legislador no particular.

Quanto à expressão "fato ou ato ilícito", apesar de genérica, não nos parece inadequada, até porque por ato ilícito temos tanto um *agere contra legem* quanto um *agere in fraudem legis*, conforme baliza Pontes de Miranda[10]. Destarte, inserem-se nessa expressão ("fato ou ato ilícito") tanto o abuso de direito quanto a fraude.

O ponto alto do CDC foi a inclusão do § 5º ao art. 28, *in verbis:* "também poderá ser desconsiderada a pessoa jurídica sempre que sua personalidade for, de alguma forma, obstáculo ao ressarcimento de prejuízos causados aos consumidores". Ficaria mais preciso se ao invés de mencionar "ressarcimento de prejuízos causados" — expressão que induz equivocadamente ao instituto da responsabilidade civil — consignasse "satisfação de crédito de terceiro", esta mais ampla e precisa.

Além do Código de Defesa do Consumidor, impende registrar a expressa previsão da *disregard doctrine* no art. 50 do Código Civil Brasileiro de 2002:

"Em caso de abuso da personalidade jurídica, caracterizado pelo desvio de finalidade, ou pela confusão patrimonial, o juiz pode decidir, a requerimento da parte

---

(9) "Ainda que decretada a falência da empresa-executada, podem os exeqüentes reclamar sobre o patrimônio dos sócios via desconsideração da personalidade jurídica da empresa. Nesse sentido o art. 28, *caput*, do Código de Defesa do Consumidor, de incidência analógica: *O juiz poderá desconsiderar a personalidade jurídica da sociedade quando, em detrimento do consumidor, houver abuso de direito, excesso de poder, infração da lei, fato ou ato ilícito ou violação dos estatutos ou contrato social. A desconsideração também será efetivada quando houver falência, estado de insolvência, encerramento ou inatividade da pessoa jurídica provocados por má administração.* (TRT, 3ª R. 00792-2005-048-03-00-9-AP, Rel. Deoclécia Amorelli Dias, julgado em 16 de julho de 2007). Na mesma direção aponta a doutrina de Carlos Henrique Bezerra Leite (*Curso de Direito Processual do Trabalho*. 4. ed. São Paulo: LTr, p. 869): "a decretação da falência não impede que a ação trabalhista continue a tramitar na Justiça do Trabalho em face dos sócios da empresa falida, desde que o juiz adote a teoria da desconsideração da pessoa jurídica."
(10) MIRANDA, Francisco Cavalcante Pontes de Miranda. *Tratado de Direito Privado*. V. 4. p. 200. "a violação da lei cogente ainda pode ter importância nulificante quando se trate de *fraude à lei*, que se dá pelo uso de outra categoria jurídica, ou de outro disfarce, se tenta alcançar o mesmo resultado jurídico que seria excluído pela regra jurídica cogente proibitiva. O *agere contra legem* não se confunde com o *agere in fraudem legis:* um infringe a lei, fere-a, viola-a, diretamente; o outro, respeitando-a, usa de maquinação, para que ela não incida; transgride a lei, com a própria lei."

> ou Ministério Público, quando lhe couber intervir no processo, que os efeitos de certas e determinadas relações de obrigações sejam estendidos aos bens particulares dos administradores ou sócios da pessoa jurídica".

Mais uma vez o legislador deixa de inserir a expressão "fraude" no conceito legal. Contudo, conforme observa *Neves Xavier*, a idéia de fraude está inserida de forma implícita quando o art. 50 faz menção ao "abuso da personalidade jurídica" e ao "desvio de finalidade"[11].

A doutrina vem reconhecendo que a evolução da desconsideração da pessoa jurídica ostenta trajetória clara no sentido da caracterização subjetiva para a objetiva, sobrevindo a solução intermediária com o advento do Código Civil de 2002[12].

Entre nós, operadores do direito do trabalho, já tínhamos, na esteira da teoria da *disregard*, o § 2º, do art. 2º, da CLT, o qual permite, em caso de dívida trabalhista, a penetração no patrimônio das empresas que compõem o grupo econômico para o qual o empregado prestou serviço.

Posterior ao Código do Consumidor foi editada a Lei Antitruste, n. 8.884/94, art. 18:

> "A personalidade jurídica do responsável por infração da ordem econômica poderá ser desconsiderada quando houver da parte deste abuso de direito, excesso de poder, infração da lei, fato ou ato ilícito ou violação dos estatutos ou contrato social. A desconsideração também será efetivada quando houver falência, estado de insolvência, encerramento ou inatividade da pessoa jurídica provocados por má administração."

Em momento ulterior, cite-se o art. 4º da Lei n. 9.605/98 que dispõe sobre as lesões ao meio ambiente:

> "Poderá ser desconsiderada a pessoa jurídica sempre que sua personalidade for obstáculo ao ressarcimento de prejuízos causados à qualidade do meio ambiente."

Em tempos de economia globalizada de corte neoliberal (que legitima o lucro desenfreado ainda que em detrimento do cumprimento da legislação trabalhista), o desafio de coibir manobras patronais ultrajantes ganha outra dimensão, qual seja a de regulamentar a formação de grandes grupos de empresas multinacionais. Não são raros os casos de aplicação do *piercing the veil* em situações próprias desse novo tempo, como por exemplo a da contagem de tempo de serviço de empregado transferido para o Brasil, em contrato envolvendo empresas multinacionais ou mesmo na hipótese de aplicação do § 2º, do art. 2º da CLT, para os casos de vínculo com um ou mais empresas do grupo econômico.

---
(11) XAVIER, José Tadeu Neves. A teoria da desconsideração da pessoa jurídica no novo Código Civil. *Revista Forense*, v. 379, Rio de Janeiro: Forense, maio/jun. 2005. p. 148.
(12) BENETI, Sidnei Agostinho. *Desconsideração da sociedade e legitimidade* ad causam: esboço de sistematização. In: *Aspectos polêmicos e atuais sobre os terceiros no processo civil*. Coord.: Fredie Didier Júnior e Terese Arruda Alvim Wambier. São Paulo: Revista dos Tribunais, 2004. p. 1014.

4. Pessoa jurídica e pessoa natural

A *pessoa jurídica* encontra-se ao lado da pessoa natural como espécies de sujeito de direito. Para o estudo da *disregard of legal entity* interessa apenas as pessoas jurídicas de direito privado, previstas no art. 16 do CCB, "mais especificamente às que possuem personalidade jurídica e limitação de responsabilidade, que são os requisitos básicos para a aplicação da teoria da desconsideração"[13]. Incluem-se aqui as sociedades comercial e civil, constituídas para a produção de bens e serviços[14], respectivamente. Dentre as inúmeras espécies existentes, as mais receptivas à incidência da teoria da penetração são: a Sociedade Anônima (S/A) e a Sociedade por Quotas de Responsabilidade Limitada (Ltda.).

A despeito de serem frutos de mera técnica jurídica, nem por isso se pode dizer que as pessoas jurídicas são meras *ficções* — abstrações sem existência real — como quer corrente doutrinária encabeçada por *Savigny*. Em verdade, as pessoas jurídicas "existem no mundo do direito, existem como seres dotados de vida própria, de uma vida real"[15]. Frise-se que, independente da natureza jurídica que se adote, a teoria da *disregard* terá sempre sua existência justificada no mundo real. Não se perca de vista que o pressuposto da teoria da *disregard* é a existência de uma personalidade autônoma da pessoa jurídica e isso é reconhecido por ambas as correntes (da ficção e a da realidade).

A categoria da *pessoa jurídica* só se justifica enquanto instrumento de realização do ser humano (pessoa natural), existindo "para e em função do homem"[16] na busca da consecução de valores proveitosos para *toda* a sociedade. Logo, não é possível restringi-la ao aspecto econômico, legitimando situações de desvio de finalidade em detrimento do aspecto social, a exemplo do que ocorre na frustração de crédito de terceiros.

Nessa direção caminha a jurisprudência civil e trabalhista:

> O Juiz pode julgar ineficaz a personificação societária, sempre que for usada com abuso de direito, para fraudar a lei ou prejudicar terceiros. Consideradas as duas sociedades como sendo uma só pessoa jurídica, não se verifica a alegada contrariedade ao art. 460 do CPC — Recurso especial não conhecido. (STJ — RESP 63652 — SP — 4ª T. — Rel. Min. Barros Monteiro — DJU 21.8.2000 — p. 00134)
>
> "Constatada a constituição de pessoa jurídica para única e exclusivamente administrar bens dos sócios de executada falida, é legítima, com base na teoria da

---

(13) SILVA, Alexandre Couto. *Aplicação da desconsideração da personalidade jurídica no direito brasileiro*. São Paulo: LTr, 1999. p. 14.
(14) "Ainda que se trate de associação sem fins lucrativos os sócios são responsáveis pelos encargos da empresa. Ao credor não cabe acionar todos os sócios, pode escolher um, na medida em que o executado poderá ressarcir-se dentro da sociedade quando da sua efetiva dissolução." (TRT — 15ª R. — 1ª T. — Ac. n. 34839/98 — Rel. Luiz Antonio Lazarim — DJSão Paulo 19.10.98, p. 69)
(15) PEREIRA, Caio Mário da Silva. *Instituições de direito civil*. 12. ed. v. 1, 1991. p. 210.
(16) JUSTEN FILHO, Marçal. *Desconsideração da personalidade societária no direito brasileiro*. São Paulo: RT, 1987. p. 33.

> desconsideração da personalidade jurídica e no art. 9º da CLT, a penhora de bens desta nova empresa para satisfação de créditos trabalhistas de ex-empregado da insolvente. Não se pode admitir que créditos de natureza alimentar fiquem a descoberto enquanto os sócios, reais beneficiários, livram seus bens pessoais da execução, a pretexto de serem os patrimônios separados." (TRT, 9ª R. — AP 4148/2000 — (18347/2001-2000) — Rel. Juiz Luiz Eduardo Gunther — DJPR 13.7.2001)".

Com efeito, o instituto da *disregard* autoriza "a romper-se o véu que protege a intimidade do corpo societário *(to Pierce the Corporate Veil)* para, com a visão nítida de seu interior, detectar possíveis distorções de finalidade impostas à pessoas jurídicas pelas pessoas físicas que lhe formam a substância"[17]. Nas palavras de Rolf Serick "il principio del "Disregard" aplica-se nas hipóteses "di comportamento della società in contrasto con i suoi stessi fini"[18] ou ainda naquelas ditas por *Piero Verrucoli*"come uma reazione all'eccessivo formalismo delle construzioni teoriche tradizionali della personalità"[19].

A propósito assinala *Rubens Requião:*

"O que se pretende com a doutrina da desconsideração não é a anulação da personalidade jurídica em toda a sua extensão, mas apenas a declaração de sua ineficácia para determinado efeito, em virtude de seu uso ter sido desviado da sua legítima finalidade (abuso de direito), ou para prejudicar credores ou terceiros, ou ainda para frustrar a lei (fraude); mas a teoria tem sobretudo o *objetivo precípuo de combater a injustiça*"[20].

Pode-se afirmar que só se aplica a teoria da *disregard* quando existente pessoa jurídica regularmente constituída. Logo, nas chamadas sociedade de fato ou sociedade irregular, não há que se falar em personificação, nem tampouco aplicação da teoria da desconsideração da pessoa jurídica[21].

5. Fundamentos da teoria da desconsideração da pessoa jurídica

Quanto ao seu fundamento, preferimos classificar em duas correntes doutrinárias:

---

(17) PINTO, José Augusto Rodrigues. Responsabilidade pessoal e patrimonial de sócio na execução contra a sociedade. *Revista da Procuradoria Regional do Trabalho da 5ª Região da Bahia*, n. 1/1997. p. 143.
(18) SERICK, Rolf. Obra citada, p. 132. O autor acrescenta: "I limiti così individutati non possono essere ampliati nè in un senso nè in un altro. Se vi è um contrasto tra lo scopo generale per il quale le persone giuridiche hanno esistenza e lo scopo particolare".
(19) VERRUCOLI, Piero. Il superamento della personalità giuridica delle società di capitali. Milano: Giuffrè, 1964, p. 82. Na íntegra: "quanto al suo significato, è appena il caso di relevare che il *lifting* può riguardarsi come uma reazione all'eccessivo formalismo delle construzioni teoriche tradizionali della personalità".
(20) REQUIÃO, Rubens. Abuso de direito e fraude através da personalidade jurídica ("disregard doctrine")". In: *Aspectos modernos de direito comercial: estudos e pareceres*. São Paulo: Saraiva, 1977. p. 74.
(21) Nestas hipóteses de sociedade irregular, os sócios responderão de forma solidária e ilimitada em relação às dívidas das sociedades, ainda que por fundamento diverso da teoria do *disregard*.

• a primeira, denominada *subjetiva*, admite a *disregard* somente nos casos em que esteja comprovado o *animus* fraudulento ou de abuso de direito por parte da sociedade devedora;

• a segunda, *finalística*, aplica a teoria da penetração em sintonia com o que dispõe o § 5º do art. 28 do Código de Defesa do Consumidor, ou seja, a intenção fraudulenta é presumida com a presença do prejuízo do credor no momento da dificuldade da execução.

Alguns comentários merecem essa divisão.

O escopo da *disregard doctrine* é o de restaurar a justiça diante de situações iníquas, valorização da *eqüidade* e *boa-fé objetiva* em suas acepções jurídicas. A maioria da doutrina já consegue identificar que a sua essência não está no cometimento de ato ilícito da sociedade — a exemplo do que ocorre na teoria da "ultra vires" decorrente da responsabilidade civil — mas no *desvio de finalidade* que o ordenamento jurídico busca atingir através da pessoa jurídica.

A propósito, *Marçal Justen Filho* afirma que essencialmente a *disregard* tem "por pressuposto a ocorrência de evento que impede a consecução dos fins que conduziram à adoção da personificação. O pressuposto consiste em circunstâncias que provocam a incompatibilidade entre o ordenamento jurídico e o resultado a que se atingiria, no caso concreto, através da utilização da pessoa jurídica"[22].

Ao nosso crivo, contudo, não basta declarar que a *disregard doctrine* está pautada num aspecto de desvio funcionalista, é preciso dizer mais. Como proclamou Piero Verrucoli, a relevância da doutrina é saber "quali siano i limiti ed i criteri del superamento della personalità"[23].

Parece-nos axiomático que a parte faltante, do que é necessário dizer pela doutrina, é que a teoria da desconsideração da pessoa jurídica se aplica quando caracterizado o desvio de sua finalidade, "o qual *é manifestado quando a autonomia patrimonial da pessoa jurídica serve de obstáculo para frustrar créditos de terceiros"*. E nesse sentido a teoria foi aperfeiçoada e atingiu sua plenitude com a dicção do já mencionado § 5º do art. 28 do CDC.

Assim — em resposta a indagação formulada por *Piero Verrucoli* — os limites, o critério e mesmo a fundamentação em que se encontra calcada a teoria do *disregard* são: a boa-fé objetiva e a eqüidade.

---

(22) JUSTEN FILHO, Marçal. Obra citada, p. 95. Neste sentido também: KOURY, Suzy Elizabeth Cavalcante. A desconsideração da personalidade jurídica (disregard doctrine) e os grupos de empresas. 2. ed. Rio de Janeiro: Forense, 2000. p. 144. COUTINHO, Aldacy Rachid. Ob. citada, p. 239. GRASSELI, Odete. Desconsideração da pessoa jurídica. In: *Direito do trabalho e direito processual do trabalho: temas atuais.* Curitiba: Juruá, 1999. p. 432. SILVA, Alexandre Couto. Ob. citada, p. 46. REQUIÃO, Rubens. Ob. citada, p. 74.
(23) VERRUCOLI, Piero. *Il superamento della personalità giuridica delle società di capitali.* Milano: Giuffrè, 1964. p. 83. Na íntegra: "il problema, allora, sara quello di vedere — o quanto meno di accenare — quali siano le ipotesi che non rientrano in tale normalità: che è quanto dire, poi, quali siano i limiti ed i criteri del superamento della personalità".

É, pois, na incidência do caso concreto que se manifesta a teoria da *disregard*, quando em jogo está a frustração espúria do crédito de terceiro. Nessas circunstâncias torna-se necessário restaurar a boa-fé e a eqüidade. Logo, havendo prejuízo efetivo do credor em face da declaração de insuficiência de bens da sociedade, restará caracterizado o desvio de finalidade da pessoa jurídica que foi criada primordial e essencialmente para gerar proveito social e econômico aos sócios e a toda sociedade. Com outras palavras: malogrado o crédito de terceiro, autoriza-se a aplicação da teoria da penetração.

Nestas circunstâncias não há sequer necessidade de provar o desvio de função, mas apenas invocar a *disregard of legal entity* que será aplicada de forma sintomática sempre que a autonomia atribuída à personalidade do ente jurídico for de alguma forma obstáculo ao ressarcimento de prejuízos causados a terceiros (exegese do § 5º do art. 28 do CDC).

6. Aplicação da *disregard* na execução trabalhista

Por diversas razões pode-se inferir que a teoria da desconsideração da pessoa jurídica se aplica às execuções trabalhistas. Em primeiro lugar porque a CLT, em seu art. 889, remete a aplicação da Lei de Execução Fiscal em relação aos trâmites e incidentes do processo de execução trabalhista, em caso de lacuna da legislação laboral.

A Lei n. 6.830/80, por sua vez, é omissa quanto à hipótese de incidência da *disregard*. Logo, por analogia, aplica-se o art. 28 do CDC ao processo do trabalho, sobretudo porque ambas as legislações são tuitivas e, portanto, compatíveis. Da mesma forma a regra do art. 50 do novo Código Civil aplica-se de forma subsidiária ao Direito do Trabalho. Não se ignore que a harmonização da lei supletivamente invocada com os princípios do direito do trabalho é pré-requisito expresso no parágrafo único dos arts. 8º, 769 e 889, todos da CLT.

A propósito, *Amador Paes de Almeida* bem observa: "nenhum ramo do direito se mostra tão adequado à aplicação da teoria da desconsideração do que o direito do trabalho, até porque os riscos da atividade econômica, na forma da lei, são exclusivos do empregador"[24].

Não se perca de vista que a CLT foi pioneira em aplicar a teoria da desconsideração em se tratando de grupo de empresas: § 2º do art. 2º. Destarte, considerando a necessidade de se examinar, em cada ramo do direito, seus pressupostos próprios[25], mister enfatizar que no processo do trabalho vigora o Princípio da *despersonalização do empregador*, o qual, não se confunde com o princípio da desconsideração da pessoa jurídica.

---

(24) ALMEIDA, Amador Paes de. *Execução de bens dos sócios: obrigações mercantis, tributárias, trabalhistas: da desconsideração da personalidade jurídica: (doutrina e jurisprudência)*. 3. ed. São Paulo: Saraiva, 2000. p. 160.
(25) JUSTEN FILHO, Marçal. Obra citada, p. 101.

A *disregard* não visa "despersonalizar" ou "desconstituir" a pessoa jurídica, mas apenas desconsiderá-la episodicamente quando a personalidade jurídica e sua autonomia patrimonial servir de obstáculo para a satisfação de crédito trabalhista do empregado em flagrante desvio de finalidade.

Contudo, as duas teorias (*disregard* e despersonalização) estão escoradas na premissa de que o vínculo do empregado se encontra desvinculado da pessoa, física ou jurídica, do empregador, independente das mudanças na propriedade ou estrutura jurídica da empresa. Inteligência dos arts. 10 e 448 da CLT.

Sobre o *princípio da despersonalização do empregador,* consigne-se o escólio de *Wagner Giglio:*

> "Sob sua inspiração, garante-se o trabalhador contra as alterações na estrutura jurídica ou na propriedade da empresa: são os bens materiais e imateriais componentes do empreendimento que asseguram a satisfação do julgado. A ação trabalhista visa, em concreto, atingir a empresa, muito embora endereçada, formalmente, à pessoa física ou jurídica que a dirige ou explora. Esta, na realidade, apenas "representa" a empresa. Uma das conseqüências processuais do instituto mal denominado "sucessão de empresas" (a rigor, a sucessão é de empresários, e não de empresas) é a *possibilidade de o julgado ser executado contra terceiros, estendendo-se os efeitos da coisa julgada a quem não foi parte no processo*"[26].

Considerando que o fundamento para despersonalizar o empregador é justamente o de proteger o contrato de trabalho e os direitos adquiridos dos empregados (arts. 448 e 10 da CLT, respectivamente), por extensão, imbuído deste mesmo espírito, deve-se aplicar a teoria do *disregard* na satisfação dos créditos trabalhistas dos empregados.

> "A limitação da responsabilidade dos sócios não é compatível com a proteção que o Direito do Trabalho dispensa aos empregados, portanto, diante da ausência de bens da empresa passíveis de penhora, entendo que se impõe a constrição de bens particulares dos sócios." (TRT — 12ª R — 3ª T. — Ac. n. 8353/2000 — Rel. Juiz Marcus P. Mugnaini — DJSC 5.9.2000 — p. 96)

Com acerto *Arion Romita* observou: "a limitação da responsabilidade dos sócios é incompatível com a proteção que o direito do trabalho dispensa aos empregados; deve ser abolida, nas relações da sociedade com seus empregados, de tal forma que os créditos dos trabalhadores encontrem integral satisfação, mediante a execução subsidiária dos bens particulares dos sócios"[27].

Por derradeiro, é de se registrar que um dos princípios informadores da execução é justamente aquele extraído do art. 612 do CPC, de que a execução se processa no interesse do credor. Logo, considerando que a *disregard of legal entity*

---

(26) GIGLIO, Wagner. *Direito processual do trabalho.* 11. ed. São Paulo: Saraiva, 2000. p. 68.
(27) ROMITA, Arion Sayão. Aspectos do processo de execução trabalhista à luz da Lei n. 6.830. In: *Revista LTr,* 45-9/1041, São Paulo, 1981.

colima o proveito do exeqüente, em relação à satisfação de seu crédito judicial, não há dúvida de que em todo processo de execução que figure como executada sociedades civis ou mercantis, será possível aplicar essa teoria, mormente quando a empresa em flagrante desvio de finalidade aproveita-se do véu da personalidade jurídica para acobertar fraudes contra créditos de terceiros.

7. PARÂMETROS DE APLICAÇÃO DA TEORIA DA *DISREGARD*

A teoria da desconsideração é invocada em situações limítrofes. Neste sentido o art. 592, II, do CPC estatui que os bens do sócio somente ficarão sujeitos à execução "nos termos da lei". Logo, ressalvada as situações especiais recepcionadas em lei, a execução segue a regra geral da separação patrimonial, recaindo sobre os bens da pessoa jurídica.

Trata-se de um procedimento que aprecia a situação fática para encontrar a solução, a partir de um processo *indutivo*; ao contrário das regras jurídicas, previstas em abstrato e para o geral, a partir de um processo dedutivo. Não por outro motivo, que a teoria da desconsideração da pessoa jurídica nasceu da construção jurisprudencial e não da norma legal[28].

A *disregard* nem de longe visa anular a pessoa jurídica em sua essência, mas tão-somente declarar a ineficácia relativa[29] de certos atos jurídicos em que a couraça da divisão patrimonial frustre a execução trabalhista. É, pois, similar ao fenômeno da fraude à execução: a venda de bens efetuada em fraude não é anulada entre as partes celebrantes (comprador e vendedor), mas apenas inoponível (ineficácia relativa) em relação ao credor-exeqüente que argüiu a fraude[30].

Logo, é errôneo se referir à *disregard* com as expressões "despersonalização da empresa" ou "desconstituição da pessoa jurídica", até porque "o principal benefício de que decorre da aplicação da doutrina é a não extinção ou dissolução da pessoa jurídica quando lesada por um ou mais de seus sócios, sendo que estes responderão pessoalmente pelos prejuízos causados à sociedade e terceiros, mantendo a entidade em pleno funcionamento, evitando, destarte, a dispensa em massa de empregados e não agravando a economia de mercado"[31]. Portanto, para se referir ao instituto da *disregard* está correta a denominação consagrada pela doutrina pátria: desconsideração da pessoa jurídica.

A simples insuficiência de bens da executada para saldar o crédito trabalhista aliada a solvência patrimonial dos sócios já basta para presumir o desvio de finali-

---
(28) JUSTEN FILHO, Marçal. Obra citada, p. 53 e 54. COUTINHO, Aldacy Rachid. Obra citada, p. 231.
(29) Não se ponde confundir plano de invalidade com plano de ineficácia. Conforme asseveramos alhures, "o primeiro atine à validade do negócio jurídico e a deficiência do seu suporte fático implica nulidade absoluta ou relativa. Já a ineficácia diz respeito aos efeitos jurídicos, sendo que a deficiência do suporte fático neste plano importa ausência de qualquer efeito jurídico". In: *Contrato individual de trabalho: uma visão estrutural*, p. 155.
(30) Sobre o tema consultar precioso trabalho de Julio César Bebber. Fraude contra credores e fraude de execução. In: Execução trabalhista: visão atual. Coordenador Roberto Norris. Obra citada, p. 171, 172 e 201.
(31) GRASSELI, Odete. *Desconsideração da personalidade jurídica*. Obra citada, p. 446.

dade da pessoa jurídica, autorizando a execução dos bens dos sócios através da aplicação da *disregard.*

Neste sentido acertadamente se posicionou o Colendo TST:

> "Em sede de direito do trabalho, em que os créditos trabalhistas não podem ficar a descoberto, vem-se abrindo uma exceção ao princípio da responsabilidade limitada do sócio, ao se aplicar a teoria da desconsideração da personalidade jurídica (*disregard of legal entity*) para que o empregado possa, *verificando a insuficiência do patrimônio societário, sujeitar à execução os bens dos sócios* individualmente considerados, porém solidária e ilimitadamente, até o pagamento integral dos créditos dos empregados." (TST, ROAR n. 531680/99, SBDI-II, Rel. Min. Ronaldo José Lopes Leal, DJU, 3.12.99, p. 64)

O mesmo fundamento é usado para aplicar a teoria da *disregard* nos casos em que há dissolução da empresa sem a quitação regular dos débitos por ela contraídos, inclusive os trabalhistas:

> "O encerramento da empresa sem a quitação dos débitos contraídos, sobretudo os de natureza trabalhista, implica má administração, pelo que não podem responder os empregados, uma vez que o risco do empreendimento econômico pertence ao empregador (art. 2º da CLT), justificando a aplicação da teoria da desconsideração da personalidade jurídica da empresa." (TRT, 12ª R. — AG-PET 1191/00 — (02624 /2001) — 1ª T. — Rel. Sandra Márcia Wambier — J. 13.3.2001)

Em todas essas circunstâncias, o chamado benefício de ordem (*beneficium excussionis*) só poderá ser invocado pelo sócio na hipótese legal.

7.1. BENEFÍCIO DE ORDEM

Reza o § 1º do art. 596 do Código de Processo Civil:

> Art. 596. Os bens particulares dos sócios não respondem pelas dívidas da sociedade senão nos casos previstos em lei; o sócio, demandado pelo pagamento da dívida, tem direito a exigir que sejam primeiro excutidos os bens da sociedade.
>
> § 1º *Cumpre ao sócio, que alegar o benefício deste artigo, nomear bens da sociedade*, sitos na mesma comarca, livres e desembargados, quantos bastam para pagar o débito.

Alcides Mendonça Lima assim comenta o referido artigo que trata do *beneficium excussionis:*

"A regra deste artigo tem de ser respeitada: primeiramente, excutir os bens sociais; na falta ou na insuficiência é que respondem os bens dos sócios. Quando, porém, isso acontece, então desaparece o privilégio em favor de alguns ou de todos os sócios: ao credor será lícito escolher para penhorar bens de qualquer dos sócios. O sacrificado terá, depois, ação regressiva contra a própria sociedade ou contra os demais comparsas, para cobrar-se de tudo quando pagou, na primeira hipótese, ou da parte proporcional que aos outros cabe, arcando ele com a sua própria percentagem"[32].

Em igual direção caminha a jurisprudência trabalhista:

> "Tendo-se em vista os termos do art. 596, § 1º, do CPC, cabível a penhora de bem particular do sócio, quando não demonstrada a existência de bens livres e desembaraçados da sociedade." (TRT — 1ª R. — 9ª T. — Ap. n. 2250/99 — Rel. Juiz Ideraldo Cosme de B. Gonçalves — DJRJ 18.1.2000 — p. 110)
>
> "O sócio de empresa executada que pretende livrar da constrição judicial o patrimônio particular, deve indicar os bens da sociedade sitos na comarca, livres e desembargados, suficientes para a liquidação do débito." (TRT — 15ª R. — 1ª T. — Ac. n. 22010/99 — Rel. Eduardo Benedito de O. Zanella — DJSP 2.8.99 — p. 155)

Uma vez declarada (momentaneamente) ineficaz a personalidade jurídica da empresa (*piercing the veil*), o credor poderá acionar qualquer um dos sócios. E daí advém um questionamento: — Será justo executar, por exemplo, o patrimônio do sócio minoritário que nem sequer participava da administração da sociedade ou mesmo os bens do sócio que já se retirou[33] da sociedade?

Para responder a estas indagações é preciso lembrar que o Direito está materializado em critérios axiológicos, sendo, pois, produto da interação *valor, norma* e *fato*[34].

No caso em apreço, o legislador do art. 28 do CDC ou mesmo do art. 50 do CC optou em defender preferencialmente o crédito do terceiro injustamente prejudicado, garantindo-lhe a oportunidade de execução do patrimônio dos sócios, ainda que para tanto corresse o risco de causar outra injustiça: a do sócio de boa-fé (e também prejudicado) que teve seus bens penhorados[35].

---

(32) LIMA, Alcides Mendonça Lima. In: *Comentários ao Código de Processo Civil*. Rio de Janeiro: Forense, 1974, v. VI, tomo II, p. 525/526. Em igual sentido é a ementa do TST: "Partindo da premissa de que os créditos trabalhistas, ante a natureza alimentar de que são revestidos, são privilegiados e devem ser assegurados, a moderna doutrina e a jurisprudência estão excepcionando o princípio da responsabilidade limitada do sócio, com fulcro na teoria da desconsideração da personalidade jurídica de forma que o empregado possa, verificada a insuficiência do patrimônio societário, sujeitar à execução os bens dos sócios individualmente." (TST — RR 2549-2000-012-05-00 — 4ª T. — Min. Convocada Helena Sobral Albuquerque e Mello, DJ 7.3.2003).
(33) Em relação ao sócio que se retirou da sociedade, será possível a execução de seu patrimônio desde que o contrato de trabalho do exeqüente tenha sido contemporâneo com a sua condição de sócio. Nos termos do art. 1.003 do novo Código Civil a responsabilidade do sócio retirante se estende por até dois anos a contar da averbação da alteração do contrato social.
(34) Sobre o tema consultar a teoria tridimensional de REALE, Miguel. *Filosofia do direito*. 10. ed. São Paulo: Saraiva, 1983.
(35) Silogismo similar se verifica na Sucessão de Empregadores: o sucessor (ainda que de boa-fé) sempre responderá pelos créditos trabalhistas, ainda que referente ao período anterior à alienação da empresa de responsabilidade do sucedido. Nada obsta, contudo, que o sucessor acione regressivamente o sucedido, na esfera da Justiça Comum, acerca do que foi acordado na celebração da venda da empresa. Neste sentido é a ementa: "O propósito do legislador, através de normas regulamentadoras da sucessão (arts. 10 e 448 da CLT), foi assegurar a intangibilidade dos contratos de trabalho firmados pelo antigo empregador, garantindo sua continuidade. Em conseqüência, impõe a lei, com respeito aos contratos de trabalho existentes na parcela transferida da organização empresarial, sua imediata e automática assunção pelo adquirente, a qualquer título. O novo titular passa a responder pelos efeitos presentes, passados e futuros dos contratos que lhe foram transferidos,

Pode-se dizer, em sentido amplo, que a teoria da *disregard* recai sobre o sócio que se posicionou omisso no uso desvirtuado da pessoa jurídica da qual era membro, ou mesmo do sócio que não se mostrou prudente na escolha de seus pares em relação a *affectio societatis*. Tal postura legal "estimulará os gestores no sentido de conduzirem sua administração a bom êxito, evitando arrastar a sociedade à posição de devedor insolvente ante seus empregados"[36].

Sobre o debate, *Arion Romita* bem se posiciona ao dizer: "não se compadece com a índole do direito obreiro a perspectiva de ficarem os créditos trabalhistas a descoberto, enquanto os sócios, afinal os beneficiários diretos do resultado do labor dos empregados da sociedade, livram seus bens pessoais da execução, a pretexto de que os patrimônios são separados"[37].

Registre-se a possibilidade de o sócio prejudicado, que sofreu penhora de seus bens, ingressar com Ação de Regresso em face do sócio-gerente ou mesmo em relação aos demais sócios a fim de fazer valer a distribuição eqüitativa do dano que lhe foi incumbido originariamente no juízo da execução trabalhista.

8. Procedimento judicial

Em havendo insuficiência de bens da sociedade para saldar o crédito trabalhista, ou em outro caso de desvio de finalidade, o juiz, mediante requerimento do exeqüente, aplicará a teoria da desconsideração da pessoa jurídica, determinando a execução do patrimônio dos sócios. Daqui advêm algumas questões. A primeira é saber em que momento processual o credor poderá requerer a aplicação da *disregard*.

Nos termos dos arts. 880 e 882 da CLT, o executado dispõe de 48 horas para pagar a importância reclamada ou, se preferir, garantir a execução, mediante depósito ou nomeação de bens à penhora. Logo, permanecendo silente o devedor em relação a estas duas oportunidades legais, não há dúvida de que o exeqüente já se encontrará habilitado a perseguir o patrimônio dos sócios, sobretudo porque o executado ainda terá a seu favor o benefício de ordem previsto no § 1º do art. 596 do CPC:

> "Respondem os bens dos sócios pelas dívidas contraídas pela sociedade se a empresa deixa de indicar bens de sua propriedade (CPC, art. 596, § 1º), devendo prosseguir a execução trabalhista." (TRT, 12ª R, 2ª T., Ac. 4218/99, Rel. Juarez D. Carneiro, DJSC 17.5.99, p. 83)[38]

---

em decorrência das disposições legais. Em suma, a sucessão de empregadores, no Direito do Trabalho, tem fundamento em três princípios desse ramo jurídico especializado: no princípio da intangibilidade dos contratos firmados, no da continuidade do contrato de trabalho e no da despersonalização do empregador." (TRT — 15ª R. — 5ª T. — Ac. n. 44960/98 — Rel. Luís Carlos Cândido da Silva — DJ, São Paulo 12.1.99 — p. 42)
(36) ROMITA, Arion Sayão Romita. Obra citada, p. 1.042.
(37) *Idem, ibidem*, p. 1.041.
(38) Em igual sentido: "O fato de a empresa executada não ter indicado bens à penhora atrai a responsabilidade solidária dos sócios, que devem responder pelo crédito trabalhista com seus bens particulares." (TRT — 18ª R. — Ac. n. 2126/95 — Rel. Juiz Macedo Xavier — DJGO 22.9.95 — p. 22)

Outra questão ainda mais instigante reside na investigação da necessidade de integração à lide do sócio, cujo patrimônio se pretende executar. Inicialmente é preciso dizer que o sócio da sociedade-reclamada não precisa integrar a relação jurídica processual na *fase cognitiva*, vez que o interesse processual e a legitimidade passiva *ad causam* dos sócios só restarão presentes na fase de execução da sentença condenatória. Nesse sentido observa *Edilton Meireles*[39]:

"Somente na execução é que o credor vem a descobrir que o devedor não mais possui bens para garantir a execução. Daí por que tem interesse em buscar no patrimônio do sócio a satisfação de seu crédito. Não seria razoável, no entanto, estando já em execução seu crédito, ter que se submeter a um processo de conhecimento para ter declarada a responsabilidade do sócio."

Meirelles lembra[40] que há inúmeras decisões do STF e do STJ entendendo que o sócio, independentemente de constar seu nome no título extrajudicial ou de prévia ação cognitiva, poderá figurar no pólo passivo da execução[41], inclusive com redirecionamento da parte demandada quando já em curso a ação executiva contra a sociedade[42].

Nem mesmo o argumento de que não é assegurado ao sócio o direito de questionar a responsabilidade patrimonial será válido para refutar esta conclusão, vez que em ação própria incidental à fase de execução, em sede de Embargos, o executado poderá assim fazê-lo.

"Não é exigível a integração do sócio da empresa executada no pólo passivo da ação para que responda ele com seus próprios bens; sua integração posterior decorre da responsabilidade executória secundária (art. 592, II, CPC)." (TRT — 15ª R — SE — Ac. n. 4342/2001 — Relª. Mª Cecília F. A. Leite — DJSP 30.01.2001 — p. 100)

No que diz respeito à aplicação da *disregard* para as empresas do grupo econômico, o TST havia pacificado o tema ao editar a Súmula n. 205:

"O responsável solidário, integrante de grupo econômico, que não participou da relação processual como reclamado e que, portanto, não consta no título executivo judicial como devedor, não pode ser sujeito passivo na execução".

A postura do TST sofreu muitas críticas. Ao considerar as empresas do grupo econômico como litisconsortes necessários[43], na fase de conhecimento, o excelso pretório preocupou-se em demasia com uma suposta e inexistente lesão à ga-

---

(39) MEIRELES, Edilton. *Temas da execução trabalhista*. São Paulo: LTr, 1998, p. 102 e 103.
(40) *Idem, ibidem*.
(41) O autor cita os seguintes precedentes: STF, RE 100.384-7-RJ, 1ª T., Rel. Min. Soares Muñoz, ASCOAS 95.766; RE 100.920-São Paulo, Rel. Min. Moreira Alves, RTJ, 115/786.
(42) STJ, 2ª T., REsp 39.751-São Paulo, Rel. Min. Ari Pargendler, DJU 18.11.96, COAD, verbete 77.160.
(43)A propósito é o aresto: "As empresas coligadas que formam Grupo Econômico, devem ser citadas, como litisconsortes necessários, na fase de conhecimento, visando assegurar-lhes o direito de defesa (Enunciado n. 205/TST)". (TRT — 15ª R. — 5ª T. — Ac. n. 9000/2000 — Relª Eliana F. Toledo — DJSão Paulo 13.3.2000 — p. 84)

rantia constitucional do contraditório. Assim, além de incorrer em equívoco, ante as razões já expostas (responsabilidade secundária), posicionou-se de forma temerária se considerarmos "que a insuficiência dos bens do devedor somente pode ser apurada na execução"[44]. Na verdade, complementa *Bebber*, os responsáveis secundários assumem "voluntariamente a responsabilidade solidária ou subsidiária pelo cumprimento da obrigação, pela simples relação jurídica que mantém com o devedor (grupo econômico, contratação de empresa prestadora de serviço, etc.)"[45].

Por tais razões, por força da Resolução n. 121, DJ 21.11.2003, o verbete restou cancelado pelo próprio TST em flagrante alteração de posicionamento.

> "A discussão sobre a participação da segunda executada no título judicial, como requisito para legitimar a constrição de seus bens, consoante disposto na Súmula n. 205 do TST, perde sua relevância jurídica, na medida em que este Tribunal Superior cancelou a referida Súmula por meio da Resolução n. 121/03. Ressalte-se que, *a partir do cancelamento* do referido verbete sumular, a jurisprudência desta Corte *vem se consolidando no sentido da desnecessidade* da presença dos integrantes do mesmo grupo econômico no título judicial como condição para a constrição de seus bens" (TST-RR-678.014/2000.6, 1.ª T., DJ 24.2.2006, Rel. Min. Lélio Bentes Corrêa)

Não há dúvida de que o ato de cancelar a Súmula n. 205 do TST consolidou uma nova postura hermenêutica acerca do tema, qual seja a de tornar desnecessária a citação dos responsáveis secundários para integrar a lide na qualidade de parte da relação jurídica processual.

Diante disso, resta investigar se os aludidos Embargos serão os de *Terceiro* ou *à Execução* (também denominados Embargos do devedor).

8.1. REMÉDIO ADEQUADO: EMBARGOS À EXECUÇÃO OU EMBARGOS DE TERCEIROS?

Há quem sustente que o sócio tem que integrar o processo de execução, figurando no mandado de citação, sob pena de nulidade processual por lesão ao art. 5º, LIV, da CF: "ninguém será privado da liberdade ou de seus bens sem o devido processo legal". Tal corrente[46] sustenta que ao ter seu patrimônio afetado pela execução o sócio torna-se parte, devendo como tal ser chamado a juízo.

Registre-se que a chamada "Consolidação dos Provimentos da Corregedoria-Geral da Justiça do Trabalho"[47], com a finalidade de disciplinar os procedimentos, em seu art. 52 dispõe que os Corregedores dos TRTs devem determinar aos juízes da Execução que aplicarem a teoria da *disregard* o chamamento dos sócios com a

---
(44) BEBBER, Júlio César. Obra citada, p. 167.
(45) BEBBER, Júlio César. Obra citada, p. 166.
(46) Cite-se como integrante desta linha de pensamento: ASSIS, Araken de. *Manual do Processo de Execução.* 2. ed. São Paulo: RT, p. 304 e MEIRELES, Edilton. obra citada, p. 101.
(47) Em ato subscrito pelo Corregedor da Justiça do Trabalho em 6 de abril de 2006.

respectiva reautuação dos autos, bem como a imediata comunicação ao setor de expedição de certidões para a devida inscrição dos sócios no cadastro das pessoas com execuções trabalhistas. O propósito é justamente o de evitar a prática maliciosa de alguns sócios, que, mesmo tendo execução patrimonial contra si, obtêm certidão negativa de dívida trabalhista, documento que facilita a alienação de imóveis visando a frustração da execução.

Neste caso, havendo citação do sócio, o remédio a ele assegurado para discutir legitimidade ou responsabilidade patrimonial não serão os Embargos de Terceiro, mas os Embargos do Devedor (Súmula n. 184 do ex-TFR[48]), no prazo de 5 dias, a contar da garantia do juízo (exegese do art. 884 da CLT):

> EMBARGOS DE TERCEIRO — SÓCIA — ILEGITIMIDADE PARA OPOSIÇÃO — Consoante o novo Código Civil (arts. 990 e 50) e o Código de Defesa do Consumidor (art. 28), a responsabilidade do sócio pelos débitos trabalhistas da empresa não deriva de sua inclusão no título executivo judicial, mas, sim, da ausência de bens da executada passíveis de garantir a satisfação da dívida. Portanto, por aplicação do princípio da desconsideração da personalidade jurídica, previsto nos dispositivos legais citados, podem os bens dos sócios serem penhorados. Conforme o disposto no art. 1046, do CPC, os embargos de terceiro somente são oponíveis por quem não é parte no processo. Portanto, se a agravante não é estranha à lide na medida em que incluída no pólo passivo da execução, por óbvio não detém legitimidade para opor embargos de terceiro, porque não é terceiro, mas, parte no processo. Assim, ainda que a matéria objeto dos embargos opostos enfoque a questão da negativa de sua condição de sócia, o remédio apropriado para a agravante discutir a respeito do assunto são os embargos à execução. Agravo de petição não-provido. (TRT 15ª R. — AP 00832-2003-108-15-00-4 — (49393/2004) — 3ª T. — Rel. Lorival Ferreira dos Santos, DOESP: 10.12.2004)

Outra corrente, ao nosso crivo correta, se posiciona em sentido inverso. Com efeito, o sócio não precisará ser citado na fase cognitiva nem tampouco na de execução. Para fundamentar esta ilação, faz-se mister retomar a antiga dicotomia da relação obrigacional: *dívida* (dever de prestação do devedor) e *responsabilidade* (estado de sujeição dos bens do responsável à ação do credor). A dívida (*schuld* para os alemães) é pessoal do devedor em relação ao credor. A responsabilidade (*haftung*) traduz-se numa relação meramente patrimonial. Do descumprimento da relação originária (relação pessoal entre credor e devedor) advém a relação jurídica derivada: a responsabilidade patrimonial. A rigor é do devedor a responsabilidade patrimonial, nos termos do art. 591 do CPC. Contudo, é possível, em alguns casos expressamente previstos em lei, falar em *responsável secundário*, como é o caso do sócio em relação às sociedades, conforme preceituam os arts. 592, II, do CPC e art. 28 do CDC.

---

(48) Reza o verbete: "Em execução movida contra sociedade por quotas, o sócio-gerente, citado em nome próprio, não tem legitimidade para opor embargos de terceiro, visando livrar da constrição judicial seus bens particulares". Por óbvio se o sócio foi citado passou a ser *parte* (e não mais "terceiro") no processo de execução, devendo, por corolário, utilizar-se dos Embargos à execução e não dos Embargos de terceiro.

Na lição de *Júlio César Bebber*, "a responsabilidade patrimonial secundária decorre das relações entre o devedor e terceiros, não legitimando estes para o processo de execução, mesmo que venham a ter, por força daquelas relações, seus bens atingidos para satisfação da obrigação"[49].

Portanto, o executado, sujeito passivo, é sempre a sociedade; ela é parte no processo, bem como a principal responsável pelo pagamento do crédito trabalhista. Já o sócio, responsável secundário, não é parte e, portanto, não integra a relação jurídica processual, tendo apenas o seu patrimônio sujeito à execução de forma subsidiária. Mesmo naqueles casos de sociedades que contenham sócios ditos "solidários"[50], a responsabilidade patrimonial destes será subsidiária, ou seja, a partir da insuficiência de bens da sociedade (responsável principal), executar-se-ão os bens dos sócios (responsável secundário).

Neste sentido é a dicção do art. 350 do Código Comercial:

> "Os bens particulares dos sócios não podem ser executados por dívidas da sociedade, senão depois de executados todos os bens sociais".

Logo, não há necessidade de incluir o responsável secundário como parte do processo de execução e muito menos no processo de conhecimento. Por uma questão lógica, sendo dispensada a citação dos sócios, o remédio cabível para que estes possam argüir eventual ilegitimidade passiva ou irresponsabilidade patrimonial serão os Embargos de Terceiros.

O sócio da empresa executada, que não figura expressamente no título judicial como devedor, reveste-se da qualidade de terceiro estranho à lide e possui legitimidade ativa para opor os embargos competentes, na defesa do seu patrimônio particular que sofreu constrição judicial, a teor do art. 1.046 do CPC, subsidiariamente aplicável ao processo do trabalho, por força do que estatui o art. 769 da CLT. Com efeito, o sócio introduzido na execução por ordem exclusiva do juízo, quando não foi e nem faz parte do título judicial, é terceiro estranho à execução. Logo, o manejo dos embargos de terceiros lhe é facultado. (TRT, 3ª R. — AP 885/03 — 4ª T. — Rel. Julio Bernardo do Carmo — DJMG 29.3.2003 — p. 11.)

Aludidos embargos suspendem a execução em relação aos bens que constituírem seu objeto, devendo ser interpostos no prazo de até cinco dias da arrematação, adjudicação ou remição, mas sempre antes da assinatura da respectiva carta, conforme dispõem os arts. 1.052 e 1.048 do CPC, respectivamente.

Em se tratando de penhora sobre dinheiro, substitui-se a carta pela assinatura da guia de retirada: "O art. 1.048 do CPC fixa o prazo para a interposição de embargos de terceiro em até cinco dias da arrematação, adjudicação ou remissão,

---

(49) BEBBER, Júlio César. Obra citada, p. 164.
(50) Denominam-se "sócios solidários": 1) todos os sócios na sociedade em nome coletivo; 2) o sócio comanditado (é o sócio que administra), na sociedade em comandita simples; 3) o sócio ostensivo, na sociedade em conta de participação; 4) o acionista-diretor (pelas obrigações contraídas na sua gestão), na comandita por ações; 5) os sócios das sociedades não personificadas (sociedades irregulares ou de fato).

mas sempre antes da assinatura da respectiva carta". Na penhora em dinheiro tais atos são incogitáveis, substituindo-se a carta pela assinatura da guia de retirada, ato que transfere a posse do numerário ao exeqüente. (TRT — 15ª R. — 2ª T. — Ac. n. 21005/2000 — Rel. Antônio M. Pereira — DJSP 12.6.2000 — p. 45)

9. Distinção entre *disregard doctrine* e *ultra vires societatis*

Impende registrar que o gênero *execução dos bens dos sócios* pode se dar tanto através da teoria do *disregard of legal entity* quanto da teoria da *ultra vires societatis*. A despeito de sua proximidade, ambas não se confundem.

A *ultra vires* decorre da reponsabilidade civil do sócio-administrador (ou sócio-gerente) que viola a lei, o contrato ou o estatuto. Pune-se somente o agente causador (o sócio), condenando-o a ressarcir o prejuízo. Na *disregard* não se trata de imputar responsabilidade civil ao sócio que pratica ato ilícito próprio, mas de declarar a ineficácia episódica da pessoa jurídica que agiu em desvio de finalidade, prejudicando terceiros-credores. Aqui "a sociedade é utilizada em seu todo para mascarar uma situação, ela serve como véu, para encobrir uma realidade"[51]. No *ultra vires* há um *agere contra legem;* violação direta da lei pelo sócio. No *disregard* há um *fraus legis;* uso dissimulado da lei pela sociedade.

Por último há pontos comuns aos institutos em comento: ambos implicam a execução dos bens dos sócios como exceção à regra da separação patrimonial que se encontrava contida no art. 20 do CC/16[52].

Etimologicamente *ultra vires societatis* significa além das forças da sociedade, referindo-se à exorbitância do ato do sócio-gerente que age em excesso ou em desconformidade com o estatuto, o contrato ou a lei. Neste sentido elucida *Wilson Campos Batalha:*

"As sociedades são dirigidas por pessoas físicas, que constituem os órgãos sociais. Esses órgãos devem exercer seus poderes dentro do ordenamento

---

(51) CASILLO, João. Desconsideração da pessoa jurídica. In: *RT* 528/24.
(52) Por derradeiro, para complementar o tema "execução dos bens dos sócios" importa registrar a existência de duas espécies de sócios que variam conforme o tipo de sociedade: *a) sócios solidários* — os quais respondem de forma ilimitada com seus bens pessoais em relação às dividas da sociedade, porém sempre após a exaustão dos bens sociais (art. 350 do Código Comercial). Embora denominado "solidários", o correto seria chamá-los *sócios subsidiários*. No caso de atos *ultra vires* a responsabilidade será efetivamente solidária, quanto ao sócio causador do excesso. No caso da *disregard*, todos os sócios responderão de forma subsidiária. São eles: 1) todos os sócios na sociedade em nome coletivo; 2) o sócio comanditado (o sócio que administra), na sociedade em comandita simples; 3) o sócio ostensivo, na sociedade em conta de participação; 4) o acionista-diretor (pelas obrigações contraídas na sua gestão), na comandita por ações; 5) os sócios das sociedades não personificadas (sociedades irregulares ou de fato). *b) sócios de responsabilidade limitada* — são aqueles que uma vez integralizada sua quota não respondem com seus bens, salvo se houver excessos (*ultra vires*) ou desvio de finalidade da pessoa jurídica que sutilmente passa a ser vista como meio de frustrar dívidas assumidas (*disregard*). No primeiro caso (*ultra vires*) a responsabilidade será solidária, contudo apenas do sócio-gerente. No segundo caso *(disregard)* a responsabilidade de todos os sócios é subsidiária. São eles: 1) sócios comanditários em comandita simples (é o sócio que só entra com o capital); 2) todos os sócios, na sociedade por quotas de responsabilidade limitada; e o 3) acionista, na S/A e comandita por ações (exceto os diretores desta última).

jurídico e dos termos estatutários. Os poderes dos órgãos são orientados pelos preceitos do estatuto e pelo cumprimento das leis. Qualquer desvio de finalidade implica responsabilidade pessoal do órgão. Diga-se o mesmo quanto aos procuradores ou administradores, que também são responsáveis pelos atos praticados contra a lei e contra o estatuto ou o instrumento de procuração"[53].

A legislação de que trata a sociedade por quotas limitada (Ltda.), bem como a sociedade anônima (S/A) prevêem expressamente a responsabilidade do sócio-agente em relação aos excessos praticados:

> Art. 10 do Decreto n. 3.708/19 (Ltda.): Os sócios-gerentes ou que derem o nome à firma não respondem pessoalmente pelas obrigações contraídas em nome da sociedade, mas respondem para com esta e para com terceiros, solidária e ilimitadamente, pelo excesso de mandato e pelos atos praticados com violação do contrato ou da lei.
>
> Art. 158 da Lei n. 6.404/76 (S/A): O administrador não é pessoalmente responsável pelas obrigações que contrair em nome da sociedade e em virtude de ato regular de gestão; responde, porém, civilmente, pelos prejuízos que causar, quando proceder:
>
> I — dentro de suas atribuições ou poderes, com culpa ou dolo;
>
> II — com violação da lei ou do estatuto;

Observa-se que os atos cometidos em *ultra vires* são inválidos somente perante a sociedade, restando aos sócios prejudicados invocar os arts. 10 do Decreto n. 3.708/19 e 158 da Lei n. 6.404/76 para responsabilizar o sócio que abusou da sociedade. Em relação aos chamados terceiros de boa-fé será insuscetível de argüição (inoponível) a invalidade do ato em excesso (*ultra vires*) praticado pelo sócio. Neste sentido é a ementa do STJ:

> "Nas operações mercantis, dadas a intensidade e a celeridade com que se processam, não se exige que os contratantes investiguem reciprocamente os respectivos atos constitutivos para obter certeza a respeito dos poderes dos sócios para representar e contrair obrigações em nome da sociedade — A contratação celebrada com terceiro de boa-fé por sócio que se apresente habilitado a tanto é válida, assumindo este, se contrário seu ato às disposições estatutárias, responsabilidade pessoal perante a sociedade e demais sócios pela reparação dos prejuízos a que deu causa". (STJ, Agravo Regimental n. AI 28.633-7-RJ. Rel. Min. Sálvio de Figueiredo Teixeira. 21.9.93. RT, v. 707, p. 175)

---

(53) BATALHA, Wilson de Souza Campos. Desconsideração da personalidade jurídica na execução trabalhista — responsabilidade dos sócios em execução trabalhista contra sociedade. In: *Revista LTr*, 58-11/1296.

Não obstante a aludida inoponibilidade, é permitido ao terceiro prejudicado, se assim lhe convier, optar pela execução da sociedade, do sócio causador do ato ilícito ou ambos simultaneamente. Repare-se que o próprio art. 10 do Decreto n. 3.708/19 prevê que os sócios-gerentes respondem para com a sociedade "e para com terceiros, solidária e ilimitadamente, pelo excesso de mandato e pelos atos praticados com violação do contrato ou da lei". Também nesse sentido é a ementa, referindo-se à lei da S/A:

> A teor do § 2º do art. 158 da Lei n. 6.404/76, os administradores de sociedades anônimas são solidariamente responsáveis pelos prejuízos causados pelo não cumprimento dos deveres legais. O conjunto probatório dos autos dá mostras evidentes do descumprimento, por parte do agravante, de ordens judiciais, e da prática de atos com intuito visivelmente protelatório, objetivando tumultuar a execução. Por outro lado, a responsabilidade da gestão anterior é transferida aos diretores, sucessores, principalmente quando estes não tomam as providências cabíveis para sanar as irregularidades e, além disso, não levam o fato ao conhecimento da assembléia-geral, o que caracteriza omissão ou conivência (§ 1º, *in fine*, do mesmo dispositivo legal). (TRT — 3ª R. — 3ª T. — Ap. n. 1581/97 — Relª Mª Laura Franco Lima de Faria — DJMG 10.12.97 — p. 6)

Dissecando a referida responsabilidade civil do sócio-gerente pelo cometimento de atos ilícitos, temos:

— responsabilidade perante terceiros-credores — aplica-se o art. 186, CCB;

— responsabilidade perante a sociedade — aplica-se o art. 389, CCB.

A primeira é responsabilidade civil aquiliana (violação da lei); a segunda decorre de inexecução contratual (violação do contrato ou estatuto). Ambas não se confundem com o instituto da *disregard*, pois decorrem do instituto da responsabilidade civil que propugna pela reparação pelo agente do dano causado a outrem.

Em seara trabalhista, onde impera o princípio de proteção ao demandante empregado, a simples insuficiência de bens da sociedade, a qual é presumida do não pagamento ou da não indicação de bens à penhora (art. 880 e 882 da CLT), já habilita o exeqüente a aplicar a teoria da *disregard*, executando todos os sócios indistintamente.

> "A teoria da desconsideração da personalidade jurídica e o princípio, segundo o qual a alteração da estrutura jurídica da empresa não afetará os direitos adquiridos por seus empregados, consagrado no art. 10 da CLT, autoriza o juiz a responsabilizar qualquer dos sócios pelo pagamento da dívida, na hipótese de insuficiência do patrimônio da sociedade, além de que a jurisprudência desta Corte Superior, assentada, em tais teoria e princípio, é no sentido de que, se a retirada do sócio

> da sociedade comercial se verificou após o ajuizamento da ação, pode ser ele responsabilizado pela dívida, utilizando-se para isso seus bens, quando a empresa de que era sócio não possui patrimônio suficiente para fazer face à execução sofrida. 2. Recurso ordinário desprovido." (TST — ROMS 416427 — SBDI 2 — Rel. Min. Francisco Fausto — DJU 2.2.2001 — p. 488)".

Caso o exeqüente opte pelo fundamento da teoria da *ultra vires*, a responsabilidade patrimonial recairá apenas sobre o sócio-gerente[54].

---

(54) Nesse sentido é a ementa: "Simples sócio cotista não responde pelas obrigações trabalhistas da empresa com seus bens particulares. Apenas o sócio gerente ou o que der nome à firma poderá responder por tais obrigações, nos casos de excesso de mandato e de violação do contrato ou da lei (inteligência do art. 10 do Decreto n. 3.708 de 10.1.1919)". (TRT, 1ª Reg., 5ª T., AP.1.158/86, Rel. Mello Porto)

PARTE V

Dos Procedimentos Especiais Constitucionais e Infraconstitucionais

PART V

CAPÍTULO 18

PARTE I — DOS PROCEDIMENTOS ESPECIAIS CONSTITUCIONAIS

Carlos Henrique Bezerra Leite[*]

UMA JUSTA HOMENAGEM

Fiquei extremamente honrado com o convite que recebi do talentoso *J. Hamilton Bueno* para escrever este capítulo da obra coletiva em justa e merecida homenagem ao meu estimado amigo e confrade Ministro *Pedro Paulo Teixeira Manus*. Trata-se de homem público exemplar que vem dedicando a sua vida profissional no magistério, na magistratura e nas letras jurídicas à defesa dos Direitos Sociais Fundamentais e ao acesso dos trabalhadores a uma Justiça justa.

I — MANDADO DE SEGURANÇA

1. NOÇÕES GERAIS

Ressalvados alguns pontos de convergência em relação aos *writs* do direito norte-americano, pode-se dizer que o mandado de segurança constitui criação do gênio brasileiro.

Foi previsto, inicialmente, na Carta de 1934, uma vez que no período de vigência entre a Constituição Imperial (1824-1889) e a primeira Constituição Republicana (1891-1930) não existia um procedimento célere e eficaz destinado à garantia e proteção dos direitos do indivíduo em face do Poder Público. Adite-se que a Carta de 1824 nem sequer dispunha sobre o *habeas corpus*.

Com efeito, o art. 113 da Constituição de 1934 vaticinava:

> "Dar-se-á mandado de segurança para a defesa de direito, certo e incontestável, ameaçado ou violado por ato manifestamente inconstitucional ou ilegal de qualquer autoridade. O processo será o mesmo do *habeas corpus*, devendo ser sempre ouvida a pessoa de direito público interessada. O mandado não prejudica as ações petitórias competentes."

---

[*] Juiz do Tribunal Regional do Trabalho da 17ª Região/ES. Ex-Procurador Regional do Ministério Público do Trabalho. Mestre e Doutor em Direito das Relações Sociais (PUC/SP). Professor Adjunto do Departamento de Direito (UFES). Professor de Direitos Metaindividuais do Mestrado (FDV). Membro da Academia Nacional de Direito do Trabalho. Medalha do Mérito Judiciário do Trabalho (Comendador). Ex-coordenador Estadual da Escola Superior do MPU/ES. Autor de Dezenas de Livros e Artigos Jurídicos.

Como não existia norma infraconstitucional regulamentadora do exercício do mandado de segurança, adotou-se o *iter procedimentalis* alusivo ao *habeas corpus* até o advento da Lei n. 191, de 15.1.1936, que enumerava as situações em que o mandado de segurança seria cabível, fixava o prazo para a impetração e ampliava o rol dos legitimados ao admitir a impetração por terceiros.

A Constituição outorgada de 1937 não previa o mandado de segurança. Mas, segundo os doutos, a Lei n. 191, de 15.1.1936, não era incompatível com aquela Carta, com o que o mandado de segurança, naquela época, deixou de ser uma garantia constitucional, transformando-se, assim, em simples instituto regulado por lei ordinária. E o mais grave: o Decreto-lei n. 6, de 15.11.1937, restringiu as hipóteses de utilização do *mandamus* contra atos do Presidente da República, de Ministros de Estado, de Governadores e de Interventores estaduais.

Com o advento do Código de Processo Civil de 1939, que só entrou em vigor em 1º de fevereiro de 1940, o mandado de segurança passou a integrar o rol dos "processos especiais" (arts. 319 a 331), sendo o remédio utilizado, em linhas gerais, para a proteção de direito "certo e incontestável", ameaçado de lesão ou violado por ato manifestamente inconstitucional ou ilegal, de qualquer autoridade, ressalvando-se as autoridades mencionadas no citado Decreto-lei n. 6/37.

Com a redemocratização do País, a Constituição promulgada de 1946 tornou a dispor expressamente sobre o mandado de segurança no seu art. 141, § 24, *in verbis*:

> "Para proteger direito líquido e certo não amparado por *habeas corpus*, conceder-se-á mandado de segurança, seja qual for a autoridade responsável pela ilegalidade ou abuso de poder."

A Carta de 1946 trouxe as seguintes inovações: a) substitui a expressão "direito certo e incontestável" por "direito líquido e certo", o que foi repetido pelas legislações supervenientes; b) tornou a admitir o mandado de segurança contra atos do Presidente da República e de seus auxiliares, bem como de Governadores; c) não referiu ato "inconstitucional ou ilegal", mas apenas ato "ilegal"; d) inseriu o "abuso de poder" como outro pressuposto de impetração da segurança; e) deixou de exigir que ilegalidade do ato fosse "manifesta"; f) estabeleceu a separação entre o mandado de segurança e o *habeas corpus*.

Sobreveio a Lei n. 1.533, de 31.12.1951, sobre a qual nos debruçaremos com maior profundidade nos capítulos seguintes, que regulou inteiramente toda a matéria relativa ao mandado de segurança, restando expressamente revogados os arts. 319 a 331 do CPC de 1939.

A Constituição de 1967 previa, no seu art. 150, § 21:

> "Conceder-se-á mandado de segurança, para proteger direito individual líquido e certo não amparado por *habeas corpus*, seja qual for a autoridade responsável pela ilegalidade ou abuso de poder."

A única inovação digna de nota diz respeito à restrição do cabimento do mandado de segurança para proteção de "direito individual", o que implica dizer que no terreno jurídico-constitucional a expressão "direito individual" nada limita, seja na abrangência dos direitos constitucionalmente consagrados, seja na personalização dos sujeitos jurisdicionados.

O CPC de 1973, ao contrário do de 1939, não tratou do mandado de segurança, com o que esse remédio continuou sendo regulado pela Lei n. 1.533/51.

A Constituição Federal promulgada em 5 de outubro de 1988 estabeleceu importantes inovações acerca do instituto, como se infere dos incisos LXIX e LXX do seu art. 5º, *in verbis*:

> "LXIX — conceder-se-á mandado de segurança para proteger direito líquido e certo, não amparado por *habeas corpus* ou *habeas data*, quando o responsável pela ilegalidade ou abuso de poder for autoridade pública ou agente de pessoa jurídica no exercício de atribuições do Poder Público."
>
> "LXX — o mandado de segurança coletivo pode ser impetrado por: a) partido político com representação no Congresso Nacional; b) organização sindical, entidade de classe ou associação legalmente constituída e em funcionamento há pelo menos um ano, em defesa dos interesses de seus membros ou associados."

Com a nova ordem constitucional, podemos dizer que há duas espécies de mandados de segurança: o *individual* e o *coletivo*.

As diretrizes básicas, materiais e processuais, do mandado de segurança individual estão insertas na Lei n. 1.533, de 31.12.1951, com as alterações introduzidas pelas Leis ns. 2.770, de 4.5.1956; 4.348, de 26.6.1964; 4.862, de 29.11.1965; 5.021, de 9.6.1966; 8.076, de 23.8.1990, bem como pelas disposições constantes dos Regimentos Internos dos Tribunais.

No tocante ao mandado de segurança coletivo, não obstante a cizânia doutrinária existente, pensamos que a ele se aplicam, à míngua de previsão legal, as normas previstas na própria Constituição Federal, na Lei n. 7.347/85 (LACP) e no Título III da Lei n. 8.078/90 (CDC). Esse conjunto de normas forma o sistema integrado de acesso metaindividual ao Poder Judiciário, como já estudamos no Capítulo III, item 5.

2. Conceito

A doutrina é pródiga em formular conceitos para o mandado de segurança.

Remédio heróico de natureza constitucional, para uns. Ação judiciária concedida ao titular de direito líquido e certo, para outros.

Há autores que confundem a ação de segurança com o mandado. A rigor, o mandado é a ordem expedida pelo juiz, sendo, portanto, o objeto da ação de segurança. Por essa ótica procede a crítica à concepção de "ação mandamental", idealizada por *Pontes de Miranda*.

Para nós, o mandado de segurança é uma garantia fundamental, portanto, de natureza constitucional, exteriorizado por meio de uma ação especial, posta à disposição de qualquer pessoa (física ou jurídica, de direito público ou privado) ou de ente despersonalizado com capacidade processual, cujo escopo repousa na proteção de direito individual ou coletivo, próprio ou de terceiro, líquido e certo, não amparado por *habeas corpus* ou *habeas data*, contra ato de autoridade pública ou de agente de pessoa jurídica de direito privado no exercício delegado de atribuições do Poder Público.

3. COMPETÊNCIA

As Varas do Trabalho e os Juízes de Direito investidos na jurisdição trabalhista não tinham competência funcional para apreciar e julgar mandado de segurança, uma vez que os arts. 652 e 653 da CLT não atribuem tal competência aos órgãos de primeira instância.

Assim, a competência funcional originária e hierárquica para o mandado de segurança na Justiça do Trabalho era sempre dos Tribunais Regionais do Trabalho ou do Tribunal Superior do Trabalho, conforme o caso.

Com o advento da EC n. 45/04, que modificou substancialmente o art. 114 da CF, parece-nos que a Vara do Trabalho será funcionalmente competente para processar e julgar mandado de segurança (inciso IV), como nas hipóteses em que o servidor nomeado para cargo público (estatutário) ajuíze tal demanda questionando a validade do ato praticado pela autoridade ao qual está, por força da relação de trabalho, subordinado (inciso I), ou naquelas em que o empregador pretenda discutir a validade do ato praticado — penalidade — pela autoridade administrativa encarregada da fiscalização das relações de trabalho (inciso VII).

Nos Tribunais Regionais do Trabalho, a competência funcional para a ação assecuratória é prevista nos Regimentos Internos, sendo geralmente atribuída ao Pleno (CLT, art. 678, I, *b*, 3).

Cabe, pois, aos Tribunais Regionais do Trabalho julgar mandado de segurança, quando figurar como autoridade coatora: a) Juiz, titular ou substituto, de Vara do Trabalho; b) Juiz de Direito investido na jurisdição trabalhista; c) o próprio Tribunal ou qualquer dos seus órgãos (ou membros); d) a Turma ou qualquer dos seus órgãos (membros).

No Tribunal Superior do Trabalho, a competência para julgar o *mandamus* está prevista na Lei n. 7.701, de 21.12.1988, e no Regimento Interno daquela Corte. Assim, compete: a) à Seção Especializada de Dissídios Coletivos — SDC, em última instância, julgar os recursos ordinários interpostos contra as decisões proferidos pelos TRTs em mandados de segurança pertinentes a DC e a direito sindical e em ações anulatórias de convenções e acordos coletivos (RITST, art. 72, II, *b*); b) à Subseção Especializada de Dissídios Individuais — SDI-2, os mandados de segurança de sua competência originária, na forma da lei (RITST, art. 73, III, *a*, 2); c) ao Tribunal Pleno — TP, julgar: I — os mandados de segurança impetrados contra atos do Presidente ou de qualquer Ministro do Tribunal, ressalvada a competência da Seção Administrativa e das Seções Especializadas (RITST, art. 70, I, e); II — os recursos interpostos de decisões dos Tribunais Regionais do Trabalho em mandado de segurança de interesse de Juízes e servidores da Justiça do Trabalho (idem, f).

Importante notar que se o ato impugnado for decisão de órgão do TRT, a competência originária para apreciar e julgar o mandado de segurança é do próprio TRT, cabendo recurso ordinário para o TST, que terá, nesse caso, competência derivada. É esse o entendimento do Tribunal Pleno do TST, como se infere da sua OJ n. 4, in verbis: "Mandado de segurança. Decisão de TRT. Incompetência originária do Tribunal Superior do Trabalho. Ao Tribunal Superior do Trabalho não compete apreciar, originariamente, mandado de segurança impetrado em face de decisão de TRT".

Em linha de princípio, caberá o *mandamus* na Justiça Especializada somente quando o ato tachado de ilegal ou arbitrário for prolatado pelas autoridades judiciárias que a compõem.

Vale dizer, se o ato for emanado de autoridade administrativa dos Poderes Executivo e Legislativo, ou qualquer outra autoridade pública, ainda que eventualmente representante legal do empregador, a competência não será da JT, ante o disposto no art. 114 da CF, mas da Justiça Comum, federal ou estadual, salvo nas hipóteses previstas nos seus incisos I e VII, como já salientado alhures. Nesse sentido, a Súmula n. 195 do extinto TFR: "O mandado de segurança não é meio processual idôneo para dirimir litígios trabalhistas".

No que diz respeito aos atos praticados por juízes da Justiça do Trabalho em matéria administrativa, embora estranha à relação de trabalho ou de emprego (CF, art. 114), admite-se, excepcionalmente, o mandado de segurança. Há entendimentos contrários a esse, mas o STF, com base no art. 678, I, b, 3, d, 1, da CLT e no art. 21 da Lei Complementar n. 35/79 (LOMAN), pacificou o entendimento de que compete aos Tribunais do Trabalho o julgamento do mandado de segurança impetrado contra seus próprios atos administrativos, como se infere dos seguintes julgados:

> "Compete aos Tribunais do Trabalho o julgamento de mandado de segurança contra atos administrativos seus ou dos respectivos presidentes, e dos juízes que lhe estão subordinados. Jurisprudência pacífica do Supremo Tribunal Federal, no sentido de tal competência" (Conflito de Jurisdição n. 6132, Ac. Unânime TP, rel. Min. Cunha Peixoto, j. 16.11.78, DJ 28.12.78, p. 10573).
>
> "Mandado de segurança contra ato administrativo do Tribunal Regional do Trabalho. Competência da Justiça do Trabalho para julgá-lo. Conflito procedente" (Conflito de Jurisdição n. 5975, Ac. TP, Rel. Min. Cunha Peixoto, j. 4.9.1975, DJ 10.10.75).
>
> "A jurisprudência do STF tem-se orientado no sentido de que permanece vigente, inobstante a previsão da letra n do art. 102, I, da Carta Política, a regra inscrita no art. 21, VI, da LOMAN, que atribuiu competência originária aos Tribunais para o processo e julgamento dos mandados de segurança impetrados contra seus pró-

> prios atos" (STF, Proc. 236-2-RN, Rel. Min. Celso de Mello, DJ 16.6.94, Seção I, p. 15507-8).

Na mesma direção caminha o TST:

> "MANDADO DE SEGURANÇA — Impetra-se mandado de segurança contra ato praticado pela autoridade coatora que ordena ou omite a prática do ato impugnado, e não o superior que recomenda ou baixa normas para sua execução. Impetrado o *writ* contra ato emanado da Presidência do TRT da 21ª Região, competente é referido Regional e não o Tribunal Superior do Trabalho" (TST — RO-MS 71516/93.1 — Ac. OE 41/95 — Rel. Min. José Luiz Vasconcellos — DJU 25.8.95).
>
> "Inexistência de direito líquido e certo — juízes classistas temporários — cômputo de tempo de serviço prestado à pessoa de direito privado, para efeito de percebimento de qüinqüênios não fere direito líquido e certo o ato de Juiz Presidente de Tribunal Regional do Trabalho que torna sem efeito a extensão administrativa a todos os juízes classistas, de vantagem pecuniária concedida em processo administrativo apenas a dois juízes. Recurso desprovido" (TST-ROMS 982/89, Rel. José Carlos da Fonseca, Ac. 1648, j. 25.9.91, DJ 31.10.91).

Resumindo, é competente a Justiça do Trabalho para processar e julgar o mandado de segurança, não só contra ato judicial prolatado em processo trabalhista originário da relação jurídica de emprego ou de trabalho, mas, também, contra ato administrativo que se enquadre na moldura do inciso VII do art. 114 da CF, bem como contra ato praticado por autoridade da Justiça do Trabalho, desde que, é claro, tal ato seja ilegal ou arbitrário e, paralelamente, viole direito, individual ou coletivo, líquido e certo.

4. CONDIÇÕES GENÉRICAS DA AÇÃO DE SEGURANÇA

Por ser uma ação cognitiva de natureza civil, o mandado de segurança está jungido às condições genéricas de toda e qualquer ação de tal natureza. Noutro falar, para que a ação de segurança possa ser admitida é preciso que estejam presentes: a) a legitimação ativa e a passiva; b) o interesse de agir; c) a possibilidade jurídica do pedido.

No âmbito da Justiça do Trabalho, onde o mandado de segurança se presta, em regra, a atacar ato jurisdicional, o legitimado ativo será geralmente a parte (empregado ou empregador) que figurar na relação jurídica processual da qual o *mandamus* é originário.

O substituto processual (CF, art. 8º, III) também poderá ser parte legítima para figurar no pólo ativo do *mandamus*.

Será legitimado, outrossim, o terceiro que demonstrar interesse jurídico e que tenha sofrido prejuízo (jurídico) em virtude do ato judicial praticado.

Dissemos "em regra" porque o servidor estatutário da Justiça do Trabalho também poderá figurar como autor de mandado de segurança contra ato administrativo praticado por autoridade, inclusive juiz, no exercício de função de natureza administrativa (LOMAN, art. 21, VI). Neste caso, a competência será da Justiça Especializada, segundo jurisprudência dominante do Pretório Excelso.

Igualmente, poderá impetrar mandado de segurança na Justiça do Trabalho o empregador que pretender questionar ato praticado pelas autoridade responsáveis pelos órgãos de fiscalização das relações de trabalho (CF, art. 114, VII).

No que concerne à legitimidade passiva, autoridade coatora será, regra geral, o juiz do trabalho ou juiz de direito investido na jurisdição trabalhista, o Tribunal ou um dos seus órgãos.

Admite-se, em casos raros, mandado de segurança contra ato praticado, nos dissídios trabalhistas, por serventuário detentor de autoridade, como é o caso do Chefe (Diretor) de Secretaria que deixa de cumprir, sem justificativa plausível ou com abuso de poder, as prescrições contidas nos arts. 712 e 720 da CLT.

O interesse de agir radica, como é sabido, no binômio necessidade-adequação. Com efeito, o processo não deve servir de meio para simples consulta acadêmica, mas um instrumento apto, posto à sua disposição pelo ordenamento jurídico, para cessar a lesão a seu direito subjetivo ou preveni-la.

É preciso, de outra parte, que a via eleita pelo autor seja adequada à obtenção do provimento jurisdicional solicitado. Se o réu, por exemplo, em vez de interpor recurso ordinário contra a sentença, preferir impetrar, de logo, mandado de segurança, será ele carecedor da ação, porquanto não possui interesse processual, por ser a via eleita inadequada ao fim colimado.

Por impossibilidade jurídica do pedido, sem embargo da revisão doutrinária feita pelo próprio *Liebman*, deve-se entender não a inexistência de norma legal que ampare o pedido formulado pelo autor, mas sim a existência de um veto legal a que tal pedido possa ser deferido pelo órgão jurisdicional, como ocorre, por exemplo, com a proibição de repetir o valor pago em decorrência de jogo de azar ou aposta. Aqui, o próprio direito material não pode ser outorgado pelo Judiciário.

5. Condições específicas da ação de segurança

Além das condições gerais, referidas no item precedente, que são comuns a todas as ações, a admissibilidade ou cabimento do mandado de segurança exige três condições (ou pressupostos, segundo alguns) específicas, a saber: o direito líquido e certo, a ilegalidade ou abuso de poder e o ato de autoridade pública.

5.1. Direito líquido e certo

Não há a desejável uniformidade doutrinária e jurisprudencial acerca do conceito da expressão "direito líquido e certo".

Direito líquido e certo, para *Hely Lopes Meirelles*, é

"o que se apresenta manifesto na sua existência, delimitado em sua extensão e apto a ser exercitado no momento da impetração. Por outras palavras, o direito invocado, para ser amparável por mandado de segurança, há de vir expresso em norma legal e trazer em si todos os requisitos e condições de sua aplicação ao impetrante: se a sua existência for duvidosa; se a sua extensão ainda não estiver delimitada; se o seu exercício depende de situações e fatos ainda indeterminados, não rende ensejo à segurança, embora possa ser defendido por outros meios judiciais"[1].

Nesse sentido, direito líquido e certo seria, então, o que estivesse expresso em norma legal, uma vez que a aquisição de um direito se concretiza pela conjugação de dois requisitos: uma situação fática qualificada sobre a qual incide um comando normativo, tornando-a apta a produzir certas conseqüências jurídicas.

Surge, neste passo, a seguinte indagação: direito líquido e certo é mérito ou condição especial da ação de segurança?

O entendimento adotado por *Hely Lopes Meirelles* vingou durante algum tempo. A evolução doutrinária e jurisprudencial, no entanto, passou a distinguir, com clareza, os dois momentos distintos de aferição do direito líquido e certo.

Da pena de *Lucia Valle Figueiredo* extrai-se que

"o direito líquido e certo aparece em duas fases distintas no mandado de segurança. Aparece, inicialmente, como condição da ação. É o direito líquido e certo, ao lado das demais condições de ação, requisito de admissibilidade do mandado de segurança. Em conseqüência, o próprio conceito de direito líquido e certo incide duas vezes. Incide de início no controle do juiz. Quando se apresenta a inicial, impende ao juiz verificar se há — como diz o Professor *Sérgio Ferraz* — a *plausibilidade da existência do direito líquido e certo*. O problema que se coloca, a seguir, é de como aparece o direito líquido e certo no final do mandado de segurança. É dizer, instruído o mandado de segurança, se ao juiz se apresentou o direito como líquido e certo inicialmente, mesmo assim poderá, a final, o juiz dizer que inexiste tal direito. Nessa oportunidade, abrem-se duas opções: é possível, com a vinda das informações, a verificação, pelo juiz, de que o direito, apresentado inicialmente como indene de controvérsias, não o é, por não ter o impetrante exposto todo o contexto factual. Em outro falar: não foram apresentados os fatos como efetivamente acontecidos. De conseguinte, o que parecera ao juiz extremamente plausível de existir, a lume da prova carreada aos autos, pode-se aferir que inexiste. É necessário deixar clara a existência de *dois momentos processuais diferentes*. No *primeiro momento*, há plausibilidade da existência do direito líquido e certo; no *segundo momento*, de cognição completa do mandado de segurança — portanto, na hora da sentença —, é possível a ocorrência de duas hipó-

---

(1) *Mandado de segurança, ação popular, ação civil pública, mandado de injunção,* habeas data. 12. ed. São Paulo: Revista dos Tribunais, 1989. p. 12-13.

teses. Primeiro, a inexistência daquela plausibilidade que parecera presente ao juiz. Neste caso, teremos a extinção sem julgamento de mérito; ou é possível, ainda, que a hipótese descrita na inicial não leve necessariamente àquela conclusão. Portanto, não há, pelo mérito, possibilidade de aquele impetrante vir a ser beneficiado pela concessão da ordem. Inexistindo direito líquido e certo, tal seja, havendo controvérsia factual, teremos, como conseqüência imediata, a inépcia da petição inicial, a extinção do mandado de segurança, baseada no art. 8º da própria lei de regência (Lei n. 1.533/51), cujo texto determina ao juiz, desde logo, a extinção da ação quando ausentes seus pressupostos ensejadores"[2].

Assim, direito líquido e certo, enquanto condição específica da ação assecuratória, é o que decorre de um fato que pode ser provado de plano, mediante prova exclusivamente documental, no momento da impetração do *mandamus*.

Nessa ordem, caso haja controvérsia quanto à comprovação documental do fato alegado na inicial, o que o juiz deve fazer é indeferir, *ab initio*, a petição inicial do *mandamus*.

Nesse sentido, o TST editou a Súmula n. 415:

> "MANDADO DE SEGURANÇA. ART. 284 DO CPC. APLICABILIDADE. (conversão da OJ n. 52 da SDI-II, Res. n. 137/05, DJU 22.8.2005). Exigindo o mandado de segurança prova documental pré-constituída, inaplicável se torna o art. 284 do CPC quando verificada, na petição inicial do *mandamus*, a ausência de documento indispensável ou de sua autenticação".

Se, ao revés, quando do exame dos documentos que instruem a inicial o juiz verificar que eles guardam estrita pertinência com os fatos nela narrados, deverá admitir a segurança. Aí, sim, admitida a ação, passará o juiz ao exame do mérito, denegando ou concedendo a segurança.

Colhe-se, por oportuno, o entendimento jurisprudencial do Pretório Excelso a respeito dos dois momentos processuais referidos:

> "MANDADO DE SEGURANÇA — DIREITO LÍQUIDO E CERTO — INDEFERIMENTO DA INICIAL — COMPETÊNCIA DO RELATOR — CF, ART. 5º, LXIX — LEI N. 1.533/51, ART. 1º E ART. 8º. I. Direito líquido e certo, que autoriza o ajuizamento do MS, diz respeito aos fatos. Se estes estão comprovados, de plano, é possível o aforamento do *writ*. Segue-se, então, a fase de acertamento da relação fático-jurídica, na qual o juiz faz incidir a norma objetiva sobre os fatos. Se, dessa incidência, entender o juiz nascido o direito subjetivo, deferirá a segurança. II. O relator poderá indeferir a inicial, se os fatos que embasam o direito invocado são controvertidos; mas o acertamento da relação fático-jurídica é da Corte" (STF — MS 21.188-1 (AgRg) — DF — TP — Rel. p/ o Ac. Min. Carlos Velloso — DJU 19.4.91).

---

(2) *Mandado de segurança*. 2. ed. São Paulo: Malheiros, 1997. p. 17-18.

Vale repetir, comprovada pelo impetrante a existência incontroversa dos fatos narrados na petição inicial, o mandado de segurança será admissível, desde que, é claro, estejam presentes os pressupostos processuais e as demais condições (genéricas) da ação.

Ultrapassada esta fase preambular, segue-se a "fase de acertamento", concernente ao mérito da segurança. Aqui sim é que o juiz verificará a possibilidade (ou não) de incidência da norma objetiva, invocada pelo impetrante, sobre os fatos articulados e provados por documentos que acompanham a petição inicial.

Os acórdãos abaixo nos dão a síntese do até aqui exposto:

> "Direito líquido e certo é o direito subjetivo que se baseia numa relação fático-jurídica, na qual os fatos, sobre os quais incide a norma objetiva, devem ser apresentados de forma incontroversa. Se os fatos não são induvidosos, não há que se falar em direito líquido e certo" (STF-MS 103.704, DJU 30.5.85, p. 8408).
>
> "CONSTITUCIONAL. ADMINISTRATIVO. DESAPRORIAÇÃO: REFORMA AGRÁRIA. MOTIVO DE FORÇA MAIOR: Lei n. 8.629/93, art. 6º, § 7º. UTILIZAÇÃO DE ÍNDICES PARA O CÁLCULO DO GUT E DO GEE. DIREITO DE DEFESA: DEVIDO PROCESSO LEGAL. I — Motivo de força maior não demonstrado (Lei n. 8.629/93, art. 6º, § 7º). II — Alegação de ofensa ao princípio isonômico pela utilização de índices diversos de índices utilizados em outro Estado: fatos, no ponto, controvertidos, inadmitida, no processo do mandado de segurança, a dilação probatória. III — Inexistência de prejuízo para a defesa, que impugnou, no procedimento administrativo, o laudo e interpôs os recursos cabíveis. Não tendo havido prejuízo para a defesa, não há falar em nulidade: *pas de nullité sans grief.* IV — Produtividade do imóvel: a ausência de dilação probatória, no processo do mandado de segurança, afasta a existência de direito líquido e certo, que pressupõe fatos incontroversos. V — Mandado de segurança indeferido" (STF-MS 24911/DF, rel. Min. Carlos Velloso, j. 9.9.2004, ac. TP, DJU 1.10.2004, p. 10).

5.2. ILEGALIDADE OU ABUSO DE PODER

Outra condição específica do mandado de segurança: o ato atacado deve ter sido praticado com ilegalidade ou abuso de poder.

A noção da expressão "abuso de poder" traz ínsita a de ilegalidade, pelo que perfeitamente dispensável a distinção entre ambas, para o fim de se aferir o cabimento do *writ*.

Assim, se o impetrante colaciona todos os documentos que comprovam a situação fática descrita na petição inicial (ou se os documentos requisitados à repartição pública forem suficientes para tal comprovação) e, concomitantemente, alegar que o ato atacado encontra-se em desconformidade com o direito objetivo, o órgão competente para a ação de segurança deverá admiti-la (ou conhecê-la, como preferem alguns) para, no mérito (ou fase de acertamento da relação fático-jurídica), conceder ou denegar o *writ*.

À guisa de ilustração, colhem-se os seguintes julgados, que bem espelham as assertivas *supra*:

> "O indeferimento da inicial somente se permite quando inexistir prova de *plano* do fato ou quando inexistir ato de autoridade, ilegal ou arbitrário" (TRF, 2ª Reg., MAS 89.02.12802-4, rel. Juiz Ney Magano Valladares, DJU 18.2.92, Parte II, p. 2980).
>
> "Não há falar-se em carência de ação, quando a base da alegação reside na ausência de direito líquido e certo a amparar, posto que isso constitui o mérito do próprio *mandamus*" (TRF, 4ª R., MAS 89.04.18601-3, DJU 7.2.90, Parte II, p. 1284).

5.3. Ato de autoridade pública

Finalmente, a última condição especial da ação de segurança é que o ato atacado tenha sido praticado por autoridade pública.

Não obstante o art. 1º, *caput*, da Lei n. 1.533/51 mencionar como destinatário da impugnação via segurança a "autoridade, seja de que categoria for e sejam quais forem as funções que exerça", cumpre lembrar que o art. 5º, LXIX, da Constituição consagra a possibilidade de impetração do mandado de segurança nos casos em que a violação ou ameaça de violação a direito subjetivo líquido e certo provier de "autoridade pública ou agente de pessoa jurídica no exercício de atribuições do poder público".

O conceito de autoridade pública há de ser entendido, a nosso ver, no sentido lato, nele estando incluídos não apenas os agentes da Administração Direta e Indireta (dirigentes das empresas públicas, sociedades de economia mista, autarquias e fundações públicas) como os agentes dos Poderes Executivo, Legislativo e Judiciário, desde que pratiquem ato na condição de autoridade pública.

Não se considera autoridade coatora, *v. g.*, o dirigente de uma empresa pública que pratica determinado ato trabalhista (transferência ilegal, por exemplo) na condição de representante legal daquela, pois, neste caso, ele apenas representa o empregador, que é pessoa jurídica de direito privado (CF, art. 173, § 1º).

A jurisprudência, para os fins do mandado de segurança, equipara o ato diretor de estabelecimento particular de ensino, quando do exercício de função delegada do poder público, ao de autoridade.

6. Cabimento na Justiça do Trabalho

Como já frisamos em linhas pretéritas, o mandado de segurança no âmbito da Justiça do Trabalho é utilizado, geralmente, contra ato jurisdicional. Todavia, com o advento da EC n. 45/2004, que inseriu os incisos I e VII ao art. 114 da CF, poderão surgir outros atos impugnáveis por mandado de segurança.

Analisaremos, a seguir, os atos judiciais comumente atacados por ação de segurança no processo do trabalho.

6.1. LIMINAR DEFERIDA EM AÇÃO CAUTELAR DE REINTEGRAÇÃO AO EMPREGO

Os recursos trabalhistas possuem, em regra, efeito meramente devolutivo, permitida a execução provisória até a penhora (CLT, art. 899). Como na execução das obrigações de fazer não há penhora, nada impediria a reintegração provisória do empregado detentor de estabilidade ou garantia no emprego. A reintegração provisória, portanto, não ofenderia direito líquido e certo do empregador, ainda que pendente recurso trabalhista (ordinário ou revista).

A jurisprudência majoritária, no entanto, aponta no sentido de que a reintegração do empregado detentor de estabilidade ou garantia no emprego só pode ser efetivada após o trânsito em julgado da sentença (ou acórdão) definitiva, e não em sede de ação acautelatória.

Com isso, tem-se entendido que o empregador tem direito líquido e certo a ver cassada a liminar deferida em ação cautelar que implique reintegração provisória do obreiro.

6.2. LIMINAR DEFERIDA EM RECLAMAÇÃO TRABALHISTA PARA TORNAR SEM EFEITO TRANSFERÊNCIA ILEGAL DE EMPREGADO

A situação aqui é diferente, na medida em que a liminar que determina a sustação da transferência de empregado encontra albergue no art. 659, IX, da CLT, que estabelece a competência privativa do Juiz do Trabalho para "conceder medida liminar, até decisão final do processo, em reclamações trabalhistas que visem tornar sem efeito transferência disciplinada pelos parágrafos do art. 469 desta Consolidação".

Dessa forma, não caberá mandado de segurança contra a decisão interlocutória que, no curso da reclamação trabalhista, determina a suspensão da transferência do empregado. Excepcionalmente, se o empregador-impetrante demonstrar, *quantum satis*, que a referida decisão acarretar-lhe-á prejuízo irreparável, pode ser o *mandamus* a única via para impedir sua insolvência.

6.3. LIMINAR DEFERIDA EM RECLAMAÇÃO TRABALHISTA QUE VISA A REINTEGRAR DIRIGENTE SINDICAL

Durante muito tempo, ao empregador era facultado suspender o dirigente sindical acusado de falta grave e ajuizar ação de inquérito para apuração dessa falta (CLT, art. 494). A suspensão, neste caso, perdurava até decisão final do processo.

Com o advento da Lei n. 9.270, de 17.4.1996, que acrescentou o inciso X ao art. 659 da CLT, a situação sofreu substancial alteração, porquanto o Juiz do Trabalho passou a ter competência para "conceder medida liminar, até decisão final do processo, em reclamações trabalhistas que visem reintegrar no emprego dirigente sindical afastado, suspenso ou dispensado pelo empregador".

É importante ressaltar que, mesmo antes da Lei n. 9.270, já havíamos firmado posição no sentido de que a garantia no emprego do dirigente sindical, por encontrar residência na Constituição Federal e ter por destinatária toda uma categoria de trabalhadores, autorizaria a concessão de liminar em sede de ação cautelar, já que estariam presentes o *periculum in mora* (a demora da prestação jurisdicional colocaria em risco a defesa organizada da categoria profissional) e o *fumus boni iuris* (o dirigente só pode ser dispensado mediante inquérito judicial — Súmula n. 197 do STF).

Agora, com maior razão, não vemos como não admitir a reintegração liminar do dirigente sindical afastado, suspenso ou dispensado pelo empregador. E a reintegração, aqui, assume feição de tutela antecipatória do mérito, e resulta de expressa disposição de lei. Contra ela, por via de conseqüência, não cabe mandado de segurança. Esse, porém, não é o entendimento do TST, como veremos no item 2.6.21, *infra*.

6.4. TUTELA ANTECIPADA EM RECLAMAÇÃO TRABALHISTA

Para deferir tutela antecipada o juiz deverá levar em conta a possibilidade de reversão do ato judicial ao estado anterior. Se houver perigo de irreversibilidade do provimento antecipatório, o juiz não deve deferi-lo.

Julgamos perfeitamente cabível a tutela antecipada nos domínios do processo do trabalho, ante a omissão do texto obreiro e a compatibilidade dos institutos inerentes a esse ramo do direito com o disposto nos arts. 273 e 461, § 4º, do CPC.

De tal arte, da tutela antecipada que determina a reintegração de "cipeiro" (ADCT, art. 10, II, *a*), gestante (*idem*, *b*), representante dos trabalhadores no Conselho Curador do FGTS (Lei n. 8.036, art. 3º, § 9º) ou no Conselho Nacional de Previdência Social (Lei n. 8.213/91, art. 3º, § 7º), ou, ainda, a readmissão de empregado anistiado (Lei n. 8.878/94), não caberá, em princípio, mandado de segurança, pois, nestes casos, ou em qualquer outro no qual se verifique a reintegração de empregado, não há o perigo da irreversibilidade acima referido, já que em relação aos salários pagos pelo empregador haverá, enquanto perdurar a demanda, a contraprestação do serviço pelo trabalhador.

Acresce que o art. 461, § 3º, do CPC, que trata da tutela específica da obrigação de fazer ou não fazer, preceitua que, sendo relevante o fundamento da demanda e havendo justificado receio de ineficácia do provimento final, é lícito ao juiz conceder a tutela liminarmente ou mediante justificação prévia, citado o réu.

Observa-se que, em se tratando de execução de tutela antecipada nas ações que tenham por objeto obrigação de fazer (CPC, art. 461) — ao contrário do que acontece com a tutela antecipada das obrigações de dar —, não há remissão aos incisos II e III do art. 588 do digesto processual civil, ou seja, não há óbice legal à execução provisória da tutela antecipatória das obrigações de fazer ou não fazer, o que não empolga, em princípio, o cabimento do mandado de segurança.

Colaciona-se, por oportuno, o seguinte acórdão, que, embora invocando o art. 273 do CPC, deixa implícita a aplicação, na espécie, do art. 461, § 3º, do mesmo Código:

> "ANTECIPAÇÃO DA TUTELA JURISDICIONAL (LEI N. 8.952/94) — READMISSÃO DE EX-EMPREGADOS ANISTIADOS — POSSIBILIDADE. É possível a concessão, via liminar, do provimento antecipado de que trata o art. 273 do CPC, com a nova redação da Lei n. 8.952/94, para determinar a readmissão de ex-empregados anistiados pela Lei n. 8.878/94, uma vez demonstrada a plausibilidade e a periclitância do direito invocado. Inexiste, no caso, perigo de irreversibilidade dos efeitos da medida, eis que os salários pagos no período serão retribuídos pelo labor despendido, satisfazendo, assim, o disposto no § 2º do art. 273 do CPC (nova redação), e evitando, conseqüentemente, na hipótese de condenação, dano irreparável para a própria impetrante. Ao contrário, se acolhida a segurança impetrada, o perigo de dano para a impetrante é ainda maior, porquanto, uma vez condenada, terá que pagar salários vencidos, sem haver recebido a correspondente prestação de serviços. Segurança denegada" (TRT 18ª R. — MS 017/95 — Ac. 1981/95 — Rel. Juiz Heiler Alves da Rocha — DJGO 28.8.95).

O TST, entretanto, não comunga de tal tese, como se depreende da Súmula n. 414:

> "MANDADO DE SEGURANÇA. ANTECIPAÇÃO DE TUTELA (OU LIMINAR) CONCEDIDA ANTES OU NA SENTENÇA (conversão das OJs ns. 50, 51, 58, 86 e 139 da SDI-II — Res. n. 137/05 — DJ 22.8.2005) I — A antecipação da tutela concedida na sentença não comporta impugnação pela via do mandado de segurança, por ser impugnável mediante recurso ordinário. A ação cautelar é o meio próprio para se obter efeito suspensivo a recurso. II — No caso da tutela antecipada (ou liminar) ser concedida antes da sentença, cabe a impetração do mandado de segurança, em face da inexistência de recurso próprio. III — A superveniência da sentença, nos autos originários, faz perder o objeto do mandado de segurança que impugnava a concessão da tutela antecipada (ou liminar)."

A Súmula n. 414 incorporou diversas OJs da SDI-2, facilitando a sistematização das hipóteses de cabimento ou não do mandado de segurança que tenha por objeto impugnar decisões interlocutórias concessivas de antecipação de tutela ou liminar, antes ou na própria sentença, além de explicitar a carência superveniente do mandado de segurança quando houver sentença posteriormente à impetração dispondo sobre a liminar ou antecipação de tutela.

6.5. PENHORA DE DINHEIRO EM CONTA CORRENTE DO DEVEDOR

À luz do art. 882 da CLT, o "executado que não pagar a importância reclamada poderá garantir a execução mediante depósito da mesma, atualizada e acrescida das despesas processuais, ou nomeando bens à penhora, observada a ordem preferencial estabelecida no art. 655 do Código de Processo Civil".

Tem-se verificado no cotidiano forense a prática de o executado nomear bens à penhora sem observar a gradação prevista no art. 655 do CPC.

O exeqüente, por sua vez, sabedor da existência de dinheiro do executado depositado em conta corrente bancária, solicita ao juiz que a penhora recaia sobre ele. O executado, então, alegando ser detentor de direito líquido e certo de nomear bens que não o dinheiro depositado, impetra mandado de segurança contra a decisão que atende ao pedido da exeqüente.

Há alguns julgados concedendo a segurança em casos tais.

Para nós, o *mandamus* mostra-se absolutamente incabível, na espécie, pois a CLT não é omissa a respeito da conduta do devedor na execução. Ao revés, mostra-se inválida, salvo convindo ao exeqüente a nomeação de bens à penhora que não observe a regra dos arts. 882 da CLT e 655 do CPC.

6.6. TORNAR INEXIGÍVEL SENTENÇA EM AÇÃO DE CUMPRIMENTO REFORMADA POR ACÓRDÃO EM RECURSO ORDINÁRIO DE SENTENÇA NORMATIVA

Esta hipótese está contemplada na Súmula n. 397 do TST:

> "AÇÃO RESCISÓRIA. ART. 485, IV, DO CPC. AÇÃO DE CUMPRIMENTO. OFENSA À COISA JULGADA EMANADA DE SENTENÇA NORMATIVA MODIFICADA EM GRAU DE RECURSO. INVIABILIDADE. CABIMENTO DE MANDADO DE SEGURANÇA. Não procede ação rescisória calcada em ofensa à coisa julgada perpetrada por decisão proferida em ação de cumprimento, em face de a sentença normativa, na qual se louvava, ter sido modificada em grau de recurso, porque em dissídio coletivo somente se consubstancia coisa julgada formal. Assim, os meios processuais, aptos a atacarem a execução da cláusula reformada, são a exceção de pré-executividade e o mandado de segurança, no caso de descumprimento do art. 572 do CPC".

Segundo a Súmula n. 397 do TST, não cabe ação recisória, e sim mandado de segurança ou exceção de pré-executividade, para desconstituir sentença transitada em julgado em ação de cumprimento, quando o recurso ordinário interposto de sentença normativa implicar a improcedência, total ou parcial, ou extinção sem julgamento do mérito, do próprio dissídio coletivo ou do(s) pedido(s) ou cláusula(s) nele contante(s).

A Súmula deixa claro que a ação de cumprimento da sentença normativa pode ser ajuizada independentemente do trânsito em julgado da sentença normativa.

Todavia, a sentença proferida na ação de cumprimento, ainda que transitada em julgado, pode se tornar autêntico título inexigível, desde que o recurso interposto da sentença normativa implicar modificação da cláusula deferida.

Não nos parece correta a tese de que a sentença normativa só faz coisa julgada formal, pois se o art. 2º, I c, da Lei n. 7.701, de 21.12.88, prevê a competência da SDC-TST para "julgar as ações rescisórias propostas contra suas sentenças normativas", então é porque a sentença normativa pode produzir coisa julgada material, na medida em que somente esta desafia a ação rescisória.

6.7. PROSSEGUIMENTO DA PARTE INCONTROVERSA DA EXECUÇÃO

Há quem sustente a invalidade do prosseguimento parcial da execução, quando apenas parte da obrigação de pagar for impugnada por agravo de petição.

O TST, no entanto, editou a Súmula n. 416, que diz:

> "MANDADO DE SEGURANÇA. EXECUÇÃO. LEI N. 8.432/92. ART. 897, § 1º, DA CLT. CABIMENTO. Devendo o agravo de petição delimitar justificadamente a matéria e os valores objeto de discordância, não fere direito líquido e certo o prosseguimento da execução quanto aos tópicos e valores não especificados no agravo."

De acordo com a Súmula n. 416, improcede a ação de mandado de segurança se este tiver por objeto atacar o ato do juízo de primeiro grau que determina o prosseguimento da execução nos termos do art. 897, § 1º, da CLT, referentemente à parte incontroversa da obrigação de pagar constante do título executivo.

6.8. PENHORA ON LINE

Situação corriqueira nas lindes forenses é da chamada penhora (ou bloqueio) *on line*.

Visando uniformizar a interpretação dos art. 655 e 620 do CPC, o TST editou a Súmula n. 417:

> "MANDADO DE SEGURANÇA. PENHORA EM DINHEIRO (conversão das OJs ns. 60, 61 e 62 da SDI-II — Res. n. 137/05 — DJ 22.8.2005):
>
> I — Não fere direito líquido e certo do impetrante o ato judicial que determina penhora em dinheiro do executado, em execução definitiva, para garantir crédito exeqüendo, uma vez que obedece à gradação prevista no art. 655 do CPC. (ex-OJ n. 60 — inserida em 20.9.2000):
>
> II — Havendo discordância do credor, em execução definitiva, não tem o executado direito líquido e certo a que os valores penhorados em dinheiro fiquem depositados no próprio banco, ainda que atenda aos requisitos do art. 666, I, do CPC (ex-OJ n. 61 — inserida em 20.9.2000):
>
> III — Em se tratado de execução provisória, fere direito líquido e certo do impetrante a determinção de penhora em dinheiro, quando nomeados outros bens à penhora, pois o executado tem direito a que a execução se processe da forma que lhe seja menos gravosa, nos termos do art. 620 do CPC (ex-OJ n. 62 — inserida em 20.9.2000)."

Tal verbete sumular prevê que não deve ser concedida a segurança impetrada contra ato judicial que determina, em execução definitiva, a penhora em dinheiro, pois este é o primeiro bem penhorável no rol do art. 655 do CPC.

Assim, o chamado bloqueio *on line* do Convênio BACEN JUD, em execução definitiva, não implica violação a direito líquido e certo do executado a ser protegido por mandado de segurança.

Se o executado-impetrante for instituição bancária, não há direito líquido e certo a ser protegido por mandado de segurança para que o dinheiro fique depositado no próprio banco, salvo se houver concordância do exeqüente.

Há, porém, segundo o TST, direito líquido e certo a ser amparado por mandado de segurança, para tornar insubsistente a penhora em dinheiro em se tratando de execução provisória. Parece-nos que a execução provisória segue as mesmas regras da definitiva, sendo certo que a penhora não implica expropriação, e sim mera constrição do bem (dinheiro).

6.9. NÃO-CONCESSÃO DE LIMINAR OU NÃO-HOMOLOGAÇÃO DE ACORDO

A decisão que não concede liminar, bem como a decisão que nega a homologação de acordo entabulado entre as partes não ferem direito líquido e certo ser amparado em mandado de segurança, pois em ambos os casos estamos diante do poder discricionário do juiz. É o que se infere da Súmula n. 418 do TST:

> "MANDADO DE SEGURANÇA VISANDO À CONCESSÃO DE LIMINAR OU HOMOLOGAÇÃO DE ACORDO (conversão das OJs ns. 120 e 141 da SDI-II, Res. n. 137/05, DJU 22.8.2005). A concessão de liminar ou a homologação de acordo constituem faculdade do juiz, inexistindo direito líquido e certo tutelável pela via do mandado de segurança."

De toda a sorte, pensamos que a decisão denegatória de liminar ou que se abstém de homologar acordo deve ser sempre fundamentada. Vale dizer, se a causa de pedir no mandado de segurança for a inexistência de fundamentação da decisão impugnada, cremos existir direito líquido e certo a ser protegido por este remédio constitucional.

6.10. LIQUIDAÇÃO EXTRAJUDICIAL E SUSPENSÃO DA EXECUÇÃO

Já vimos, no item 17 do Capítulo XIX, que a liquidação extrajudicial da empresa executada não suspende a execução.

Destarte, não cabe mandado de segurança que tenha por objeto a suspensão da execução movida em face da empresa em liquidação extrajudicial, ainda que se trate de sociedade cooperativa.

Nesse sentido, a OJ n. 53 da SDI-2/TST:

> "MANDADO DE SEGURANÇA. COOPERATIVA EM LIQUIDAÇÃO EXTRAJUDICIAL. LEI N. 5.764/1971, ART. 76. INAPLICÁVEL. NÃO SUSPENDE A EXECUÇÃO (INSERIDO EM 20.9.2000). A liqüidação extrajudicial de sociedade cooperativa não suspende a execução dos créditos trabalhistas existentes contra ela."

6.11. AJUIZAMENTO ANTERIOR DE EMBARGOS DE TERCEIRO

Não deve ser admitido o mandado de segurança se existir ação de embargos de terceiro anteriormente ajuizada pelo impetrante. Isso porque, se existir no ordenamento ação (ou recurso) capaz de invalidar ou tornar insubsistente o ato judicial atacado, o mandado de segurança se mostra incabível, na espécie, a teor do art. 5º, II, da Lei n. 1.533/51.

Nesse passo, a SDI-2 do TST sedimentou a OJ n. 54, nos seguintes termos:

> "MANDADO DE SEGURANÇA. EMBARGOS DE TERCEIRO. CUMULAÇÃO. PENHORA. INCABÍVEL (nova redação — DJU 22.8.2005). Ajuizados embargos de terceiro (art. 1046 do CPC) para pleitear a desconstituição da penhora, é incabível a interposição de mandado de segurança com mesma finalidade."

Ressalvada a impropriedade do termo "interposição de mandado de segurança", pois interpor é "por entre", ou seja, o recurso é interposto por estar entre a sentença e o acórdão, já o mandado de segurança é ação. Logo, mandado de segurança não é interposto, e sim impetrado, ajuizado, proposto etc. No mais, a OJ n. 54 está conforme o inciso II do art. 5º da Lei n. 1.533/51.

6.12. EXECUÇÃO NA PENDÊNCIA DE RECURSO EXTRAORDINÁRIO

Não obstante a literalidade do art. 893, § 2º, da CLT, segundo o qual a "interposição de recurso extraordinário não prejudicará a execução do julgado", o certo é que existe grande cizânia a respeito.

Para nós, esta norma consolidada autoriza a interpretação de que é definitiva a execução trabalhista quando pendente recurso extraordinário, conforme demonstramos na epígrafe 7.5.1 do Capítulo XVIII.

A SDI-2 do TST, no entanto, adotou a OJ n. 56:

> "MANDADO DE SEGURANÇA. EXECUÇÃO. PENDÊNCIA DE RECURSO EXTRAORDINÁRIO. Não há direito líquido e certo à execução definitiva na pendência de Recurso Extraordinário, ou de Agravo de Instrumento visando a destrancá-lo."

6.13. AVERBAÇÃO DE TEMPO DE SERVIÇO

Trata-se da hipótese de decisão proferida por órgão da Justiça do Trabalho que declara a existência de vínculo empregatício e determina que o INSS reconheça ou averbe o tempo de serviço para fins previdenciários.

Tal decisão, segundo o TST, fere direito líquido e certo da autarquia previdenciária (INSS), segundo se infere da OJ n. 57 da SDI-2:

> "MANDADO DE SEGURANÇA. INSS. TEMPO DE SERVIÇO. AVERBAÇÃO E/ OU RECONHECIMENTO. Conceder-se-á Mandado de Segurança para impugnar ato que determina ao INSS o reconhecimento e/ou averbação de tempo de serviço."

6.14. PENHORA DE CARTA DE FIANÇA BANCÁRIA EM LUGAR DE DINHEIRO

A carta de fiança bancária, devido a sua liquidez, certeza e segurança, tem o mesmo valor jurídico do dinheiro. Logo, é ilegal a decisão que rejeita a nomeação, pelo executado, de carta de fiança bancária à penhora em lugar de dinheiro, o que empolga a impetração de mandado de segurança para atacar tal ato judicial.

Nesse sentido, a SDI-2 do TST editou a OJ n. 59, *in verbis:*

> "MANDADO DE SEGURANÇA. PENHORA. CARTA DE FIANÇA BANCÁRIA (INSERIDO EM 20.9.2000). A Carta de Fiança Bancária equivale a dinheiro para efeito da gradação dos bens penhoráveis, estabelecida no art. 655 do CPC."

Ao admitir a impetração do mandado de segurança, o TST deixa transparecer que a decisão que não aceita a indicação de carta de fiança bancária à penhora pelo devedor é tipicamente interlocutória não terminativa do feito. Isso significa que tal decisão, por não poder ser impugnada por recurso (agravo de petição), pode ser atacada por mandado de segurança, por violar direito líquido e certo do impetrante.

6.15. SENTENÇA HOMOLOGATÓRIA DA ADJUDICAÇÃO

Não há, em doutrina, uniformidade acerca do remédio próprio para atacar o ato judicial que homologa a adjudicação.

Há duas correntes doutrinárias distintas.

A primeira sustenta que o remédio próprio é o agravo de petição, pois é o recurso cabível para atacar qualquer decisão na execução (CLT, art. 897, *a*).

A segunda corrente admite que tal decisão é irrecorrível, mas pode ser impugnada por ação autônoma incidental à execução: os embargos à adjudicação.

O TST cerrou fileira com a segunda corrente, como se deduz da OJ n. 66 da SDI-2:

> "MANDADO DE SEGURANÇA. SENTENÇA HOMOLOGATÓRIA DE ADJUDICAÇÃO. INCABÍVEL (INSERIDO EM 20.9.2000). Incabível o Mandado de Segurança contra sentença homologatória de adjudicação, uma vez que existe meio próprio para impugnar o ato judicial, consistente nos embargos à adjudicação (CPC, art. 746)."

A nosso ver, a posição do TST está correta, porquanto não deve ser admitido o mandado de segurança contra ato judicial que pode ser impugnado por recurso ou ação, sendo permitida, neste último caso, a interpretação extensiva do inciso II do art. 5º da Lei n. 1.533/51.

6.16 ARBITRAMENTO DE NOVO VALOR À CAUSA

Contra ato judicial que, de ofício, arbitra novo valor à causa, implicando majoração das custas processuais, não cabe mandado de segurança, pois a parte pode, ao final, interpor recurso ordinário e postular, preliminarmente, a nulidade desta parte da sentença.

Caso o juízo de piso denegue o seguimento do recuso ordinário, a parte pode interpor agravo de instrumento, cujo objeto repousará justamente na ilegalidade da deserção decretada.

Como cabe recurso (ordinário e agravo de instrumento) da decisão que, de ofício, arbitra novo valor à causa, não deve ser admitido o mandado de segurança. Inteligência do inciso II do art. 5º da Lei n. 1.533/51.

Nesse sentido, a SDI-2/TST editou a OJ n. 88:

> "Incabível a impetração de mandado de segurança contra ato judicial que, de ofício, arbitrou novo valor à causa, acarretando a majoração das custas processuais, uma vez que cabia à parte, após recolher as custas, calculadas com base no valor dado à causa na inicial, interpor recurso ordinário e, posteriormente, agravo de instrumento no caso de recurso ser considerado deserto".

A OJ n. 92 da mesma SDI-2 corrobora a tese do não-cabimento do mandado de segurança quando há recurso próprio, ainda que com efeito diferido (futuro), para atacar a decisão impugnada.

6.17. AUTENTICAÇÃO DE CÓPIAS

Salvo na hipótese em que o requerente litiga sob o pálio da assistência judiciária ou tenha recebido o benefício da gratuidade, não deve ser concedido o mandado de segurança que tenha por objeto a autenticação de peças extraídas do processo principal pelas Secretarias dos Tribunais ou das Varas do Trabalho para formação do agravo de instrumento.

A decisão que denega a referida autenticação não fere direito líquido e certo do impetrante, conforme jurisprudência consubstanciada na OJ n. 91 da SDI-2/TST:

> "MANDADO DE SEGURANÇA. AUTENTICAÇÃO DE CÓPIAS PELAS SECRETARIAS DOS TRIBUNAIS REGIONAIS DO TRABALHO. REQUERIMENTO INDEFERIDO. ART. 789. § 9º, DA CLT. Não sendo a parte beneficiária da assistência judiciária gratuita, inexiste direito líquido e certo à autenticação, pelas Secretarias dos Tribunais, de peças extraídas do processo principal, para formação do agravo de instrumento."

É importante lembrar que, em se tratando de agravo de instrumento, o próprio advogado pode autenticar, sob sua responsabilidade, as peças trasladadas para formação do instrumento, nos termos do item IX da IN n. 16/99 do TST.

Além disso, o art. 365, inciso IV, do CPC, com redação dada pela Lei n. 11.382/06, passou a dispor que fazem a mesma prova que os originais, "as cópias reprográficas de peças do próprio processo judicial declaradas autênticas pelo próprio advogado sob sua responsabilidade pessoal, se não lhes for impugnada a autenticidade".

6.18. PENHORA SOBRE PARTE DA RENDA DA EMPRESA EXECUTADA

Quando a penhora recai sobre parte da renda de estabelecimento comercial, o TST vem admitindo mandado de segurança que tenha por objeto reduzir o percentual fixado pela decisão impugnada, quando comprovado pelo impetrante o comprometimento do desenvolvimento regular das atividades econômicas da empresa.

É o que prevê a OJ n. 93 da SDI-2 do TST:

> "MANDADO DE SEGURANÇA. POSSIBILIDADE DA PENHORA SOBRE PARTE DA RENDA DE ESTABELECIMENTO COMERCIAL. É admissível a penhora sobre a renda mensal ou faturamento de empresa, limitada a determinado percentual, desde que não comprometa o desenvolvimento regular de suas atividades."

6.19. DEPÓSITO PRÉVIO DE HONORÁRIOS PERICIAIS

De acordo com a OJ n. 98 da SDI-2 do TST, é cabível mandado de segurança para atacar exigência de depósito prévio de honorários periciais.

Segundo essa orientação jurisprudencial, é "ilegal a exigência de depósito prévio para custeio dos honorários periciais, dada a incompatibilidade com o processo do trabalho, sendo cabível o mandado de segurança visando à realização da perícia, independentemente do depósito."

Ocorre que a ampliação da competência da Justiça do Trabalho (EC n. 45/04) para outras ações oriundas da relação de trabalho distinta da relação de emprego exigirá alteração parcial da referida orientação jurisprudencial, na medida em que não se mostra incompatível a exigência de honorários periciais prévios nas lides em que o requerente da prova pericial não for empregado ou trabalhador hipossuficiente econômico. Afinal é o processo que deve se adaptar à natureza da lide, e não o contrário.

6.20. ESGOTAMENTO DAS VIAS RECURSAIS

Não cabe mandado de segurança contra decisão judicial quando já esgotadas as vias recusais existentes na mesma relação processual.

Esse é o entendimento constante da OJ n. 99 da SDI-2 do TST:

> "MANDADO DE SEGURANÇA. ESGOTAMENTO DE TODAS AS VIAS PROCESSUAIS DISPONÍVEIS. TRÂNSITO EM JULGADO FORMAL. DESCABIMENTO. Esgotadas as vias recursais existentes, não cabe mandado de segurança."

Essa orientação jurisprudencial está em sintonia com o entedimento sedimentado de que não cabe mandado de segurança contra coisa julgada, ainda que meramente formal. De modo que, exauridas as possibilidades de impugnação da decisão judicial, seja por recurso ou por ação autônoma, como a rescisória ou anulatória, não caberá mandado de segurança.

6.21. Suspensão do empregado estável para ajuizamento de inquérito

Tendo em vista a regra prevista no art. 494 da CLT, o empregado acusado de falta grave poderá ser suspenso de suas funções, mas a sua despedida só se tornará efetiva após o inquérito em que se verifique a procedência da acusação.

Com base na referida regra, a SDI-2 do TST editou a OJ n. 137, segundo a qual "constitui direito líquido e certo do empregador a suspensão do empregado, ainda que detentor de estabilidade sindical, até a decisão final do inquérito em que se apure a falta grave a ele imputada, na forma do art. 494, *caput* e parágrafo único, da CLT."

A OJ n. 137 não se atrita com a OJ n. 142, ambas da mesma SDI-2 do TST, pois esta trata de antecipação de tutela requerida pelo empregado portador de estabilidade ou garantia no emprego; aquela, do ato do empregador que, antes de ajuizar o inquérito para apuração de falta grave, suspende o empregado.

Assim, se o empregado portador de estabilidade ou garantia no emprego, ao receber informação de que o seu contrato de trabalho estará suspenso, ajuizar ação trabalhista, com pedido de antecipação de tutela, poderá ser reintegrado liminarmente ao emprego, sem que se possa falar em direito líquido e certo do empregador em cassar a tutela antecipatória concedida.

Todavia, se o empregador suspender o empregado e ajuizar o inquérito antes da propositura da ação trabalhista com pedido de reintegração em liminar ou antecipação de tutela, não haverá direito líquido e certo para empregado ser reintegrado, pois o empregador é que tem o direito líquido e certo de manter afastado empregado até o final do processo, isto é, até a coisa julgada que se formará na ação de inquérito.

Resumindo, tudo vai depender da iniciativa da propositura da ação, pois ambos têm direitos líquidos e certos.

6.22. Cobrança de honorários advocatícios previstos em contrato de natureza civil

Segundo dispõe a OJ n. 138 da SDI-2 do TST:

> "MANDADO DE SEGURANÇA. INCOMPETÊNCIA DA JUSTIÇA DO TRABALHO. COBRANÇA DE HONORÁRIOS ADVOCATÍCIOS. CONTRATO DE NATUREZA CIVIL. A Justiça do Trabalho é incompetente para apreciar ação de cobrança de honorários advocatícios, pleiteada na forma do art. 24, §§ 1º e 2º, da Lei n. 8.906/ 1994, em face da natureza civil do contrato de honorários".

Segundo esse verbete, a Justiça do Trabalho é incompetente para ação de cobrança de honorários advocatícios previstos em contrato de prestação de serviços celebrado entre o cliente e o advogado. Logo, não cabe mandado de segurança impetrado pelo advogado contra a decisão que, em sede de reclamação trabalhista, declara a incompetência da Justiça do Trabalho para processar e julgar a referida ação de cobrança.

Não obstante, é imperioso lembrar que a ampliação da competência da Justiça do Trabalho para processar e julgar ações oriundas da relação de trabalho (CF, art. 114, I), parece-nos que a ação de cobrança de honorários do advogado previstos no contrato particular de prestação de serviços advocatícios passou a ser da competência da Justiça do Trabalho.

Sabe-se, porém, que haverá uma zona fronteiriça para precisar tal competência, uma vez que a relação entre o advogado (prestador do serviço) e o cliente (tomador do serviço) poderá ser enquadrada como **relação de consumo**, caso em que o advogado será **fornecedor de serviço** e o cliente será **consumidor**, desde que este último utilize o serviço como destinatário final. Neste caso, a Justiça do Trabalho seria incompetente segundo nosso entendimento.

Em síntese, fixada a premissa de que se trata de relação de trabalho, regulada pelo contrato de prestação de serviços do Código Civil, será da Justiça do Trabalho a competência para ação de cobrança de honorários previstos em contrato de prestação de serviços advocatícios, o que exigirá o cancelamento da OJ n. 138 da SDI-2 do TST.

6.23. LIMINAR CONCEDIDA OU NEGADA EM OUTRO MANDADO DE SEGURANÇA

O TST firmou o entendimento de que é incabível o mandado de segurança contra decisão que deferiu ou indeferiu liminar em outro mandado de segurança.

É o que vaticina a OJ n. 140 da SDI-2, *in verbis:*

> "MANDADO DE SEGURANÇA CONTRA LIMINAR, CONCEDIDA OU DENEGADA EM OUTRA SEGURANÇA. INCABÍVEL. (Art. 8º da Lei n. 1.533/51). Não cabe mandado de segurança para impugnar despacho que acolheu ou indeferiu liminar em outro mandado de segurança."

Tirante a observação de que o ato judicial que acolhe ou indefere liminar não é despacho, e sim decisão interlocutória, parece-nos que a orientação jurisprudencial ora focalizada deve adequar-se à nova competência da Justiça do Trabalho, pois o mandado de segurança era exclusivamente da competência funcional e originária dos Tribunais Trabalhistas. Logo, à decisão deferitória ou indeferitória de liminar proferida pelo Relator caberia apenas agravo regimental, como já vimos ao estudarmos essa espécie recursal.

Ocorre que, por força da EC n. 45/04, o Juiz da Vara do Trabalho também passou a ser competente para processar e julgar mandado de segurança, mormente se este tiver por objeto atacar decisão dos órgãos de fiscalização do trabalho (CF, art. 114, VII). De modo que, nesse caso, a decisão do Juiz da primeira instância que deferir ou indeferir liminar em mandado de segurança, por ser tipicamente interlocutória e não desafiar nenhum recurso, afigura-se-nos cabível, em tese, o mandado de segurança para atacá-la.

6.24. PROIBIÇÃO DE PRÁTICA DE ATOS JUDICIAIS FUTUROS

Como a ação de segurança é remédio destinado a proteger direito líquido e certo, o TST acabou criando um obstáculo — embora não tenha mencionado isso expressamente na OJ n. 144 da SDI-2 — ao cabimento do mandado de segurança preventivo na Justiça do Trabalho.

Além disso, a referida OJ n. 144 diz explicitamente que o "mandado de segurança não se presta à obtenção de uma sentença genérica, aplicável a eventos futuros, cuja ocorrência é incerta".

6.25. PAGAMENTO DAS CUSTAS PARA INTERPOSIÇÃO DE RECURSO ORDINÁRIO EM MANDADO DE SEGURANÇA

Da decisão final — terminativa ou definitiva — proferida em mandado de segurança:

a) por Tribunal Regional do Trabalho, caberá recurso ordinário para o TST (CLT, art. 895, *b*).

b) por Juiz da Vara do Trabalho, como na hipótese de mandado de segurança contra penalidade administrativa aplicada por órgão de fiscalização das relações de trabalho (CF, art. 114, VII), caberá recurso ordinário para o TRT.

Nas duas hipótese acima, o recorrente, salvo se for destinatário da assistência judiciária gratuita ou isento (CLT, art. 790-A), deverá efetuar e comprovar o pagamento das custas no prazo recursal.

É o que se infere da OJ n. 148 da SDI-2 do TST:

> "CUSTAS. MANDADO DE SEGURANÇA. RECURSO ORDINÁRIO. EXIGÊNCIA DO PAGAMENTO. É responsabilidade da parte, para interpor recurso ordinário em mandado de segurança, a comprovação do recolhimento das custas processuais no prazo recursal, sob pena de deserção."

6.26. PRAZO

O prazo para impetração do mandado de segurança, nos termos do art. 18 da Lei n. 1.533/51, é de 120 dias contados da data da ciência, pelo impetrante do ato que causou lesão a seu direito líquido e certo. Trata-se de prazo decadencial e, segundo o STF: "É constitucional lei que fixa o prazo de decadência para a impetração de mandado de segurança" (Súmula n. 632).

Na hipótese de mandado de segurança preventivo, ao que nos parece, não há falar em prazo para a impetração da segurança.

7. Mandado de segurança coletivo

O mandado de segurança coletivo é um remédio constitucional inserido no rol dos direitos e garantias constitucionais fundamentais, tal como desenhado no art. 5º, LXX, alíneas *a* e *b*, da Constituição Federal, *in verbis*:

> "LXX — o mandado de segurança coletivo pode ser impetrado por:
>
> a) partido político com representação no Congresso Nacional;
>
> b) organização sindical, entidade de classe ou associação legalmente constituída e em funcionamento há pelo menos um ano, em defesa dos interesses de seus membros ou associados."

A leitura atenta do preceptivo em causa revela, de início, que o legislador constituinte não se preocupou com o objeto do *mandamus* coletivo, mas, tão-somente com o seu aspecto subjetivo, isto é, apenas arrolou as pessoas ou entidades que teriam *legitimatio ad causam* para impetrá-lo, sendo certo que entre elas não figura expressamente o Ministério Público.

No âmbito do processo do trabalho, o mandado de segurança coletivo mostrava-se de difícil cabimento, pois a Justiça Especializada só era competente para conhecer e julgar demandas oriundas da relação de emprego ou, na forma da lei, da relação de trabalho (CF, art. 114, em sua redação original). E essas relações por serem juridicamente contratuais, não ensejam a prática de ato de autoridade que possa ser acoimado de ilegal ou arbitrário, ainda que o empregador seja pessoa jurídica de direito público.

Poder-se-ia conjeturar com o mandado de segurança coletivo contra ato judicial, como, por exemplo, na hipótese de uma ação civil pública, ajuizada pelo MPT ou por sindicato em defesa dos interesses coletivos ou individuais homogêneos dos trabalhadores, com pedido de liminar indeferido pelo juiz da Vara do Trabalho. Nesse caso, considerando-se o princípio da irrecorribilidade imediata das decisões interlocutórias, pensamos ser permitido ao sindicato ou ao MPT impetrar a ação de segurança coletiva contra tal decisão.

Ora, se se trata de lide coletiva, não nos parece razoável que o tradicional mandado de segurança individual seja adequadamente capaz de propiciar a efetiva tutela dos referidos interesses metaindividuais.

Sem embargo da cizânia em torno do cabimento do mandado de segurança coletivo para proteger direitos ou interesses difusos, coletivos e individuais homogêneos, pode-se dizer que há certo consenso de que os requisitos desse novel instituto, à míngua de regulamentação específica, são os mesmos do art. 5º, LXIX, da CF, é dizer, "proteção de direito líquido e certo, não amparado por *habeas corpus* ou *habeas data*, contra ato ilegal ou abusivo de autoridade".

Eis a grande distinção entre o mandado de segurança coletivo e a ação civil pública: esta protege, em face de qualquer pessoa ou entidade, todas as modalidades de interesses ou direitos metaindividuais (difusos, coletivos ou individuais homogêneos); aquele se destina apenas à proteção de direito líquido e certo contra ato ilegal ou abusivo de autoridade.

Com a promulgação e publicação da EC n. 45/04, que acrescentou os incisos I, IV e VII ao art. 114 da CF, ampliaram-se as possibilidades de impetração do mandado de segurança — individual ou coletivo — no âmbito da Justiça do Trabalho, desde que o ato administrativo questionado envolva matéria sujeita à sua jurisdição.

À guisa de exemplo, lembramos a hipótese em que um sindicato em defesa dos interesses individuais homogêneos de servidores estatutários da Justiça do Trabalho impetre mandado de segurança coletivo contra ato praticado pelo Presidente do TRT que implique redução de seus vencimentos ou vantagens. Neste caso, parece-nos perfeitamente cabível o mandado de segurança coletivo no âmbito da Justiça do Trabalho, pois se trata de uma *ação oriunda da relação de trabalho interna corporis* (LOMAN art. 21) na qual surgiu o *ato administrativo* considerado ilegal ou arbitrário *praticado por autoridade* da própria Justiça do Trabalho que implica *lesão aos interesses individuais homogêneos* dos associados ou integrantes da categoria representada pela entidade sindical.

Importante salientar a posição do STF a respeito da possibilidade de impetração de mandado de segurança coletivo por sindicato com menos de um ano de constituição e funcionamento:

> "Mandado de Segurança Coletivo e Sindicato — tratando-se de mandado de segurança coletivo impetrando por sindicato, é indevida a exigência de um ano de constituição e funcionamento, porquanto essa restrição destina-se apenas às associações, nos termos do art. 5º, XXI, *b, in fine*, CF..." (STF RE 198.919-DF)."

Por outro lado, o STF editou as seguintes súmulas sobre mandado de segurança coletivo:

> "A entidade de classe tem legitimação para o mandado de segurança ainda quando a pretensão veiculada interesse apenas a uma parte da respectiva categoria" (Súmula n. 630).
>
> "A impetração de mandado de segurança coletivo por entidade de classe em favor dos associados independe da autorização destes" (Súmula n. 629).
>
> II — *Habeas corpus* e *habeas data*
>
> 1. *Habeas corpus*
>
> O *habeas corpus* é um instituto que deita raízes remotas no direito romano, mas a origem mais apontada pelos diversos autores é a Magna Carta, da Inglaterra, precisamente no seu capítulo XXIX, que foi inserido pelo rei *João Sem Terra*, em 19 de junho de 1215, devido a pressões dos barões ingleses.

No Brasil, desde o império, o *habeas corpus* sempre esteve presente em todos os textos constitucionais.

A Constituição Federal de 1988 o inseriu no rol dos direitos e garantias fundamentais, nos seguintes termos: "conceder-se-á *habeas corpus* sempre que alguém sofrer ou se achar ameaçado de sofrer violência ou coação em sua liberdade de locomoção, por ilegalidade ou abuso de poder" (art. 5º, LXVIII).

O HC não é uma espécie de recurso, apesar de estar regulamentado no capítulo destinado aos recursos no CPP.

Trata-se, a rigor, de uma ação constitucional de caráter penal e de procedimento especial, isenta de custas, que visa evitar ou cessar violência ou ameaça na liberdade de locomoção, por ilegalidade ou abuso de poder[3].

Pertinente é a definição ofertada por *Júlio César Bebber,* para quem o *"habeas corpus é,* na verdade, ação mandamental que integra a chamada jurisdição constitucional das liberdades, e que tem por escopo a proteção da liberdade de locomoção, quando coarctada ou ameaçada de sê-lo, por ilegalidade ou abuso do Poder Público"[4].

Nos domínios do processo do trabalho sempre houve cizânia a respeito da competência da Justiça do Trabalho para processar e julgar *habeas corpus* impetrado em face de decreto judicial de prisão de depositário infiel.

Sobre o tema, o TST vem adotando as seguintes posições:

"*HABEAS CORPUS* — PRISÃO DE DEPOSITÁRIO INFIEL — AUSÊNCIA DE DEMONSTRAÇÃO DA CONSTRIÇÃO ILEGAL — 1. A jurisprudência do STF elaborou construção no sentido de admitir, como ocorre no caso em exame, *habeas corpus* originário substitutivo de recurso ordinário, por entender que o Tribunal Regional que denega o *writ* passa a ser a autoridade coatora, o que afasta a possibilidade de se receber o presente *habeas corpus* como recurso ordinário, pelo princípio da fungibilidade recursal. 2. Por outro lado, o art. 105, I, *a* e *c*, da Constituição Federal estabelece regra de competência em matéria de *habeas corpus*, segundo a qual as autoridades que gozam de prerrogativa de foro no STJ também terão por aquela Corte apreciado o *habeas corpus* quando forem apontadas como autoridade coatora. Entre essas autoridades encontram-se os membros de Tribunais Regionais do Trabalho. 3. *In casu*, como a autoridade coatora não é membro do TRT, mas um de seus órgãos colegiados fracionários, deve ser mantida a competência da Justiça do Trabalho para apreciar o *writ*, mormente pelo fato de que a prisão foi decretada por Juiz do Trabalho de 1ª instância. 4. Quanto ao mérito, no entanto, toda a documentação juntada no *habeas corpus* aponta para a desistência da penhora e para a insubsistência do mandado de prisão, não tendo sido demonstrada a existência de constrição ilegal, pois sequer o mandado de prisão foi colacionado aos autos. *Habeas corpus* denegado" (TST — HC 760171 — SBDI 2 — Rel. Min. Ives Gandra Martins Filho — DJU 26.10.2001 — p. 589).

---

(3) MORAES, Alexandre de. *Constituição do Brasil interpretada e legislação infraconstitucional.* São Paulo: Atlas, 2002. p. 2.523.
(4) BEBBER, Júlio César. *Processo do trabalho: temas atuais.* São Paulo: LTr, 2003. p. 275-276.

> "*HABEAS CORPUS* — COMPETÊNCIA DA JUSTIÇA DO TRABALHO — DEPOSITÁRIO INFIEL — BENS ADJUDICADOS — RECUSA NA ENTREGA — 1. *Habeas corpus* contra ordem de prisão de proprietário de empresa executada, reputado depositário infiel, em razão de reiterada recusa na entrega de bens adjudicados pelo então Reclamante. 2. Inscreve-se na competência da Justiça do Trabalho julgar o *habeas corpus* provindo de alegada coação de Juiz do Trabalho, salvo quando o coator for Juiz de Tribunal Regional do Trabalho (Constituição Federal, art. 105, I, *c* e *a*). Cabe ao Tribunal Regional respectivo julgar virtual *habeas corpus*, com recurso ordinário ao Tribunal Superior do Trabalho, se denegatória a decisão, por analogia aos arts. 102, inciso II, alínea *a*, e 105, inciso II, alínea *a*, da Constituição Federal. 3. Evidencia-se o intuito do depositário em se esquivar do cumprimento da obrigação de entregar os bens que lhe foram confiados quando, após a decretação de prisão, aventa a possibilidade de conciliação para pôr fim à lide e, muito embora tenha se comprometido em audiência a restituir os bens adjudicados, descumpre novamente a determinação judicial nesse sentido. 4. Recurso ordinário não provido" (TST — ROHC 653866 — SDI-2 — Rel. Min. João Oreste Dalazen — DJU 16.2.2001 — p. 593).
>
> "*HABEAS CORPUS* — DEPOSITÁRIO INFIEL — 1. A Justiça do Trabalho é competente para apreciar e julgar *habeas corpus* quando se trata de decretação de prisão civil de depositário infiel. 2. Revela-se infiel o depositário que, havendo assinado o auto de depósito dos valores a serem arrecadados em favor da execução, não honra seu compromisso. Recurso ordinário a que se nega provimento" (TST — ROHC 352945/1997 — SDI-2 — Rel. Min. Valdir Righetto — DJU 16.10.1998 — p. 261).

Na esteira do TST, portanto, se a autoridade coatora for juiz do Tribunal Regional do Trabalho, a competência para julgar o HC será o STJ, a teor do art. 105, I, *a* e *c*, da CF.

Se, no entanto, o decreto de prisão for prolatado por juiz, titular ou substituto, de Vara do Trabalho, a competência para julgar o HC será do TRT, com possibilidade de recurso ordinário para o TST.

O STF, no entanto, firmou entendimento de que a competência, neste último caso, é do TFR — Tribunal Federal Regional, e não do TRT. É o que ficou decidido no seguinte feito:

> "*HABEAS CORPUS* — PRISÃO DECRETADA POR JUIZ DO TRABALHO — DEPOSITÁRIO INFIEL — COMPETÊNCIA DO TRIBUNAL REGIONAL FEDERAL — I — No julgamento do CJ n. 6.979-1, o Supremo Tribunal Federal decidiu, em sessão plenária, que a competência para conhecer e julgar *habeas corpus*, impetrado contra ato de Juiz do Trabalho de 1º grau, e do Tribunal Regional Federal e não do Tribunal Regional do Trabalho. II — Nulidade da decisão denegatória do *writ* proferida pelo TRT da 9ª Região. Remessa dos autos ao TRF da 4ª Região" (STF — HC 68.687 — PR — 2ª T. — Rel. Min. Carlos Velloso — DJU 4.10.1991).

Parece-nos que a razão estava com o STF, ante o disposto no art. 108, I, *d*, da CF, que estabelece a competência da Justiça Federal, através do TRF, para processar e julgar ação de *habeas corpus* quando a autoridade coatora for um juiz federal.

Cumpre assinalar, porém, que com a promulgação da EC n. 45/04, que inseriu o inciso IV ao art. 114 da CF, parece-nos que não há mais dúvida acerca da competência da Justiça do Trabalho para processar e julgar *habeas corpus* "quando o ato questionado envolver matéria sujeita à sua jurisdição", independentemente de o ato questionado ser de Juiz do Trabalho de primeira ou segunda instância, ou mesmo de ministro do TST.

O TST vem admitindo HC nas hipóteses em que o paciente não assina o termo de depósito ou do depositário de penhora sobre coisa futura, como é o caso de penhora sobre faturamento da empresa. É o que se depreende das OJs ns. 89 e 143 da SDI-2, *in verbis*:

> 89. *Habeas corpus*. Depositário. Termo de depósito não assinado pelo paciente. Necessidade de aceitação do encargo. Impossibilidade de prisão civil. A investidura no encargo de depositário depende da aceitação do nomeado que deve assinar termo de compromisso no auto de penhora, sem o que, é inadmissível a restrição de seu direito de liberdade.
>
> 143. *Habeas corpus*. Penhora sobre coisa futura. Prisão. Depositário infiel. Não se caracteriza a condição de depositário infiel quando a penhora recair sobre coisa futura, circunstância que, por si só, inviabiliza a materialização do depósito no momento da constituição do paciente em depositário, autorizando-se a concessão de *habeas corpus* diante da prisão ou ameaça de prisão que sofra.

Na ação de *habeas corpus* não é obrigatória a presença de advogado, pois a parte detém o *ius postulandi* para esta ação constitucional. Aliás, o § 1º do art. 1º do EOAB (Lei n. 8.906/94) não o inclui entre atividades privativas dos advogados.

Ao MPT é facultado impetrar HC no âmbito da Justiça do Trabalho, por interpretação sistemática dos arts. 6º, VI, 83, I e 84 da LC n. 75/93, nas hipóteses em que a instituição ministerial vislumbrar existente o interesse público que justifique a sua atuação.

É preciso estar atento para os procedimentos previstos nos regimentos internos dos tribunais trabalhistas respeitantes ao HC.

Recebida a petição do HC, é facultado ao juiz relator determinar que o paciente lhe seja imediatamente apresentado em dia e hora que designar.

O relator também poderá conceder liminarmente a ordem, podendo, ainda, solicitar informações à autoridade coatora.

A tramitação do HC prefere à de qualquer outro processo, sendo o mesmo julgado na primeira sessão, permitindo-se o adiamento para a sessão seguinte.

2. HABEAS DATA

A Constituição Federal, no seu art. 5º, inciso LXXII, prevê o cabimento do *habeas data*:

> "a) para assegurar o conhecimento de informações relativas à pessoa do impetrante, constantes de registros ou bancos de dados de entidades governamentais ou de caráter público;
>
> b) para a retificação de dados, quando não se prefira fazê-lo por processo sigiloso, judicial ou administrativo."

O *habeas data*, a exemplo do *habeas corpus*, do mandado de injunção e do mandado de segurança, é uma garantia fundamental e se insere no rol dos instrumentos de ativação da jurisdição constitucional das liberdades. Trata-se, a rigor, de uma ação mandamental, de natureza constitucional, que tem por escopo garantir, em favor da pessoa ou ente interessado, o exercício do direito fundamental de:

a) acesso aos registros ou bancos de dados;

b) retificação desses registros; ou

c) complementação desses registros.

O procedimento do *habeas data* está previsto na Lei n. 9.507, de 12.11.1997, e é muito semelhante ao do mandado de segurança.

Além das condições genéricas inerentes a todas as ações, o *habeas data* exige uma condição especial: a prévia postulação administrativa. É o que se infere do art. 2º da Lei n. 9.507:

> "O requerimento será apresentado ao órgão ou entidade depositária do registro ou banco de dados, e será deferido ou indeferido no prazo de quarenta e oito horas."

Ademais, dispõe o art. 8º e seu parágrafo único da Lei n. 9.507 que a petição deverá preencher os requisitos dos arts. 282 a 285 do CPC, sendo apresentada em duas vias, e os documentos que instruírem a primeira serão reproduzidos por cópia na segunda. A petição inicial será instruída com a prova:

> I — da recusa ao acesso às informações ou do decurso de mais de dez dias sem decisão;
>
> II — da recusa em fazer-se a retificação ou do decurso de mais de quinze dias, sem decisão; ou
>
> III — da recusa em fazer-se a anotação a que se refere o § 2º do art. 4º ou do decurso de mais de quinze dias sem decisão.

Poderão ser legitimados ativos do *habeas data* qualquer pessoa física ou jurídica, bem como os entes despersonalizados que tenham capacidade processual, como a massa falida, o espólio, a herança jacente ou vacante, as sociedades de fato, o condomínio etc.

No pólo passivo da demanda poderão figurar como legitimados os órgãos da administração pública direta ou indireta, bem como as instituições, entidades ou pessoas jurídicas de direito privado que prestem serviços para o público ou de interesse público, desde que sejam depositárias de dados referentes às pessoas físicas ou jurídicas interessadas.

Não se preocupou o constituinte originário com a possibilidade de impetração do *habeas data* no âmbito da competência da Justiça do Trabalho. Aliás, a primitiva redação do art. 114 da CF era silente a tal respeito.

Com a promulgação da EC n. 45/04, que acrescentou o inciso IV ao art. 114 da CF, foram ampliadas as atribuições da Justiça do Trabalho, que passou a ter competência para processar e julgar o "*habeas data*, quando o ato questionado envolver matéria sujeita à sua jurisdição".

Vislumbramos, assim, o cabimento do *habeas data* impetrado na Justiça do Trabalho, desde que tal demanda seja oriunda da relação de emprego, como no caso em que um servidor celetista esteja sendo impedido de obter informações sobre seus registros funcionais que seriam utilizados para sua candidatura à promoção na carreira do órgão público ao qual está vinculado. Neste caso, a competência é da Justiça do Trabalho, por força da interpretação sistemática dos incisos I e IV do art. 114 da CF.

É interessante notar, contudo, que o STF conheceu e deu provimento a recurso extraordinário para indeferir *habeas data* impetrado por ex-empregada do Banco do Brasil que, tendo seu pedido de readmissão negado, pretendia obter informações sobre sua ficha funcional. O Pretório Excelso considerou que "o Banco do Brasil não tem legitimidade passiva para responder ao *habeas data*, uma vez não figura como entidade governamental, e sim como explorador de atividade econômica, nem se enquadra no conceito de registros de caráter público a que se refere o art. 5º, LXXII, da CF, porquanto a ficha funcional de empregado não é utilizável por terceiros" (STF-Pleno — RE 165.304/MG, Rel. Min. Octávio Gallotti, decisão de 19.10.2000, in *Informativo STF* n. 208).

Outra hipótese reside na possibilidade de impetração do *habeas data* pelo empregador em face do órgão de fiscalização da relação de trabalho que esteja se negando a fornecer informações sobre o processo administrativo em que ele esteja sofrendo penalidade administrativa. Aqui a competência é também da Justiça do Trabalho, em decorrência dos incisos IV e VII do art. 114 da CF.

De acordo com o art. 20 da Lei n. 9.507, a competência funcional ou hierárquica para processar e julgar *habeas data* é conferida:

I — originariamente:

a) ao Supremo Tribunal Federal, contra atos do Presidente da República, das Mesas da Câmara dos Deputados e do Senado Federal, do Tribunal de Contas da União, do Procurador-Geral da República e do próprio Supremo Tribunal Federal;

b) ao Superior Tribunal de Justiça, contra atos de Ministro de Estado ou do próprio Tribunal;

c) aos Tribunais Regionais Federais contra atos do próprio Tribunal ou de juiz federal;

d) a juiz federal, contra ato de autoridade federal, excetuados os casos de competência dos tribunais federais;

e) a tribunais estaduais, segundo o disposto na Constituição do Estado;

f) a juiz estadual, nos demais casos;

II — em grau de recurso:

a) ao Supremo Tribunal Federal, quando a decisão denegatória for proferida em única instância pelos Tribunais Superiores;

b) ao Superior Tribunal de Justiça, quando a decisão for proferida em única instância pelos Tribunais Regionais Federais;

c) aos Tribunais Regionais Federais, quando a decisão for proferida por juiz federal;

d) aos Tribunais Estaduais e ao Distrito Federal e Territórios, conforme dispuserem a respectiva Constituição e a lei que organizar a Justiça do Distrito Federal;

III — mediante recurso extraordinário ao Supremo Tribunal Federal, nos casos previstos na Constituição.

É preciso destacar, por oportuno, que o art. 102, II, *a*, da CF prevê a competência do STF para julgar, em grau de recurso ordinário, o *habeas data* decidido em única instância pelos Tribunais Superiores, salvo se denegatória a decisão.

Além disso, o art. 105, I, *b*, da CF estabelece a competência do STJ para o *habeas data* contra atos de Ministro de Estado, dos Comandantes da Marinha, do Exército e da Aeronáutica, ou do próprio Tribunal.

Nos domínios do processo do trabalho, parece-nos que a competência funcional originária para processar e julgar o *habeas data* será, em linha de princípio, da Vara do Trabalho, na medida em que tal demanda estará sempre vinculada à relação de trabalho ou relação de emprego, a teor do art. 114, I e IV, da CF, bem como na hipótese prevista no inciso VII do mesmo artigo, salvo quando o ato de autoridade implicar, na forma da lei, competência funcional originária dos Tribunais Regionais do Trabalho ou do Tribunal Superior do Trabalho.

Diz o art. 9º da Lei n. 9.507 que o juiz, ao despachar a inicial, ordenará que se notifique o coator do conteúdo da petição, entregando-lhe a segunda via apresentada pelo impetrante, com as cópias dos documentos, a fim de que, no prazo de dez dias, preste as informações que julgar necessárias.

A inicial será desde logo indeferida, quando não for o caso de *habeas data*, ou se lhe faltar algum dos requisitos previstos nesta Lei. É o que preceitua o art. 10 da Lei n. 9.507. Da decisão de indeferimento caberá, no processo civil, apelação, e no processo do trabalho, recurso ordinário.

Feita a notificação, o serventuário em cujo cartório corra o feito, juntará aos autos cópia autêntica do ofício endereçado ao coator, bem como a prova da sua entrega a este ou da recusa, seja de recebê-lo, seja de dar recibo.

Findo o prazo a que se refere o art. 9º, e ouvido o representante do Ministério Público dentro de cinco dias, os autos serão conclusos ao juiz para decisão a ser proferida em cinco dias.

Diz o art. 13 da Lei n. 9.507 que na decisão, se julgar procedente o pedido, o juiz marcará data e horário para que o coator:

I — apresente ao impetrante as informações a seu respeito, constantes de registros ou bancos de dados; ou

II — apresente em juízo a prova da retificação ou da anotação feita nos assentamentos do impetrante.

A decisão será comunicada ao coator, por correio, com aviso de recebimento, ou por telegrama, radiograma ou telefonema, conforme requerer o impetrante, sendo certo que os originais, no caso de transmissão telegráfica, radiofônica ou telefônica deverão ser apresentados à agência expedidora, com a firma do juiz devidamente reconhecida (Lei n. 9.507, art. 14).

O pedido de *habeas data* poderá ser renovado se a decisão denegatória não lhe houver apreciado o mérito.

Os processos de *habeas data* terão prioridade sobre todos os atos judiciais, exceto *habeas corpus* e mandado de segurança. Na instância superior, deverão ser levados a julgamento na primeira sessão que se seguir à data em que, feita a distribuição, forem conclusos ao relator.

CAPÍTULO 19

PARTE II — PROCEDIMENTOS ESPECIAIS INFRACONSTITUCIONAIS

Eraldo Teixeira Ribeiro[*]

1. INTRODUÇÃO

É uma honra compor esse grupo de juristas, que se propuseram a analisar temas tão interessantes, numa justa homenagem ao Prof. *Pedro Paulo Teixeira Manus*. Pessoa que aprendemos a admirar, quer por sua postura nas salas de aula, quer nos momento de atuação como magistrado, o homenageado contribui, sobremaneira, para o engrandecimento da seara trabalhista.

Quiçá a obra possa auxiliar os operadores do Direito, notadamente os juristas e estudantes universitários, na compreensão de temas tão complexos e, de alguma forma, contribuir para o progresso profissional dos leitores.

2. AÇÃO RESCISÓRIA

Em princípio, a sentença transitada em julgado não comporta modificação, sedimentando-se a *res judicata*. A coisa julgada, nesse contexto, dá a sentença pretendida pela Carta Constitucional (art. 5º, XXXVI[1]).

Todavia, ocorrem situações que autorizam a prolação de sentença, mas com vícios que podem ser denunciados por meio da ação rescisória.

Referida ação, tem como finalidade a desconstituição de sentença ou de acórdão, desde que tenham transitado em julgado há menos de 2 (dois) anos.

A ação rescisória é admitida pelo art. 836 da CLT[2], nos casos expressamente autorizados no art. 485 do CPC[3].

(*) Advogado militante, mestrando em Direito do Trabalho pela PUC/SP, professor de cursos de especialização lato sensu e em cursos preparatórios para as carreiras jurídicas, coordenador pedagógico do Núcleo Del Lavoro, autor de várias obras (www.professoreraldo.com.br).
(1) Art. 5º, XXXVI da CF: Todos são iguais perante a lei, sem distinção de qualquer natureza, garantindo-se aos brasileiros e aos estrangeiros residentes no País a inviolabilidade do direito à vida, à liberdade, à igualdade, à segurança e à propriedade, nos termos seguintes:
...
XXXVI — a lei não prejudicará o direito adquirido, o ato jurídico perfeito e a coisa julgada;
(2) Art. 836 da CLT: É vedado aos órgãos da Justiça do Trabalho conhecer de questões já decididas, excetuados os casos expressamente previstos neste Título e a ação rescisória, que será admitida na forma do disposto no Capítulo IV do Título IX da Lei n. 5.869, de 11 de janeiro de 1973 — Código de Processo Civil, dispensado o depósito referido nos arts. 488, inciso II, e 494 daquele diploma legal.
Parágrafo único. A execução da decisão proferida em ação rescisória far-se-á nos próprios autos da ação que lhe deu origem, e será instruída com o acórdão da rescisória e a respectiva certidão de trânsito em julgado.
(3) Art. 485 do CPC: A sentença de mérito, transitada em julgado, pode ser rescindida quando:

A CLT trata da ação rescisória no art. 836, mas a admite nos casos especificamente previstos no art. 485 do CPC. Portanto, o texto consolidado é completado pelo Diploma Processual Civil.

Como se disse, o prazo para ajuizamento da ação rescisória é de 2 (dois) anos contados do trânsito em julgado da sentença ou do acórdão que se pretenda rescindir (art. 495 do CPC[4] e Súmula n. 100 do TST[5]). O trânsito em julgado deve ser certificado nos autos e o prazo é contado da última decisão proferida.

Esse prazo é decadencial e, portanto, pode ser reconhecida *ex officio* a decadência do direito de rescisão pelo juiz (Súmula n. 100 do TST).

A competência para a apreciação vai depender de qual julgado se pretende rescindir. Se o requerente pretende desconstituir sentença de primeira instância da Justiça do Trabalho, no caso Vara do Trabalho, a competência será do TRT a que pertencer a respectiva jurisdição. Se o requerente pretende rescindir acórdão do TRT, a competência será do próprio Regional de onde se originou o acórdão. Porém, se o acórdão a ser rescindido for originário do TST, a competência será sua.

A petição inicial deve ser distribuída perante o juízo competente para rescindir, desde já acompanhada dos documentos indispensáveis, notadamente a certidão do trânsito em julgado. Todavia, há certa tolerância na juntada de tais documentos, vez que a Súmula n. 263 do TST[6] só admite o indeferimento da peça

---

I — se verificar que foi dada por prevaricação, concussão ou corrupção do juiz;
II — proferida por juiz impedido ou absolutamente incompetente;
III — resultar de dolo da parte vencedora em detrimento da parte vencida, ou de colusão entre as partes, a fim de fraudar a lei;
IV — ofender a coisa julgada;
V — violar literal disposição de lei;
VI — se fundar em prova, cuja falsidade tenha sido apurada em processo criminal ou seja provada na própria ação rescisória;
VII — depois da sentença, o autor obtiver documento novo, cuja existência ignorava, ou de que não pôde fazer uso, capaz, por si só, de lhe assegurar pronunciamento favorável;
VIII — houver fundamento para invalidar confissão, desistência ou transação, em que se baseou a sentença;
IX — fundada em erro de fato, resultante de atos ou de documentos da causa;
§ 1º Há erro, quando a sentença admitir um fato inexistente, ou quando considerar inexistente um fato efetivamente ocorrido.
§ 2º É indispensável, num como noutro caso, que não tenha havido controvérsia, nem pronunciamento judicial sobre o fato.
(4) Art. 495 do CPC: O direito de propor ação rescisória se extingue em 2 (dois) anos, contados do trânsito em julgado da decisão.
(5) Súmula n. 100 do TST: Ação rescisória. Decadência.
I — O prazo de decadência, na ação rescisória, conta-se do dia imediatamente subseqüente ao trânsito em julgado da última decisão proferida na causa, seja de mérito ou não.
II — Havendo recurso parcial no processo principal, o trânsito em julgado dá-se em momentos e em tribunais diferentes, contando-se o prazo decadencial para a ação rescisória do trânsito em julgado de cada decisão, salvo se o recurso tratar de preliminar ou prejudicial que possa tornar insubsistente a decisão recorrida, hipótese em que flui a decadência, a partir do trânsito em julgado da decisão que julgar o recurso parcial.
III — Salvo se houver dúvida razoável, a interposição de recurso intempestivo ou a interposição de recurso incabível não protrai o termo inicial do prazo decadencial.
(6) Súmula n. 263 do TST: Petição inicial. Indeferimento. Instrução obrigatória deficiente.
Salvo nas hipóteses do art. 295 do CPC, o indeferimento da petição inicial, por encontrar-se desacompanhada de documento indispensável à propositura da ação ou não preencher outro requisito legal, somente é cabível se, após intimada para suprir a irregularidade em 10 (dez) dias, a parte não o fizer.

preambular, caso o requerente, tanto que intimado, não atender à determinação (Súmula n. 299 do TST[7]).

Não se exige o recolhimento de custas processuais para o ingresso da ação rescisória, as quais serão fixadas e devidas somente por ocasião do julgamento, na forma prevista no art. 789 da CLT[8]. Todavia, o art. 836 da CLT (redação modificada pela Lei n. 11.495, DOE de 25.6.07 com vigência em noventa dias) exige o depósito prévio de 20% do valor da causa, salvo prova de miserabilidade jurídica do autor.

O TST, por meio a Instrução Normativa n. 31[9], DJ de 9.10.07, disciplinou a forma do depósito prévio e quanto à atribuição do valor da causa, que será:

---

(7) Súmula n. 299 do TST: Ação rescisória. Prova do trânsito em julgado da sentença ou do acórdão rescindendo.
I) É indispensável ao processamento da ação rescisória a prova do trânsito em julgado da decisão rescindenda.
II) Verificando o relator que a parte interessada não juntou à inicial o documento comprobatório, abrirá prazo de 10 (dez) dias para que o faça, sob pena de indeferimento.
(8) Art. 789 da CLT: Nos dissídios individuais e nos dissídios coletivos do trabalho, nas ações e procedimentos de competência da Justiça do Trabalho, bem como nas demandas propostas perante a Justiça Estadual, no exercício da jurisdição trabalhista, as custas relativas ao processo de conhecimento incidirão à base de 2% (dois por cento), observado o mínimo de R$ 10,64 (dez reais e sessenta e quatro centavos) e serão calculadas:
I — quando houver acordo ou condenação, sobre o respectivo valor;
II — quando houver extinção do processo, sem julgamento do mérito, ou julgado totalmente improcedente o pedido, sobre o valor da causa;
III — no caso de procedência do pedido formulado em ação declaratória e em ação constitutiva, sobre o valor da causa;
IV — quando o valor for indeterminado, sobre o que o juiz fixar.
§ 1º As custas serão pagas pelo vencido, após o trânsito em julgado da decisão. No caso de recurso, as custas serão pagas e comprovado o recolhimento dentro do prazo recursal.
§ 2º Não sendo líquida a condenação, o juízo arbitrar-lhe-á o valor e fixará o montante das custas processuais.
§ 3º Sempre que houver acordo, se de outra forma não for convencionado, o pagamento das custas caberá em partes iguais aos litigantes.
§ 4º Nos dissídios coletivos, as partes vencidas responderão solidariamente pelo pagamento das custas, calculadas sobre o valor arbitrado na decisão, ou pelo Presidente do Tribunal.
§ 5º Os emolumentos de traslados e instrumentos serão pagos dentro de 48 (quarenta e oito) horas após a sua extração, feito, contudo, no ato do requerimento, o depósito prévio do valor estimado pelo funcionário encarregado, sujeito à complementação, com ciência da parte, sob pena de deserção.
§ 6º Sempre que houver acordo, se de outra forma não for convencionado, o pagamento das custas caberá em partes iguais aos litigantes.
§ 7º Tratando-se de empregado sindicalizado que não tenha obtido o benefício da justiça gratuita, ou isenção de custas, o sindicato que houver intervindo no processo responderá solidariamente pelo pagamento das custas devidas.
§ 8º No caso de não-pagamento das custas, far-se-á a execução da respectiva importância, segundo o processo estabelecido no Capítulo V deste Título.
§ 9º É facultado aos presidentes dos Tribunais do Trabalho conceder, de ofício, o benefício da justiça gratuita, inclusive quanto a traslados e instrumentos, àqueles que perceberem salário igual ou inferior ao dobro do mínimo legal, ou provarem o seu estado de miserabilidade.
§ 10. O sindicato da categoria profissional prestará assistência judiciária gratuita ao trabalhador desempregado ou que perceber salário inferior a cinco salários mínimos ou que declare, sob responsabilidade, não possuir, em razão dos encargos próprios e familiares, condições econômicas de prover à demanda. (NR)
(9) Instrução Normativa n. 31: TRIBUNAL SUPERIOR DO TRABALHO — DJ 9.10.2007
Ementa: Regulamenta a forma de realização do depósito prévio em ação rescisória de que trata o art. 836 da CLT, com redação dada pela Lei n. 11.495, de 22 de junho de 2007.
O TRIBUNAL SUPERIOR DO TRABALHO, em sua composição plena, no uso de suas atribuições legais e regimentais,
Considerando a necessidade de uniformização dos procedimentos relativos à realização do depósito prévio em ação rescisória de que trata o artigo 836 da Consolidação das Leis do Trabalho, com a nova redação conferida pela Lei n. 11.495, de 22 de junho de 2007,
RESOLVE
Art. 1º O depósito prévio em ação rescisória de que trata o art. 836 da CLT, com redação dada pela Lei n. 11.495, de 22 de junho de 2007, deverá ser realizado na forma preconizada na Instrução Normativa n. 21 desta Corte, observando-se as seguintes peculiaridades quanto ao preenchimento da guia de acolhimento de depósito judicial:

> a) ação rescisória que visa desconstituir decisão da fase de conhecimento corresponderá:
>
> I — no caso de improcedência, ao valor dado à causa do processo originário ou aquele que for fixado pelo Juiz;
>
> II — no caso de procedência, total ou parcial, ao respectivo valor arbitrado à condenação.
>
> b) ação rescisória que visa desconstituir decisão da fase de execução corresponderá ao valor apurado em liquidação de sentença.
>
> c) ação rescisória, quer objetive desconstituir decisão da fase de conhecimento ou decisão da fase de execução, será reajustado pela variação cumulada do INPC do IBGE até a data do seu ajuizamento.

O depósito prévio não será exigido da massa falida ou quando o autor perceber salário igual ou inferior ao dobro do mínimo legal, ou declarar, sob as penas da lei, que não está em condições de pagar as custas do processo sem prejuízo do sustento próprio ou de sua família (art. 6º, IN n. 31/07).

Outro ponto importante na referida IN, diz respeito ao destino do depósito prévio: o valor depositado será revertido em favor do réu, a título de multa, caso o pedido deduzido na ação rescisória seja julgado improcedente (art. 5º da IN n. 31/07).

A petição inicial deve ser elaborada na forma estabelecida nos arts. 282 do CPC[10] c/c 840, § 1º, da CLT[11], inclusive com a indicação do valor da causa.

I — nos campos relativos à identificação do processo deverão ser informados os dados do processo em que foi proferida a decisão rescindenda;
II — o campo "Tipo de Depósito" deverá ser preenchido com o número 1 (primeiro depósito), ainda que outros depósitos judiciais tenham sido efetuados no processo originário;
III — o campo "Motivo do Depósito" deverá ser preenchido com o número 4 (Outros).
Art. 2º O valor da causa da ação rescisória que visa desconstituir decisão da fase de conhecimento corresponderá:
I — no caso de improcedência, ao valor dado à causa do processo originário ou aquele que for fixado pelo Juiz;
II — no caso de procedência, total ou parcial, ao respectivo valor arbitrado à condenação.
Art. 3º O valor da causa da ação rescisória que visa a desconstituir decisão da fase de execução corresponderá ao valor apurado em liquidação de sentença.
Art. 4º O valor da causa da ação rescisória, quer objetive desconstituir decisão da fase de conhecimento ou decisão da fase de execução, será reajustado pela variação cumulada do INPC do IBGE até a data do seu ajuizamento.
Art. 5º O valor depositado será revertido em favor do réu, a título de multa, caso o pedido deduzido na ação rescisória seja julgado improcedente.
Art. 6º O depósito prévio não será exigido da massa falida e quando o autor perceber salário igual ou inferior ao dobro do mínimo legal, ou declarar, sob as penas da lei, que não está em condições de pagar as custas do processo sem prejuízo do sustento próprio ou de sua família.
Art. 7º Esta Instrução Normativa entra em vigor na data de sua publicação.
Sala de Sessões, 27 de setembro de 2007.
ANA LUCIA REGO QUEIROZ
Secretária do Tribunal Pleno e da Seção Especializada em Dissídios Coletivos.
(10) Arts. 282 do CPC: A petição inicial indicará:
I — o juiz ou tribunal, a que é dirigida;
II — os nomes, prenomes, estado civil, profissão, domicílio e residência do autor e do réu;
III — o fato e os fundamentos jurídicos do pedido;
IV — o pedido, com as suas especificações;
V — o valor da causa;
VI — as provas com que o autor pretende demonstrar a verdade dos fatos alegados;
VII — o requerimento para a citação do réu.
(11) Art. 840, § 1º, da CLT: A reclamação poderá ser escrita ou verbal.

O autor recebe a denominação de *requerente* e o réu de *requerido*. O requerente deve informar na petição inicial, com precisão, os fatos que norteiam o seu pedido de desconstituição da sentença, a data do trânsito em julgado (juntando a respectiva certidão) e indicar as provas. As provas na ação rescisória podem ser produzidas na própria ação, por meio de documentos, ou ser produzidas em audiência. Nesse caso, o juízo competente delegará a instrução para as Varas do Trabalho.

Recebida a petição inicial, o juiz-relator determina a notificação do requerido para responder à ação no prazo mínimo de 15 (quinze) dias e máximo de 30 (trinta), a critério do juiz-relator (art. 491 do CPC[12]).

A revelia não induz, necessariamente, à procedência do pedido. Do julgamento de ação rescisória no TRT, cabe recurso ordinário (art. 895, *b*, da CLT[13]).

As situações que admitem ação rescisória, como se disse, estão elencadas no art. 485 do CPC, quais sejam:

> I — se verificar que foi dada por prevaricação, concussão ou corrupção do juiz: *a prevaricação seria o retardamento voluntário do andamento processual por interesse ou sentimento pessoal do juiz. Na concussão ou corrupção há exigência ou vantagem indevida para si ou outrem.*
>
> II — proferida por juiz impedido ou absolutamente incompetente: *O juiz não pode atuar nos feitos em que for parte, oficiou como perito ou representante do MPT (Ministério Público do Trabalho), testemunha; também não pode julgar em segunda instância que atuou no julgamento em primeira instância, dentre outras situações. Seria também a situação em que o juiz profere sentença em conflito sobre o qual não tem jurisdição material (causas de natureza civil, de servidores públicos estatutários, etc.).*
>
> III — resultar de dolo da parte vencedora em detrimento da parte vencida, ou de colusão entre as partes, a fim de fraudar a lei: *são artifícios utilizados para fraudar a lei, com objetivo distinto do que consta nos autos. Seria uma simulação de conflito.*
>
> IV — ofender a coisa julgada: *seria a sentença que contraria decisão anterior, já transitada em julgado. O mesmo que ajuizar uma segunda ação, quando a primeira já tenha apreciado o conflito.*
>
> V — violar literal disposição de lei: *seria a situação de ofender literalmente legislação em vigor. Admite-se como fundamento da ação rescisória, a afronta a Lei Federal, Estadual ou Municipal, dispositivos dos códigos e até texto constitucional.*

---

§ 1º Sendo escrita, a reclamação deverá conter a designação do Presidente da Junta, ou do juiz de direito a quem for dirigida, a qualificação do reclamante e do reclamado, uma breve exposição dos fatos de que resulte o dissídio, o pedido, a data e a assinatura do reclamante ou de seu representante.
(12) Art. 491 do CPC: O relator mandará citar o réu, assinando-lhe prazo nunca inferior a 15 (quinze) dias nem superior a 30 (trinta) para responder aos termos da ação. Findo o prazo com ou sem resposta, observar-se-á no que couber o disposto no Livro I, Título VIII, Capítulos IV e V.
(13) Art. 895, *b*, da CLT: Cabe recurso ordinário para a instância superior: ...
b) das decisões definitivas dos Tribunais Regionais, em processos de sua competência originária, no prazo de 8 (oito) dias, quer nos dissídios individuais, quer nos dissídios coletivos.

VI — se fundar em prova, cuja falsidade tenha sido apurada em processo criminal ou seja provada na própria ação rescisória: *seria a possibilidade de produzir discutir vício da prova produzida na ação principal, cuja idoneidade esteve sendo questionada.*

VII — depois da sentença, o autor obtiver documento novo, cuja existência ignorava, ou de que não pôde fazer uso, capaz, por si só, de lhe assegurar pronunciamento favorável: *seria a possibilidade de a parte obter um novo documento, que não tinha acesso quando em tramitação a ação principal, mas que poderia ter provocar decisão diversa.*

VIII — houver fundamento para invalidar confissão, desistência ou transação, em que se baseou a sentença: *a confissão há que ser real e não ficta. Seria o caso de coação para o aceite de acordo em reclamação trabalhista.*

IX — fundada em erro de fato, resultante de atos ou de documentos da causa: *seria a situação em que a sentença admite a existência de um fato, mas esse é inexistente nos autos. A parte deixa de recorrer, o que provoca o trânsito em julgado, mas capaz de possibilitar, em sede de ação rescisória, a desconstituição da sentença.*

3. Ação consignação em pagamento

É a ação que tem como escopo a liberação da obrigação por parte do devedor ou sobre quem recaia a obrigação.

A consignação em pagamento tem lugar: (a) se o credor não puder, ou, sem justa causa, recusar receber o pagamento, ou dar quitação na devida forma; (b) se o credor não for, nem mandar receber a coisa no lugar, tempo e condições devidos; (c) se o credor for incapaz de receber, for desconhecido, declarado ausente, ou residir em lugar incerto ou de acesso perigoso ou difícil; (d) se ocorrer dúvida sobre quem deva legitimamente receber o objeto do pagamento, (e) se pender litígio sobre o objeto do pagamento (art. 334 do Código Civil[14]) c/c 8º da CLT[15]).

É a ação destinada a eximir o devedor de sua obrigação legal de pagar ou entregar coisa.

As hipóteses mais comuns na causa trabalhista são: quando o credor está em lugar incerto, não sabido ou de difícil acesso; como também se houver recusa no recebimento de verbas trabalhistas.

Tem pertinência nas causas trabalhistas pela autorização concedida no art. 769 da CLT[16], que remete às hipóteses do art. 890 do CPC[17].

---

(14) Art. 334 do Código Civil: Considera-se pagamento, e extingue a obrigação, o depósito judicial ou em estabelecimento bancário da coisa devida, nos casos e forma legais.
(15) Art. 8º da CLT: As autoridades administrativas e a Justiça do Trabalho, na falta de disposições legais ou contratuais, decidirão, conforme o caso, pela jurisprudência, por analogia, por eqüidade e outros princípios e normas gerais de direito, principalmente do direito do trabalho, e, ainda, de acordo com os usos e costumes, o direito comparado, mas sempre de maneira que nenhum interesse de classe ou particular prevaleça sobre o interesse público.
(16) Art. 769 da CLT: Nos casos omissos, o direito processual comum será fonte subsidiária do direito processual do trabalho, exceto naquilo em que for incompatível com as normas deste Título.
(17) Art. 890 do CPC: Nos casos previstos em lei, poderá o devedor ou terceiro requerer, com efeito de pagamento, a consignação da quantia ou da coisa devida.

A CLT é omissa relativamente à ação de consignação em pagamento, motivando a utilização do art. 890 do CPC (art. 769 da CLT), nas hipóteses previstas no art. 334 do CC (art. 8º da CLT).

Deve ser proposta tão logo expirado o prazo legal para cumprimento da obrigação, que teria deixado de ser cumprida por culpa do credor. Pensamos dessa forma, na medida em que, se estiver o empregador no prazo de cumprir a obrigação, inevitavelmente será carecedor na ação. Portanto, somente depois de expirado o prazo legal é que será possível a presente medida.

Em se imaginando tratar-se de dívida trabalhista, a competência será da Vara do Trabalho.

O mesmo juízo que receber a petição inicial é que deverá apreciá-la, ou seja, a Vara do Trabalho em primeira instância.

A lei não faz menção quanto ao preparo. Como se trata de ação de conhecimento, as custas processuais serão fixadas depois de prolatada a sentença.

Deve ser elaborada uma petição inicial nos moldes do art. 282 do CPC c/c 840, § 1º, da CLT, quando, então, as partes são denominadas *consignante* e *consignado*.

A ação é distribuída perante as Varas do Trabalho, obedecendo às regras de competência territorial (art. 651 da CLT[18]).

Citado para responder à ação de consignação em pagamento, poderá o consignado contestar o feito em audiência, apresentando, também, reconvenção.

Distribuída a ação de consignação em pagamento, haverá a notificação do consignado para comparecer à audiência e receber a importância a que faz jus ou contestar o feito, dizendo por que não aceita o valor.

---

§ 1º Tratando-se de obrigação em dinheiro, poderá o devedor ou terceiro optar pelo depósito da quantia devida, em estabelecimento bancário, oficial onde houver, situado no lugar do pagamento, em conta com correção monetária, cientificando-se o credor por carta com aviso de recepção, assinado o prazo de 10 (dez) dias para a manifestação de recusa.
§ 2º Decorrido o prazo referido no parágrafo anterior, sem a manifestação de recusa, reputar-se-á o devedor liberado da obrigação, ficando à disposição do credor a quantia depositada.
§ 3º Ocorrendo a recusa, manifestada por escrito ao estabelecimento bancário, o devedor ou terceiro poderá propor, dentro de 30 (trinta) dias, a ação de consignação, instruindo a inicial com a prova do depósito e da recusa.
§ 4º Não proposta a ação no prazo do parágrafo anterior, ficará sem efeito o depósito, podendo levantá-lo o depositante.
(18) Art. 651 da CLT: A competência das Juntas de Conciliação e Julgamento é determinada pela localidade onde o empregado, reclamante ou reclamado, prestar serviços ao empregador, ainda que tenha sido contratado noutro local ou no estrangeiro.
§ 1º Quando for parte no dissídio agente ou viajante, é competente a Junta da localidade onde o empregador tiver o seu domicílio, salvo se o empregado estiver imediatamente subordinado a agência, ou filial, caso em que será competente a Junta em cuja jurisdição estiver situada a mesma agência ou filial.
§ 2º A competência das Juntas de Conciliação e Julgamento, estabelecida neste artigo, estende-se aos dissídios ocorridos em agência ou filial no estrangeiro, desde que o empregado seja brasileiro e não haja convenção internacional dispondo em contrário.
§ 3º Em se tratando de empregador que promova realização de atividades fora do lugar do contrato de trabalho, é assegurado ao empregado apresentar reclamação no foro da celebração do contrato ou no da prestação dos respectivos serviços.

Normalmente o juiz defere prazo exíguo para o consignante depositar a importância em juízo, sob pena de extinção do processo sem apreciação do mérito.

Cabe ao consignado contestar a ação, podendo, também, apresentar reconvenção. Pensamos que a condição para a oferta de reconvenção se justifica no caso de conexão entre a causa de pedir e pedido.

Julgada procedente a ação, o juiz dá por extinta a obrigação. Da sentença, cabe recurso ordinário (art. 895, *a*, da CLT).

4. Ação possessória

De índole possessória, literalmente relativa aos aspectos civis, é medida pouco utilizada na seara trabalhista.

É controvertida a possibilidade de ação possessória no âmbito da Justiça do Trabalho, tendo em vista que normalmente se refere à retomada de bem imóvel.

Porém, nada obsta que o bem imóvel, sendo de titularidade do empregador, possa ser retomado mediante ação possessória na Justiça do Trabalho. Vejamos a situação em que o empregador, além do salário, conceda ao trabalhador a moradia. Tal situação é comum nos contratos de domésticos em sítio ou casas de veraneio. Quando demitido, o trabalhador se recusando a desocupar o imóvel, poderá o ex-empregador ajuizar ação possessória visando à retomada de seu bem.

Nesse caso, a competência pertence à Justiça do Trabalho, eis que o litígio decorre da relação de emprego (art. 114 da CF[19]).

Porém, outra será a situação quando o empregador "loca" o imóvel ao seu empregado e, uma vez demitido, também se recusa a desocupar o imóvel. No

---

(19) Art. 114 da CF: Compete à Justiça do Trabalho processar e julgar:
I — as ações oriundas da relação de trabalho, abrangidos os entes de direito público externo e da administração pública direta e indireta da União, dos Estados, do Distrito Federal e dos Municípios;
II — as ações que envolvam exercício do direito de greve;
III — as ações sobre representação sindical, entre sindicatos, entre sindicatos e trabalhadores, e entre sindicatos e empregadores;
IV — os mandados de segurança, *habeas corpus* e *habeas data*, quando o ato questionado envolver matéria sujeita à sua jurisdição;
V — os conflitos de competência entre órgãos com jurisdição trabalhista, ressalvado o disposto no art. 102, I, o;
VI — as ações de indenização por dano moral ou patrimonial, decorrentes da relação de trabalho;
VII — as ações relativas às penalidades administrativas impostas aos empregadores pelos órgãos de fiscalização das relações de trabalho;
VIII — a execução, de ofício, das contribuições sociais previstas no art. 195, I, *a*, e II, e seus acréscimos legais, decorrentes das sentenças que proferir;
IX — outras controvérsias decorrentes da relação de trabalho, na forma da lei.
§ 1º Frustrada a negociação coletiva, as partes poderão eleger árbitros.
§ 2º Recusando-se qualquer das partes à negociação coletiva ou à arbitragem, é facultado às mesmas, de comum acordo, ajuizar dissídio coletivo de natureza econômica, podendo a Justiça do Trabalho decidir o conflito, respeitadas as disposições mínimas legais de proteção ao trabalho, bem como as convencionadas anteriormente.
§ 3º Em caso de greve em atividade essencial, com possibilidade de lesão do interesse público, o Ministério Público do Trabalho poderá ajuizar dissídio coletivo, competindo à Justiça do Trabalho decidir o conflito.

caso, a Lei n. 8.245/91, art. 59, II, § 1º[20], autoriza a concessão de liminar, sendo inequívoca a competência da Justiça Comum.

De qualquer forma, pensamos que com o advento da EC n. 45/04 foi ampliada a competência da Justiça do Trabalho, sendo caso, inclusive, de apreciar essas ações.

Outras situações podem advir, como no caso do trabalhador que pretenda a retomada de bem móvel de sua propriedade, como automóvel ou ferramentas que permanecem retidas na empresa, até que sejam prestadas contas. Tratando-se de ação nitidamente de caráter trabalhista, a competência será da Justiça do Trabalho.

Poderíamos pensar na retomada do bem imóvel e, neste caso, vamos utilizar como fundamento a Lei n. 8.245/91, arts. 47, II[21] e 59, II, § 1º. Imaginando se tratar de salário *in natura*, poderíamos utilizar o art. 458 da CLT[22] como fundamento para a retomada do bem.

Relativamente aos prazos prescricionais, pensamos que deve ser obedecida a regra geral: 5 (cinco) anos na vigência do contrato até o limite de 2 (dois)

---

(20) Lei n. 8.245/91, art. 59, II, § 1º:
Com as modificações constantes deste capítulo, as ações de despejo terão o rito ordinário.
§ 1º Conceder-se-á liminar para desocupação em quinze dias, independentemente da audiência da parte contrária e desde que prestada a caução no valor equivalente a três meses de aluguel, nas ações que tiverem por fundamento exclusivo:
II — o disposto no inciso II do art. 47, havendo prova escrita da rescisão do contrato de trabalho ou sendo ela demonstrada em audiência prévia;
(21) Lei n. 8.245/91, arts. 47, II: Art. 47. Quando ajustada verbalmente ou por escrito e como prazo inferior a trinta meses, findo o prazo estabelecido, a locação prorroga-se automaticamente, por prazo indeterminado, somente podendo ser retomado o imóvel:
II — em decorrência de extinção do contrato de trabalho, se a ocupação do imóvel pelo locatário relacionada com o seu emprego;
(22) Art. 458 da CLT: Além do pagamento em dinheiro, compreende-se no salário, para todos os efeitos legais, a alimentação, habitação, vestuário ou outras prestações in natura que a empresa, por força do contrato ou do costume, fornecer habitualmente ao empregado. Em caso algum será permitido o pagamento com bebidas alcoólicas ou drogas nocivas.
§ 1º Os valores atribuídos às prestações *in natura* deverão ser justos e razoáveis, não podendo exceder, em cada caso, os dos percentuais das parcelas componentes do salário mínimo.
§ 2º Para os efeitos previstos neste artigo, não serão consideradas como salário as seguintes utilidades concedidas pelo empregador:
I — vestuários, equipamentos e outros acessórios fornecidos aos empregados e utilizados no local de trabalho, para a prestação do serviço;
II — educação, em estabelecimento de ensino próprio ou de terceiros, compreendendo os valores relativos a matrícula, mensalidade, anuidade, livros e material didático;
III — transporte destinado ao deslocamento para o trabalho e retorno, em percurso servido ou não por transporte público;
IV — assistência médica, hospitalar e odontológica, prestada diretamente ou mediante seguro-saúde;
V — seguros de vida e de acidentes pessoais;
VI — previdência privada;
§ 3º A habitação e a alimentação fornecidas como salário-utilidade deverão atender aos fins a que se destinam e não poderão exceder, respectivamente, a 25% (vinte e cinco por cento) e 20% (vinte por cento) do salário-contratual.
§ 4º Tratando-se de habitação coletiva, o valor do salário-utilidade a ela correspondente será obtido mediante a divisão do justo valor da habitação pelo número de co-habitantes, vedada, em qualquer hipótese, a utilização da mesma unidade residencial por mais de uma família.

anos depois de encerrado o liame, conforme art. 7º, XXIX da CF(23) c/c 11, I, da CLT(24).

A competência pertence às Varas do Trabalho nos litígios entre empregado e empregador. Para os litígios de competência originária de segunda instância, seria do TRT ou TST.

O julgamento é feito pelo juiz da causa (Vara do Trabalho, TRT ou TST), comportando recurso à segunda instância (TRT ou TST).

Não se exige preparo para a propositura da ação, mas as custas processuais serão fixadas depois de prolatada a sentença.

A petição inicial atenderá aos termos dos arts. 840, § 1º, da CLT c/c 282 do CPC, incluindo o valor da causa e documentos.

Distribuída a ação possessória, deverá ser feita a notificação do reclamado para comparecer à audiência e, querendo, apresentar a sua resposta. Instruído o feito, advém a sentença, acatável por meio de recurso ordinário (art. 895 da CLT).

A ação poderá vir com pedido de liminar para imissão na posse e no caso de deferimento não comportará recurso por se tratar de decisão interlocutória (art. 893, § 1º, da CLT(25)). Se a liminar for concedida na sentença, será caso de recurso ordinário. Contra liminar, inexistindo recurso específico, poderá a parte impetrar mandado de segurança, isso se houver violado direito líquido e certo.

5. Ação anulatória

Ao tratarmos da ação anulatória, temos de pensar na legitimidade do MPT (Ministério Público do Trabalho), que atua visando a desconstituir cláusula de ACT (Acordo Coletivo de Trabalho) ou CCT (Convenção Coletiva de Trabalho) que, eventualmente, violem as liberdades individuais ou coletivas ou direitos indisponíveis.

É ação de conhecimento que visa à declaração de inaplicabilidade de cláusula convencionada. Pensamos ser aplicável, também, em relação aos contratos individuais de trabalho. Visa, pois, a declaração constitutiva negativa ou a desconstituição de determinada cláusula pactuada.

---

(23) Art. 7º, XXIX da CF: São direitos dos trabalhadores urbanos e rurais, além de outros que visem à melhoria de sua condição social:
...
XXIX — ação, quanto aos créditos resultantes das relações de trabalho, com prazo prescricional de cinco anos para os trabalhadores urbanos e rurais, até o limite de dois anos após a extinção do contrato de trabalho;
(24) Art. 11, I, da CLT: O direito de ação quanto a créditos resultantes das relações de trabalho prescreve:
I — em cinco anos para o trabalhador urbano, até o limite de dois anos após a extinção do contrato;
II — em dois anos, após a extinção do contrato de trabalho, para o trabalhador rural.
§ 1º — O disposto neste artigo não se aplica às ações que tenham por objeto anotações para fins de prova junto à Previdência Social.
(25) Art. 893, § 1º, da CLT: Das decisões são admissíveis os seguintes recursos:
I — embargos; II — recurso ordinário; III — recurso de revista; IV — agravo.
§ 1º Os incidentes do processo são resolvidos pelo próprio Juízo ou Tribunal, admitindo-se a apreciação do merecimento das decisões interlocutórias somente em recursos da decisão definitiva.
§ 2º A interposição de recurso para o Supremo Tribunal Federal não prejudicará a execução do julgado.

Tem como fundamento básico, a demonstração da ilegalidade da avença, em decorrência de afrontar as liberdades individuais ou coletivas ou, ainda, os direitos individuais indisponíveis dos trabalhadores. Exemplo comum tem sido a intervenção do MPT (Ministério Público do Trabalho) no tocante à cláusula que assegura a cobrança de contribuições confederativas ou assistenciais pelos trabalhadores.

A competência para a apreciação dessa demanda, pertence à Justiça do Trabalho (art. 114 da CF c/c LC n. 75/93, art. 83, IV[26]).

Tratando-se de cláusula de contrato individual de trabalho, pensamos que a competência pertence às Varas do Trabalho; ao revés, se o conflito envolver cláusula de ACT (Acordo Coletivo de Trabalho) ou CCT (Convenção Coletiva de Trabalho), deverá ser ajuizada a ação perante o TRT. Sendo extrapolada a jurisdição de mais de um TRT, a competência pertence ao TST.

Do julgamento feito pelas Varas ou TRT, comportará recurso ordinário (art. 895 da CLT). Se o julgamento foi feito pelo TST, será caso de embargos no TST.

A petição inicial deve atender aos arts. 840, § 1º da CLT e 282 do TST, inclusive quanto ao valor causa.

6. Ação Civil Pública

Medida processual, cuja legitimidade ativa pertence do MPT (Ministério Público do Trabalho), tendente à solucionar conflito de interesse difuso e coletivo.

A ação civil pública é promovida pelo Ministério Público do Trabalho que age em nome próprio, mas exercendo função institucional, tal como autorizado pela CF.

Referida ação se destina à defesa dos interesses difusos e coletivos quando são desrespeitados direitos assegurados pela Constituição Federal. Os interesses difusos são aqueles transindividuais, ou seja, de natureza indivisível de titulares indeterminados, mas ligados por circunstâncias de fato. Já os coletivos, dizem respeito a um grupo de pessoas ou categoria.

A finalidade da ação civil pública será a obtenção da jurisdição com interesse na coisa julgada *erga omnes*, ou, seja, para todo o grupo.

Normalmente, o Ministério Público utiliza a ação para coibir práticas ilegais como, por exemplo, a exploração de mão-de-obra infantil, trabalho escravo, atividades prejudiciais ao meio ambiente ou a utilização de mão-de-obra por empresa interposta, violando direitos individuais dos trabalhadores.

---

(26) LC n. 75/93, art. 83, IV: Compete ao Ministério Público do Trabalho o exercício das seguintes atribuições junto aos órgãos da Justiça do Trabalho:

...

IV — propor as ações cabíveis para declaração de nulidade de cláusula de contrato, acordo coletivo ou convenção coletiva que viole as liberdades individuais ou coletivas ou os direitos individuais indisponíveis dos trabalhadores;

Inicialmente podemos fundamentar a ação civil pública no art. 129, III, da CF[27].

Porém, assevere-se que a Lei Complementar n. 75/93 em seu art. 83, III[28], também disciplinou a atuação do Ministério Público do Trabalho nas ações civis públicas, assim como o fez a Lei n. 7.347/85 com as alterações introduzidas pela Lei n. 8.884/94.

Deve ser observado o prazo prescricional para ação trabalhista (art. 7º, XXIX, da CF c/c 11, I, da CLT).

Levando em conta que a regra geral de competência territorial (art. 651 da CLT) é o local da prestação dos serviços, pensamos que a competência original será das Varas do Trabalho.

Se a jurisdição abranger cidades distintas, a competência será do Tribunal Regional da respectiva região, e se a área territorial superar a jurisdição de mais de um Tribunal Regional, a competência pertence ao Tribunal Superior do Trabalho.

Julgada a ação civil pública pela Vara do Trabalho, comportará recurso ordinário (art. 895, a, da CLT) ao TRT, e desse acórdão, recurso de revista ao TST; se o julgamento for feito pelo TRT, comportará recurso ordinário (art. 895, b, da CLT) ao TST e, do acórdão, embargos no TST.

Para a propositura da ação civil pública não se exige preparo, salvo quando da prolação da sentença ou acórdão, quando serão fixadas as custas processuais.

A petição inicial deverá observar os termos dos arts. 840, § 1º, da CLT e 282 do CPC, inclusive com valor da causa.

Em geral o pedido é de reconhecimento da ilegalidade do ato para a proibição da continuidade ou sua execução, mediante a fixação de multa diária. Essa pena pecuniária arrecadada se destina ao FAT (Fundo de Amparo ao Trabalhador).

Proposta a ação civil pública pelo Ministério Público do Trabalho, segue-se com a notificação da reclamada para comparecer à audiência e, querendo, apresentar a sua resposta, sob os efeitos da revelia e pena de confissão quanto à matéria de fato.

Regularmente instruído, segue com as razões finais e sentença, guerreada por meio de recurso ordinário.

7. Conclusão

Os temas que foram propostos (procedimentos especiais — infraconstitucionais), à toda evidência, não esgotam o assunto. Isso porque outros procedimentos

---

(27) Art. 129, III, da CF: São funções institucionais do Ministério Público: (...)
III — promover o inquérito civil e a ação civil pública, para a proteção do patrimônio público e social, do meio ambiente e de outros interesses difusos e coletivos;
(28) Lei Complementar n. 75/93 em seu art. 83, III: Compete ao Ministério Público do Trabalho o exercício das seguintes atribuições junto aos órgãos da Justiça do Trabalho:
III — promover a ação civil pública no âmbito da Justiça do Trabalho, para defesa de interesses coletivos, quando desrespeitados os direitos sociais constitucionalmente garantidos;

especiais são assegurados aos jurisdicionados. Tarefa árdua dos operadores é *destrinchar*e adequar referidos temas, na seara trabalhista.

Muitos de índole eminentemente civil que precisam receber a necessária adaptação à processualística trabalhista; outros nem tanto. Com o advento da EC n. 45/04, a Justiça do Trabalho absorveu certa gama de procedimentos que dantes eram apreciados pela Justiça Comum. Para tanto, houve a necessidade de disciplinar o procedimento a ser adotado nessas "novas ações". Algumas delas são estudas na presente obra. O TST antecipou-se às enormes controvérsias e adotou posicionamento de que o procedimento será, sempre, aquele aplicados às causas trabalhistas.

Essas ações especiais, estreme de dúvida, não são eventuais como se pensa. O diligente operador do Direito deve estar atento às hipóteses de utilização desses remédios jurídicos, fazendo, sempre que necessário, as devidas adaptações aos princípios informadores que reinam da Justiça do Trabalho.

Depois, não pode se afastar do acompanhamento da jurisprudência sobre os temas. De fato, o TST, por meio da SDI (Seção de Dissídios Individuais) e SDC (Seção de Dissídios Coletivos) edita diversas OJ (Orientações Jurisprudenciais), sem dúvida um norte ao advogado e jurisdicionado para uma boa aplicação da legislação pátria.

Enquanto, para muitos, a ação rescisória se mostra como "remédio para paciente terminal", não se pode perder de vista a sua função restabelecedora do direito, eis que pode aniquilar a execução da sentença ou acórdão, quando transitados em julgado.

Depois, o diligente advogado deve ter em mente, com a rapidez necessária, o rumo certo da consignação em pagamento. Alertar e sugerir ao cliente a sua utilização. O bom advogado se antecipa ao conflito, o nem tanto diligente o aguarda. Saber do cabimento, processamento e tramitação é tarefa essencial.

Não menos tormentosa é a ação possessória. Pouco utilizada na seara trabalhista, pois até pouco tempo tínhamos a Justiça do Trabalho como conciliadora de conflitos entre "empregado e patrão". Mas os tempos mudaram e novos tipos de conflitos chegaram às secretarias e salas de audiências. Concessão de liminares, busca e apreensão, desocupação forçada são temas possíveis nas ações de posse, agora sob tutela da Justiça do Trabalho, quando resultante da "relação de trabalho".

Por outro lado, temos a laboriosa instituição do Ministério Público do Trabalho, sempre alerta e diligente, tem a função essencial de aniquilar e desconstituir cláusulas de acordos ou convenções violadoras de direitos individuais ou indisponível, tema também estudado na obra.

Ainda sob a égide do Ministério Público, a ação civil pública se mostra como instrumento indispensável. Se por um lado o órgão pode (e deve) fiscalizar a imposição de cláusulas abusivas e ilegais nas normas coletivas, por outro tem o escopo de, sempre diligente, promover o inquérito civil público, assim como a ação respectiva.

Com efeito, muito nos honrou convite para tecermos comentários sobre referidos temas. Em absoluto pode-se dizer que está esgotado o assunto. Pelo contrário, novos tipos de conflitos, novos verbetes são editados, decisões das mais diversas são proferidas e a missão do bom causídico é estar atento às modificações.

Prestamos aqui, de forma singela, esclarecimentos sobre os temas que nos foram atribuídos, na esperança de estarmos contribuindo de alguma forma para uma interpretação segura que, certamente, engrandecerá o conhecimento do leitor.

8. Referências bibliográficas

CARRION, Valentin. *Comentários à CLT*. 32. ed. São Paulo: Saraiva, 2007.

GIGLIO, Wagner D. *Curso de direito processual do trabalho*. 12. ed. São Paulo: Saraiva, 2002.

LEITE, Carlos Henrique Bezerra. *Curso de direito processual do trabalho*. 3. ed. São Paulo: LTr, 2005.

MANUS, Pedro Paulo Teixeira. *Direito do trabalho*. 9. ed. São Paulo: Atlas, 2005.

MARTINS, Sergio Pinto. *Direito processual do trabalho*. 27. ed. São Paulo: Atlas, 2007.

NASCIMENTO, Amauri Mascaro. *Curso de direito processual do trabalho*. 21. ed. São Paulo: Saraiva, 2002.

PEIXOTO, Bolívar Viégas. *Iniciação ao processo individual do trabalho*. 3. ed. Rio de Janeiro: Forense, 1998.

RIBEIRO, Eraldo Teixeira. *Elementos do direito — direito e processo do trabalho*. 6. ed. São Paulo: Premier Maxima, 2007.

_____. *Recursos trabalhistas — teoria — prática e jurisprudência*. 1. ed. São Paulo: Lex, 2005.

_____. *Prática trabalhista*. 3. ed. São Paulo: Premier Maxima, 2007.

SABBAG, Eduardo de Moraes. *Redação forense e elementos da gramática*. São Paulo: Premier Maxima.